소설의 비인간화

The Inhumanization of Novels

오양진

도서출판 월인

책머리에

이 책에서 필자는 1960년대 한국소설을 대상으로 하여 근대성이 구성하는 주체성의 낭만적 성격과 그것이 형성한 '문학적 인간상'에 주목함으로써 그 60년대 소설들이 구현한 인간들의 모습에서 징후적으로 나타나는 '비인간적인' 경향들을 드러내고자 하였다. 나아가 1960년대 한국소설에서 암암리에 드러나는 그러한 비인간화의 징후적 양상들을 해명함으로써 필자는 한국사회가 이미 경험했거나 앞으로 경험하게 될 정치적, 문화적 병리성을 암시하는 데 궁극적인 목표를 두었다.

근대 세계의 미학적 실천들을 낳은 '예술의 자율성'이라는 테제는 일반적으로 혁명의 근대성이 구성하는 '근대적 주체성'을 통해 정립되었다. 한국 사회의 경우, 근대의 자율성 원리가 정치 · 사회 · 문화 전반에 걸쳐 작동한 본격적인 시기는 4월 혁명으로 시작된 1960년대였는데, 특별히 60년대의 한국소설은 '혁명'과 '주체화'로 마련된 문학적 자율성의 테제에 따라 혁신적인 문학적 성과들을 이룩하였다. 김승옥, 최인훈, 박상륭, 서정인, 이청준, 남정현 등의 이름들이 곧 그 증거라고 할 수 있다.

그러나 '문학적 자율성'이라는 테제는 60년대 한국소설에 혁명적 새로움이라는 낭만적 특성을 가져다주었지만, 창조적 상상력을 무제한적으로 풀어놓음으로써 문화적 혼돈과 무질서라는 흐름도 형성하였다.

물론 문학의 자율성이 합법화됨에 따라 60년대 한국소설은 공적인 사명과 의무의 속박에서 벗어날 수 있었다. 그렇지만 그것은 결국 제지받지 않음으로 해서 과격해진 상상과 창조의 에너지로 인해 목적과 의미, 질서와 가치 등을 혼돈과 무질서라는 무정형한 인식과 양식들에 개방하고 말았다. 이에 따라 '인간성'이라는 문화적 토대 또한 흔들리게 되었다.

이 모든 것은 바로 낭만주의적 경향으로부터 급진화된 근대적 주체성의 '감정의 이상(理想)'이 그것에 충실한 60년대 한국소설에 요구한 비싼 대가였다. 예를 들어 '김승옥' 소설(1장)은 60년대 한국소설의 비인간화 경향에서 조금은 덜 충격적인 하나의 '전조(前兆)'로서 거론되었다. 이른바 '초월성의 썰물' 이후에 온 근대 세계의 공허와 무의미에 심미적 표현을 부여한 김승옥 소설에서 두드러진 것은 낭만주의의 소외 심리였는데, 이것은 일단 낭만적 대립을 통해 비현실적인 몽상을 정상화함으로써 현실적인 모든 것을 하찮고 사소한 것으로 만들었다. 그리고 그것은 '치한(癡漢)'(「야행」)의 의미론이라는 낭만적 유토피아의 정치학을 통해 마침내 인간을 비하하고 경멸하는 데 도달하였다.

그런가 하면 '인간적인 것과 악마적인 것의 친연성'이라는 이미지는, 전조의 '경과(經過)'라는 의미에서 60년대 한국소설이 좀더 심각하게 보여주는 문학적 비인간화의 또 다른 양상이었다. 이것은 '최인훈'과 '박상륭'의 소설에서 예시적이었는데, 가령 악마적인 것에 대한 체험을 비로소 표현할 가치가 있는 것으로 만들었던 최인훈 소설(2장)에서 그 악마는 인간의 내면 안에 존재했고, 이는 일단 근대적 개인들의 상처와 고통들과 은유적 관련을 맺고 있었다. 그런데 최인훈 소설은 샤갈을 '사갈(蛇蝎)'(『소설가 구보씨의 일일』)에 일치시키는 유미주의의 '자폐적 환상' 속에서 서로에게 악마와 괴물과 짐승이 된 인간에게 놀랍게도 '예술'의 이름을 부여했다.

이와 달리 박상륭 소설(3장)에서 마성(魔性)의 세계는 더 이상 인간의 내면적 특성을 암시하는 단순한 비유가 아니라 인간과 그의 땅 자체를 가리키는 실체로 드러났다. 물론 박상륭 소설은 그 악마와 지옥의 세계를 '아집'의 번뇌로부터 해탈하는 불교적인 '절망[絶-望]'의 윤리로 수락하고, 소위 '구도적 살인'(「아겔다마」)이라는 것을 비극적인 숭고함을 띤 해탈의 방법으로 나타내었다. 그러나 그 때문에 역설적으로 인간의 숭고함을 위해 인간의 생명과 그 고귀함을 희생시키는 또 다른 아집의 어두운 마성이 정당화되었다. 여기서는 최인훈 소설과 달리 악마가 인간적인 존엄성을 지닌 구도자의 지위를 부여받아 인간화하고 있었던 것이다.

한편, 1960년대 한국소설이 미래에 다가올 현실을 미리 안다는 의미에서 진실로 징후적인 '예후(豫後)'로서 가장 극단적으로 보여주게 되는 비인간화의 양상은 두 가지 경향으로 나누어 볼 수 있었다. 하나는 '세계의 표상화(주체성의 지배에서 오는 종교나 전통적 규범과 같은 모든 권위의 상실이 근대 과학의 '상대주의'라는 이론적 뒷받침과 더불어 야기된 '객관성의 붕괴'와 밀접하게 관련된 현상)'에 거스르면서 그것의 물질적인 정확성을 거듭 갈망하는 '수학적 순수주의'의 경향이고, 다른 하나는 그 세계의 표상화에 가담하고 그것을 아주 극단화하면서 사실과 허구의 경계를 허물고 의미심장한 외재적 현실을 그 허구로 대체해버리는 '급진적 상대주의'의 경향이었다.

먼저 전자는 '서정인' 소설(4장)로 대표되었다. 서정인 소설의 의도는, 소통불가능성이라는 근대 세계의 불행을 극복하기 위해 한마디로 눈에 보이는 세계로부터 지성과 감정의 모든 혼합이 제거된 객관적 '사실(事實)'을 발견하고 가치중립적인 '존재(存在)'를 표현하려는 리얼리즘의 한 극단을 성취하는 일에 있었다. 그래서 서정인 소설은 가시적인 세계에 대해 사고와 감정의 지극히 무관심한 상태라는 인위적인 조건을 필요로 할 수밖에 없었는데, 바로 여기서 이른바 '순수한 시선'(「우리동네」)이 출현하였다. 그런데 모순적이게도 그것은 순수한 시선을 담지한 주체에게서 사고와 감정이라는 인간 정신의 모든 기능을 배제시켜 그것을 기계적인 성격을 띤 것으로 만들었다.

그런가 하면 '이청준' 소설(5장)은 근대 세계의 시스템을 지원하는 지시적(指示的) 언어의 폭력성을 비판하기 위해 언어의 지시성에 대한 거부를 주제화하고 사실과 허구의 경계를 방법적으로 허무는 데 골몰하였다. 그러나 지시적 언어들에 대한 불신을 통해 명백한 현실과 보편적 진리의 허구성을 폭로하고 부정하는 작업이 철저해지자, 그 작업을 주관하는 문학적 주체의 지시적 명백성과 그에 따른 진리 주장도 마찬가지로 의심과 회의의 대상이 되고 마는 역설적 상황이 빚어졌다. 이청준 소설에서 그러한 언어의 허구성(虛構性)에 대한 확신과 가치화는 결국 사회적 비인간화에 대한 비판의 주체를 '유령'(「가수」)으로 만들어버렸다.

마지막으로 '남정현 소설(보유)'은 '민족주의'라는 평등주의적 이념 속에 '풍자'라는 뇌관을 장착하고 있었다. 그 이념은 물론 모든 개인을 주체로 발전시키려는 근대의 혁명적 기획이라는 정치적 내용에서 끄집어낸 것이었다. 그런데 남정현의 풍자가 근거로 하고 있는 평등주의적 이념 속에는 이른바 '경멸의 심리학'을 작동시키는 요소들이 함께 포함되어 있었다. 왜냐하면 고귀함의 민주화를 통해 모든 욕망들이 동등해지면 모든 권위에 대한 거부가 일어날 뿐만 아니라, 인정이나 관심은 경멸성을 품은 상호견제의 관계 속에 제약됨으로써 겨우 표출될 수 있기 때문이다. 남정현 소설의 경멸적인 '캐리커처'는 결국 근대 세계의 경멸성(輕蔑性)이라는 사회적 관계의 형식이 문학적으로 반영된 결과라고 할 수 있었다.

이처럼 이 책에서 필자의 관심은 정치적 차원의 혁명적 전회에서 촉발된 근대적 주체성의 문학적 구현이 비인간화의 사회적 경향에 얽히게 됨으로써 야기된 '소설의 비인간화(the inhumanization of novels)'라는 미학 병리성을 드러내는 데 있었다. 그런데 '주체화(subjectivation)'에 따른 이러한 문학적 변동(change in literature)에 대한 관심은 불가피하게 '미적 근대성'에 대한 반성적이고 비판적인 형태로 나타나게 되었다. 왜냐하면 필자는 이 책에서 60년대 한국소설에 나타나는 비인간화의 징후에 대한 분석을 통해 '근대성(modernity)의 병리적 차원'뿐만 아니라 그에 응전한다는 '미적 근대성(aesthetic modernity)의 병리적 성격' 또한 비판적으로 다루었기 때문이다. 그리고 바로 이것은 이 책이 매우 논쟁적인 저작임을 말해준다.

사실 이 책은 필자의 박사학위논문 「1960년대 한국소설의 비인간화 연구」(2005)와 이후에 쓴 소논문 「캐리커처의 인류학-남정현 소설의 풍자와 아이러니에 대하여」(2006)를 함께 묶은 것이다. 필자는 학위논문의 구성을 위해 남정현 소설은 각주의 형태로 간단히 언급할 수밖에 없었는데, 나중에 우연히 그의 소설에 대해 구체적으로 검토할 기회를 얻게 되었다. 학위논문의 문제의식은 여기서도 거의 그대로 보존되었는데, 이것이 바로 두 개의 논문이 한데 묶이게 된 이유이다. 다만 두 논문을 결합하는 데서 생기는 구성상의 문제는 좀더 고민이 필요하였는데, 이것은 결국 소논문을 '보유'의 형태로 책의 말미에 붙이는 것으로 해결하였다.

이 책이 나오는 데 도움을 준 분들을 잊을 수가 없다. 먼저 언제나 놀라운 안목으로 문학에 대한 시야를 넓혀주시는 지도교수 이남호 선생님, 그리고 학위 논문을 쓰는 데 자상한 조언을 아끼지 않으셨던 또 한 분의 지도교수 윤석달 선생님께 고개 숙여 깊이 감사드린다. 그러고 보면 모교의 다른 선생님들로부터도 말로 다 할 수 없는 은혜를 입었다. 역시 감사의 말씀을 전하지 않을 수 없다. 이밖에도 모교의 선배와 후배, 그리고 동학들에게도 빚진 바가 많다. 그런가 하면 이 책을 내도록 격려해준 서재원 선배와 정연희 선배, 김미도 선생님께도 사의를 표해야 할 것 같다. 아내의 인내심과 실속 있는 조언에 대해서도 고마운 마음을 전하고 싶다. 출판을 위해 수고를 아끼지 않은 도서출판 월인의 식구들에게도 각별한 사의를 표해야겠다. 이 보잘것없는 책이 이 모든 분들에게 누가 되지 않았으면 좋겠다.

2008년 3월

오 양 진

차례

차례

주체화(主體化)와 문학적 변동

이 책은 1960년대 한국소설을 대상으로 삼아 근대성(modernity)이 구성하는 주체성(subjectivity)의 낭만적 성격과 이를 내면화한 문학의 인간관에 주목하고, 60년대 소설이 구현한 인간상이 보여주게 된 '비인간화'의 징후들을 해명하는 데 목적이 있다. 그리고 1960년대에 이르러 본격화된 근대적 주체의 문학적 실천이 그와 같이 맞이하게 된 비인간화의 징후적 양상들을 제시함으로써, 이 책은 궁극적으로 한국 사회의 정치적, 문화적 병리 현상을 암시하고자 한다.

비인간화(inhumanization)[1]라는 소설적 징후와 그 양상을 보여주기

---

1) '비인간화'라는 개념은 사실 오르테가 이 가세트의 『예술의 비인간화 The Dehumanization of Art』(박상규 옮김, 미진사, 1988)라는 저작과 연관된 것이다. 서구 모더니즘론의 원형이 담긴 그 저서에서 가세트는 '비인간화'라는 개념을 유기적인 자연과 인간적인 것으로부터 이탈해 가는 서구 예술의 현상을 분석하고 그것을 대중적 통속소설의 경향에 반대한 예술의 특권적 속성으로 해석한다. 그런데 가세트의 그 저작은 현상 분석과 가치 해석을 그와 같이 결합하고 있지만 실제로는 현상

위해 이 책에서 특별히 '1960년대'라는 시기에 초점을 맞춘 것에는 크게 두 가지 이유가 있다. 하나는 이 시기가 정치적인 차원에서 현재까지 지속되고 있는 한국 사회의 근대성을 본격적으로 형성하게 되는 '혁명'의 시기라는 사실 때문이고, 다른 하나는 그 시기가 문화적인 차원에서 그러한 혁명적 근대성에 상응하는 새로운 미학적 양식들이 대거 등장하게 되는 '전위'의 시기라는 판단 때문이다. 이렇게 보면, 역사적 세부를 제외한다고 할 때, 한국의 60년대는 사회적 근대성과 미적 근대성의 모순된 통합이라는 근대성의 보편사적 경험을 대체로 공유한다고 할 수 있다.[2] 그런 맥락에서 일단 이 책에서는 60년대 소설을 사회적 근대성을 비판적으로 성찰하는 미적 근대성의 문학적 실천이라는

분석에 좀더 치중하고 있다. 가세트의 저작이 가지는 표제에서 영역자가 'dehumanization'이라는 용어를 선택한 것은 그런 의미에서 온당해 보인다. 그렇다면 그 저작의 표제에 대한 한국어 번역은 '비인간화'보다는 '탈인간화'가 좀더 적절한 것이었다고 말하지 않을 수 없는데, 이 책에서 도덕적 의미가 강한 '비인간화(inhumanization)'라는 용어를 구태여 만들어 쓴 이유는 바로 여기에 있다. 결국 이 책에서는 예술을 도덕적인 결론으로 간주하고 가세트가 고찰한 탈인간화의 예술 현상을 거꾸로 비인간화의 관점에서 가치 해석의 대상으로 삼아 비판적으로 다룬다고 할 수 있다.

2) '사회적 근대성과 미적 근대성의 모순된 통합'이라는 근대성(modernity)에 대한 하나의 시각은 마샬 버만의 논의로 대표된다고 할 수 있다. M. 버만은 근대성의 원리를 한마디로 "근대화(modernization)와 모더니즘(modernism)의 변증법"으로 규정한다. 그리고 이것은 사회적 근대화의 변증법적 상대물로서 모더니즘을 바라보는 이성적이고 현실적인 모더니즘론을 압축해서 보여준다. 익히 알려진 대로, 버만의 논의는 '광의의 모더니즘'을 목표로 하는 것이다. 그런 점에서 버만의 모더니즘론은 미학적 근대성을 사회적 근대성에 대해 자율적인 경험으로 파악하는 일반적인 견해와 갈라지지만, 그럼에도 불구하고 그의 시각에는 모더니즘이 사회적 근대화와 반대되는 이미지를 가진다는 일반적인 미적 근대성론에 가깝다. 버만의 논의는 바로 이성적 현실성을 강조하는 논의에서조차 모더니즘과 결합된 미적 근대성은 언제나 사회적 근대성과 첨예하게 대치한다는 형이상학적 믿음의 집요함을 상기시키는 시사적인 예다. M. 버만, 『현대성의 경험』, 윤호병·이만식 옮김, 현대미학사, 1994; 개정판, 1998 참조.

관점에서 고려하고, 특히 그러한 문학적 실천이 형성하는 미적 주체들의 유토피아 정치학에 유념하면서, 전환적인 1960년대 한국소설을 검토하고자 한다. 그러나 60년대 소설의 미적 주체들이 자신들의 의도와는 달리 모든 개념과 가치의 혁명적 전환에 사려 깊게 대응한 것이 아니고 결과적으로 모든 개념의 훼손과 가치의 상실에 결부되었다는 논쟁적인 시각에서, 이 책은 출발한다. 훼손되고 상실된 것들 가운데 '인간'이라는 개념과 문학을 포함한 '예술'의 가치가 중요하게 속한다는 것은 말할 것도 없다. 이후의 논의에서 60년대 소설이라는 미적 주체들의 문학적 실천이 근대적 주체성의 방향에 부합하여 비인간화의 징후적 흐름을 보여준다는 비판적 고찰을 행하려는 이유는 무엇보다 여기에 있다. 물론 이러한 논의를 전개하려는 것은 단순히 미적 근대성을 논박하기 위해서가 아니라 낭만주의적 경향으로부터 급진화된 근대적 개인의 감정의 이상(理想)이 그것에 충실한 60년대 한국소설에 요구했던 대가가 어떤 것인가를 강조하기 위해서다.[3] 그런 만큼 이 책에서는

3) 낭만주의의 성격은 아주 복합적인 양상을 보여준다. 우선 전통적인 가치 체계에 대한 부정과 저항이라는 관점에서 낭만주의는 근대적이다. 왜냐하면 낭만주의는 진(眞)·선(善)·미(美)의 가치분화에 따라 미적 감정을 윤리의 규범으로부터 분리해 그 자율성을 확립시켰기 때문이다. 반면에 진·선·미의 가치 분화를 통합하여 더 높은 삶의 통일성으로 합리화시키고자 하는 이성적 근대성에 대한 부정과 저항이라는 관점에서 낭만주의는 전근대적이거나 탈근대적이다. 낭만주의는 삶과 현실을 이성의 빛으로 통일하고 균질화하는 데 반대하기 때문이다(김진수, 『우리는 왜 지금 낭만주의를 이야기하는가』, 책세상, 2001, pp.111-120 참조). 그러나 낭만주의의 전근대성과 탈근대성은 이성적 근대성을 비판적으로 견제함으로써 그것의 풍부한 고양을 겨냥한다는 점에서 이성적 근대성의 자기 반성과 자기 성찰이라는 근대적인 의미를 지닌다는 사실을 간과해서는 안 된다. 이런 맥락에서 찰스 테일러가 낭만주의적 경향이 근대성의 발전에서 부분적인 현상이 아니라 중심적인 전환을 나타낸다고 본 것은 타당한 지적이다. 그는 근대적 주체성의 발전을 이끄는 낭만주의의 표현주의적 성격을 지적하고, 근대적 주체성으로의 전환에서 표현주의(expressivism)의 인간관이 가지는 핵심적 역할을 강조한다. 즉 근대성이 구성하고 조

60년대 한국 사회의 미적 주체와 그것의 문학적 실천이 근대적 주체성과 거기서 오는 사회적 변화에 대해서 '저항적 성찰'이자 '미학적 대응'이라기보다는 오히려 '순응적 재현'이자 '사회적 반응'에 해당한다는 견해를 채택하려 한다. 요컨대 이 책에서 기본적으로 살펴보고자 하는 것은 정치적 차원의 혁명적 전회에서 촉발된 60년대 문학적 주체성의 소설적 실천이 그처럼 비인간화의 사회적 경향에 연루됨으로써 드러나는 한국소설의 병리적 성격이라고 할 수 있다.

한국 사회의 근대성은 사실 4.19혁명을 계기로 비로소 주체성으로 구성되는 근대성의 본질적 국면에 접어들게 된다. 근대성을 발전시키는 혁명적 사건들은 과거에도 있었지만, 1960년 4월 혁명은 과거의 혁명들처럼 정치적 의미를 지니는 비판적 현상들 가운데 단지 하나라는 뜻에 그쳤던 것은 아니다. 4월 혁명은 과거의 혁명들과 달리 이후 한국인의 삶과 현실에 가장 광범위하고 지속적인 영향을 미치게 되는 중대한 문화적 사건이라는 차원에서 이해될 필요가 있다. 말하자면 4월 혁명은 외부의 모든 권위적 근거를 거부하고 개인의 자유와 해방을 이룬다는 근대적 이념과 가치가 확산된 이른바 서구의 정치적 근대성을 상징적으로 획득한 역사의 주변부적 현상이었던 것만은 아니다. 그와 같은 근본적인 변혁에의 요구가 한국 사회의 저류(底流)로부터 흘러나와 한국인의 현재적 삶과 현실을 실질적으로 규정하고 견인하게 된다는 점에서, 그 혁명은 확실히 보편사적 의미를 공유하는, 저개발의 사회로

직하는 주체성은 인간이 표현과 행위에서 스스로를 따라야 한다는 낭만주의적이고 표현주의적인 인간론에 그 토대를 두고 형성되었다는 것이다. 그런 맥락에서 이 책에서 사용하고 있는 낭만적 성격의 '근대적 주체성'이라는 개념은 주체 일반의 성격을 표시하는 '주체성' 개념과 일정하게 구분될 필요가 있다. C. 테일러, 『헤겔 철학과 현대의 위기』, 박찬국 옮김, 서광사, 1988, pp.19-18; C. 테일러, 『불안한 현대 사회』, 송영배 옮김, 이학사, 2001, pp.75-93 참조.

서는 획기적인 역사적 사건이었다.[4] 이처럼 한국인의 감정과 의식은 4.19혁명이라는 역사적 사건과 그 이념을 통해 비로소 근대적인 성격을 띠게 된다고 할 수 있다. 그것은 간단히 말하면 모든 욕망을 동등화하라는 윤리적 요구로 구성된 주체성으로 집약된다. 개인을 근본적인 가치 단위로 설정함으로써 모든 권위와 위계를 부정하고 거부하는 것이 근대의 실상이라면, 욕망의 동등화에 대한 요구란 모든 개인을 대등

4) 1960년대를 "4.19의 좌절을 비료로만 삼아 온 5.16의 전개과정"(박태순 · 김동춘, 『1960년대의 사회운동』, 까치, 1991, p.302)으로만 규정한다면, 권위주의적 통치의 억압적 독재 체제로 대표되는 '근대성의 제도적 긴장들'(김호기, 「박정희 시대와 근대성의 명암」, 『창작과 비평』, 1998년 봄호, pp.96-104 참조)만을 강조하게 된다. 그렇다면 1960년 4월 혁명은 근대성이나 근대적 주체성의 형성과 관련하여 중대한 역사적 계기이자 전환적인 역사라는 성격을 잃어버릴 수밖에 없다. 그러나 4.19의 역사적 효과라는 측면에서 거기에는 이견이 있을 수 있다. 오히려 4.19는 5.16과의 투쟁에서 '경제적 근대화'와 '정신적 근대화'를 이루면서 60년대를 끌고 가며 한국의 근대성 형성에서 중요한 전환점이 되는 역사적인 사건이었다고 볼 수 있다. 실제로 당대의 지적 관찰자들은 4.19에서 "미국식 민주화"나 "프랑스 혁명"이 가지는 특성들을 발견하고 있다(「좌담: 4월 혁명과 60년대를 다시 생각한다」, 최원식 · 임규찬 엮음, 『4월 혁명과 한국문학』, 창작과비평사, 2004, pp.29-55 참조). 물론 19세기 후반부터 갑오경장과 3.1운동 등을 거치면서 한국 사회의 근대성과 한국인의 주체성은 이미 형성되고 있었다는 주장들은 4.19혁명이 단지 여러 혁명들 가운데 하나이자 또 하나의 역사적 계기일 뿐이라는 사실의 명백한 증거이다. 그러나 20세기 초에 움직임을 보여준 근대성이나 주체성은 아직 본격적인 흐름을 이루지 못했던 것일 뿐만 아니라, 상징적이고 이념적인 차원에서 그것과 관련된 보편사적 경험, 즉 사회적 근대성과 미적 근대성의 모순된 통합이라는 실질적인 차원에 이르지 못한 것이었다. 다시 말하여 그때 한국의 '미적 근대성의 기획'과 '사회적인 근대화 프로그램'은 전근대에 대한 수정과 혁신의 비전을 공유하고 있었기 때문에 두 가지 근대성은 일종의 연대감을 느끼고 있었고, 따라서 아직 사회적 근대성과 미적 근대성 사이의 모순이 그리 깊지 않았다는 점에서, 그것은 분명 근대성의 본질적 국면에 들어서지 못했던 것으로 보인다(김행숙, 「1920년대 동인지 문학의 근대성 연구」, 고려대 박사학위논문, 2002, p.3 참조). 물론 이상(李箱)으로 대변되는 30년대 모더니즘의 출현은 근대성의 본질적 국면을 연상시키는 점이 없지 않지만, 아직 국소적인 차원에서 머물면서 일반적인 흐름을 이루지 못했던 특이한 현상이라고 할 수 있다.

하게 대우해 달라는 욕망들의 민주적 평등에 대한 요구라는 점에서 기본적으로 윤리적인 것일 수밖에 없다. 이것은 바로 4.19혁명의 주체들이 보여준 한국 사회의 민주화에 대한 집단적 요구와 곧바로 통한다. 서구의 경우와 마찬가지로, 이제 근대적 주체성의 민주적 요구를 내면화한 4월 혁명의 주체들은 정치·경제·문화를 포함한 한국 사회 거의 모든 영역에 실제로 해방적인 자율성의 원리를 전파하는 거점이 된다. 5.16군사 쿠데타로 인해 근대적 혁명의 이념과 가치는 좌절과 파행에 이어지는 것이었는데도 불구하고 그 사실은 변하지 않는다. 요컨대 4.19혁명에 따른 욕망들의 민주화로 인해 비로소 자기 연관적인(self-referential) 주체들이 전면적으로 생성되었고, 이러한 자기 연관적 주체는 다름아닌 4.19혁명을 기점으로 영원한 현재성을 획득하면서 한국인의 근대적 경험을 지속적으로 지배하게 될 근대적 주체성을 형성하게 되었다. 모든 개인이 욕망의 동등화에 대한 혁명의 윤리적 요구로 자율권을 행사할 수 있다는 자기 연관적인 주체의 성격은 60년대 문학에도 그대로 작용하였다. 마침내 문학의 자율성이라는 테제가 전경화(前景化)되었던 것이다.[5] 그런데 여기서 중요한 것은, 4.19혁명 이후 대두된 문학적 자율성이라는 테제가 자기 이외의 모든 외적인 근거와 규범을

5) 1960년 4월 혁명의 정치적 전환이 5.16의 파행적인 개입에도 불구하고 문학의 자율성과 같은 미적 혁명을 촉발했다고 주장할 수 있는 근거는 무엇보다 정치적 주체성이 좌절된 후 인문주의적 교양이라는 비폭력적인 방법으로 자유와 해방의 이념을 실현하려 했던 그 당시 미적 주체들의 '문화적 이상주의'에서 온다. 실제로 1960년대 정치적 담론을 주도했던 『사상계』라는 잡지는 기본적으로 "인본주의적이고 교양주의적"인 성격을 지니고 있었다(「좌담: 4월 혁명과 60년대를 다시 생각한다」, 앞의 책, pp.37-39 참조). 게다가 1960년대 작가들이 4.19의 의미를 명백히 "정신적 충일감"과 "정신적 능력의 팽배"로 특징지어지는 문화적 혁명의 사건으로 기억하고 있다는 사실은 그 점을 어느 정도 뒷받침한다. 「좌담: 현대 문학 방담」, 『형성』, 1968년 봄호, pp.77-78 참조.

제거함으로써 순수하고 절대적인 문학의 본질을 자각하는 기회로만 이해되고 만다는 사실을 발견하는 데 있다. 60년대 문학에 부여된 자율성의 지위는 다른 자율성의 영역에는 개입하고 간섭할 수 없다는 일종의 영역 축소와 권한의 제한을 함축하는 것이었지만, 맹목적으로 자기 표현의 권리와 창조적 상상력을 위한 무한한 해방의 원천으로만 받아들여졌던 것이다.

사실 개인의 자유와 해방이 유일한 가치가 되자 가능해진 문학의 자율적 성격에 대한 자각이, 창조적 상상력의 혁명적 개방을 통하여 1960년대로부터 시작된 새롭고 도전적인 문학적 실천들을 지원했던 것은 틀림없다. 그러나 그러한 문학적 실천들은 자율성의 테제가 이끄는 대로 자기 연관적인 주체의 원리를 급진화함으로써 형식(manner)의 자기 연관성과 내용(matter)의 자기 연관성을 혼동하고, 문화의 유지와 보존을 위해 반드시 지켜져야 하는 그것의 근본적 구분을 망각했다는 것도 의심의 여지가 없다. 주체성과 문화의 파편적 붕괴 사이에 존재하는 연관성은 이미 많은 사람들에 의해 지적된 바 있다. 예컨대 찰스 테일러는 형식의 자기 연관성과 내용의 자기 연관성이라는 '두 종류의 주체성'을 구분하지 못함으로써 문화적 파국에 이르게 될 위험성이 '근대적 주체로의 전환'에 잠복되어 있다고 지적하고, 거기서 발생할지 모르는 파국적인 결과에 대해 심각한 경고를 한 바 있다. 그의 설명에 따르면, 미학적 언어의 근대적 전환이 자기 연관적인 주체성과 관계된다는 것은 자명하지만, 그것은 다만 자기의 표현을 채택하는 '방식'에 국한되는 것이고 오로지 자기의 가치만을 표현해야 한다는 유아론적(solipsistic) '인식'에까지 확장되는 것은 아니다. 만일 그렇게 되면, 상상력과 창조의 자유로운 해방을 의미하는 형식의 개성적 표현은 삶과 현실의 내용을 무한히 개방될 수 있는 것으로 오해함으로써 인식론적 무질서를 정당화하고, 최종적으로는 도덕적 규범과 가치의 기준을 붕괴시키는 데까지 이르게 된다는 것이다.[6] 이처럼 근대적 주체성을 내면화한 문학에서 형식의 자기 연관성은 피해 나갈 도리가 없더라도 어떤 혼동 때문에 내용의 자기 연관성도 불가피하다고 생각하는 것은 명백히 위험한 착각인 셈이다. 그러나 근대의 미학적 경험 안에서 형식과 내용의 자기 연관성을 혼동하는 일은 종종 일어나는데, 60년대 한국문학의 미적 주체들은 바로 그러한 착각에 빠졌던 것으로 보인다. 특히 60년대 소설이 보여주게 되는 비인간화의 양상은 그것에 대한 가장 직접적인 증거에 해당된다고 할 수 있다. '인간이라는 개념을 넘어선다는 것'이 사실 형식의 자기 연관성과 내용의 자기 연관성의 구분에 대한 혼동과 망각이 낳은 문화적 파국의 소설적 징후라는 것은 부인하기 어렵다. 그러나 이 말은 60년대 소설이 근대적 개인의 규정적 방향성이라

6) 찰스 테일러는 근대 문화에서 형식의 주체화는 피할 도리가 없지만, 내용의 주체화는 피해야만 한다고 말한다. 자기 연관적인 주체들이 자신의 욕구와 이해들을 넘어서는 어떤 것을 반대하고 오로지 그 자신의 사적인 욕구와 이해들을 실현하려 한다면, 아마도 진실과 가치의 기준이 상대화됨에 따라 필연적으로 문화적 파국을 맞게 된다는 것이다. 다시 말해 그는 근대 문화에서 형식의 자기 연관성과 내용의 자기 연관성을 구분하지 못하고 혼동하게 되면 문화적 혼돈을 정당화함으로써 파국적인 결과를 맞게 된다고 말한 것이다(C. 테일러, 『불안한 현대사회』, 이학사, 2001, pp.106-119 참조). C. 테일러의 견해에 따르면서도 좀더 신중한 김우창도 주체화(subjectivation)는 좁은 의미의 합리성은 아니더라도 어떤 형성적 원리나 정합성의 원리로서의 어떤 규제의 원리에서 완전히 벗어날 수 없다고 주장한다(김우창, 「감각, 이성, 정신-현대 문학의 변증법」, 이문열 외 엮음, 『한국문학이란 무엇인가』, 민음사, 1995, pp.28-33 참조). 요컨대 문학은 자기 자신하고만 관계할 때 가장 순수하고 절대적인 문학, 이른바 '문학을 위한 문학'이 될지는 모른다. 그러나 그와 동시에 어떤 문학 외적인 가치 체계와 인식 내용에 대한 의무가 없는 자율적 문학은 아무런 윤리적 제약이나 종교적 제약에도 구속되지 않고 절대적 주관성에 몰두함으로써 어쩌면 모든 인간적 책임에서 벗어나게 된다. 그때 인간과 문화는 혼돈의 도정 속에서 붕괴될지 모른다.

는 시대의 제약 속에 처하게 된다는 말이지, 그 소설들이 문화적 파국을 적극적으로 의도하게 된다는 말은 아니다. 달리 말하면, 이것은 근대적 주체성 속에서는 필연적으로 형식의 자기 연관성과 내용의 자기 연관성을 구분할 수 없게 된다는 말이다. 이 점을 좀더 명확하게 할 필요가 있다.

혁명적 근대성이 '주체의 원리'를 미적으로 변형하여 정립한 형식의 자기 연관성이 일단 창조와 상상력의 생산적 원천으로 작용하게 될 것은 확실하다. 외재적이고 선험적인 규범과 형식이 근대적 주체성 속에서 자기 연관적인 것이 됨에 따라 내재적이고 경험적인 규범과 형식이 무한히 개방될 때, 실제로 창조적 상상력은 정합적인 규제의 원리에서 완전히 벗어나기 때문이다. 그런데 이것을 통해 형식의 자기 연관성은 필연적으로 내용의 자기 연관성을 유인하고 활성화시킨다는 데 근본적인 문제가 있다.[7] 자기 연관적인 형식은 우선 권위적이고 규범적인 모

---

7) 형식의 자기 연관성과 내용의 자기 연관성에 대한 혼동은 근대적 주체성 속에 필연적이라고 할 수 있다. 위계적 전통에 맞선 동등한 개인들의 자유라는 근대적 주체성의 내용은 표현주의적 인간론의 원리에 따라 외재적이고 초월적인 가치와 규범을 자아 안에 들여놓고 가치와 규범을 주관적으로 상대화함으로써 "문제가 된 문화"를 형성하게 된다(A. 르노, 『개인-주체철학에 관한 고찰』, 장정아 옮김, 동문선, 2002, pp.25-31 참조). 말하자면 동등화된 근대적 주체들의 자유 그 자체에는 개인적 자유의 행사를 제한하고 그럼으로써 그 "자유를 선용하는 기준들"이 들어 있지 않다(A. 로랑, 『개인주의의 역사』, 김용민 옮김, 한길사, 2001, pp.9-22 참조). 그러니까 엄격한 의미에서 근대적 주체들의 지극히 개인주의적인 성격은 근본적으로 공적인 영역과 영원히 "공약 불가능한 것"이 될 수밖에 없다(R. 로티, 『우연성, 아이러니, 연대성』, 김동식·이유선 옮김, 민음사, 1996, pp.19-25 참조). 자기실현을 인생의 주요한 가치로 삼고 외재적인 도덕의 요구나 타인에 대한 진지한 의무에는 별로 의미나 관심을 기울이지 않는 이른바 "나르시시즘의 문화"라는 근대 사회의 본질적 특성(C. 라쉬, 『나르시시즘의 문화』, 최경도 옮김, 문학과지성사, 1989, pp. 18-49 참조)은 결국 형식의 주체화와 내용의 주체화에 대한 혼동과 망각을 통해 궁극적으로 "거대한 짐승화"라는 사회문화적 병리에 귀착하고 말 것이다. 동등화의

든 근거에 대한 거부와 반항을 강령화하면서 무엇보다도 심미적 표현과 형식에서 개인적 특이성을 가치화하게 된다. 여기서 표현적 형식에서의 독특함에 대한 강조는 이른바 "양식의 혼전(stylistic infighting)"[8]을 초래하지 않을 수 없다. 그러나 양식의 혼전이 약속하는 자유와 해방에 대한 과도한 기대는, 방법적 차원에서이기는 하지만, 심지어 의미의 혼돈과 가치의 무질서라는 인식론적 무정부주의조차 정치적 유토피아의 항목으로 권장하도록 만든다. 이처럼 근대의 자기 연관적 주체성 안에서 '양식의 혼전'은 그와 더불어 불가피하게 '인식의 혼전'이라는 결과를 가져오지 않을 수 없는 것이다. 형식의 주체성과 내용의 주체성의 어지러운 교착과 거기서 생기는 문화적 혼돈과 무질서라는 근대예술의 위험은 사실 유동적이고 불안정한 근대세계에서의 삶과 현실의 병리적 현상이라는, 파장과 범위에서 좀더 심각하고 광범위한 사회적 위험에서 이미 어느 정도 예측된 것이다. 주지하고 있다시피, 근대적 주체성은 신성(神聖)과 같은 자기 이외의 모든 초월적인 권위를 거부하고 또한 그것에 반항한다는 자유와 해방의 원칙과 이상을 인간들에게 부여했다. 그러나 일체의 것을 내재적이고 경험적인 자아(ego) 안에 들여놓고 자기완성이 자신과의 만남에서 성취될 수 있다는 확신 속에 형이상학적 초월성을 파기하려는 근대적 개인의 자기도취적 오만은 그 초월성을 부수어버림으로써 아울러 삶과 현실의 토대까지 폐허의 상태로 만들어버리고 말았다.[9] 초월성이란 비록 가상과 허구에 지나지 않는

원리에 입각한 근대적 주체들의 자율성 선언은 아이러니컬하게도 인간성 고양의 기회가 아닌 인간성 상실의 위기를 그 출발과 함께 이미 안고 있었던 셈이다. C. 메베스 외, 『평등이 인간을 행복하게 하는가?』, 강성위 · 박경숙 옮김, 서광사, 1994, pp.105-145 참조.

8) S. 개블릭, 『모더니즘은 실패했는가』, 김유 · 이순미 옮김, 현대미학사, 1999, p.36.

9) 이러한 근대의 병리적 문제는 상당히 많은 논자들에 의해 고찰된 바 있다. 예컨대

것일지라도 인간의 삶과 현실에 의미·목적·질서 등을 제공하는 강한 규준이자 튼튼한 기초라고 해도 과언이 아니다. 근대 이전 전통과 권위가 지배했던 사회에서 인간의 삶과 현실에 의미와 목적, 가치와 질서를 보장할 수 있는, 인간 자신보다 더 높고 위대한 어떤 초월성의 존재는 매우 중요했다. 그런데 근대적 주체성은 원리상 개인의 자유를 선양하느라 그것을 넘어선 모든 가치체계에 대한 신뢰를 침식하는 것이고, 따

뤽 페리는, 궁극적으로는 내재성 속의 초월성에 대해 희망을 걸면서도, 근대적 주체성의 내재적 성격은 전통적인 규범과 권위를 대신할 어떤 것도 제시할 수 없는 것이고, 이와 같이 합의의 붕괴와 기준의 파산에 따라서 근대 세계는 보편성의 상실과 윤리의 위기를 맞지 않을 수 없었다고 선언한 바 있다. 그는 "수천 년 동안, 예술에서부터 정치에 이르기까지, 신화학에서부터 윤리학에 이르기까지, 신성의 의미는 인간 문화의 모든 영역에 동기를 부여해 왔다. 그것이 어쩌면 환상이었을 수도 있지만, 그렇다 하더라도 그것은 위대한 환상이었다. 이제 초월적 존재를 상실한 우리의 윤리가 이와 같이 물러가버린 신성을 대신 보상해 줄 수 있을 것인가?"라고 질문하고, "종교적 환상에서 깨어나 세속화된 인간주의자인 우리는 그 질문에 대답할 수 없다. 예전에는 의미와 우문들에 부분적으로나마 종지부를 찍어주어 왔던 절대적 주체, 즉 신이라는 존재가 우리에게는 더 이상 남아 있지 않기 때문이다. 민주주의 사회에서 삶의 의미에 관한 문제의 여지는 바로 이러한 모순에서 생겨난다."(L. 페리, 『신-인간, 혹은 삶의 의미』, 우종길 옮김, 영림카디널, 1998, pp.9-66)고 대답한다. 이러한 맥락에서 어느 신학자의 다음과 같은 발언은 그 종파주의적 강변은 별도로 하고 주의 깊게 경청할 필요가 있다. "어떤 인격신(人格神)을 인정하지 않으면서도 도덕 법칙–목숨의 희생까지도 요구할 수 있는 도덕률–들을 확언하고 공언하는 사람은 자기 행위에 어떠한 이유들을 부여합니까? …(중략)… 인간의 존엄성을 정당화하는 근거는 과연 무엇이겠습니까? 인간이 존엄한 까닭은 모두가 자기보다 더 높고 위대한 어떤 것을 향해 열려 있는 존재이기 때문이 아닐까요?"(U. 에코·C. M. 마르티니, 『무엇을 믿을 것인가』, 이세욱 옮김, 열린책들, 1998. pp. 92-99) 분명한 것은, 근대의 주체적 개인들은 이제 신이 존재한다는 관념을 더 이상 유지하기 어려운 상황에 처해 있다. 그러나 삶의 의미와 인간의 존엄성이라는 차원에서 근대인들은 그럼에도 불구하고 신을 믿어야 한다. 왜냐하면 신은 비록 관념에 불과한 것인지는 모르지만, 그 관념은 여전히 근대인들이 의미 있는 정신적 경험 속에서 성숙해 가는 삶을 진지하고 가치 있게 영위하는 데 많은 도움을 주기 때문이다. D. 큐피트, 『신, 그 이후』, 이한우 옮김, 해냄, 1999, pp.59-69 참조.

라서 그와 같은 전통적 규범과 권위를 대신할 어떤 것도 제시할 수 없는 것이어서, 문화의 붕괴는 물론이고 기본적인 삶과 현실의 파국 또한 그 출발과 함께 예고되었던 것이다. 근대적 주체성은 결국 개인의 자유로서 공동체적 규범과 권위를 방해하여 형이상학적 초월성으로부터의 해방이라는 환희와 희망을 선사하는 동시에 그 안에 무의미하고 혼란스러운 삶과 현실을 감추어 인간 모두에게 불안과 공포를 가져다주는 '트로이의 목마'와 같은 것이라 할 수 있다. 요컨대 주체의 원리가 지배하는 근대세계란 일차적으로는 문학과 예술이 전통과 규범을 통해 부여받은 정당성과 권위를 끝내 상실하고 마는, 예술의 권위와 신뢰성에 치명적인 침해가 일어난 세계를 가리키며, 나아가서는 전통과 규범의 위대함을 일종의 스캔들(scandal)로 비방하고 대신 보잘 것 없고 평범한 존재지만 자기 자신이 되는 것을 선호함으로써 마침내 인간이 그 격과 지위에서 어떤 하락(下落)을 겪게 되는 비인간적 세계까지도 포함한다. 포괄적으로 보면, 예술에서나 인간에게나 결론적으로 초월적이고 신성한 것을 거부하고 스스로가 되라는 명령을 따르며 인간과 개인의 자율적 독립을 선언한 근대적 주체에게는 역설적이게도 인간 본질의 훼손과 상실, 즉 비인간화를 야기하는 자기 부정의 측면이 있다.

4월 혁명과 더불어 1960년대 한국 사회에 도래한 근대적 현실은 실제로 그처럼 혁명적 근대성이 구성하는 주체의 원리에 따라 펼쳐졌던 것으로 보인다. 60년대 이후, 한국 사회는 근대의 특수한 성질을 표시하는 '세속주의'의 정착으로 인해 서구의 경우에 방불한 유동적인 삶과 불안정한 현실에 나포되어 유사 이래 가장 극심한 정치적, 사회적, 문화적 혼란에 휘말리게 되었던 듯하다. 60년대 한국소설도 역시 초월성을 척도로 하여 전통과 권위로 구획된 사회의 보편적 질서가 자기 연관적인 내재성 속에서 와해되고 근대적 개인의 주체성 속에서 제거된 매우 근대적인 상황의 소산이라고 할 수 있을 것이다. 바꿔 말하면, 60년대 소설은, 근대적 주체성으로 구성되자 종교적인 것을 포함한 초월성의 와해에서 정신적 가치가 붕괴되기에 이른 세속화된 사회에 대해 스스로를 성찰적 저항이자 미학적 비판으로 규정하고 있지만, 비록 의도는 그렇다 하더라도 그 소설들은 또한 일정하게 '신을 잃어버린 세속화된 세계'[10]에 대해 도전하면서도 의존하고, 반발하면서도 적응하는 순응적 매체로서, 결과적으로 근대 한국 사회의 일부라는 의미를 지닌다.[11] 60년대 소설은 한마디로 계통적으로 발생된 한국 사회의 근대

---

10) 신정에 입각한 중세 시대의 생활 세계와 주체의 원리에 의해 조직된 근대의 생활 세계의 구분은 서구 사회에 고유한 것으로 생각될지 모르지만, 한국 사회의 경우에도 그러한 구분은 거의 그대로 적용될 수 있다. 물론 한국 사회의 중세인 조선조를 지배했던 유교의 원리에서 초월성은 서구의 경우와 다르게 신성한 근원을 향한 형이상학적 움직임이라기보다는 특정한 윤리 강령이라는 규범적 성격이 좀더 강하다는 측면에서 좀더 세속적이라고 할 수는 있다. 그러나 자연과 인간을 꿰뚫는 보편적 섭리에 합일하는 성인(聖人)이 되는 것을 목표로 한다는 점에서 유교적 원리는 세속적인 성격을 지니는 것임에도 불구하고 다분히 초세속적인 것이기도 하다. 그 밖에도 서민 생활을 지배했던 현세 초월적인 불교나 무속과 같은 샤머니즘적 신앙을 염두에 둔다면, 한국 사회의 중세에 해당하는 조선조의 삶과 현실은 기본적으로 신성한 초월성을 중심으로 구축된 것이라 해서 크게 틀린 것이라 할 수는 없다. 김우창, 앞의 글, pp.44-50 참조.

11) 근대 문화의 거대한 주체 중심적 전환은 해방적 의미를 지닌 것이면서 동시에 이른바 '도구적 이성의 지배'라는 새로운 억압의 성격도 아울러 가진다. 도구적 이성이란 주어진 목적을 성취하기 위한 수단으로 경제적 계산 가능성에 의지하게 되는 일종의 합리성인데, M. 베버는 일종의 무기력 속에서 도구적 이성을 중심으로 구성된 사회는 결국 "쇠우리(iron cage)"의 영역이 될 것이라고 암울하게 예언한 바 있다. 해방의 환희는 쇠우리로 귀착된 셈이다(M. 베버, 『프로테스탄티즘의 윤리와 자본주의 정신』, 박성수 옮김, 문예출판사, 1996 참조). 이것이 일종의 무책임한 비관주의라 해도 근대 사회에 대한 베버의 비전은 역사적 사실로서 "계몽의 변증법" 속에서 다시 한번 강한 동의를 얻는다. 계몽된 이성이 새로이 폭력으로 격변한다는 계몽의 불길한 변증법은, "계몽이 어떤 정신적 저항을 만나든 계몽은 이러한 저항을 통해 오히려 힘이 증가할 뿐이다. …(중략)… 계몽은 총체적인 것이다."라는 말에서 드러나는 것처럼, 근대 세계를 암울한 쇠우리로 닫아버린다. 좀더 구체적으로

를 각각의 문학작품 안에서 개체적으로 발생 반복하는 미학적 대칭물이라는 성격에서 그다지 자유롭지 못했던 것이다. 다시 말하여, 60년대 소설이란 근대 한국 사회와 경합을 벌였던 '전위적 주도자'이기보다는 그것에 발을 맞추었던 '문화적 보조자'에 가까운 것인지도 모른다. 이러한 이유에서, 앞서 밝힌 바 있듯이, 이 책에서는 60년대 소설이 미적 근대성으로서 한국 사회의 근대성에 대해 성찰적이고 비판적으로 대응한 것이 아니라 근대성의 조건과 상황에 부합하여 그것을 일정하게 반영한 것이라는 시각을, 다소의 포용적 평가 속에서도, 일관되게 채택하고자 한다. 물론 이 책에서 60년대 소설의 새로운 미적 주체들을 근대적 주체성의 형성과 전개 과정의 일부라고 비판하는 배경에는, 미적 근대성이라는 것이 그저 근대성에 편승하고자 미적 주체들이 행한 단죄되어야 할 자발적 부역(附逆)의 경험이 아니라 역사적 근대성이라는 전환적인 패러다임의 구속과 제약에서 자라나오는 필연적이고 불가피한 경험이라는 전제가 깔려 있다. 이 책에서 결국 60년대 한국 사회에서 이루어진 혁명적이고 도전적인 새로운 소설적 양식들은 매우 다양하고 이질적인 편차에도 불구하고 그와 같이 세속화된 사회의 추수적 반영이라는 차원에서 비인간화의 도정 속에 수렴되는 것으로 규정된다. 사실 이런 논의가 이 자리에서 처음 시도되는 것은 아니다. 일찍이 오르테가 이 가세트(Jose Ortega y Gasset)는 근대의 새로운 예술적 실천들을 자연이라는 유기적인 것으로부터 이탈하는 작업으로 전제하고,

---

말하면 계몽은 신화에서조차 자기 자신을 재인식한다. 즉 계몽에 대한 저항이 어떤 신화에 의지하든 그 신화가 저항을 위해서는 자신의 논리를 주장하려 들지 않을 수 없다는 사실 때문에, 해체적인 합리성이라고 계몽을 비난하는 신화는 자신도 동일한 원리를 지니고 있음을 자인하지 않을 수 없는 것이다. 그렇다면 미학적 결과물도 결국 계몽의 변증법을 벗어나지 못하는 것이 된다. M. 호르크하이머 · T. W. 아도르노, 『계몽의 변증법』, 김유동 외 옮김, 문예출판사, 1995 참조.

세부적 사항으로 전통적인 것에 대한 "반항"과 생명 형식에 대한 "우상 파괴적 충동", 예술의 자기 부정이라는 "아이러니" 등을 근대 예술의 전형적인 인식내용과 스타일로 열거한 바 있다.12) 그에 따르면, 유기적인 것의 비유기화라는 예술적 동향은 바로 인간적인 것을 배제하고 순수한 미학적 요소만을 보존하려는 특권적인 예술에서의 비인간화의 경향으로 포착된 것이다. 그는 일단 '주체성의 문제'를 제기하지 않고도 그로 인한 예술적 결과나 징후들을 적절하게 묘사한 것으로 보인다. 그러나 여기서 가세트는 비인간화의 양식적 요소를 예술적 실천으로 인정하고 예술적 엘리티즘(elitism)의 거점으로 삼는 이른바 '모더니즘'의 옹호자가 된다. 오르테가 이 가세트는 예술에서의 비인간화 경향을 인식론적 해명 없이 거의 양식적으로만 접근했다는 점에서 일단 이 책의 시각과 다르고, 나아가 그것에 긍정적이고 호의적으로 접근했다는 점에서는 이 책에서 그것을 해석하고 평가하는 입장과 완전히 갈라진다.13)

---

12) 오르테가 이 가세트, 앞의 책, pp.55-92 참조.

13) 가세트가 말하는 "예술의 비인간화"라는 개념은 근대 예술이 자연의 비유기화라는 생명 형식에 대한 염오를 하나의 흐름으로 보여주면서 그 예술의 특수한 성질로 구축한 근대 예술의 비대중적인 경향을 특권화하는 개념이다. 그런가 하면 종종 신고전주의자로 불리는 T. E. 흄 역시 생명적인 것에 대한 베르그송적 긍정에 대립하는 "예술의 기하학화"를 옹호하는데, '비생명적인 것에 대한 옹호'라는 점에서 흄의 논의는 예술의 비유기화를 모더니즘으로 승인한 가세트의 논의와 유사하다. 좀 다른 맥락에서이기는 하지만, 두 사람은 '낭만주의에 대한 혐오'를 공통적으로 보여주기도 한다. 그러나 흄의 모더니즘 옹호는 예술의 기하학화가 '인간적'이기 때문에 그렇게 한다는 점에서, 예술의 비유기화가 '비인간적'이기 때문에 승인한다는 가세트의 모더니즘 옹호와는 차이가 있다. 간단히 말해서, 가세트가 미학주의적이라면, 흄은 다소 인간주의적이다. 그러나 흄의 보편적 인간주의의 기미도 기하학적 추상의 실천을 이미지즘이나 주지주의라는 이름으로 정당화하는 논의에 이르러서는 그 지적 엘리트주의 속에서 희박해져버린다. T. E. 흄, 『휴머니즘과 예술철학에 관한 성찰』, 박상규 옮김, 현대미학사, 1993, pp.17-101 참조.

정리하자면, 근대의 미학적 실천들을 낳은 '예술의 자율성이라는 테제'는 일반적으로 혁명의 근대성이 구성하는 근대적 주체성을 통해 정립된다. 한국 사회의 경우 1960년대는 근대의 자율성 원리가 정치·사회·문화 전반에 걸쳐 선언되고 작동하는 역사적 시기라고 할 수 있다. 특히 60년대의 소설들은 문학의 자율성 테제에 따라 혁신적인 문학적 인식과 양식들이 생기와 활력을 얻는 영역이 된다. 그러나 문학의 자율성이라는 테제는 60년대 소설에서 그처럼 혁명적인 새로움이라는 특성을 성취하게 만드는 것과 동시에 창조적 상상력을 무제한적으로 풀어놓음으로써 문화적 혼돈과 무질서라는 흐름을 형성한다. 개인을 넘어선 모든 가치체계의 권위를 무너뜨리자 모든 영역에서의 해방적인 자급자족이 보편화되지만, 자족적인 독립성 속에서 기준과 합의를 상실한 세계는 자폐적 내면의 몰두 속에서 의미 있는 정신적 경험을 거의 완전히 빼앗기고 말았던 것이다. 자유의 혼돈 속에서 자율성을 향유하게 된 문학 또한 그 방향과 목적을 잃고 문화적 파탄의 일부가 되었던 것도 사실상 부정하기 어렵다. 물론 근대성이 본격적으로 발전하는 60년대에 이르러 소설은, 다른 예술 영역이 그랬던 것처럼, 자신에게 주어지던 공적인 사명의 제약에서 자유로워지고 또 자신에게 요구되던 의무적인 내용과 형식에서 해방됨으로써 오직 자기 자신만을 위해 표현되고 제작되는 매우 자율적인 성격을 보여주었다. 그러나 공적인 사명과 의무의 속박에서 벗어난 60년대 소설은 제지받지 않음으로 해서 극단적이 된 상상과 창조의 에너지로 목적과 의미, 질서와 가치 등을 혼돈과 무질서라는 무정형한 인식과 양식들에 개방하고 그 자체를 가치화함으로써 인간의 삶과 현실이라는 폐기될 수 없는 문화적 근간을 해체시키기 시작했다. 60년대 소설은 극단적인 창조와 상상력으로서 어느 순간 사회적 혼돈과 무질서를 닮아가기 시작했던 셈이다. 이 책에서는 바로 이러한 문제의식을 바탕으로 1960년대 한국소설을 고찰하게 되는데, 그 소설들을 사회적 근대성과 미적 근대성의 대립이라는 근대적 주체성의 환원적 구도 속에서 사회적 비인간화에 반대편에서 작업하는 '미학적 실천'으로 보지 않고, 반대로 일정한 의미에서 그 미학적 실천은 사회적 근대성에 의존하고 적응함으로써 그것의 일부이자 과정이 된 사회적 비인간화의 '문화적 변형'으로 다룰 것이다. 그러나 이 책의 시각은 어떤 '문학의 오류'를 찾아내려는 의도 속에서 도입된 것은 아니다. 주체를 근본적인 가치단위로 설정함으로써 결정적인 영향력을 행사했고 자신의 세계를 전시대와 구분했던 근대세계의 사회적 변화란 문학적 실천을 수행하는 사람들의 창조의 동기와 의욕뿐만 아니라 문학의 본질을 함께 바꾸었다는 전제를 가지고 근대화의 핵심 이념들에 관련된 '문학의 운명'을 검토한다는 차원에서, 이 책은 전개된다. 근대 한국 사회에서 60년대적 주체성의 문학적 구현이 가지는 비인간화의 경향을 주체로 현전하는 근대적 개인들에게서 비롯된 '인간 본질로부터의 탈선(脫線)'이라는 정신적, 문화적, 사회적 병리에 결부시키려는 것은 무엇보다도 그 때문이다.[14)]

1960년대 한국소설에 대한 논의는 90년대 이후부터 다양하게 진행

14) '문학의 오류'가 아닌 '문학의 운명'이라는 절망적인 논제는 행동력을 고갈시키는 대책 없는 비판이라는 점에서 철저한 비판이기는 하지만 무책임한 비판이기도 하다. 그러나 근대 세계에서 일어난 일과 근대적 현실을 살아가는 일, 그리고 거기서 미적인 실천을 행하는 일 등, 그것들의 의미와 가치를 가늠하고 파악하는 일은 아무리 강조해도 지나치지 않다. 만일 근대적 상황의 진정한 국면을 간파할 수 있고 또 그것에 둔감하지 않다면, 근대적 현실은 우리에게 덜 위험한 조건과 공간이 될지 모른다. 모르는 것보다 아는 것이 덜 위험한 이유는, 일단 무슨 일이 일어나고 있는가를 확실히 안다고 할 때, 우리에게는 여전히 선택의 가능성이 있기 때문이다.

되었다. 그것은 가벼운 문학사적 배치를 비롯한 개별 작가나 작품들에 관한 논의와 60년대 소설 전반을 검토하고 그 문학사적 의의를 규명하는 본격적인 논의에 두루 걸쳐 있다. 게다가 '30년'이라는 시간적 거리는 90년대 이후 다양해진 60년대 소설에 관한 논의와 연구들에 객관적이고 균형 잡힌 시각을 가져온다. 그러나 다양성과 객관성을 갖춘 60년대 소설에 관한 논의들은 대개 기존의 연구 경향과 그 논법을 크게 벗어난 것으로 보이지는 않는다. 다시 말하여 90년대 이전의 연구들이 비평적 논의를 통해 거듭하여 재생산했던 '리얼리즘과 모더니즘의 이분법'이라는 인식틀은 90년대 이후의 연구들에서 다양성과 객관성이라는 의장을 걸친 채 다시금 변주되는 듯하다. 90년대 이후 본격화된 60년대 소설에 관한 논의와 연구들에서 비록 근대성의 문제를 올바로 설정했고 또 이전에 비해 포괄적인 시야를 확보했다는 연구사적 의의가 인정된다 할지라도, 그러한 판단이 별로 달라질 것 같지는 않다. 그것들이 어느 편에서 새로이 형성한 '사회적 근대성과 미적 근대성의 구분과 대비'라는 진일보한 인식의 구도조차 외연만 확장했을 뿐 대체로 앞선 리얼리즘과 모더니즘의 이분법이라는 인식 구도에서 유래된, 그것에 대한 변형된 충실에 지나지 않는 것처럼 보이기 때문이다. 90년대부터 활발해진 '근대성'에 관한 논의는 사실 리얼리즘과 모더니즘의 이분법이라는 관습화된 논리를 극복하는 데 커다란 의의를 두면서 의욕적인 연구를 수행했었다. 그러나 연구 대상의 선택이나 그 대상에 대한 평가에서 그것은 실제로 기존의 논리를 계속 반복한다는 인상을 준다. 예컨대 김현을 비롯한 4.19세대 비평가들의 세대론적 자기규정은 이른바 모더니즘의 정신적, 실질적 토대를 형성하고 뒷받침하며, 이것은 이후 60년대 소설에 관한 논의와 연구들에서 그 소설들을 근대적 경험의 심미화를 통한 근대적 현실에 대한 비판과 성찰을 의미하는 것이라 평가

하는 데서 거의 그대로 계승된다. 반대로 백낙청을 중심으로 한 또 다른 일군의 4.19세대 비평가들은 근대화라는 정치적, 경제적 지표의 반영이나 4.19혁명의 정신적, 문화적 반향 정도로 60년대 소설을 규정하고, 그것을 70년대 소설의 전단계로서 소시민성이라는 한계를 가지는 문학에 한정하는 리얼리즘론을 전개한다. 마찬가지로 이것은 90년대에 이르러, 일군의 지지자들을 얻으면서, 실천적 의의를 미적 경험의 우위에 놓고 심미적 태도가 가지는 자폐성과 파편성 등을 지적하고 비판하는 리얼리즘적 논의에 이어진다. 이 과정을 좀더 자세히 살펴보자.

먼저 1960년대 소설을 그 당대의 관점에서 접근하고 검토했던 4.19세대 비평가들은 『산문시대』(『문학과 지성』의 전신)와 『창작과 비평』이라는 잡지를 중심으로 점차 진영을 구축하면서 일정한 대립 구도를 이룬다. 이 가운데 통상 '문지 계열'로 불리곤 하는 김현을 중심으로 한 일군의 비평가들은 문학사적 불연속성의 관점에서 60년대 소설을 50년대 전후소설과 구분되는 "새로운 세대의 문학"이라고 규정한다.[15] 그들은 60년대 소설에서 근대적 주체의 개인주의가 확립되어가는 것을 목격하고, 이전 시기의 전후소설을 개인이 존재하지 않고 전체만이 문제되었다는 점에서 근대성에 미달하는 소설로 폄하하고 있다. 바꿔 말하면, 문지 계열에 속하는 4.19세대 비평가들은 세대론적 자기규정 속에서 60년대 소설을 "개인과 언어에 대한 자각"을 통해 소설 안에서 현실의 의미를 전면적으로 재검토하게 된 획기적인 문학으로 각별한 평

---

15) 김 현, 「세대 교체의 진정한 의미」, 『세대』, 1969년 3월호.
_____, 「한국소설의 가능성」, 『현대 한국문학의 이론』, 민음사, 1974.
김병익, 「60년대 문학의 가능성」, 앞의 책.
김치수, 「한국소설의 과제」, 『68문학』, 한명문화사, 1969.
김주연, 「새 시대 문학의 성립」, 『아세아』, 1968년 창간호 등.

가를 내린 것이다.[16] 그들에게서 60년대 소설에 나타난 개인과 언어의 자각이 뜻하는 것은 무엇보다 근대적 형태의 개인주의를 구현한 문학적 주체성의 탄생이며, 그 탄생으로부터 초래된 미학적 자율성의 형성이었던 것으로 보인다. 그런가 하면 백낙청과 염무웅을 필두로 한 '창비 계열' 비평가들은 60년대 소설에 대한 그와 같은 지나친 의미부여를 비판적으로 지적한다.[17] 즉 그들에게서 60년대 소설의 의의는 그 한계 속에서만 일정한 의미를 가지게 되는 연속적인 문학사의 일부일 뿐인 것으로 이해된다. 이를테면 창비 계열 비평가들은, 4월 혁명의 5.16군사 쿠데타에 의한 좌절이 이른바 시민정신의 질곡이 되어 소시민 의식을 촉발하게 되었다고 보고, 문지 계열의 비평가들이 감싸는 60년대 소설을 시민 의식과 소시민 의식의 대립 구도 속에 놓고 그 소설을 후자 쪽에 좀더 기울었던 제한적인 문학으로 평가한 것이다. 개인적이며 사회적 실체가 없는 순수한 미학적 경험은 정신적으로 무기력하고 현실적으로 퇴폐적일 수밖에 없다는 평가는 문학의 대사회적 기능을 강조하면서 결국 문학의 현실참여론을 구축하는 토대를 이루게 된다. 이처럼 문지 계열 비평가들이 옹호했던 모더니즘 류의 소설들은 창비 계열 비평가들에 의해 '소시민 문학'이라고 비판되고, 거꾸로 창비 계열 비평가들이 두둔했던 리얼리즘 류의 소설들은 문지 계열 비평가

16) 논쟁적인 한 논자가 60년대 비평가들이 전대의 문학과 자신들을 구분한 것은 세대론적 전략이자 문학사적 인정 투쟁의 성격이 짙다고 주장한 적이 있다. 거기서 그는 특히 문지 계열 비평가들이 60년대 문학에 적극적인 의미를 부여한 것은 자신들의 비평적 입지를 확고히 하려는 인정 투쟁의 전략이라는 성격이 강하다고 비판적으로 쓴다. 권성우, 「60년대 비평문학의 세대론적 전략과 새로운 목소리」, 문학사와 비평 연구회 편, 『1960년대 문학연구』, 예하, 1993, pp.13-25 참조.

17) 백낙청, 「새로운 창작과 비판의 자세」, 『창작과 비평』, 1966년 창간호.
_____, 「시민문학론」, 『창작과 비평』, 1969년 여름호.
염무웅, 「상황과 자아」, 염무웅 외, 『최인훈』, 은애, 1979 등.

들에 의해 문학적 논리가 결여된 '소박한 반영'이라는 개념으로 평가절하 된다. 익히 아는 바와 같이, 60년대 순수・참여 논쟁은 바로 리얼리즘과 모더니즘의 경합이라는 구도 속에서 형성된 문학사적 사건이었다.

한편, 90년대 이후 최근까지 진행된 60년대 소설에 관한 논의와 연구들은 앞선 연대의 비평적 논의가 생산한 경쟁적 구도를 거의 그대로 따른다. 물론 그러한 후속 논의와 연구들이 30년이라는 시간적 거리와 거기서 오는 다양성과 객관성이라는 측면에서 당대의 연구 경향과 그 논법을 어느 정도 극복하고 그 경향과 논법을 다소 새로운 국면에 진입하도록 만들었다는 것을 부인하기는 어렵다. 그러나 논의의 다양성은 아직 일정한 흐름을 이루지 못해 산만한 느낌을 주는 것이고, 논의의 객관성은 균형감각을 가장하기 위해 다분히 의례적인 절차로서 의의와 한계를 동시에 지적한다는 인상을 주는 것이다. 일단 창비 계열 비평가들의 리얼리즘론은 60년대 문학을 전후문학의 진전으로 살피면서도 70년대 문학의 미숙한 전단계라는 한계 위에 가볍게 배치하는 새로운 문학사적 논의에서 그대로 이어진다. 거기서 60년대 소설은 문학사적 연속성이라는 맥락에서 변함없이 어떤 계속된 흐름의 가교나 징검다리 역할을 하는 "과도기적 문학"으로 규정된다.[18] 이러한 논의는 그 이후로도 리얼리즘을 옹호하거나 두둔하는 논자들에 의해 자신들의 논의와 연구의 기본 구도로서 사용되는 고정된 사고 유형을 이룬다.[19]

18) 이재선, 『현대 한국소설사(1945-1990)』, 민음사, 1991.
김윤식・정호웅, 『한국소설사』, 예하, 1993.
권영민, 『한국 현대 문학사(1945-1990)』, 민음사, 1993.
최동호 편, 『남북한 현대 문학사』, 나남, 1995 등.

19) 서경석, 「60년대 소설 개관」, 문학사와 비평연구회 편, 『1960년대 문학연구』, 예하, 1993.

그들이 비록 문학사적 논의가 간과하는 60년대 소설의 의의에 대해 긍정적 평가를 내린다 하더라도 실은 그 소설들에 무게중심을 두지는 않는다고 할 수 있다. 즉 그들은 대개 50년대 전후소설에 비추어 주체의 정립과 성찰적 태도의 증가라는 면에서 60년대 소설의 의의를 말하지만 제한적인 평가일 뿐만 아니라, 궁극적으로는 70년대 소설에 견주어서 리얼리즘의 실천적 의의를 아직 획득하지 못한 60년대 소설의 문학사적 한계를 주장하는 것이다. 반대로 문지 계열 비평가들의 모더니즘론은 미적 근대성론에 포괄되어 최근 논의와 연구들에서 거의 그대로 반복된다. 예컨대 60년대 소설의 미적 근대성을 좀더 정밀한 분석으로 근대에 대한 미학적 저항과 성찰로 간주하고 앞선 4.19세대 비평가들의 세대론적 자기규정을 뒷받침하는 논의들은 그러한 연구의 가까운 예이다.[20] 세부적인 차이에도 불구하고 그와 같은 논의들은 일관되게 "근대적 현실의 온갖 부정적인 계기들에 대한 비판적이고 성찰적인 태

하정일, 「주체의 복원과 성찰의 서사」, 민족문학사연구소 현대문학분과 편, 『1960년대 문학연구』, 깊은샘, 1998.

정희모, 「1960년대 소설의 서사적 새로움과 두 경향」, 앞의 책.

진영복, 「한국 자본주의 형성과 60년대 소설」, 앞의 책.

구재진, 「1960년대 장편소설 연구」(『1960년대 한국소설의 주체와 담론』, 삼지원, 2002), 서울대 박사학위논문, 1999.

이호규, 「1960년대 소설의 주체생산 연구」(『1960년대 소설 연구』, 새미, 2001), 연세대 박사학위논문, 1999.

임경순, 「1960년대 지식인 소설 연구」, 성균관대 박사학위논문, 2000 등.

20) 차혜영, 「자율적 주체의 개인주의와 모더니즘적 글쓰기」, 민족문학사연구소 현대문학분과 편, 『1960년대 문학연구』, 깊은샘, 1998.

김민수, 「1960년대 소설의 미적 근대성 연구」(『환멸의 세계, 매혹의 서사』, 거름, 2002), 중앙대 박사학위논문, 1999.

김주언, 「한국 비극소설 연구」(『한국 비극소설론』, 국학자료원, 2002), 단국대 박사학위논문, 2001.

정혜경, 「1960년대 소설의 서술구조 연구」, 고려대 박사학위논문, 2001 등.

도"를 60년대 소설의 미학적 실천이 지니는 독특한 성격으로 평가하는 견해를 펼친다. 구체적으로 말하면, 미적 근대성론자들은 60년대 소설을 문학사적 불연속성의 관점에서 주체의 성립과 발전의 획기적인 계기로 인정하고 그 의의를 적극적으로 피력하며, 리얼리즘 류의 소설에 대해서는 모더니즘의 미학적 의의에 비추어 현실의 소박한 반영물이라든가 경직된 이데올로기의 프로파겐더(propaganda)라는 치명적인 한계를 부여하는 것이다. 1960년대 소설에서 미학적 저항으로서의 주체적 표현을 "근대에 대한 성찰적 반응이자 그 근대의 일부를 이루는 하나의 징후"이기도 하다는 것을 강조함으로써 미학의 양면성을 감안하고 그것을 실제로 객관화하려는 논의도 물론 예외가 아니다.[21] 이것은 주체의 문학적 표현이 근대의 자기 전개 과정이라는 것을 냉정하게 확인시켜주면서도 여전히 그 문학이 근대 세계에 대한 성찰적 반응이라는 미학적 형식의 비판적 근원을 절대적인 것으로 간주하기 때문이다.

지금까지 살펴본 대로 1960년대 한국소설에 대한 논의와 연구들에서 기본적으로 발견되는 문제점은, 리얼리즘과 모더니즘의 경직된 이분법 때문에 문학의 심미적 특성을 무시하는 리얼리즘론과 문학의 그것을 절대적인 것으로 생각하는 모더니즘론이라는 두 개의 극단 사이에서 균형과 조화를 찾을 수 있는 가능성이 거듭 좌절되었다는 점이다. 한쪽에서는 메시지는 강하지만 문학적 논리가 약하여 미학적 갱신의 의미와 가치를 매번 빠뜨리고 또 다른 한쪽에서는 심미적 특성에 충실하지만 도덕과 목적을 도외시하여 인간의 현실에 대한 관심과 그 접점을 뜻하지 않게 놓치고 만다. 그러나 더욱 본질적인 문제는, 강조점도

---

21) 김영찬, 「1960년대 한국 모더니즘 소설 연구」, 성균관대 박사학위논문, 2001.
______, 「불안한 주체와 근대－1960년대 소설의 미적 주체 구성에 대하여」, 상허학회 편, 『1960년대 소설의 근대성과 주체』, 깊은샘, 2004.

다르고 정도의 차이는 있어도 그 각각의 문학 이념이 근본적으로는 공히 근대적인 자율성 원리를 역사적인 것이 아닌 자연적인 것으로 간주하고 인간의 현실에 대한 문학의 우월성을 추인하는 어떤 왜곡된 심미적 신학(神學)에 사로잡혀 있다는 데서 나타난다. 간단히 말해 리얼리즘과 모더니즘의 대립이라는 문학 내부의 문제만을 대상으로 삼는 것은 일정한 문학 이념을 정신사의 기저적 맥락에서 분리함으로써 거의 모든 논자와 연구자들의 시선과 관심을 편향되게 하여 너무 미시적인 '문학의 질문'에만 몰두하게 하고 좀더 포괄적이고 거시적인 '문학 그 자체에 대한 질문'은 망각하도록 만든다.[22] 따라서 주체성의 패러다임 안에서 생겨난 문학적 퇴폐(decadance)는 불가피한 것이지만 그것을 미학의 이름으로 정당화하는 문학적 주체성의 내부 논리에 빠지지 않으려면, 문학이라는 범주가 형성되고 전개되는 정신사적 문맥을 고려하는 일이 반드시 필요하다. 1960년대 한국소설을 인간적 관심과 필요의 관점에서 바라보려는 이 책의 의도는 바로 거기서 온다. 비교적 최근에

22) 기존의 논의들을 포함해 최근에 객관성을 갖추었다고 할 수 있는 60년대 소설 전반에 걸친 연구들에서조차 이른바 리얼리즘과 모더니즘의 이분법은 철저히 관철되는 양상을 보인다. 예컨대 리얼리즘을 옹호하는 논문에서는 리얼리즘 작가들에다가 모더니즘 작가를 하나 슬쩍 끼워 넣고 그 대비 속에서 실천적 의의를 지니는 리얼리즘 작품들의 가치를 긍정적으로 평가하는 모습을 보여준다. 그런가 하면 모더니즘을 옹립하는 논문에서는 아예 리얼리즘 작가에 대해 지면을 할애하지 않고 모더니즘 작가들의 미학적 성취만을 긍정적으로 다루는 모습을 보여준다. 따라서 당연히 이 책의 연구 범위는 리얼리즘과 모더니즘이라는 이분법적 기준을 따르는 것이 아니어야 한다. 그런데 앞으로 연구 범위에서 드러나겠지만, 이 책에서는 이른바 모더니즘 작가군에 직간접적으로 관련되는 5명의 작가(김승옥, 최인훈, 박상륭, 서정인, 이청준)를 연구 대상으로 삼고 있다. 그러나 이 책의 문제의식을 뚜렷하게 부각시키기 위해 주체성의 미학적 문제를 좀더 잘 드러내고 있는 작가들에 집중하기로 했지만, 리얼리즘 작가들이라 해서 예외는 아니다. 부록으로 실린 남정현 소설에 대한 연구는 바로 그 증거이다.

문학적 퇴폐의 실상을 좀더 거시적인 맥락에서 살펴본 바 있는 이남호의 논의들과 김태환의 글은 이러한 맥락에서 매우 소중한 시사점을 던져주는 것으로 보인다.[23] 그들은 무엇보다도 지금 이곳 소설이 비인간적인 상태와 경향을 노정하고 있다는 통찰을 날카롭게 보여준다. 그러나 이남호의 논의들에는 주체성의 문제를 거론하지 않음으로써 문학의 퇴폐를 동시대의 문제로 한정하는 문제점이 있다. 반대로 김태환의 글은, 서사학적 지반 위에서이기는 하지만, 주체성의 문제를 적절하게 검토한다. 하지만 마찬가지로 그의 글도 암시적일 뿐 충분한 논의로 확대되지 못하는 한계를 가진다. 더욱이 김태환은 인간과 인간적인 것에 대한 전통적 믿음의 상실을 주체성의 발흥이 아닌 그것의 쇠퇴에 결부짓는다. 그는 이 부분에서 근대적 주체성을 역사적 개념이 아니라 하나의 이상적 개념으로 천착하여, 결국 이 책의 시각과 의도가 문제 삼고 있는 기존의 문제틀에서 크게 벗어나지 않는 모습을 보여준다. 물론 이미 드러난 바와 같이 리얼리즘론이든 모더니즘론이든 기존의 논의와 연구들에서는 주체성이 아무런 반성 없이 문학의 절대적인 조건으로 전제되고 있다는 점에 비추어볼 때, 그의 논의에는 문제의 방향을 올바르게 설정했다는 일정한 성과가 있다. 다만 김태환의 논의에서 문학적 주체성의 역사적 배경을 배제하고 그것을 절대적 가치로 승인함으로써 근대적 주체성의 실상을 왜곡한 문제는 특별히 지적하지 않을 수 없다. 그런 만큼 이 책에서는 '주체의 문제'를 비록 소설이라는 문학 작품을

23) 이남호, 「리얼리즘 정신과 새로운 소설적 징후들」, 『문학의 위족 2-소설론』, 민음사, 1990.
______, 「버림받고 지쳐빠진 왕」, 『녹색을 위한 문학』, 민음사, 1998.
______, 「문학의 내파」, 『문자제국쇠망약사』, 생각의나무, 2004 등.
김태환, 「이야기에서 인간적인 것과 비인간적인 것」, 『문학과 사회』, 2002년 겨울호 참조.

대상으로 한 것일지라도 단순히 문학 내부의 문제가 아니라 문학과 연관된 문학 외부의 현실 문제, 곧 문화사와 사회사의 문제로서 다루게 될 것이다. 이것은 '한국소설의 주체화와 문학적 변동'이라는 이 책의 부제가 가지는 기본적인 함의이기도 하다.

주체성을 내면화하면서 징후적인 양상을 띠고 드러나는 1960년대 한국소설의 비인간화 경향을 좀더 세밀하게 해명하려면 이 책에서 점검해 두어야 하는 몇 가지 방법론적 준거(準據)들이 있다. 무엇보다도 먼저 근대적 주체의 원리가 문학적 실천에 작용하여 구성하게 되는 '미적 주체성의 소설적 정체'가 무엇인가 하는 점이다. 그리고 두 번째는 그러한 소설적 정체들을 고찰하여 작가가 의도한 것과 그 결과로 나타난 것 사이의 간격을 의식하고 측정하려는 '징후 독법의 가능성'이라고 할 수 있다. 또 다른 한 가지는 비인간화의 징후라는 해석적 지평을 열기 위해 필요한 '비인간화의 개념'이다.

먼저 명확히 할 것은, 주체의 원리가 형성하는 미적 주체들의 소설적 정체가 무엇인가 하는 점이다. 이것은 단적으로 작품 안에서 미적 주체들의 형상을 알아볼 수 있는 소설적 요소를 지정하는 일이라고 할 수 있다. 소설이 작가라는 근대적 주체의 미적 인식과 그것의 형상이라고 할 때, 무엇보다도 근대의 자율성 선언에 따라 분화된 전문화된 영역 가운데 문학 분야에서 하나의 직업을 갖게 된 어떤 '작가'를 상기하지 않을 수 없다. 그런가 하면 그 작가가 창조적 상상력을 통해 펼치게 되는 서사적 표현들의 총체인 '작품' 역시 한 미적 주체의 시선과 인식을 담아 양식을 구축하는 매체라는 점에서 미적 주체의 소설적 정체들 중에 하나라고 할 수 있다. 그러나 소설 작품에서 주체의 원리와 그 미적 구현을 분석하고 검토할 수 있는 구체적 표현과 형상이 되기에 그것들은 너무 추상적이다. 소설의 내부로 들어가기 위해 필요한 것은, 오히려 작가보다는 그가 분장한 '작중인물들'이고 작품이라는 외연보다는 시선과 인식을 구조화하고 있는 '서사들'이라고 할 수 있다. 실제로 주체의 원리를 내면화한 미적 주체로서의 작가의 시선과 인식은 서술자(narrator)의 연출 아래서 말하고 움직이는 작중인물들(characters)을 통해 경험되고 해석된다. 작가와 서술자 또는 서술자와 등장인물 사이에 거리가 부여된 특별한 경우를 제외한다면, 작가가 만들어낸 서술자와 인물들이 작가 자신의 지각과 사고 속에서 느끼고 생각하고 움직일 것이라는 사실은 대체로 부인하기 어렵다.[24)] 서술자와 인물들을 통해 작가와 작품의 시선과 인식을 엿볼 수 있다는 가정은 바로 여기서 생겨난다. 요컨대 이 책에서는 서술자와 등장인물들이야말로 주체의 원

24) 작가와 서술자, 혹은 서술자와 등장인물이 일치하지 않는다는 서사학적 통찰은 분명 중요한 참조사항 가운데 하나이다. 그러나 그것들을 분리함으로써 소설을 텍스트화하고 그 내재적 정합성만을 따진다고 하는 서사학(narratology)의 주요 모토는 사실과 현실을 서사들의 구실(pretext)로 환원하는 데 있다는 점에서, 어떻게 보면 그것 역시 비인간화의 경향 속에 포함된다고 할 수 있다. 소설 속 인간의 삶과 현실은 거기서 언어적 허구의 효과 내지 결과로 인식됨으로써 현실은 단지 언어적 구축물이자 문법의 환상이 되고, 그리하여 소설이 개입할 외재적 현실을 제거함으로써 언어적 허구의 서사는 일종의 순환적 유희에 빠져버리게 되는 것이다. 이처럼 서사학은 삶이라는 의미심장한 토대와 근거를 상실함으로써 사회적 비인간화라는 현실에 개입하거나 저항할 수 없게 되고, 따라서 허무주의적 유희만을 허용함으로써 비인간화의 현실을 더욱 공고히 하는 사회적 비인간화의 일부이자 과정이 된다고 할 수 있다. 그런 의미에서 이 책은 작품의 현존을 다시금 사회적 맥락 속에 위치시키기 위해, 소박하고 단순한 분석 방법이자 작품 이해로 생각될지 모르지만, 작가와 서술자와 등장인물들의 연결고리를 일정하게 유지하려 한다. 왜냐하면 다소 낡은 이 방법과 이해가 이 책에서 주장하려는 시각과 그것을 논증하려는 의도에 충실한 것이기 때문이다. 이런 생각과 관련해서 서사학을 방법적 활용의 대상이 아니라 그 이면에 정신과 사고의 변화를 함축하는 전환적인 학문적 흐름으로 간주하는 박진의 「서사학과 문학 연구」(『비평』, 2002년 가을호)라는 글은 하나의 참조사항으로 유용하다.

리가 조직하는 미적 주체들을 대표하는 소설적 요소들로 규정된다. 따라서 근대적 주체성이 초래한 인간 본질의 상실이라는 문제에 접근하고자 하는 이 책에서는 서술자와 등장인물들에 초점을 맞추어 그들이 이루어가며 보여준 삶과 현실의 생생한 현장을 고찰하고, 거기서 어떤 인간이나 그의 이미지를 검토하고자 한다. 이때 주체성의 문제와 관련해서 소설에 내재한 인간상(人間像)에 대한 적정한 윤곽을 획득하는 것과 작가의 인간관에 대한 적실한 추론을 성취하는 일은 모두 가능해진다. 서사적 표현들(narratives)을 분석하고 검토하는 데서 서술자와 등장인물들의 거리를 고려하는 것은 작품의 참다운 의도와 의미를 이해하려면 반드시 수반되어야 할 일임은 물론이다.

작가가 소설을 통해 의도한 것과 별도로 그것의 논리적 결과로 나타난 것을 지적하며 분석적 대상으로 삼을 수 있는가 하는 것도 확실히 해야 할 사항이다. 예컨대 "타락한 사회에서 타락한 양식으로 진정한 가치를 추구하는 근대의 서사시"로 소설을 규정하는 루시앙 골드만(Lucien Goldmann)의 근대 소설에 대한 정의를 빌리자면, 의도와 결과 사이의 격차에 관한 문제는 '타락한 것과 진정한 것의 경계'를 과연 어디에서 찾을 수 있는가 하는 문제로 다시금 풀이될 수 있다. 일단 골드만은 근대 소설의 그 독특한 딜레마를 루카치의 '아이러니(irony)' 개념을 가지고 해결하는 것처럼 보인다. 즉 아이러니는 언제나 '자기 풍자'를 뜻하는 것이어서 타락한 사회를 타락한 인식과 양식으로 표현한다 하더라도 소설은 근대 사회에 대한 비판적이고 저항적인 성격을 잃지 않는다는 것이다.[25] 그러나 그러한 정당화와 의미부여는 사실상 모든 무가치한 하급(下級)의 글쓰기들에도 무차별적으로 제공될 공산이 크

25) L. 골드만, 『소설사회학을 위하여』, 조경숙 역, 청하, 1982, pp.11-34 참조.

다.[26] 왜냐하면 무의미와 가치의 허무를 표현하고자 한 누보로망이 근대 사회와 근대적 인간에게 일어난 중요한 변화들에 대해 진정한 이해와 설명을 제공하는 작품인지, 아니면 단지 그러한 변화들의 일부이자 과정일 뿐인 작품인지는 아이러니라는 개념 속에서 쉽게 구별되지 않기 때문이다. 골드만이 루카치로부터 차용한 아이러니는 통념상 작품의 반성적 의미론을 양식화하는 미학적 수법과 태도를 가리키는 개념이기는 하지만, 예술적인 것들이 물러가버리고 승화되지 않은 비예술적인 것들이 예술적 표현 안으로 난입한 근대의 문화적 상황을 수습하고 그 타락한 세계 안에서 미학의 새로운 출처를 마련하기 위해 사실상 발견적으로 고안된 개념과 태도이기도 하다.[27] 그런 만큼 근대의

26) 골드만은 알랭 로브그리예의 누보로망을 나탈리 사로트의 소설과 대비하면서 그것을 근대 자본주의 사회에서 증가하는 사물화된 사회적 관계의 아이러니한 재현으로 가치 있다고 평가하고, 작가 로브그리예를 근대 프랑스 문학에서 가장 급진적인 사실주의 작가로 특징짓는다(L. 골드만, 앞의 책, pp.203-231 참조). 그런데 루카치의 아이러니 개념은 과연 소설이 근대적 현실의 왜곡되고 타락된 양상에 대한 비판을 재현하는가, 아니면 그러한 삶과 현실의 단순한 첨가물인가 하는 점을 구분하는 데 유용한 잣대가 될 수 있을까? 루카치는 일단 그것들이 구분될 수 있다는 주장을 전개했다. 그는 문학이 왜곡을 왜곡으로 보기 위해서는 그 자신이 정상적인 것의 개념을 가져야만 한다고 주장하고, 왜곡 그 자체의 성공적인 표현은 왜곡되지 않은 기준의 존재를 전제한다고 확신한다. 만일 삶이 왜곡된 것들이 충만한 광기의 공간이라면 그 사실을 표현하고 재현하는 소설은 아마도 존재할 수 없을 것이라는 이유에서이다(Georg Lukacs, *The Meaning of Contemporary Realism*, trans. J. and N. Mander, London: Merlin Press, G. 그라프, 『자신의 적이 되어가는 문학』, 박거용 옮김, 현대미학사, 1997, p.70에서 재인용). 그러나 루카치가 왜곡 그 자체의 성공적인 표현은 왜곡되지 않은 정상적인 것의 개념을 가진다고 말했지만, 진정한 왜곡과 왜곡 그 자체가 구분된다는 그의 말은, 칸트적 의미에서 그렇게 되지 않으면 안 된다는 하나의 '요청'으로 이해해야 한다. 만일 그 요청조차 폐기하면 진위 파악이 불가능해져 근대 세계를 지배하는 인식론적 무질서와 거기서 오는 퇴폐적 허무주의의 바깥을 상상할 수 없게 된다고 아마도 루카치는 생각했을 것이다. 그런 의미에서 진정한 왜곡과 왜곡 그 자체를 구분하는 일은 실제로는 어려운 일이 된다.

27) H. 제들마이어, 『현대예술의 혁명』, 남상식 옮김, 한길사, 2004, pp.168-171 참조. 예

문학적 인식과 양식에서 비인간화를 포함한 사회적 변화의 힘과 방향에 대한 비판적 '전복' 형태와 그것의 단순한 '확장' 형태를 구별하는 일은 주의 깊은 통찰을 통해 이루어져야 하는 작업이다. 그런데 골드만의 논의가 예시하고 시사하는 바처럼, 그동안 실제적인 논의들은 대개 그러한 구별을 저급한 대중문학을 배제하는 데 이용했을 뿐 정전(正典)이 된 고급 문학에 적용하는 일은 거의 없었다.[28] 근대 소설의 유력

컨대 승화되지 않은 외설적이고 폭력적인 세목들을 재현한 소설이 있다고 할 때, 근대 미학 안에서 탈승화의 세목들은 일반적으로 아이러니를 통해 숨은 비판을 수행하는 정치성을 띠는 것으로 긍정되고, 나아가 그것은 종종 '탈승화의 미학'이라는 그럴듯한 이름으로 과도한 의미부여의 대상이 된다. "어떤 계몽과 반성의 포즈도 없이 성을 비루하게 묘사하고 자신의 욕망을 노골적으로 제시하는 '골빈 화자'들의 등장을 보자. 이것은 성문화된 문법에 대한 악마적인 전도를 실행하는 탈승화 desublimation의 미학을 포함한다. …(중략)… 이 미학적 기획은, 동일성의 이데올로기에 기초한 내면의 관념을 교란하려는 또 다른 내면적 자의식의 소산이며, 자기동일적 주체를 비판하는 또 하나의 반성적인 주체의 전략이다."(이광호, 「굿바이! 휴먼―탈내향적 일인칭 화자의 정치성」, 『문학과 사회』, 2002년 가을호, p.1149) 재현된 탈승화의 세목들이 어떻게 현실 추수가 아닌 현실에 대한 자의식적 비판으로 이해되는지 알 수 없다는 점에서 그와 같은 설명은 지극히 외삽적이고 자의적이다. 사실 여기에는 의미작용에 관한 폭넓은 고려 없이 독단적 의미 부여를 통한 강한 자기주장만이 있다. 이것은 놀라울 정도로 불합리한 추론이라고 여겨지는데, 미적 근대성론자들은 흔히 그러한 관념적 비약을 통해 미적 기획의 도발적인 특이성을 이용하여 탈승화 자체가 정치적 해방과 관련된다는 마르쿠제 식 결론을 이끌어내곤 한다. 이것이 얼마나 영향력 있고 지배적인 것이 되어 있는가 하면, 누구보다도 신중하고 사려 깊은 논자들에게서조차도 그러한 주장들에 대한 추인과 긍정이 목격되기 때문이다. 비예술적인 탈승화의 세목들을 예술의 진정한 원리로 받아들이는 것은 역사적인 제약이니만큼 아마도 대세가 되었을 것이고 또 앞으로도 틀림없이 대세로 남을 것이다. 아이러니의 시각을 지지하는 대부분의 미적 근대성론들은 자신으로서도 잘 이해하지 못하는 탈승화의 세목들을 정치적 유토피아의 근거로 단순하게 내세울 뿐이면서 선량한 독자들의 무지와 무감각을 끊임없이 불평하고 탄핵한다. 예술적인 탈승화가 전복적인 힘의 본질을 구성하는 마르쿠제 식 주장에 대한 설득력 있는 비판은 G. 그라프, 앞의 책, pp.80-96 참조.

28) 골드만에게서도 이 점은 두드러지는데, 그는 문학을 사회경제사와의 연관 관계 속에서 탐문하는 문학사회학적 관점을 지니고 있으면서도 현실에 대해 문학의 우위

한 표현들에 잠재된, 변화된 사회에 대한 문학의 의존과 적응의 양상을 적시할 수 있는 징후 독법의 필요성은 바로 여기서 대두된다.

징후적 독해(symptomatic reading)란 간단하게 말하면 있는 사실에서 있을 수 있는 징후를 해독하고자 눈에 보이지 않고 의식되지 않은 것을 대상화하고 논증하려는 일종의 해석학적 방법이다. 작품의 인식적, 양식적 요소들이 전체의 맥락에서 분리된 채 비약적으로 해석되어 그것이 어떤 정치적, 사회적, 문화적 상황을 예시한다고 간주됨으로써, 징후 읽기는 잘못하면 우유부단한 것이 될 수는 있다. 그것은 한마디로 해석적 자의성의 근본적 위험에 노출되어 있는 것이 사실이다. 그러나 루이 알뛰세르(Louis Althusser)에 따르면, 관찰자가 가시화된 대상에만 사로잡힌다면 주어진 문제틀(problematic)만 보게 되는 데서 특정한 해석적 지평을 벗어나지 못하게 되고, 따라서 기존의 분석과 해석을 동어반복적으로 재생산할 수밖에는 없다.[29] 그런 점에서 징후적 독해는 쉽사리 부정될 수 없는 방법인 셈인데, 비록 자의적 해석의 위험성이 있기는 하지만, 그 방법은 주어진 대상의 명증성을 의심하고 부재하는 것들을 통해 그 대상을 새로운 인식과 논의의 부분으로 구성함으로써 고정된 문제와 답변들에 변화를 일으키는 생성적인 방법일 수 있기 때문

를 인정한다는 점에서 여전히 미학적 교회 소속이라고 할 수 있다. 골드만은 분명 "진지하고 엄밀한 실증적인 성격의 과학적 학문"을 표방하면서도 형이상학적 편견을 아직 버리지 못하고 있는 것이다. 이처럼 미적 근대성론자들의 관념적 편견은 뿌리 깊은 것이어서 과학적 학문을 구축하려는 문학사회학자에게서조차 아직 영향력을 발휘하고 있다. 그런 의미에서 골드만의 문학사회학은 아직 문학 안에 유폐되어 있는 것처럼 보인다.

29) 알뛰세르에게 중요한 것은 경험과 언어, 그리고 제도화 등을 통해 가시화될 수 있는 것을 해석하는 일이 아니라, 개체들, 사회역사적 '심층구조들'과 그 언어와 같이 사유되지 않은 것을 해독하는 일이다. L. 알뛰세르, 『맑스를 위하여』, 이종영 옮김, 백의, 1996, pp.54-100 참조.

이다. 그러나 이 책에서 알뛰세르 식 징후 독법이 아무런 변형 없이 그대로 원용(援用)되지는 않는다. 특히 자의적 해석의 위험성을 줄이기 위해 명증한 소설적 요소들이 이루게 되는 작품의 통일된 의미구조를 크게 벗어나지 않고서 그와 같이 가시적으로 발현된 대상의 배후에 있는 잠재된 언어와 인식들을 살펴본다는 점에서 그러하다. 즉 이 책에서 징후 독법은 알뛰세르가 문제틀의 변화를 도모하기 위해 폐기한 전통적인 해석학적 전제들인 '작품'의 역사적 현존이라는 테제와 그 작품의 주인으로서의 '작가'라는 테제 모두를 일정하게 보존한다는 측면에서 알뛰세르 식 징후 독법과는 거리를 둔다. 어떤 작가의 어떤 작품에서 근대의 정신적 상황과 문화적 사태라는 한 시대의 병리적 곤경을 읽어내려는 목표에 비추어 본다면, 삶과 현실의 문제를 예민하게 포착하는 작가의 존재와 특별한 함축성과 상징적 포괄성을 지닌 작품의 현존을 전제하는 일은 이 책에서 필수적이라고 할 수 있다.[30] 그러니까 이 책에서 전개하는 징후적 독해는 해체적 독법을 유발한 이른바 문화적 좌

30) 알뛰세르 식 징후 독해의 목표는 어떤 대상을 분석하거나 비판적으로 이해하거나 그것을 통해 본래의 진실을 재구성하는 것이 아니라, 그 대상 속에 감추어져 있는 새로운 지식을 생산하는 것이다. 그것을 위해 알뛰세르는 두 가지 전통적인 해석학적 전제들, 즉 작품의 역사적 현존과 작품의 주인으로서의 작가라는 존재와 결별한다. 그에게 작품은 단지 언어들의 체계, 곧 텍스트일 뿐이다. 물론 알뛰세르는 예술의 경우 어떤 이데올로기(고정된 이념 체계) 내부에서 그 이데올로기 내에 현재하지 않는 것을 암시하는 거리를 만들어낸다고 본다. 예술은 이데올로기적인 것을 이데올로기로서 보이게 하며, 예술적 실천은 이데올로기에 대한 일종의 입장 표명이라는 특성을 지닌다는 것이다. 바꿔 말하면, 알뛰세르는 어떤 작가의 어떤 작품이라는 현존을 부정하면서 모순되게도 미적 근대성론자들의 관념적 편견인 '예술의 가치'를 여전히 옹호하는 셈이다. 그러나 이 책에서는 예술의 가치 근거인 전통적인 해석학적 전제들을 인정하면서도 역설적으로 예술의 비예술성을 탐문하고 그것을 통해 작가와 작품의 근대적 현존을 위협하게 될지도 모른다는 점에서, 알뛰세르적 징후 독법과는 거리가 있다. K. M. 보그달 편저, 『새로운 문학 이론의 흐름』, 문학이론연구회 옮김, 문학과지성사, 1994, pp.112-128 참조.

파의 징후 읽기와는 다른 것이라고 할 수 있다.

역사적으로 현존하는 작품과 그것의 주인인 작가라는 테제는 한 시대와 씨름하며 대책을 강구하는 계시적인 능력으로 미래의 현실에 대한 해결책이나 전망을 내놓을 수 있다는 긍정적인 의미와 연관되기도 하지만, 반대로 예민하고 섬세한 작가이자 예외적 개인으로서 한 시대의 병리적 현상을 누구보다도 먼저 겪게 됨으로써 다만 그것의 예시적인 기능으로 머물게 된다는 부정적인 뜻에 관계되기도 한다. 작가의 문학적 창조물은 물론 시대적 조건이나 상황에 제약되어 있는 것이라는 점을 인정해야 하면서도 실은 사회적 의식으로부터 자유로운 상상력을 통해 그 시대의 조건과 상황에 전적으로 제약되지 않는 복잡한 이해의 대상이라는 것을 부인할 수는 없다. 예컨대 사회적 "의식형태"와 문학의 "지각형상"은 순응의 측면과 동시에 반발의 측면을 가지고 그 "거리효과" 속에서 "이화작용"을 보여준다는 주장은, 문학과 사회의 복잡한 관계를 감안하면서 문학의 자율성을 옹호하고 지지하는 사려 깊은 예로서 함부로 도외시할 수 없는 논의이다.[31] 따라서 문학작품이란 그것에 관한 타당한 이념과 논리로 해석하고 평가해야 한다는 문학의 자율성이라는 기준을 사회적 역사적 맥락에서 회의하고 질문하는 일은 오히려 한 시대의 패러다임을 거슬러 오르는 반동적인 태도로 비난받거나 예술의 "전위적 실천들에 반대하여 돌아선 지적인 극우주의"[32]로 이해될 가능성이 높다. 그러나 어떤 표현들에 골몰하여 시야를 제한하면, 그렇게 한 사람은 불가피하게 그 표현들이 나타난 패러다임의 포로가 되기 쉽다. 이 책에서는 바로 그 포로의 상태를 문제 삼고 그것을

31) 김인환, 「한국문학의 사회사 문제」, 『기억의 계단』, 민음사, 2001, pp.22-33 참조.
32) 이브 미쇼, 『예술의 위기』, 하태환 옮김, 동문선, 1999, p.20.

정신사의 거시적 지평 위에서 다시금 평가하고자 하는 것이다.[33] 특히 문학의 자율적인 성격과 기능을 생산하는 주체의 원리가 '문학의 비인간화'라는 문화적 병리성을 수반했다는 점을 고려할 때, 그 자율성 이면에서 은밀하게 작동하는 시대적 조건과 그것에 대한 순응의 측면을 비판적으로 강조하는 것은 반드시 필요한 것이라고 할 수 있다.[34] 이

---

33) 그런가 하면 의식형태를 포함한 사회적 조건에 대한 문학의 형상에서 순응의 측면과 반발의 측면을 모두 볼 수 있다고 가정하면서 후자를 강조하는 논법이 있을 수 있듯이 그 반대도 논리상 얼마든지 가능하다.

34) 이런 논법을 보여주는 두 시각이 있다. 우선 A. 아이스테인손은 리얼리즘/ 포스트모더니즘/ 아방가르디즘 사이에서 "모더니즘의 정치성"을 포착하려 한다. 한마디로 그에게서 모더니즘은 "모더니티를 방해하려는 시도"로서 규정된다. 이른바 "방해의 미학"으로서의 모더니즘은, 불변적 가치를 지니는 것으로, 무엇보다도 부르주아적 주체와 도구적 이성이 지배하는 비인간화된 근대 사회를 부정하고 해체하려는 전복의 미학이자 부정성의 미학이라고 할 수 있다는 것이다(A. 아이스테인손, 『모더니즘 문학론』, 임옥희 옮김, 현대미학사, 1996 참조). 그와 달리 R. 포지올리는 모더니즘을 유행(moda)의 개념에 귀속시키고 그것은 시간적으로 멀어져가고 낡아가고 죽어가도록 예정되어 있다고 평가절하한다. 그 대신 그는 영원한 현재성을 띠고 모더니티에 반발하는 아방가르드의 혁명적 '반항'에 모더니즘의 주권을 넘겨주고 있다(R. 포지올리, 『아방가르드 예술론』, 박상진 옮김, 문예출판사, 1996 참조). 그러나 모더니즘이든 아방가르디즘이든, 그 두 시각은 예술에서 사회에 대한 반발의 측면을 강조하는 작품의 미적 근대성을 다같이 옹호한다. 그런가 하면 문학의 형상에서 순응의 측면을 강조하려는 이 책의 주장은 또 한 명의 미적 근대성론자인 H. R. 야우스의 다음과 같은 발언과 분명히 반대되는 입장을 지닌다고 할 수 있다. "시대의 지평에서 즉각 그 근거가 설정될 수는 없다 하더라도 아직 인식되지 않은 채 생각 혹은 소망될 수 있는 어떤 것을 드러내기 위해 기대들을 만들어내는 것은 예전부터 미적 경험의 불가결한 역할이었으며, 오늘날에도 그러할 기대가 남아 있으리라 …(중략)… 여기에서 나는 우리의 최초의 현대(unsere jüngste Moderne) 예술이 지닌 책임성을 보는데, 잠정일 수밖에 없는 예술적 도덕을 미적 무관심과 혼동하는 사람만이 이러한 책임성을 부인할 수 있을 것이다."(H. R. 야우스, 『미적 현대와 그 이후』, 김경식 옮김, 문학동네, 1999, p.13) 바로 이 진술을 뒤집은 지점에 이 책에서의 주장이 자리 잡는다. 즉 '어떤 것을 드러내기 위해 기대들을 만들어내는 것'이 '예술이 지닌 책임성'이라는 야우스의 주장과 반대로, 이 책에서는 '어떤 것을 만들어내기 위해 징후들을 드러내는 것'이 '예술의 무책임성'을 심사숙고하게 한다고

런 맥락에서 이 책에서는 이루어진 문학작품에 표출되어 있는 작가의 현재의 의도보다는 그 징후에서 침묵하고 있는 이루어지게 될 미래의 문화적 결과들에 초점을 맞추고 그것을 주목하고자 한다. 문학의 상태를 한 시대의 침식작용에 따르는 순응의 형태로서 징후적으로 해석하고 평가한다고 할 때, 거기서 문학작품의 표현적 의도가 어떤 징후를 보여준다고 말하는 것은 물론 작가의 지각과 의식이 자신이 살아가는 시대의 제약 속에 있다는 말이지, 작가가 의도를 가지고 표현 속에 어떤 징후를 내포시킨다는 말이 아니다. 징후 읽기는 결국 의식되지 않은 것(inconsciousness)을 의식하도록 하는 해석의 방법인 셈인데, 이것은 일정한 의미에서 무의식(unconsciousness)을 의식의 차원으로 끌어올림으로써 잃었던 정신의 균형을 회복시켜주는 정신분석학의 과제를 연상시키기도 한다. 그러나 징후 독법이라는 이 책에서 전개될 해석과 평가의 방법은, 정신분석학이 종종 부인하는 문학의 자율성을 전제하고 그 자율적 창조물이 보여주게 되는 한 시대에 대한 순응 형태를 비판적으로 검토하는 방법이라는 의미에서 '정신분석적'이기보다는 '비판적인' 징후 독법이라 부르는 것이 좀더 적절하다.[35)]

주장된다. 한마디 더 덧붙이자면, '문학의 비인간화' 현상을 검토함으로써 미적 근대성에 대해 문제를 제기하고자 하는 이 책의 의도와 목적은 표면적으로 '모더니즘에 대한 불만'으로 나타나지만, 단지 이러한 논의에 국한되는 것이 아니다. '주체의 문제'를 정신사와 사회사의 맥락에서 점검함으로써 이 책에는 기본적으로 '모더니티에 대한 불만'이라는 성격이 포함되기 때문이다.

35) '비판'은 기본적으로 진단과 평가를 목적으로 하는 정신 활동이고 치유와 회복을 장담하는 정신활동이 아니다. 그리고 비판, 혹은 비평은 그 역사적 출발에서도 진위의 느낌을 판단하려는 감식가의 신원을 지닌 것이었지, 무언가를 진단하고 치유하려는 의사의 지위를 지닌 것이 아니었다. 이것은 '비판적 징후 독해'가, 치유와 회복을 목적으로 하는 정신분석학이 피분석자의 담론 이외에 여타의 텍스트에도 응용될 수 있다고 주장함으로써 성립하는 '정신분석학적 징후 독법'과 근본적으로 다른 이유이다. L. 페리, 『미학적 인간』, 방미경 옮김, 고려원, 1994, pp.29-35; J. 칠

마지막으로 주체의 원리가 동반하게 되는 비인간화의 소설적 과정을 묘사하고 기술하기 위해 그 비인간화의 개념을 명백하게 정의하는 것이 필요하다. 사실 근대적 주체성의 문제를 직접적으로 제기하지는 않았지만, 소설에서 비인간화에 대한 정의를 암시하며 비인간화의 양상을 비판적으로 쓰고 있는 간접적인 논의는 적지 않게 있어 왔다. 이를테면 "전위주의"의 세계관적 기반을 파헤치면서 근대의 문학은 현실을 어떤 백치의 모호한 의식 속에 나타나는 악몽으로 변하게 하고 퇴폐적으로 대상 세계의 소멸을 조장하는 것이어서 아무런 전망도 지닐 수 없게 된다고 주장하는 게오르크 루카치(Georg Lukacs)의 좌파적 비판[36]이 있는가 하면, 근대 사회 위기의 연원은 문화와 사회 사이의 균열이라고 주장하면서 문학을 포함한 문화들이 프로테스탄트적 윤리의 분해를 촉발하고 합리화된 근대 사회의 규약과 가치에 대해 잘못된 증오를 양산하고 있다고 지적하는 다니엘 벨(Daniel Bell)의 우파적 비판[37]도 있다. 또한 에리히 아우얼바하(Erich Auerbach)는 『미메시스』의

더즈·G. 헨치, 「징후 독해」, 『현대 문학·문화비평 용어사전』, 문학동네, 1999, p.415 참조.

36) G. 루카치, 「전위주의의 세계관적 기반」, 『문제는 리얼리즘이다』, 홍승용 옮김, 실천문학사, 1985, pp.152-191 참조. 게오르크 루카치는 아방가르드와 데카당스를 혼합하고 그 두 가지를 부르주아 문화의 쇠퇴 과정에서 생기는 양상으로 보고 있다. 그러나 이 책이 루카치의 논의와 갈라지는 지점이 바로 여기다. 말하자면 아방가르드와 데카당스의 혼합은 루카치의 주장과 달리 부르주아 문화의 쇠퇴 과정에서 생기는 양상이 아니라 부르주아 문화 그 자체에 잠재되어 있는 양상이라는 것이 이 책의 시각이다.

37) D. 벨, 『자본주의의 문화적 모순』, 김진욱 옮김, 문학세계사, 1990, pp.49-245 참조. 다니엘 벨은 '자본주의의 문화적 모순'을 해결하기 위해 종교의 부활을 말한다. 근대 사회는 퓨리탄적 윤리와 같은 전통에 대한 충실과 연결된 종교적 선언을 통해서 명확한 자기 동일성과 존재의 안전성을 확보할 수 있으리라는 것이다. 벨의 견해는 비판을 시대의 가역화라는 퇴행적인 대안에 연결한다는 점에서 역시 이 책의 입장과 다르다. 오히려 미적 근대성의 포기가 아니라 그것의 새로운 방향 규정을

마지막 장 「갈색 스터킹」에서 근대 소설의 스타일에서 나타나고 있는 전체적 현실에 대한 감각의 상실을 지적한다.[38] 다시 말해 그는 버지니아 울프의 소설을 예로 들어 현실을 여러 개의 의식의 반영이라는 형태로 분해하는 근대 소설의 시도는 혼돈과 무능력의 징후이며 그 안에는 망해가는 근대 세계의 반영이라는 측면이 분명히 존재한다는 비판적 우려를 표명하는 것이다. 그런가 하면 분화된 영역 사이의 의사소통이라는 차원에서 미적 근대성의 기획을 옹호하는 위르겐 하버마스(Jürgen Habermas)조차 이성적 근대성에 대한 근대 예술의 의식적 반항은 도덕과 유용성의 기준을 무력화시키고 비속한 행위에서 공포와 쾌락을 완상(玩賞)하면서도 그 행위가 수반하는 결과에 대해서는 대책없이 무책임하다는 사실을 꼬집고 있다.[39] 그러나 이와 같은 모든 논의들은 비인간화의 문제와 어떤 식으로든 관련되면서도 주체성의 문제를 직접 거론하지 않음으로 해서 비인간화 현상의 중요성을 모호한 채

의도한다는 점에서 벨과 이 책의 입장은 다르다.

38) E. 아우얼바하, 『미메시스-근대편』, 김우창·유종호 옮김, 민음사, 1979; 개정판, 1991, pp.237-274 참조. 에리히 아우얼바하는 근대적 현실의 문제적 징후들을 문학작품을 통해 잘 포착해서 보여준다. 그러나 그는 궁극적으로 현대 문학의 문제적 징후들은 그것이 내포하는 위험과 파멸의 가능성에도 불구하고 '깊고 사실적인 진실에의 추구'에 따라 결국 '생생한 현실감과 인생의 심오한 진실로 가득한 매순간의 구현(具現)이 갖는 가치'를 지닌다고 평가한다. 사실 강조점은 후자에 주어져 있다.

39) J. 하버마스, 「근대성-미완의 과제」, 윤평중 편저, 『푸코와 하버마스를 넘어서』, 교보문고, 1990, pp.324-330 참조. 위르겐 하버마스는 우선 모더니즘이라는 미적 기획에 대해 미완의 과제인 근대성을 실현하는 데 의사소통적으로 관여함으로써 매우 중요한 기여를 하게 되리라는 긍정적 예감을 표현한다. 그러나 모더니즘의 병리성은 그 미완의 과제 속에서 발현될 위험성이 있다고 그는 덧붙인다. 물론 이 책이 취하고 있는 입장과 하버마스의 견해는 차이가 있다. 즉 이 책에서는 하버마스의 견해와 달리 모더니즘의 병리성은 그것이 미완의 과제이기 때문이 아니라 처음부터 '위험한 과제'이기 때문에 나타난 것으로 생각된다.

로 남겨둔다. '대상 세계의 소멸'이나 '사회에 대한 증오', 혹은 '현실에 대한 감각의 상실'이나 '도덕적 유용성이라는 기준의 무력화' 등의 논의들은 일단 근대 문학과 예술에서의 비현실성의 증가와 번성이라는, 심미적 경험에서 증폭된 어떤 흐름을 의미심장하게 보여주면서도, 예술의 전통적인 개념(예술적인 것을 윤리적이고 정신적인 지혜의 값진 보고로 정의했던 개념)이나 인간이라는 개념이 사회의 역사적 변화 속에서 훼손되어간 근원적이고 전체적인 장애의 이해에는 미치지 못하는 것처럼 보인다. 실제로 문학과 예술의 비인간화 경향을 묘사하고 기술할 수 있는 그 비인간화의 개념에 대한 구체적인 정의는 여기서 마련되지 않는다.

그런 점에서 한스 제들마이어(Hans Sedlmyr)가 일체의 혁명적인 근대 예술을 가로지르며 조명한 그것의 "중심의 상실"에 관한 역사적 연구는 대단히 중요하다. 그에 의하면 우선 자연이자 동시에 초자연으로 존재한다는 것은 인간의 본질에 속한다. 다시 말해 이른바 '신인동형동성설(神人同形同性說; 인간이 신의 형상을 닮았다는 논의)'에 관한 신념과 추종 없이는 인간이라는 개념은 확보될 수 없다는 것이다. 제들마이어는 만일 인간 안에 내재하여 연결되어 있는 인간성과 신성을 인위적으로 분리한다면, 필연적으로 그는 스스로를 망치고 훼손하게 된다고 지적한다. 따라서 신을 인간과 유사한 것으로 생각해서는 안 된다는 근대의 혁명적 이념 속에는 역설적이게도 이미 인간의 초월성에 대한 부정이 포함됨으로써 처음에는 인식되지 않았지만 벌써 작용하고 있던 인간의 본질 상실이라는 경악스럽고 치명적인 경향이 잠복되어 있다고 그는 적고 있다. 근대예술은 초월성의 부정과 거부를 주체의 원리로 강령화해서 좀더 철저히 적용한 매체라는 제들마이어의 그 다음 주장이 그것에 대해 어떤 해석과 평가를 낳으리라는 것은 여기서 충분히 예측된다. 그의 논의를 접하면서 근대예술의 혁명이 이룩한 역사적 업적과 현실적 가치에 대한 믿음을 간직한 사람들 가운데는 어쩌면 그 논의가 근대예술을 비난하기 위해 사용된 논리를 정당화하려고 그것의 부정적 측면만을 부각시킨 악의적인 것이라고 느낄 이들이 있을 것이다. 그러나 근대예술의 공과(功過)에 대한 전체적인 파악에서 제들마이어의 근대예술론이 비록 균형을 잃은 것이라 하더라도, 혁명적인 근대예술의 극단적 기획이 지닌 퇴폐의 위험성에 대한 그의 진단과 비판이 전적으로 무시되기는 어렵다. 초월성의 부정과 거부를 본질로 하는 신 없는 인류의 근대적 경험이 인간 자신뿐만 아니라 모더니즘으로 대변되는 혁명적 예술에도 파괴적으로 작용한다는 그의 주장은 무엇보다도 부정과 모순, 해체와 혼돈으로 점철되어 의미 있는 사회적 실체와의 연결을 잃어버린 근대인과 근대예술이라는 현상에서 이미 그 타당한 근거를 확보하고 있다. 자신보다 더 높고 위대한 어떤 초자연적인 신성, 즉 초월적인 존재를 최소한 가정이라도 하지 않는다면 고귀한 가치와 목표를 삼켜버린 척도 없는 자유의 혼돈과 무질서에 휘말리지 않을 수 없다는 사실에는 근대 이후 인간의 삶과 예술의 표현에서 비인간적인 무의미와 이것을 가치화하는 퇴폐가 유독 번창하고 있는 이유가 들어 있을지 모른다. 요컨대 한스 제들마이어는 초월적 신이라는 '중심의 상실'과 그에 따른 '비인간화'를 근대적 인간과 예술이라는 '주체성의 세계'에서 가장 근본적인 문제라고 결론짓는다.[40] 그가 올바르게 인식했다면, 그가 말하는 '중심의 상실'과 '비인간화'는 근대 이후의 인간과 예술이 처해 있는 위기를 가장 잘 보여주는 사회적 변화이자 문화적

40) H. 제들마이어, 『중심의 상실』, 박래경 옮김, 문예출판사, 2002, pp.320-326 참조. 간략히 말한다면, 여기서 한스 제들마이어는 휴머니즘적 가치들의 이름으로 위대한 예술에 대한 보편주의적 접근을 보여준다고 할 수 있다.

현상인 셈이다. 이처럼 근대성과 미적 근대성 전체를 비판하는 제들마이어의 논의를 근거로 해서 볼 때, 근대적 주체성의 본격적 정립에 따른 문학과 예술의 비인간화 양상은 크게 세 가지 흐름으로 나누어진다고 할 수 있다.

주체의 원리가 수반하고 예고하는 비인간화는 첫 번째, 높은 것으로 향하는 것을 포기하고 낮은 데로만 움직이는 데서 극단적인 허무주의의 위험을 안고 오는, 인간에 대한 경멸과 비하에 따른 인간 격하의 양상을 가리킨다. 제들마이어는 이러한 경향의 비인간화가 근대예술에 작용하는 양상은 "덜 충격적인 형태"이기는 하지만 "인간을 니체나 슈펭글러처럼 야수나 맹수로 정의하거나, 근대 인간학의 어떤 방향에서처럼 '병든 동물'로 규정하는 것"이라든가, "이질적이고도 미심쩍은 인간 이전이나 인간 외적인 것으로 넘어가는 그런 부분으로, 말하자면 미개인이나 정신병 환자, 범죄자의 심리, 도취, 꿈, 원숭이의 심리학으로 가고 있다는 것" 등에서 뚜렷한 것이라고 쓰고 있다.[41] 그런가 하면 근대적 주체의 원리가 초래하는 자아의 고립과 그에 따른 어떤 자폐적 환상의 자유 때문에 공통선에 대한 진지한 감각과 의지를 속물적인 것으로 치부하는 데서 오로지 개인의 창조적 자유만을 극단적으로 숭배하는 악마주의의 위험에서도 비인간화의 양상을 추론할 수 있다. 여기서는 진정한 현재를 관념적으로 이상화된 과거나 미래 속에서 희생시키는 비현실적인 유미주의를 따라 유령적인 것이나 괴물스러운 것 등에 대한 지나친 탐닉을 심미적으로 정당화하는 일이 번성하게 된다. 더욱이 이것은 진정함의 새로운 모토가 되면서 경악스럽게도 인간과 그의 삶은 악마와 지옥의 성격을 지닐 때만 참다운 것이라는, 대지적(大

41) H. 제들마이어, 앞의 책, pp.276-278 참조.

地的) 관심과 필요에서 볼 때, 전연 부당한 관점에 이른다. 유미주의의 자폐적 환상 속에서 조장된 인간적인 것과 악마적인 것의 친연성이라는 "하부 세계"적 이미지는 근대예술에서 인간성의 극단적인 변이를 긍정하고 인간의 끊임없는 변신을 무죄로 할 뿐만 아니라, 거꾸로 지속적이고 온건한 경향은 언제나 "뒤떨어진 것으로 또는 우유부단한 것으로" 취급된다고 제들마이어는 지적한다.42) 마지막 세 번째의 비인간화 양상은 주체성의 지배에서 오는 종교나 전통적 규범과 같은 모든 권위의 상실이 근대 과학의 상대주의라는 이론적 뒷받침을 받으면서 야기한 세계의 표상화에 따른 '객관성의 붕괴'와 밀접하게 관련된다. 세계의 주관적 표상화로 인해 사실과 진실을 이제 더 이상 알 수 없다는 불가지론으로부터 촉발된 세계의 총체적인 허구화에 대한 근대적 경험은 대체로 두 가지 지향을 낳게 되는데, 하나가 세계의 표상화에 거스르면서 그것의 물질적인 정확성을 거듭 갈망하는 수학적 순수주의의 지향이라면, 다른 하나는 그 세계의 표상화에 가담하고 그것을 아주 극단화하면서 사실과 진실은 알 수 없는 것이 아니라 아예 없는 것이라는, 그래서 사실과 허구의 경계를 허물고 의미심장한 외재적 현실을 그 허구로 대체해버리는 상대주의적 다원주의의 지향이다. 비인간화가 근대예술에 작동하는 양상은 그처럼 수학적 순수주의와 상대주의적 다원주의와 결부되면서 예술이란 항상 무엇에 관한 것(aboutness)이라는 명제적 성질이 철저하게 부정되어버리는 사태로 나타난다. 그리고 세계에 포만한 허구적 가상이라는 경향은 인간을 의미심장한 외재적 현실 위에서 있는 사회적 실체로 인정하지 않고 단지 허구적 가상의 효과일 뿐인 것으로 만들고 만다. 제들마이어에 따르면, 이것은 바로 근본적인

42) H. 제들마이어, 앞의 책, pp.271-276 참조.

구별의 지양에 따라 "본성으로 봐서 혼돈을 일으키는 것이 목표"이고, 여기서 인간은 또한 실종되어버릴 수밖에 없다.[43] 결국 이 책에서는 '비인간화'를 인간이 근대의 자율성 선언을 통해 자신의 초월성을 부정하고 인간적인 것과 비인간적인 것의 차별을 철폐함으로써 인간적인 것을 스스로 손상시키고 훼손하게 된 일련의 근대적 경험과 그것의 예술적 반영을 표시하는 개념으로 포괄적으로 정의하려 한다.[44]

---

43) H. 제들마이어, 앞의 책, pp.266-278 참조.

44) 이미 누차 얘기한 바와 같이, 근대적 주체성은 '인간적인 것' 또는 '인간의 존엄성'이라는 전통적 휴머니즘의 믿음을 붕괴시킨다. 우선 '인간의 존엄성'이란 무엇보다도 "초월할 수 있고, 거기에서 비로소 풍요를 얻을 수 있는 자신을 만드는 일은 인간에게 가능한 것"이라는 믿음에 근거한다(R. 자프란스키, 『악 또는 자유의 드라마』, 곽정연 옮김, 문예출판사, 2002, '제14장 권력을 향한 의지' 참조). 그러나 주체성의 새로운 신화는 위대한 종교 등의 가르침과 그 이후 계몽주의를 계승하는 진중한 사상적 전통과 결별함으로써 이른바 '의심의 철학들'을 발전시킨다. 예컨대 마르크스와 니체와 프로이트의 철학에서는 "사상과 규범을 그것들을 야기시킨 원인과 결부시킴으로써 최종심(最終審)—경제적 하부구조, 본능과 충동의 삶, 리비도 등으로, 즉 무의식의 상상 가능한 모든 형태들로 환원시킨다."(L. 페리, 『생물학적 인간, 철학적 인간』, 이자경 옮김, 푸른숲, 2002, '제2부 철학 입문' 참조) 그리하여 인간은 스스로를 따름으로써 스스로를 해치게 된다. 물론 거기에는 의심의 철학들보다 전면적이고 근본적인 전환들이 주체성의 신화를 뒷받침하고 있었다. 지구가 중심점에서 밀려나도록 한 천문학적 모욕과 인간이 원래는 원숭이였다는 생물학적 모욕, 그리고 인간은 스스로가 의식을 가진 존재로 자기 집의 주인이 아니라 무의식에 지배받는다는 정신분석학적 모욕 등에 의해 형이상학적 초월성에 의해 지지된 인간의 존엄성은 사라져버리고 만 것이다(R. 자프란스키, 앞의 책, '제16장 인간의 존엄성' 참조). 근대적 주체성의 이러한 경악스러운 면들은 근대 예술에도 고스란히 반영된다. "오늘날 볼 만한 책의 주인공은 거의 희생자들이다. …(중략)… 소설에 나오는 주인공들은 대개 주변 환경으로 인한 고통에 찌든 역이다. 소설가의 상상력에서조차 인간의 위대함은 제대로 표현되지 못하고 있다."(D. 부어스틴, 『이미지와 환상』, 정태철 옮김, 사계절, 2004, '02. 영웅이 유명 인사로-인간 가짜 사건들' 참조) 그런가 하면 주체화에 따른 예술의 비인간화에 대한 좀더 신랄한 비판도 있다. "한때는 가장 위대한 자유와 창의성을 기록한 바 있는 특정 예술 영역들에서—특히 회화에서, 우리는 우리 시대의 정서나 감정을 가장 깊이 있게 표현한 상징들이 우리 시대의 공포와 폭력, 또는 공허와 절망을 심미적 형식으로 바꾸어놓은

1960년대 소설을 대상으로 비인간화의 징후적 양태를 고찰하려는 목적에 따라 이 책에서는 당연히 '1960년대'라는 시기에 발표된 소설들을 대상으로 삼는다. 간혹 70년대 초에 씌어진 소설들이 포함되는 경우는 그 작품이 60년대라는 시대적 조건과 자장 안에 있는 것으로 간주하고 검토한 것이다. 그리고 이 책에서는 무엇보다도 비인간화의 징후들을 선명하게 보여주는 6명의 작가들(김승옥, 최인훈, 박상륭, 서정인, 이청준, 남정현)을 선정하고 그들의 작품을 작가론의 형태로 전개하고자 한다. 물론 이 책은 근대적 주체성의 문제를 중심으로 인간이 자기 자신을 따르게 됨으로써 오히려 인간적인 것을 스스로 파괴한 근대세계의 병리적 현상을 1960년대 한국소설을 가지고 해명하고자 하는 작업인 만큼 반드시 작가론의 형태를 띠지는 않을 것이다. 그러니까 전조로서 나타나는 인간의 '격하'나 그 과정으로서 드러나는 인간의 '변이', 그리고 그것의 궁극적인 결과로서 예측되는 인간의 '실종' 등, 60년대 소설의 비인간화 징후로서 거론된 항목들은 각 개별 작가들의 작품 세계에 특징적인 것인 동시에 그 개별 작가들만이 아니라 60년대 소설 전반에 걸쳐 두루 발견되는 징후적 양상들이다. 그러나 징후적 양상들을 요약하는 항목들에 한 작가만을 배당해 작가론의 형식을 취한 것은 거기에 해당하는 작가가 그와 같은 항목의 비인간화 경향을 다른 어느 작가보다도 두드러지게 보여준다고 판단했기 때문이다. 한편 어떤 작품의 부분적 요소들이 작품 전체의 맥락에서 분리되고 해석되어 일정

비인간적인 유령들임을 발견하게 된다. …(중략)… 폭력과 허무주의, 즉 인간성의 말살 바로 그것이야말로, 현대 예술이 가장 자유롭고 순수한 계기들을 통해 우리에게 가져다주는 메시지이다."(L. 멈포드, 『예술과 기술』, 김문환 옮김, 민음사, 1999, '1. 예술과 상징' 참조) 이처럼 근대적 주체성 이후, 예술에서나 인간에게서나 비인간화의 경향은 사실로서든 징후로서든 발견된다.

한 사회적 조건과 상황의 추수적 반영이라고 말하여질 때 야기될 수 있는 해석의 자의성이라는 위험을 고려하면, 작가론의 형식 속에서 작품들의 전체 논리와 맥락을 따라가는 일은 필수적이기도 하다. 어쨌든 하나의 작가론이 드러내게 되는 비인간적인 양상들과 경향들은 비록 한 작가의 작품들이 이르는 작품 세계의 좁은 문제로 드러날지 모르지만, 이 책에서 말하려는 것은 어떤 작가의 문제를 통해 나타나게 되는 포괄적인 시대의 문제라고 할 수 있다. 좀더 구체적으로 말하면, 한 작가의 작품들이 징후적으로 보여주는 근대의 사회문화적 병리성이라는 문제는 비단 그 작가 한 사람에게만 국한되는 문제가 아니라 그 작가들이 사유하고 행동하는 방식을 구속하고 규정짓는 시대의 전반적인 상황에 관계되기 때문에 좀더 광범위한 시대적 문제일 수밖에 없다는 것이다.

이상의 논의를 토대로, 먼저 이 책의 1장에서는 1960년대 소설들에서 낭만적인 성격의 근대적 주체의 원리가 수직적 초월성에 의혹을 제기하고 수평화하려는(위를 버리고 아래로 움직이는) 데서 오는 허무주의적 냉소가 어떻게 인간에 대한 경멸과 격하에 연관되는지를 하나의 전조로서 살펴볼 것이다. 이를 통해 60년대 소설들이 보여주게 되는 첫 번째 징후적 양상인 '인간 격하'의 경향이 드러날 것으로 생각된다. 그리고 이 장에서는 이른바 '60년대적 감수성'의 대표자인 '김승옥'의 작품들만을 대상으로 하여 비인간화의 그러한 양상과 경향을 밝히고자 한다. 남정현의 텍스트도 여기에 포함되지만, 이 경우는 '보유'에서 보다 구체적으로 검토될 것이다. 2장과 3장에서는 60년대 소설들이 좀더 심각하게 보여주는 비인간화의 두 번째 징후적 양상인 '인간의 변이' 현상을 비인간화의 심화와 확대라는 측면에서 전조의 경과로 검토할 것이다. 이 과정에서 1960년대 소설에서 낭만적 주체성이 어떻게 현실과 유리된 채 몽환적이고 악마적인 것에 탐닉하는 결과에 이르는지 나타날 것이다. 이 장들에서는 특별히 '최인훈'과 '박상륭'의 60년대 소설들이 인간과 악마 사이의 친연성이라는 이미지를 선호하는 유미주의적이고 구도주의적인 경향에 침잠하여 비인간화를 드러낸다는 것이 해명된다. 그리고 4장과 5장에서는 60년대 소설들이 가장 극단적으로 보여주게 되는 최후적 양상인 '인간의 실종' 경향을 미래에 다가올 현실을 미리 안다는 의미에서 진실로 징후적인 예후로서 해석하고 평가할 것이다. 이에 대한 이해는 60년대에 발표된 '서정인'과 '이청준'의 작품들을 가지고 이루어질 것이다. 여기서는 아마도 1960년대 소설의 인간 부재의 양상이, 근대적 주체의 원리에 따라 주관적 표상화로 증폭된 인식론적 상대주의와 그것에 대한 정당화로서의 다원주의적 가치에서 초래된 결과임을 확인하게 될 것이다.

1

전조(前兆)_ 위악적 상상력의 정체
- 김승옥의 소설

이 장에서 다루고자 하는 것은, 60년대 한국소설의 비인간화 경향에서 비교적 '덜 충격적인 형태'를 띰으로써, 하나의 '전조'로서 나타나게 되는 인간의 비하와 격하라는 양상이다. 앞서 언급한 것처럼 60년대 소설은 다른 장르의 예술과 마찬가지로 4월 혁명과 더불어 1960년대 한국사회에서 번창하게 된 근대적 개인의 성격, 즉 주체성을 강령적으로 전유함으로써 인식상으로든 양식상으로든 일단 자유와 해방의 느낌으로 충만한 새로운 심미적 경험을 제공했다. 비로소 한국소설은 60년대에 이르러 주체성에 내재한 낭만주의적 감정의 이상에 따라 신적인 것을 포함한 전통이나 권위적 규범과 같은 자기 자신 이외의 모든 외부적 근거들을 거부하고 자기완성과 구원에 대한 욕구가 자신과의 만남에서 충족될 수 있다는 개인의 자율성에 대한 확신을 가지면서 자유로운 내면세계로 본격적으로 진입함과 동시에 전위라는 실험적이고 도발적인 미학을 전면적으로 가치화하게 된 것이다. 그러나 일체의 것을 경험적인 자아의 내면 안에 들여놓고 일련의 초월성을 파기하려는 근대적 주체성의 자기도취적 오만은 그 초월성과 더불어 그것에 의존해서야 추구할 만한 정당성이 있었던 '인간'과 '예술'마저 함께 파괴해버렸다는 사실을 상기하면, 자유롭고 자율적인 해방된 존재로서 자신을 도발적으로 내세우는 낭만주의적 감정의 이상에서 오는 '주체화'는 사회적 상황에는 말할 것도 없고 그것의 예술적 실천에서도 아주 엄청난 대가를 지불토록 하리라는 것을 어느 정도 짐작할 수 있다. 이것은 마침내 주체성의 대가로 나타난 근대 사회와 근대 예술의 병리를 예감케 한다. 60년대 한국소설은 결국 낭만주의적 감정의 이상과 거기서 오는 자율성이라는 주제에 집착하여 자신보다 더 높고 위대한 어떤 초월적인 것을 수락하거나 가정하지 않고 그것을 배척함으로써 결국 그 자체가 인간의 추락과 사회의 저하라는 근대성의 근본적인 곤경을 첨예하게 반영하며 그 난제의 일부가 되지 않을 수 없다. 이 점으로 미루어 볼 때, 인간의 비하나 격하라는 양상은 높은 것을 향한 정신의 자세를 거절하여 자유와 해방이라는 인간적 이상을 달성하려던 것이 오히려 낮은 곳에서 폐허로 남게 된 역설적인 인간 저하의 경험을 가리킨다고 할 수 있다. 김승옥 소설은 바로 비인간화의 전조로서 나타나는 인간 저하의 역설적 경험을 직접적으로 겪고 있는 것처럼 보인다. 다른 여타의 60년대 소설도 마찬가지지만, 특히 그의 소설에서 두드러진 환상과 환멸 사이에서 진동하는 낭만적 정조(情調)는 낭만주의적 감정이라는 근대적 이상이 내포한 논리적 결과로 인간을 경멸하고 멸시하는 데 이르는 필연적인 경향을 보여준다는 점에서, 김승옥 소설은 근대적 주체의 원리가 수반하는 인간 저하의 역설적 경험이라는 양상을 드러내기에 매우 적절한 예가 되어준다. 좀더 구체적으로 말하면, 김승옥 소설은 근대적 주체성의 개인주의에서 출발해 창조적인 것과 속물적인 것의 대립적 이분법이라는 낭만주의적 형식을 변주하면서 그것에 고유한 유토피아 정치학을 구현하지만, 거기서 나타나는 것은 뜻밖에도 창조적인 것의 우월성이라는 일종의 영웅주의 안에서 '경멸당하고 멸시되고 마는 인간'이라는 비인간화의 어떤 흐름이다.[45] 요컨대 이 장에서는 김승옥 소설에서 주동인물이 되어 있는 낭만적 주체들과 그들의 낭만적 환상과 환멸이라는 정조가 동반하는 비판적 의도가 그 의도와 달리 맞이하게 되는 인간 비하나 격하의 결과들을 주목하게 된다.

위악(僞惡)적 상상력의 위선(僞善)

온 들에 황혼이 내리고 있었다. 들이 아스라하니 끝나는 곳에는 바다가 장식처럼 붙어 보였다. 그 바다가 황혼녘엔 좀 높아 보였다. 들을 건너서 해풍이 불어오고 있었지만 해풍에는 아무런 이야기가 실려 있지 않았다. 짠 냄새뿐, 말하자면 감각만이 우리에게 자신을 떠맡기고 지나갈 뿐이었다. 우리는 모두 그것에 만족하고 있었지만 그래서 오히려 우리들은 좀 신경이

45) 이와 동일한 양상을 보여주는 또 다른 작가로 남정현을 들 수 있다. 물론 남정현의 소설에서 환상과 환멸의 정조를 기반으로 한 낭만적 주체들의 상상력이 인간의 비하나 격하에 작용하는 방식은 완전히 반대되는 성격으로 나타난다. 남정현 소설의 경우에도, 그 내용이 다르기는 하지만, '낭만적 민족주의'를 거점으로 자주적인 것과 식민적인 것의 이분법을 비판적 형식으로 반복한다. 그러나 김승옥 소설과 달리 우월성에 대한 민주주의적 배척이라는 '반영웅주의'를 통해 인간을 '희화화'하는 양상을 띤다. 그의 소설에서 실제로 인간은 일종의 '캐리커처(caricature)'에 나포되어 우화적으로 왜곡된다. 어떤 의미에서 작가의 비판과 풍자는 그 중요한 근거인 인간의 믿음과 신뢰를 왜곡된 인간상 앞에 희생시킴으로써 무가치해지는 것처럼 보인다. 그리고 이것은 바로 대략 30여 년 전 채만식이 보여주었던 비판적 풍자의 양식과 남정현 우화적 풍자의 양식이 근본적으로 다른 이유이기도 하다. 이것은 이 책의 보유(補遺)에서 별도로 논의될 것이다.

> 날카로워져 있었던 것일까. 설화가 없어서 우리는 좀 우둔했고 판단하기를 싫어하는 사람들이 누구나 그렇듯이 세상을 느끼고만 싶어 했다. 그리고 그들이 항상 종말엔 패배를 느끼고 말듯이 우리도 그러했다. 들과 바다—아름다운 황혼과 설화가 실려 있지 않은 해풍 속에서 사람들은 영원의 토대를 장만할 수가 없다. 그래서 사람들은 도시로 몰려갔다. 그리고 더러는 뿌리를 가지게 됐고 그렇지만 많은 사람들이 처참한 모습으로 시들어져갔다는 소식이었다. 차라리 이 황혼과 해풍을 그리워하며 그러나 이 고장으로는 돌아오지 못하고 차게 빛나는 푸른색의 아스팔트 위에 그들의 영혼과 육체를 눕혀버리고 말았다는 안타까운 소식이었다. 한낱 자연의 현상에 불과한 저 황혼과 해풍이 그리하여 내게는 얼마나 깊고 쓰라린 의미를 가졌던가! 숱한 사람들에게 인간의 의미를 깨닫게 해주고 동시에 깊은 패배감을 안겨주고 무심히 지나가버리는 저것들.[46]

김승옥의 소설 「누이를 이해하기 위하여」(1963)의 세 번째 장 '갈대들이 들려준 이야기'의 한 대목이다. 이 대목은 무엇보다도 근대적 현실의 역사적 기초가 되는 아주 근본적인 사건을 들려준다. 그것은 우선 6.25라는 전쟁의 참화가 어느 정도 수습된 이후 물질적인 궁핍으로부터 벗어나기 위해 근대적 산업화를 전개하면서 모두가 산업의 역군으로 호명되어 고향을 떠나 도시에 거주하지 않을 수 없게 됨에 따라 나타난 대규모의 '이농 현상(대지와 지반을 상실한 어떤 토대와 발판의 붕괴 현상)'을 구체적으로 가리킨다. 이 소설은 누이한테 보내는 출산 축하전보를 계기로 고향을 떠나 도시에서 산 오빠 '나'의 도시 체험이

46) 김승옥, 「누이를 이해하기 위하여」, 『생명연습 외—김승옥 소설전집 1』(문학동네, 1995), pp.100-101. 이후 문학동네 판 『김승옥 소설전집』을 인용할 경우, 인용문의 출처는 (권수: 페이지수)만을 표시한다.

술회되는 과정에서 그와 같은 60년대 한국사회의 이농 현상을 암시적으로 증언하고 있다. 그러나 「누이를 이해하기 위하여」의 그 대목은 근대적 주체성의 탄생과 성장에 관하여 상징적인 일화를 담고 있다는 점에서 특히 주목된다. 이농 현상 하에 있던 60년대 한국인들이 겪은 도시의 황량한 삶에 얽힌 이야기를 들려주는 이 소설에서 그 대목은 60년대 한국사회에서 근대적 주체들이 어떤 조건 아래서 자라나게 되었던가를 살피는 데 의미심장한 예화가 되어준다. 이를테면 '나'는 "영원의 토대"가 되는 "이야기"와 "설화"가 실려 있던 신성한 자연이 근본적으로 제거된 "한낱 자연의 현상", 즉 '풍경'에 대하여 주체적인 지각의 자리에 위치함으로써 외부 세계와 대립하게 된 자신을 발견하고 있다. 풍경의 발견이라는 사건, 즉 신성의 부재라는 상황 속에 놓인 '나'는 곧 자기 자신이 되라는 명령을 수락한 근대적 주체성의 상징이다. 황혼녘 바다가 면한 들판에 서서 풍경을 느끼고 있는 '나'란 대지와 지반의 신성한 의미에 매여 있던 사람들이 그것을 거부하고 감각의 자유와 해방 속에서 비로소 참다운 "인간의 의미"에 도달하게 된 '주체화(subjectivation)'라는 역사적 전환을 압축해서 보여주는 것임에 틀림없다. 그러나 신성한 뜻을 부인하고 인간의 의미를 달성한 근대적 개인의 주체적인 자각은 '나'와 "숱한 사람들에게" 억압적 구속으로부터의 해방이 주는 자유의 느낌보다는 반대로 그와 더불어 온 "깊고 쓰라린 의미"나 "깊은 패배감"을 안겨주는 것처럼 보인다. 이것이 사실 이 대목에서 좀더 지배적인 것으로 드러나 있다. 추론해 보자면, 신성 부재의 상황을 이끄는 주체화라는 근대적 전환은 모든 권위의 근거를 자아 안에 들여놓음으로써 우선 개인들 한 사람 한 사람에게 외부의 억압적 구속을 떨쳐버릴 수 있는 표현과 행동에서의 내면적인 힘과 에너지를 부여했지만, 궁극적으로 그것들은 각기 자폐적인 영역으로 분할되어 보편적인 의미의 토대를 형성하는 데 실패함으로써 이른바 인간 개체의 원자화된 자아들 속에 유폐된 개인들을 양산하고 그들에게 고독의 정서를 '깊고 쓰라리게' 각인토록 한 근대적 개인들의 일반적 조건이 되고 말았다는 것은 아닐까.[47)]

물론 보편성의 상실에 따른 고독감을 본질적인 의식으로 한 내면적인 근대적 개인이 자기 밖에 있는 타인들의 세상과 동떨어져서 그 자신의 삶에 몰두하게 된 것은 창조적 자율성이라는 낭만주의적 교리와 만나면서 과거의 문학이라는 전통적 규범과의 단절을 통하여 근대적 주체의 자기 연관적 언어와 표현들을 증폭시키는 근대 문학의 특수한 조건을 형성한다. 그러나 근대 문학의 자기 연관적인 언어와 표현 안에서도 사회적 관계를 올바르게 정립하고 현실을 바람직하게 형성하는 일, 한마디로 보편적 질서를 마련하는 일은 원천적으로 불가능한 것이다.[48)] 왜냐하면 근대적 주체의 개인주의적 자율성에 생래적으로 주어진 자폐적 고립과 그에 따른 보편성 상실은 문학적 주체들에게도 동일한 삶의 조건이 되어 있을 뿐만 아니라, 나아가 그 문학적 주체들에게서 그것은 낭만적 상상력을 통해 급진화함으로써 좀더 극단적인 성격을 갖게 되기 때문이다. 그들은 실제로 낭만주의적 감정의 이상이 약속하는 자유롭고 해방적인 자율성의 창조적 희열에 민감한 만큼이나, 근대적 주체성이 자율성을 대가로 용인하게 되는 자기 이외의 다른 사람

---

47) 근대적 주체성의 난제와 곤경에 관련된 이러한 추론에 대해 다음과 같은 구절은 특히 암시적이라고 할 수 있다. "위대한 사상과 위대한 파괴와는 어쩔 수 없는 관계인 모양이다. 무언가를 발굴해가는 예지는 신의 나라를 허물어버리고 있다. 저 나라에 있던 모든 건물이 지상에 끌려내려와 세워지고 그리고 마지막으로 신의 옥좌마저 지상에 놓일 때 그 의자 위에는 '나'가 앉을까? '남'이 앉을까?"(1: 106)

48) 이 부분과 관련해서는 "우리들이 합의한 공통된 의견"은 있을 수 없고 오로지 "너의 의견과 나의 의견이 있을 뿐"(1: 108)이라는 구절이 시사적인 예를 이룬다.

들의 자유와 해방의 느낌이 주는 엄청난 소송과 심판의 압력을 불안과 공포 속에서 고통스럽게 짊어질 수밖에 없다. 즉 '나'에게 자유가 주어진다는 것은 한편으로는 자기 자신이 됨으로써 일인칭으로 대담하게 말할 수 있다는 해방적인 뜻을 지니는 것이지만 다른 한편으로는 '너희들'의 자유라는 법정에 출두해 타인들의 소송과 심판을 견디며 생존의 자리를 추구해야 한다는 억압적인 의미를 지니는 것이기도 하다. 결국 낭만주의적 교리를 기초로 문학적 주체성이 펼치는 자유와 해방의 드라마는 거기서 오는 희망과 희열을 곧바로 불안과 공포에 잠식당함으로써 불가피하게 상쟁의 혼돈과 무질서가 지배하는 잔혹극이 될 가능성이 높다. 근대적 현실의 왜곡은 여기서 아마도 좀더 첨예하게 드러나게 될지 모른다. 김승옥의 등단작 「생명연습(生命演習)」(1962)은 바로 낭만주의적 감정의 이상에 따르는 근대적 주체성의 곤경과 난제를 다른 어떤 작품보다도 상징적인 형태 속에 잘 포괄해서 보여준다. 특히 「생명연습」은 근대적 주체성의 문제를 해결하기 위해 감정의 이상을 극단화하는 낭만적 상상력에 기대는 것이 어떻게 근대적 현실의 왜곡을 넘어서 그것의 심화에 이르게 되는지를 무엇보다도 '문학적 주체성'의 문제로 예시한다는 점에서 흥미롭다.

이 소설은 '나'라는 작중화자를 통해 두 개의 이야기를 겹쳐서 들려준다. 하나가 제자인 '나'와 한 교수와의 대화를 통해 전달되는 한 교수와 정순 사이의 애증에 관한 이야기라면, 다른 하나는 '나'의 회고를 통해 제시되는 형과 어머니 사이의 애증에 관한 이야기라고 할 수 있다. 먼저 첫 번째 애증에 관한 이야기는 이러하다; 한 교수와 정순은 서로 사랑하던 사이였다. 그러나 한 교수의 서양 유학은 두 사람 사이의 사랑을 좌절시켰다. 정순의 사랑은 한 교수에게 유학을 포기하라고 요구할 만큼 이기적인 것이었고, 한 교수의 사랑 또한 학문적 포부에 앞서지 못하는 이기적인 것일 뿐이었다. 게다가 한 교수는 유학을 포기할 수 없다는 이유에서 정순과의 사랑을 잊기로 하고 그 방법으로 그녀 생각이 나지 않을 만큼 그녀의 육체를 범했다. 그리고는 홀가분하게 떠났다. 어느덧 세월이 흘러 다시 고국에 돌아온 한 교수는 대학에 자리를 잡았는데, 그는 어느 순간 정순이 자신의 대학 동료인 사회학과 박 교수의 아내가 되었다는 사실을 알았다. 그런데 얼마 전 정순은 그만 신병으로 죽고 말았다. 이러한 사연을 듣고 "슬프세요?"라고 묻는 '나'의 물음에 한 교수는 "글쎄, 지금 생각중이야"라고 냉소적으로 대답한다. 다음 두 번째 애증에 관한 이야기는 다음과 같다; 폐병 걸린 형과 어머니 사이가 틀어져버린 것은 어머니가 세 번째 남자를 집에 데려오고 나서부터였다. 아버지가 사망한 후 어머니의 문란한 남자관계가 시작되었다. '나'와 누나와 형 모두 어머니를 미워했지만, 특히 형은 어머니를 극단적으로 증오했다. 형은 마침내 어머니를 때리기 시작했고, '나'와 누나에게 어머니를 죽이자고 말하곤 했다. 그러나 '우리'는 어머니 대신 형을 선택하고 마침내 형을 낭떠러지에서 밀어버렸는데, 경악스럽게도 형은 다시 살아 돌아왔다. 그리고 형은 스스로 낭떠러지에서 투신자살을 하고 말았다. 형과 어머니는 "영원히 풀어버릴 수 없는 오해"를 가지고 끝내 멀어져버렸던 것이다.

「생명연습」은 '애증'에 관한 두 가지 이야기를 통해 사랑에 증오가 끼어드는 것은 이기적 욕망에 그 원인이 있다는 것을 보여준다. 한 교수의 지식에 대한 욕구와 정순의 정념에 대한 갈망, 혹은 형의 모정에 대한 기대와 어머니의 여자로서의 애욕은 사랑 안에서 어긋나고 충돌하면서 그들에게 배신감과 증오라는 감정의 앙금만을 남긴다. 이성애든 가족애든, 그것에서 이기적 욕망은 사랑과 조화되지 못하고 증오의 온상이 되는 것이다. 욕망과 사랑의 불일치가 사람들의 심성에 일으킨 애증이라는 감정의 의미는 사실 조금은 단순한 주제라고 할 수 있다. 그러나 그 애증의 감정을 역사적 맥락에 놓고 그러한 내면적인 주제 설정이 우의적인 뜻을 지니고 근대적 주체성의 문제와 관련되는 것으로 볼 때, 오히려 「생명연습」은 주목할 만한 것이 된다. 이때 '애란인 선교사'가 등장하는 한 장면은 특별히 주목할 만하다.

> 이윽고 현관문이 밖으로 빛을 쏟아내면서 열리고 애란인인 선교사가 비척비척 걸어나온다. 깡마르고 키가 크다. 불빛 아래서는 번쩍이는 안경을 쓰고 있다. 유령처럼 그는 이쪽으로 천천히 걸어온다. 어떤 때는 고개를 숙이고 걸어오기도 한다. 사그락대는 나뭇잎 소리들이 이 밤의 정적을 더 돋우고 있을 때 그가 이편으로 걸어오는 발짝 소리는 무한히 신비스럽게 느껴진다. 이윽고 왔다. 우리가 엎드려서 힘을 눈에다 모으고 있는 철조망 저켠에는 몇 그루의 측백나무가 어둠에 싸여 있고 그 측백나무 아래에는 벤치가 하나 있다. 그는 드디어 거기에 앉는다. 털썩 주저앉는다. 나는 누나의 한 손을 꼭 쥐고 있다. 손에는 어느덧 땀이 흐르고 있다./ 선교사는 멀리 아래로 보이는 시가지의 불빛들을 꿈꾸듯이 보고 있다. 바람에 실려오는 소금기를 냄새 맡는 듯이 그는 코를 두어 번 킁킁거려본다. 드디어 바지 단추를 끄른다./ 홍청대는 항구의 여름밤과는 상관없이 바위처럼 고독한 자세 하나가 우리의 눈앞에서 그의 기나긴 방황을 시작하고 있다. 그렇게도 뛰어넘기 힘든 조건이었던가. 일요일에 교회에서만 선교사를 대하는 신도들에게는 도대체 상상될 수 없는 그래서 무수한 면(面)을 가진, 아아 사람은 다면체(多面體)였던 것이다. 바람은 소리없이 불어오고 잎들조차 이제는 숨을 죽이고 이슬방울들이 불빛에 번쩍이면서 이 무더운 밤이 해주는 얘기에 귀를 기울일 때 나의 등에도 누나의 등에도 어느새 공포의 식은땀이 흐르고 있었다./ 이윽고 끝났다. 그는 어둠 속에서 한숨처럼 긴 숨을 몇 번 쉬고 느릿

> 느릿 일어나서 바지를 추켜 입고 힘없이 비척거리며, 온 길을 되돌아간다. 그제야 우리들은 쥐었던 손을 놓고 일어선다. 이마에서는 땀이 흐르고 있다. 우리는 기진맥진하여 불빛들이 사는 비탈 아래로 내려온다.(1: 39)

선교사(신과 그의 말씀을 신앙하고 포교하는 사람)는 측백나무의 어둠 속에 있는 벤치 근처에서 멀리 아래로 펼쳐진 흥성한 시가지의 불빛들을 바라본다. 그리고 바지 단추를 끄르고 벤치에 앉아 "바위처럼 고독한 자세"로 수음을 한다. '나'와 누이에게 숨막히는 흥분과 공포를 제공하고 있는 이러한 장면에서 나타나고 있는 것은 환한 빛 속에서 신도들을 대하던 선교사와 컴컴한 어둠 속에서 수음하는 선교사 사이의 중첩이 일깨운 "다면체"로서의 인간에 대한 깨달음만은 아니다. 신의 위로를 구하는 자가 방황하며 인간적 위로에 빠져 있는 자가 되어 있는 이 장면은 확실히 무언가 '깊지만 쓰라린' 상징처럼 보인다. 이 상징적인 장면에서 암시되고 있는 것은 짐작컨대 인간과 신을 연결해주던 초월성의 고리가 사라지자 인간은 신으로부터 떨어져 나와 수음과 같은 고독의 자세에 처하게 되었다는 어떤 외로운 개인의 정황이다. 어두운 벤치에 앉아 적막한 고독 속에서 수음하는 선교사란 한마디로 자기 자신이 되라는 명령을 수락함으로써 '신 없는 인류'의 상태에 직면하게 된 근대적 주체성의 강렬한 상징이라고 할 수 있다. 물론 애란인 선교사의 고독한 수음이 전적으로 어두운 밤의 음습한 이미지만으로 둘러싸여 있는 것은 아니다. 그것은 "시가지의 불빛"과 "흥청대는 항구"라는 어떤 소란스런 활기의 공간을 앞에 둔다는 구도에서 일종의 희망적인 가능성을 다가올 현실로서 감지하게 만든다. 선교사의 수음은 여기서 근대적 주체성으로 인해 인간의 생명이 가지는 정당성을 내면적인 자아 안에서 확보하여 얻게 된 모든 생명 활동의 개방과 그에 따른 생기라는 상징적 의미도 아울러 지니는지도 모른다. 요컨대 수음하는 애란인 선교사라는 상징은 신으로 대표되는 보편적이고 영원한 토대를 거부한 대가로 자유로운 '생명의 빛'과 고독한 '내면의 어둠'을 동시에 획득하게 된 근대적 주체성, 바로 그것을 가리킨다고 할 수 있다. 「생명연습」의 표현을 빌리자면, "자기세계"의 "성곽"에는 이제 "낮"의 "정원"과 "밤"의 "지하실"이 함께 공존하게 된 것이다. 아마도 이러한 이유에서 신과 같은 어떤 외재적 초월성과의 단락이 주는 감정상태는 '불안'과 '희열'이라는 모순된 감정의 동시적 표출로 드러나고 있는 것 같다. 이것은 이 소설에서 "아버지의 사망 후에"(신의 죽음에 대한 제유) '나'와 누이가 애란인 선교사가 수음하는 장면을 엿보면서 느낀 "공포"와 "평안"이라는 감정으로 여실하게 표현된다.

그런데 「생명연습」의 핵심 서사인 애증에 관한 두 이야기는 궁극적으로 근대적 주체성이 맞이한 자유로운 생명의 환한 빛이 고독한 내면의 어두운 그림자에 덮여버린다는 사실을 확인시켜준다. 예컨대 한 교수는 다른 남자와 결혼해버린 정순의 배신과 그 상처 속에서 정념의 내면적 자유에 대한 불안과 혐오에 사로잡혀 "냉혈 동물"의 냉소를 보여주고, 형 또한 문란한 남자관계를 가진 어머니의 배신과 그 상처 속에서 욕망의 내면적 자유에 대한 증오와 공포에 휩싸여 "마귀"의 투신을 보여준다.[49] 이것은 근대적 주체성이 함축한 자유의 빛과 그것의

49) 어머니를 죽이자고 말하거나 스스로 목숨을 끊고 마는 형의 패륜과 사악함은 정신분석학적 설명의 도움을 받아 근대적 주체성에서 예상되는 일반적인 병리의 첨예한 표현으로 볼 수 있다. 즉 근대적 주체성의 세계는 모든 형태의 규범적 권위를 손상시킨 나머지 이전에 신·아버지·교사·설교자 등이 대표하던 사회적 초자아(social superego)를 약화시킨다. 그러나 외견상으로 자유로워진 사회에서라도 규범적 권위의 쇠퇴는 개인의 초자아를 제거시키는 것으로 연결되지는 않는다. 대신 그것은 본능적 충동 안의 파괴적이고 공격적인 충동에서 엄격하고 응징적인 초자아의

이면인 욕망의 그림자가 균형을 잃고 욕망이 자유를 먹고 살며 생존의 자리를 추구한다는, 주체로 현전하는 근대적 개인들의 시련과 불행을 말해주는 유력한 암시이다. 근대적 주체성이 마련한 "자기 세계"에서 생명은 선교사의 "명랑"과 '우리'의 "미소"가 나타내는 것처럼 처음에는 죄의 굴레가 아닌 자유의 환희였지만, 그 자유의 감정은 고독한 내면이라는 자폐적인 맥락에 말려들어가면서 감정과 욕망의 변덕이라는 불가피한 결과에 도달함으로써 배신과 그 상처에 대한 불안과 공포에 그치지 않고 치명적인 증오의 감정에 이르게 되는 것이다.[50)]즉 근대적 주체들은 "자기 세계"를 획득함으로써 그 대가로, 타인들의 세계와

성장을 북돋아준다. 이 점을 크리스토퍼 라쉬는 다음에서처럼 요령 있게 설명해준다. "정신 속의 사회의 대행자인 초자아는 항상 부모와 다른 권위의 상징들에 대한 내면화된 표상들로 구성되어 있다. 그러나 원시적이고 선(先)외디푸스적 pre-oedipal인 인상들로부터 비롯되는 그러한 표상들과 나중의 인상에 의거하여 그 결과 부모의 힘에 대한 좀더 현실적인 평가를 반영하는 표상들을 구별하는 것은 중요하다. 엄밀히 말하자면 후자는 '자아 이상 ego ideal'-다른 사람들의 기대감과 그 기대감 가운데 우리가 사랑하고 존경하는 특질들을 내면화하는 것-의 형상에 기여한다. 반면에 자아 이상과는 현격한 초자아는 부모들이 모든 아이들의 본능적인 욕구를 어쩔 수 없이 충족시켜주지 못하는 데서 비롯되는 공격과 분노의 커다란 혼합체를 가지고 있는 유아기의 환상에서 비롯된다. 그러나 공격적이고 징벌적이고 심지어 자기 파괴적인 초자아의 일부는 언제나 나중의 경험에 의하여 수정되며, 이는 부모를 식인괴물로 보는 유아기의 환상을 부드럽게 한다. 만일 그러한 경험이 부족하다면-모든 권위를 급속히 평가 절하해버리는 사회에서 종종 보는 것처럼-가학성 sadistic 초자아는 자아 이상을 희생하고서 파괴적 초자아를 발전시켜나갈 것인데, 이 파괴적 초자아는 우리가 양심이라고 부르는 엄격하지만 간절히 무엇을 갈망하는 내면의 소리를 희생한 것이다."(C. 라쉬, 앞의 책, pp.27-28.)

50) 사랑과 증오가 섞이게 되는 것이 자기 세계의 형성과 관련된다는 암시를 다음과 같은 구절은 어느 정도 뚜렷하게 담고 있다. "하나의 세계가 형성되는 과정이 한마디로 얼마나 기막히다는 것을 나는 잘 알고 있다. 그 과정 속에는 번득이는 철편(鐵片)이 있고 눈뜰 수 없는 현기증이 있고 끈덕진 살의가 있고 그리고 마음을 쥐어짜는 회오(悔悟)와 사랑도 있는 것이다. 이렇게 말하면 봄바람처럼 모호한 표현이 아니냐고 할 것이나 나로서는 그 이상 자세히는 모르겠다."(1: 30)

부딪치고 자기 이외의 다른 사람들의 자유와 해방의 느낌과 씨름하며 엄청난 소송과 심판의 압력을 불안과 공포 속에서 견디는, 그러한 일들을 고통스럽게 감당하지 않으면 안 된다. 대학 교내신문 편집 일로 '나'가 만난 만화가 오 선생의 말처럼 여기서 "윤리의 위기"는 생겨나지 않을 수 없다. 근대적 주체들에게서 비롯된 '윤리의 위기'는 결국 '나'의 말처럼 "작은 실패담"에 그치는 사소한 문제가 아니라, 오 선생이 심각하게 생각하는 것처럼 보편성 상실에 따라 무정형한 흐름에 휩쓸리게 된 근대 세계의 커다란 어려움을 예감케 하는 아주 중대한 문제와 관련된다고 할 수 있다. 그러나 「생명연습」에서는 근대 세계의 시련과 불행에 맞서는 삶의 방식이 탐구되고 있는 것처럼 보인다. 그것은 크게 "극기"의 방법과 "위악"의 방법으로 나누어진다.

우선 정념과 욕망을 절제한다는 뜻을 지닌 극기란 금욕적인 태도로 근대적 주체성의 내면적인 자유가 가려고 하는 길로부터 벗어나, 일인칭으로 대담하게 말하고자 하는 데서 지불해야 했던 상쟁의 혼돈이라는 암울한 제약을 자신에게서 천천히 풀어버리려는 온건한 방법이다. 그것은 간단히 말하면 '생명'의 자유가 '사랑'의 조화와 합치된 꿈과 이상을 실현하는 일에 전념하는 방법이라고 할 수 있다. 이 방법은, 예컨대 누나의 "작문"에서 우회적으로 나타난다. 그녀는 자신의 '작문'에서 어머니의 어지러운 남성 편력을 "사랑하는 아버지를 찾아 헤매던 일"로 정당화함으로써 어머니에 대한 분노와 비난의 이기적인 욕망을 극복하려고 한다. 다시 말해 누나의 글쓰기는 변함없는 사랑이라는 이상주의적 주제에 몰두함으로써 극기를 실행하려는 이른바 '낭만적 환상'의 표현이라는 성격을 가지는 것이다. 동시에 이것은 근대적 주체성의 곤경과 난제를 통과하도록 해주는 극기의 문학적 형식 가운데 하나가 낭만적 환상이 구축하는 글쓰기라는 것을 말해주는 것이기도 하다.

그런가 하면 위악이란 극기보다 좀더 과격한 방법으로 자유의 혼돈이 만든 타인들의 압력 속에서 초래된 상쟁의 속악한 근대 세계를 좀더 격렬하게 만드는 아이러니라는 사고와 태도로서 그 세계와 떨어져 있으려는 역설적인 방법이다. 즉 위악의 방법은 속악한 세계에 반대함으로써 고통을 겪기보다는 그것에 자기 풍자의 방식으로 가담하고 속악함을 즐김으로써 궁극적으로는 자신과 타인들에게서 자유의 혼돈을 고갈시키려는 다소 파괴적인 방법이라고 할 수 있다. 이것은, 이를테면 영수의 "수필"이 예시적이다. 그는 자신의 '수필'에서 여자들을 하나하나 정복해 가는 자신의 속악한 행위를 선전하며 그것에 "비트의 월계관"을 올려놓고, 그것을 청춘의 "위악"이라 자기 풍자적으로 칭하는 익살로서 이기적 욕망에서 거리를 두는 이기적 욕망을 가능하게 만든다. 바꿔 말하면 영수의 글쓰기는 변덕과 배신에는 변덕과 배신으로 대적한다는 사고와 태도를 구현함으로써 위악을 실천하려는 이른바 '환멸에 찬 낭만적 아이러니'의 표현이라는 성격을 가지는 것이다. 이것은 또한 근대적 주체성의 곤경과 난제를 뚫고나가도록 해주는 위악의 문학적 형식 가운데 하나가 낭만적 환멸이 조직하는 글쓰기라는 것 역시 알려준다. 「생명연습」에 나오는 모든 인물들은 역경으로 가득 찬 근대 세계를 살아가기 위해 그처럼 '환상의 극기'와 '환멸의 위악'이라는 낭만주의적 대응에서 방황하는 우울한 근대적 주체들로 드러난다. 김승옥의 「생명연습」이라는 작품이 이상에 대한 동경의 감정과 그것의 환멸에서 오는 절망의 감정을 거의 동시에 불러일으키는 이유는 무엇보다도 여기에 있는지 모른다. 즉 「생명연습」에서 작중인물들은, 한편으로는 자유와 사랑의 조화라는 낭만적 환상을 무한히 염원하면서도 다른 한편으로는 마치 전혀 다른 인물들처럼 절망적인 고독과 허무 속으로 한없이 떨어져가는 것처럼 보인다. 「생명연습」에서 사실 고독한 내면이 초래한 자유의 환희가 어떤 보편적 질서를 만나게 되는 이상에 대한 낭만적 동경은 그 이상의 실현은 영원히 불가능한 것이라는 낭만적 환멸의 비극적 절망에 의해 질식할 정도로 압도되고 있다. 이후 김승옥 소설이 대체로 낭만적 환상의 글쓰기보다는 낭만적 환멸의 글쓰기라는 성격을 보여주게 되리라는 것은 여기서 불가피한 짐작이다.

다시 한번 요약하자면, 「생명연습」이라는 글쓰기에서 두드러지게 보이는 낭만적 환멸의 정조와 위악적인 행위들은 단순히 사회와 원만한 관계를 이루지 못하거나 그 사회로부터 소외된 사람들이 종종 보여주는 우울증의 소산이 아니라 자율적인 존재가 되면서 자기 이외의 다른 사람들이 내리는 판단의 고통스러운 압력을 겪게 되는 근대적 주체들의 일반적 곤경과 그것을 돌파하려는 문학적 실천에서의 모색과 탐구가 가져온 산물이다. 그런데 「생명연습」이라는 작품의 이야기는 근대적 주체성이 문제화된 역사적, 사회적 상황을 표시하는 것에 그치지 않고, 흥미롭게도 60년대 이후 한국사회에서 왜곡된 근대적 현실을 좀더 심화하는 어떤 문학적 주체성의 병리 또한 암시하고 있다. 여기서 중요한 것은 다른 남자의 애인이 된 옛 애인이긴 하지만 사랑했던 여자의 죽음을 두고 냉소하는 냉혈한인 교수나, 어지러운 욕망을 보여준 모성이긴 하지만 어머니를 때리고 죽이려드는 패륜아인 아들에게서 부각되는, 인간을 극도로 증오하고 혐오하는 모습이다. 그들은 일단 자기 세계를 가지는 데서 타인들과 대치함으로써 타인들을 지옥으로 경험하는 세계에 속하게 된 근대적 주체성의 불행을 헤쳐 나가기 위해 냉소와 패륜이라는 어떤 위악적인 행태를 환멸의 아이러니를 통해 꿈과 이상에 결부시키는 문학적 주체들로 나타나고 있다. 자기 자신이 됨으로써 타인들의 소송과 심판이라는 엄청난 압력에 휘말리게 된 근대적 주체들은 실제로 위악적인 꿈과 이상을 가지는 그러한 문학적 주체들의 성격에서 일정한 위안을 발견하게 된다. 그러나 위악적인 꿈과 이상은 근대 세계에서 하나의 역할로 인정된 심미적인 의식에 비추어보면 자연스러울지 모르지만, 그것이 타인들에게 가하는 공격적 위협이 문학적 주체들이 제거하려 한 바로 그것이라는 점에서 그 위악적인 꿈과 이상은 중요한 모순을 포함하고 있다. 한 교수와 형이 보여주는 '냉소'와 '패륜'에서 전형적으로 나타나는 바와 같이, 문학적 주체들의 위악은 개인이 모든 의무로부터 해방되고 자신이 자신의 안내자가 되는 데만 한정되어 있으며, 자기를 넘어선 타인들의 삶에 대해서는 무관심하다.[51] 더욱이 위악적인 꿈과 이상은 자신을 교정할 수 있는 바깥의 세력을 무시함으로써 타인들을 불필요하게 만드는 것이며 타인들의 소송

51) 낭만적 글쓰기의 주체들이 위악을 낭만적 환멸의 정조로 감싸 정당화하는 인간의 악은 정말 그처럼 심미적 의의를 간직한 것으로 변호되거나 옹호되어도 되는 것일까? 악을 새롭게 인식하는 데서 더 나아가 악 그 자체를 추천하는 낭만적 상상력의 교리는 혹시 '윤리의 위기'를 새로운 윤리의 형성 기회로 만드는 것이 아니라 그 위기의 일부이거나 오히려 그것을 가속화하고 심화하는 데 기여하는 것은 아닐까? 내면이 거세해버린 외재적 현실을 다시 불러들여 보면, 악은 단지 악일 뿐이다. 자기 이외의 다른 사람들의 존재를 부정할 수 없는 것이라면, 그것은 결코 위악적 상상력이라는 이름으로 변호되거나 옹호될 수 없는 것이다. 물론 낭만주의 이후 근대문학의 미적 근대성이라는 강령에서 위악은 어떤 진정성의 품목으로까지 예찬되는 미학적 가치로 승격되어 있다. 악에 대해 심미적 가치를 부여하는 조르주 바타이유가 아마도 그것의 대표적인 예라고 할 수 있을 것이다. 그는 문학 속의 악은 기본적으로 윤리적 차원의 선악의 범주를 넘어선 것으로 본다. 그의 "도덕을 넘어서는 도덕"이라는 명제가 아마도 그러한 생각을 잘 함축해서 보여주는 것일 것이다. 그러나 그것은 수사학적 분위기 속에서 진정한 도덕적 의미를 호도하고 있는지도 모른다. 악은 근본적으로 윤리적 차원에 관계되는 것이어서, 그 윤리적 차원을 넘어선다면 거기서 선악의 구별은 존재하지 않게 된다. 그렇다면 악이 현실에 대해 가지는 심미적 가치도 그와 더불어 사라질 수밖에 없다. 결국 바타이유의 "도덕을 넘어서는 도덕"이란 명제는 이미 그 자신을 부정하는 명제를 포함한 것이라는 점에서 멋진 아포리즘이라기보다는 파괴적인 아포리아일 뿐이다. G. 바타이유, 『문학과 악』, 최윤정 옮김, 민음사, 1995, p.12 참조.

과 심판을 회피하는 것이다. 김승옥 소설에 있어 이른바 '낭만주의적 감정의 이상'에서 자라나온 '위악적 상상력'은 결국 '인간과의 결별'이라는 상태로 나아가게 되는 것처럼 보인다. 「생명연습」의 작중화자는 근대적 주체성의 난제와 곤경을 몸소 겪고 있는 한 교수와 형에게 자기 세계의 형성 과정에서 오는 시련과 역경을 영웅적으로 헤쳐 나가는 '미학적 인간'의 지위를 부여하고 그들을 옹호하고 있지만, 그들에게서 자기 세계가 윤리의 위기를 넘어 새로운 윤리 형성의 근거가 되지 못하고 개인적 자유와 사회적 통합 사이의 모순이 거듭될 거라는 우려는 여전히 남아 있는 것이다. 한 교수의 냉소와 형의 패륜이라는 악덕이 사회적 통합과 조화되지 못하여 인간을 극도로 미워하고 그것과 결별하려는 위악이 단지 '사악한 것' 이상이 되기 어려우리라는 것은 반드시 지나친 추측만은 아니다. 그런 점에서 위악은 근대적 주체성이 경험하게 된 병리에 대한 대응이라는 특수한 태도를 말한다기보다는 그것의 징후라는 좀더 일반적인 태도의 어떤 양상을 말한다고 할 수 있다.

김승옥 소설에서 근대 세계를 지배하는 그러한 인간 존재의 왜곡과 그것의 심화라는 양상은 그의 작품에서 중요하게 채택된 '성장소설'이라는 형식에서도 발견된다. 예컨대 「건(乾)」(1963)이라는 작품은 전후 한국사회에서 성장해 가는 한 소년의 자아 형성에 얽힌 이야기를 통해 간접적으로 근대 세계가 구성하는 주체성의 자유와 그 혼돈이 일으켜 세운 악덕을 심미적 가치로서 변호하는, 낭만적 환멸이라는 정조에 감싸인 위악적 상상력을 보여준다. 특히 「건」은 「생명연습」과 달리 '심미적 가치로서의 위악'을 '성장의 사실로서의 위악'으로 대체함으로써 악을 저지르는 것을 정당화하지는 않는다 하더라도 최소한 무책임하게 수긍해버린다는 점에서 특별한 주목을 요한다.[52] 어린 주인공 '나'는 '그림 그리기'를 좋아하고 그것에 매료되어 있는 소년이다. 그래서 '나'

는 그림을 그릴 수 있는 "심이 굵은 4B 도화연필"을 '나'에게 준 윤희 누나를 무척 좋아한다. 그런데 어느 날 '나'는 윤희 누나를 강간하려는 형들의 "무서운 음모"에 가담하게 된다. 형들은 무전 장거리 여행을 계획했다가 빨치산들의 습격으로 강화된 도시의 경비 때문에 그 낭만적인 여행을 포기하게 되는데, 그것을 보상받으려는 듯 형들은 "어둠과 음란의 냄새"가 나는 엉뚱한 계획을 세우고 '나'를 유혹한 것이다. '나'는 혼란과 갈등 속에서도 결국 윤희 누나를 유인하는 역할을 맡고 마침내 그 일을 저지르고 만다. 그러나 '나'는 거기서 "옳고 그르고를 따

52) 「건」에서 마련된 '왜곡된 성장에 관한 이야기'는 사실 어떤 범례적인 의미를 지닌다. 일단 서구적인 교양소설에서의 성장의 서사와 다른 한국문학의 특수성을 거기서 볼 수 있다. 이러한 논의는 이미 어느 정도 진행되어 있다. 예컨대 황종연은 「편모슬하, 혹은 성장의 고행—성장소설의 한 맥락」(『비루한 것의 카니발』, 문학동네, 2001)이라는 글에서 한국문학이 제공한 일련의 성장소설에서 서구의 교양소설적 성장의 서사와 달리 "개인의 성장이 '교양 영웅 Bildungsheld'의 이야기를 이루지 못한다"는 사실을 추출한다. 전쟁이라는 역사적 시련으로 인해 개인의 자아 발전을 사회와 유기적으로 관련시키는 조화로운 균형의 문화가 부재하게 된 한국사회로서 그것은 불가피한 일이라는 것이다. 부계와의 단락을 통해 편모슬하의 성장을 주로 보여주는 한국소설을 상기해 보면, 이것은 충분히 동의할 수 있는 지적이다. 그러나 그의 논의는 너무 특수한 맥락만을 강조하고 있다. 보편사적인 맥락에서 보면, 한국의 성장소설은 개인의 자아 발전을 사회와 유기적으로 관련시키는 조화로운 균형의 문화가 부재한 지역적 특수성에서 오는 것이라기보다는 오히려 문화의 부재를 출발부터 예고하고 있던 근대 사회의 태생적 한계라는 역사적 보편성에서 오는 것이라고 할 수 있다. 그런 만큼 '개인의 성장이 교양 영웅의 이야기를 이루지 못한다'는 사실은 서구의 교양소설이나 한국의 성장소설 모두가 떠안거나 떠안게 될 일반적인 문제라고 해야 한다. 따라서 서구와 한국의 성장 서사가 그러한 차이를 보여주는 것은, 황종연이 관찰한 바와 다르게, 다만 사회문화적 차이에서 생긴 시간적 격차일 뿐이다. 조금 비약하자면, 근대성의 후발 주자가 압축적인 가속도로 성취한 근대성은 근대성의 문제를 뒤따라 겪기도 하지만 선진적인 근대성이 아직 미치지 못한 문제를 앞서서 겪기도 한다는 점에서, 한국의 성장소설이 지닌 '왜곡된 성장의 이야기'는 서구의 성장소설이 겪게 될 문제를 미리 선취해 보여준다는 또 하나의 범례적인 의미를 지닌다.

지기보다 훨씬 앞서 맛보는 섭섭함"을 느끼고 "그것이 '자라난다'는 것인지도 모른다"고 생각한다. 여기서 일차적으로 드러나는 것은 '나'의 그림 그리기와 윤희 누나에 대한 호감이 상징하는 근대적 주체의 낭만적 환상과 형들의 좌절된 무전여행이 상징하는 근대적 주체의 낭만적 환멸이 친족 관계에 있다는 사실이다. 이것은 그들이 모두 근대적 주체의 미학적 분신들이라는 것을 암시하며, 동시에 그들은 최종적으로 위악적인 것에 사로잡히게 된다는 것을 말해준다. 그런가 하면 강간이라는 폭력적인 악을 '옳고 그르고'의 문제가 아니라 '섭섭함'의 문제이자 '자라난다'의 문제로 상상하는 '나'의 위악적인 면모는 그러한 미학적 인간들의 위악이 하나의 위선(僞善)임을 결정적으로 드러낸다. 이런 맥락에서 「건」의 '성장소설'적 형식은 마찬가지로 속악한 세계를 초래한 근대적 주체성의 병리에 대한 비판적 대응 양식이라기보다는 그것의 과정이자 일부라는 추인적인 반응 양식에 가깝다. 김승옥의 「건」에서 '성장의 형식'은 한마디로 악을 단죄하고 심판하는 것이 아니라 그것을 구제하고 승인하는 미학적 알리바이 가운데 하나가 된다고 할 수 있다. 다시 말하면, 근대적 주체들에게 위악은 단지 도구가 됨으로써 낭만적 상상력이라는 합법적 신원을 얻는 것이 아니라 오히려 그것은 악을 섬기는 데 대한 구실과 변명이 됨으로써 위선적 공상과 행위라는 범죄적 신원을 얻는다. 김승옥 소설의 위악적 상상력은 결국 범죄적인 악의 실제를 은폐함으로써 근대적 현실에 대한 왜곡을 더욱 가중시키게 되는 것이 아닌가 한다.[53] 이것이 사실 위악적 상상력에서 낭만적 환멸의

53) 요컨대 '악의 낭만주의적 심미화'는 한 문과 대학생의 수기를 액자화 한 중편소설 「환상수첩(幻想手帖)」(1962)의 다음과 같은 대화 장면에서 단적으로 드러난다. ""그 후부터 전 세상에서 미담이라고 하여 내세우는 것은 믿지 않게 되었어요."/ "그렇지만 미담이란 아마……"/ "물론 있긴 있겠지요. 그러나 난 한 번도 진짜 미담

정조가 이루고 있는 아이러니의 실상인지 모른다.

왜곡된 소외 심리학

김승옥 소설에서 문학적 주체들의 낭만주의적 감정의 이상과 거기서 도출된 위악적 상상력은 그와 같이 주체성으로 왜곡된 근대의 현실을 개선하기는커녕 악화시킨다. 특히 거기서 문학적 주체들의 낭만적, 위악적 상상력은 타인들의 압력으로 충만한 다툼의 세계가 상호 계약하에 잠정적으로 형성한 사회적 질서조차 반대하는 데서 그것을 더욱 가속화하려 한다. 문학적 주체가, 근대적 주체 일반이 돈 위주로 삶과 현실에 적응하는 데 필요한 역할에다 자신을 정립하는 사회적 요구에 반대하고 자신의 역할을 그 반대편에 놓음으로써 그의 정체성을 '심미적 혁신'에서뿐 아니라 '사회적 저항'에서도 구했음은 물론이다. 그러나 문학적 주체들의 심미적 혁신을 통한 사회적 저항이라는 '특이한 정치성'은 전통적, 권위적 규범으로부터의 자유로움을 대가로 한 사회적 영역에서의 소외를 의미하는 것에 지나지 않았다. 게다가 소외된 위치의 주변성 때문에 문학적 주체들의 사회적 저항은 긴박성을 상실하고 무능하게 될 수밖에 없었다. 바로 이러한 사정에서 문학적 주체들은 복잡한 소외 심리 속에 빠져들게 되는데, 그것을 간단히 '낭만주의적 소외 심리'라 부를 수 있다. 그런데 여기서 중요한 것은 문학적 주체가

을 본 적이 없는걸요."/ "어디에 있을까, 미담은?"/ "글쎄요. 물론 있긴 있겠지만 …… 하여튼 그런 건 미담이 아니었어요…… 사람들이 악이라고 하는 곳에 더 많은지도 모르죠."'"(2: 15-16) 결국 누나의 작문과 영수의 수필, 그리고 '나'의 그림과 한 문과 대학생의 수기 등으로 대변되는 문학적 주체들의 위악적 상상력은 기본적으로는 미학으로 변명된 위선이자 궁극적으로는 현실 윤리의 왜곡이 된다고 할 수 있다.

낭만주의에 고유한 소외 심리를 통해 그 '소외'의 현실을 '해방'의 비전으로 전도시키는 데서 마침내 근대적 현실의 왜곡과 거기서 왜곡된 인간들의 문제적인 성격을 뚜렷이 알아보게 된다는 점이다.[54] 실제로 김승옥 소설의 등장인물들은 대개 소외된 사람들, 즉 "그들은 그들이 지배하는 사회 '속'에 존재하고는 있지만, 그러나 그 사회의 '것'은 아닌"(1: 161) 주변화된 사람들이자, 마찬가지로 주변화된 존재이면서도 그들에게 공감하고 그 점에 대해 자각적인 문학적 주체들로 나온다. 그 가운데 특히 문학적 주체들은 소외 심리를 낭만주의적 전도를 통해 조작함으로써 비정상적인 것들을 정상화하는 흥미로운 심리적 과정을 보여준다. 비정상적인 것을 정상적인 것으로 받아들이는 전도된 소외 심리의 의미를 확연하게 예시하는 것은, 예컨대 「차나 한잔」(1964)에서 신문에 만화를 그리는 '그', 「서울 1964년 겨울」(1965)에 나오는 '안'이라는 대학원생, 그리고 「들놀이」(1965)에서 무역회사를 다니는 '맹상진 군' 등이 보여주는 태도이다. 그들은 모두 안정된 자신의 자리를 위협당하거나 속되고 무의미한 일상에 적응하지 못하고 배회하는 등의 모습을 통해 현실로부터 소외된 자의 표지를 지닌 사람들이지만 소외됨

---

54) 낭만주의적 심미화의 대상이 되는 비정상적인 존재들에는 어린 아이와 같은 순진무구한 존재나 광인과 범죄자와 같은 야만의 상태에 빠진 존재들이 있다. 이들은 모두 미숙하거나 저열한 존재라는 현실적인 규정 때문에 오히려 그 현실에 저항하고 반발하는 낭만주의자들에게 고귀한 성격을 보여주는 존재들로 미화되곤 한다. 아마도 이것이 더 일반적인 예들일 것이다. 그러나 김승옥 소설에서는 불운하고 하찮은 존재들로까지 낭만주의적 고귀함과 아름다움의 대상이 확대되어 있다. 이처럼 낭만적 성격의 문학적 주체들은 현실성이라는 맥락에서 구분된 정상성과 비정상성을 전도시키고 거기서 오는 비현실성을 유토피아의 상태로 가치화하는 데서 어떤 정치학(politics)을 형성하고자 한다. 이른바 '낭만주의적 유토피아 정치학'이 만들어지는 것이다. 낭만주의에서 소외 심리학과 유토피아 정치학이 가지는 관계에 대해서는 G. 그라프, 앞의 책, pp.43-78 참조.

이라는 현실적 불운과 비참을 벗어나려고 안간힘을 쓰면서도 그것을 자유로의 운 좋은 추락이라고 이해하는 일종의 자기기만에 빠진다.[55] 특히 '안'이라는 대학원생은 소외된 처지 속에서 이루어지는 밤거리의 배회와 방황을 "모든 것에서 해방된 것"으로 이해함으로써 기만적인 소외 심리를 뚜렷하게 적시한다. 이처럼 문학적 주체들은 낭만주의적 소외 심리학을 통해 그 자신들에게 정상성의 자격과 나아가 고귀함의 지위를 부여하고서 결국 소외 그 자체를 가치화하게 된다. 더욱이 문학적 주체들은 "빼돌림당한"(1: 236) 소외된 이들의 자기기만의 사특함, 자기 연민의 나약함, 비굴한 조바심 등을 마치 존재의 당위와도 같이 추천하는 듯한 왜곡된 태도를 취하기도 한다. 여기서 「역사(力士)」(1963)라는 작품은 낭만주의적 소외 심리가 야기하는 삶과 현실의 왜곡에 관하여 구체적인 일화를 담고 있다는 점에서 특별히 살펴볼 가치가 있다.

「역사」는 일종의 액자소설이다. '나'는 "머리털이 텁수룩한 한 젊은이에게서" "신기하고 놀랍고 재미있는" 그러면서도 "상징적인 데가 있

55) 예컨대 자신의 일거리를 잃어버린 만화가가 자신의 상황을 어떻게 정당화하고 있는지를 보자. 그는 신문 연재 만화를 외국 만화가가 그리기로 한 것을 듣고 난 참이다. "그는 고개를 끄덕이며 생각했다. 이렇게 되면 이번 해고당하는 것이 내 개인의 문제에서 그치는 게 아니다. 그것은 국내 만화가들의 소멸을 의미하게 되는 것이다. 한 장의 만화를 여러 장으로 복사해서 세계 각곳에 싼값으로 팔아먹는 미국 만화가들의 신디케이트에 국내신문이 걸려들기 시작했다면 이건 큰일이다. 오래지 않아서 모든 국내 신문들은 미국 가정의 유머를 팔아먹고 있게 되리라. 미국 만화가들의 복사된 만화는 사는 편에서만 생각한다면 값이 싸니까 그리고 문명인들답게 유머가 세련되어 있으니까. 그는 언젠가 한국을 방문했던 미국의 한 뚱보 만화가를 생각하고 있었다. 그 양반은 자기 복사가 열몇 군데나 팔린다고 했다. 스위스에 별장을 가지고 있다는 자랑도 했다. 그때 국내의 협회 회원들은 그 뚱뚱보를 부러운 듯이 쳐다보고 있었던 것도 그는 생각났다. 그렇지만, 하고 그는 생각했다. 한탄을 한들 내가 어쩔 수 있단 말인가."(1: 184-185)

는" 애기를 듣고 옮긴다. 그 애기의 줄거리는 대략 다음과 같다; 나는 연극을 전공하는 학생이면서 가끔 희곡 습작도 하는 문학청년이다. 얼마 전 나는 변두리에 있는 창신동 빈민가의 지저분한 방에서 도시 중심부에 있는 어느 깨끗한 양옥으로 하숙을 옮겼다. 나의 "무질서하고 퇴폐적인 생활"을 진심으로 걱정해주던 한 친구가 자기 친척 중에 가풍(家風)이 좋은 집안이 하나 있다며 새로운 하숙을 주선해준 것이었다. 엄격한 한 할아버지가 가장이 되어 있는 양옥집의 가풍이란 한마디로 "질서 정신"에 의해 규칙적인 생활을 하는 것이었는데, 가령 나는 매일 오후 네 시엔 그 집 며느리가 치는 '엘리제를 위하여'를 꼭 들어야 했고 또 매일 취침 오륙 분 전엔 그 집 식구들이 마루 탁자에 놓인 보리차를 한 컵씩 마시는 것을 보아야만 했다. 그런데 일주일 쯤 지나서, 나는 그 낯선 세계에 진절머리를 내었고 함께 지냈던 창신동 식구들을 그리워했다. 특히 서 씨라는 창신동 중년 사내의 이야기가 떠오를 때면 이 "병원처럼 깨끗한 양옥"에 대하여 서먹서먹한 느낌은 더욱 짙어졌다. 과거 창신동에 자리 잡은 지 얼마 되지 않은 어느 날 저녁, 나는 서 씨와 술을 마시게 되었고 그와 친밀해졌다. 나는 서 씨가 고향은 함경도고, 6.25 때 단신으로 월남했으며, 지금은 공사장에 나가고 있다는 것을 알게 되었다. 그러던 어느 날 밤 나는 서 씨를 따라 동대문을 찾았고, 거기서 전율을 느끼며 서 씨가 혼자서 도저히 들 수 없을 것 같은 커다란 돌덩이를 들어올렸다 살며시 내려놓는 놀라운 광경을 보았다. 그날 밤 나는 서 씨에게서 그가 중국인과 한국인의 혼혈아이며, 그의 선조들은 대대로 중국의 이름 있는 역사들이었으며, 자신이 동대문에서 종종 하는 일은 명부(冥府)의 선조들에게 선조의 영광이 유지되고 있음을 알리는 은밀한 의식이라는 애기를 들었다. 나는 양옥집에서 서 씨의 몽상적인 행위 속에 있는 "성실"을 자주 떠올리고는 이것은

"양옥 속의 생활"을 비판하는 데 필수적으로 고려되어야 할 것으로 생각했고, 그것이 "적어도 방향이 틀린 생활"이자 "빈 껍데기의 생활"이라는 생각에 이르렀다. 마침내 나는 창신동으로 다시 돌아가지 않으리라는 것을 알면서도 모순적이게 "천박한 장난"을 계획하는데, 취침 전 양옥집 식구들이 한 컵씩 마시는 보리차에 흥분제를 타는 것이었다.

이 소설은 무엇보다도 도시 변두리 빈민가와 도시 중심부 양옥집의 비교라는 상징적인 공간 대비를 통해 무엇보다도 규율 권력이 자리 잡은 근대적 일상에 대한 비판적 희화화를 시도하고 있는 작품이다. 여기서 비판적 희화화의 주체는 물론 바깥 액자의 작중화자인 '나'와 내부 이야기의 작중화자인 '나', 그리고 역사 서 씨로 이어지면서 거듭 몸을 바꾼다. 즉 세 인물은 모두 의식적이든 무의식적이든 근대적 일상에 대한 비판적 희화화에 조력하는 인물들이라고 할 수 있다. 그 중에서 내부 이야기의 화자인 '나'가 수행하는 비판적 희화화의 역할은 가장 두드러진다. 문학청년인 '나'라는 젊은이가 하숙을 옮기는 것을 계기로 변두리의 생활과 중심부의 생활은 비교되기 시작할 뿐만 아니라 그러한 대비의 의미는 그에게서 가장 자각적이기 때문이다. 간단히 말하여 문학적 주체성을 대변하는 듯한 그 젊은이는, "역사" 서 씨로 상징되는 창신동 식구들의 생활은 무질서하고 퇴폐적이지만 "자기"에게 "성실"한 맑고 알차고 아름다운 것으로 이해하는 데 반해 "할아버지"로 상징되는 양옥집 식구들의 생활은 질서 있고 규칙적이지만 자발성을 잃은 무의미하고 권태롭고 혐오스러운 것이라 규정한다.[56] 그는 마침내 "꼭

---

56) 이러한 비교와 대비의 표현은 작품 곳곳에서 발견된다. 예컨대 다음과 같은 구절을 보자. "처음에 나는 이 집에 대하여 존경심을 가졌다. 그러나 나는 이내 그것이 처음 보는 경치에 보내는 감탄과 같은 성질의 것밖에는 되지 않음을 알았다. …(중략)… 차라리 이 사람들의 태도야말로 자신들은 걷고 있다고 믿으면서 사실은 매

무슨 행동이 필요하다는 충동"에서 보리차 속 흥분제를 생각해내고 자신을 "부자유하게 평온한 마을을 해방시켜주러 온 악마"로 자부하는 모습을 나타낸다. 이처럼 안정과 질서 속에 있는 근대의 일상적 삶과 현실은 '흥분제'와 '악마'에 해방적 의미가 부여되는 순간 억압과 폭정의 공간으로 비판되고 희화화된다. 이것은 일단 '현실원칙에 대한 쾌락원칙의 반항과 복수'라는 낭만주의적 정치학을 그 주제로서 탐구하는 것이라고 할 수 있다. 사실 「역사」는 문학적 주체성이 반복해서 탐구하는 정치적 심미주의의 일반적인 주제를 아주 선명하게 보여준다. 도시 중심부 양옥집의 삶과 그 주변부에 위치한 창신동 빈민가의 현실을 비교하고 대비하는 것은 억압과 해방의 이분법이라는 정통적인 의미의 낭만적 대립을 환기하면서 규율 잡힌 도시 중심부의 현실에 대해 소외된 변두리적 삶을 유토피아적 해방의 모델로 만든다. 그런데 「역사」라는 작품은 바로 억압적인 초자아에 결속된 사회적 통합에 반항하여 싸우는 문학적 주체들의 위악적 행위와 그것의 비판적 의미가 인간적 관심과 필요의 관점으로 짜여진 실제적 현실을 심각하게 왜곡하는 흥미로운 양상을 돋보이게 강조한다는 점에서 주목된다. 물론 하찮은 공사판 인부를 "중국의 이름 있는 역사들"의 가계(家系)에 속하는 것으로 미화한다든지 불운한 문학청년의 "천박한 장난"을 해방의 논리 속에서 위악으로 정당화한다든가 하는 것은, 일련의 문학적 주체들에게 억압적인 초자아가 규율하는 위선적인 현실 세계를 비판하고 희화화하는 데 효과적인 정치적 전략이 되는지도 모른다. 그러나 낭만주의적 유토

일매일 제자리걸음을 하고 있는 바로 그것이 아닐까. 빈민가에 살던 사람들의 그 끝없는 공전(空轉) 같아 뵈던 생활이 이곳보다는 오히려 더 알찬 것이 아니었을까. 이것이 나의 감정이었다. 그래서 마침내 어느 쪽인가 한편이 틀려 있다는 생각이 나를 몹시 짓누르기 시작했다."(1: 86)

피아 정치학은, 앞에서 지적한 것처럼, 소외를 해방으로, 불운을 행운으로, 패배를 승리로 전도시키는 왜곡된 낭만주의적 소외 심리학을 전제로 한다는 점에서 문학적 주체성 일반의 정신적 병리에 관계되는 것처럼 보인다.

요컨대 낭만주의적 소외 심리학은 현실 비판적인 유토피아 정치학만 작동시키는 것이 아니라 어떤 왜곡된 심리적 과정을 거쳐 지극히 비현실적인 몽상을 정당화함으로써 정상적인 인간 조건의 왜곡도 형성되도록 한다. 이런 맥락에서 주목할 필요가 있는 것이 양옥집 식구들이 일정한 시간에 먹는 주전자 물에 얽힌 일화이다. 매일 잠들기 전 일정한 시간에 양옥집 식구 모두가 마시는 주전자 물은 젊은 문학청년에게 자기에 대한 충실을 희생한, 빈 껍데기 같은 습관적인 생활의 허위를 발견했다는 느낌을 주면서 그의 위악적인 장난끼를 발동시켜 주전자 물에 흥분제를 타는 공상을 촉발시키고 실제로 그렇게 하도록 만든다. 이러한 공상과 장난은, 자기에게 성실함으로써 맑고 알차고 아름다운 것이 된 생활에 견주어서 허위로 규정된 양옥집 식구들의 생활을 희화화한다는 차원에서 그럴듯해진다.[57] 그런데 그는 자신이 우월성을 부

---

57) '주체성의 병리학'이라는 차원에서 이러한 젊은 문학도의 행위와 심리를 검토하는 것도 가능하다. 여기서, 예컨대 파스칼 브뤼크네르와 같은 철학자의 통찰을 빌릴 수 있다. 그에 따르면 자기 자신이 되라는 명령을 수락한 문학적 주체성은 그로 인하여 이제 외부 세계를 지배할 수 없게 되고, 따라서 그것으로부터 자신을 보호하는 데 지나치게 집착하게 된다. 그런데 이러한 집착이 병리적인 성격을 띠고서 격렬해질 때, 이른바 '개인주의의 병'이 나타난다. 한마디로 자신은 어떤 불편도 감수하려 하지 않고 자유의 혜택만을 누리고자 한다는 것이다. 브뤼크네르는 이것을 간단히 '순진함의 유혹'이라 부른다. 나아가 그는 순진함(innocence)이라는 개인주의의 병을 크게 '유년기적 행동 경향(infantilisme)'과 '희생화 경향(victimisation)'으로 나눈다. 이를테면 주체성을 획득한 근대적 개인들은 성인이 되어서도 어린 아이와 같은 행동을 한다든가 부유하면서도 비참한 것처럼 보이려 한다든가 해서 부당한 이익을 추구하기 위해 다른 사람을 억울하게 채무자의 상태로 만드는 병리성을 드러낸

여한 창신동으로 다시 돌아가지 않으리라는 것을 알면서도 취침 전 양옥집 식구들이 한 컵씩 마시는 보리차에 흥분제를 타고, 문학청년이 흥분제 사건을 일으키면서 보여준 '설렘'과 '당당함' 속에서 그 양옥집 식구들은 억울하게 불면의 밤을 보내게 된다. 대략 이러한 이야기에서 흥분제는 젊은 문학도로 하여금 자기가 도시 중심부의 허위의 생활 안에는 있지만 그 생활로부터 멀리 떨어져 있다는 느낌을 가지게 하면서, 생활을 수락한 자가 느끼는 편치 않은 마음을 벌충하도록 한다는 것은 분명하다.[58] 그가 양옥집 식구들이 마시는 보리차에 흥분제를 타면서

다고 브뤼크네르는 지적하고 있다. 바로 이러한 맥락에서 흥분제를 가지고 장난을 치는 젊은 문학도의 행위와 심리를 이해해 보면, 자신을 소외되었다고 비참하게 여기던 끝에 어린 아이와도 같은 짓을 하는 젊은 문학도는 단적으로 평범한 사람들을 괜한 채무자로 만들어 부당한 이익을 추구하려는, 주체성의 두 병리를 모두 앓고 있는 인물로 볼 수 있을지도 모른다. P. 브뤼크네르, 『순진함의 유혹』, 김웅권 옮김, 동문선, 1999, pp.12-18 참조.

58) 문학적 주체성이 가지는 이와 같은 정서적 기조와 관련해서 톰 울프의 다음과 같은 재치 있는 언급들은 대단히 시사적이다. "오늘날 아방가르드 화가가 그의 후원자에게 줄 수 있는 독특한 현대적인 보상이 있다. 후원자는 배후자인 화가와 마찬가지로 자기도 부르주아지로부터 멀리 떨어져 있으며, 자기가 중산층 '출신'이긴 하지만 더 이상 그 세계 '안에' 있지 않다는 느낌…… 자기는 블레셋 Philistine의 땅을 진군하는 선발부대에 끼인 동료 사병, 아니 최소한 부관이나 명예 게릴라쯤은 된다는 느낌을 받게 되는 것이다. 이것은 현대의 독특한 욕구이고 구원(돈을 너무 많이 가졌다는 죄악으로부터의)이며, 뉴욕이든 로마든 밀라노든 구미 전역에 걸쳐 부유한 사람들 가운데서 볼 수 있는 아주 일반적인 현상이다. 특히 자신들이 장사로 벌어들인 재산에 대해 마음이 가장 편치 못한 사람들에게 현대미술, 선구적인 작품, 다락방에서 막 제작되어 아직도 축축한 그림들 수집이 인기 있는 것은 바로 이 때문이다. "알았어? 난 '저들'과 다르단 말야. 저 젊은 상공회의소 회원들, 저 금융회사의 회장들, 저 새파란 사장들, 이중턱에 줄무늬 넥타이를 매고 굴 전문 음식점에서 게걸스럽게 먹어대는 (어, 친구, 만나서 반갑네) 저 돈만 아는 뉴욕의 이교도 재벌 등하곤 다르단 말야." 전위미술작품은 다른 무엇보다도 돈에서 마몬과 몰렉의 체취를 몰아내고, 거기에 작업복, 스웨터, 구레나룻, 그리고 보헤미아의 우아함을 지니는 망토와 월계수 분위기를 불어넣어준다."(T. 울프, 『현대미술의 상실』, 박순철 옮김, 아트북스, 2003, pp.30-31.)

도 죄책감은커녕 유희적 기분에 한껏 부풀어 있을 수 있었던 것은 아마도 그 때문일 것이다. 그러나 흥분제가 야기한 것은 비판적 희화화의 활기에 이어지는 것이라기보다는 어떤 의미에서 무언가 튀고자 하는 욕망에서 따로 존재하려는 의지와 같은 나르시시즘에 가깝다. 젊은 문학도는 자신의 소외된 처지를 모든 규율과 질서에서 초월하여 자유롭고 고결하며 스스로 자족하고자 하는 해방의 거점으로 조작함으로써 자기도취에 빠져 있는 듯하다. 여기서 흥분제로 잠 못 이루던 식구들이 간절히 바랄 것이라고 생각하고 한밤중에 그 집 피아노를 광폭하게 두들겼지만 할아버지 이외엔 아무도 반응하지 않았다는 것에서 "고독함"을 느꼈다는 것은 대단히 암시적인 대목이다. '당당함'에서 시작하여 '고독함'에서 끝난 그의 심리적 추이는 문학적 주체들이 일반적으로 보여주는 정신의 조작을 통한 비정상적인 것의 정상화라는 낭만주의적 소외 심리에서 그것이 진행시키는 어떤 새로운 양상을 적시하도록 한다. 즉 '당당함'에서는 문학적 주체들이 자기 세계를 압수한 현실로부터 철수하고 싶은 욕망을 읽게 되고, '고독함'에서는 반대로 그들이 현실에 자기 세계를 강제함으로써 그것을 접수하고 싶은 욕망을 읽게 된다. 한마디로 문학적 주체들은 욕망의 이중구속(double bind)에 노출되어 있는 셈인데, 낭만주의적 소외 심리학은 여기서 그 욕망의 이중구속에서 오는 갈등과 그 해소를 자기기만적으로 행하는 문학적 주체들의 심리적 메커니즘으로 다시금 정의될 수 있다. 그러니까 젊은 문학도에게서 나타나는 것처럼, 현실에서라면 비정상적일 소외 심리는 유토피아 정치학 속에서 정상화되어 자신의 주변성을 현실에 강제할 수 있는 우월감으로 변형되는 것이고, 또 그 우월감은 예외적인 존재로서 자신을 규정하는 데서 필연적으로 고독함을 유발하는 것이다.

「역사」에서 서술된 젊은 문학도의 이야기에서 문학적 주체라는 존재가 하나의 사회적 실체를 얻는 데서 생기는 복잡한 소외 심리는 사실 그 자체로 크게 문제가 되는 것은 아니라고 할 수 있다. 문학적 주체성은 소외의 조건을 살며 그것을 탐구하는 데서 어쩌면 소외로부터의 구원을 그 나름대로의 방식으로 모색하는지도 모르기 때문이다. 그러나 중요한 문제는 문학적 주체성에서 두드러지는 낭만주의적 소외 심리가 소외를 탐구하고 그것으로부터 구제되기를 희망하는 데서 그치지 않고 근대 세계에서 일반적인 자기도취라는 정신병리를 따라 일상적 삶과 현실을 아주 하찮거나 사소한 역할로 축소하기까지 한다는 점이다. 우선 문학적 주체들은 김승옥 소설이 보여주는 것처럼 자신이 처한 소외의 조건을 심리적으로 전도시켜 그것을 사회에 대한 반발과 저항의 욕구에 일치시키는 계기로 삼고서 자신을 홀로 고귀하게 자족하는 예외적인 존재로 규정하는 자기도취에 이른다. 그리고 이처럼 튀거나 돌출하고자 하는 나르시시즘의 충동[59]은 예외적이고 비정상적인 것들에 대한 낭만적인 매혹과 탐닉을 낳고 그로 인해 일상적 삶과 현실에 빠져드는 것에 대한 두려움에 사로잡히면서 그것을 억압과 구속의 부자유한 삶의 원형으로 환원해버리는 결과를 부르고 만다. 문학적 주체들은 결국 규범과 원칙에 따라 통제되는 현실이라는 사회적 실체 안에 거주하기를 원하지 않고, 그러는 가운데 일정한 질서로 이루어진 세계를 쉽게 공격과 비판의 대상으로 삼는다. 그러나 문학적 주체에게 복종을 요구하는 규율 체계로서의 사회적 현실은 억압의 근거이기도 하

59) 이처럼 나르시시즘(narcissism)을 '튀거나 돌출하고자 하는 충동'으로 이해하는 방식은 프로이트적 정신분석학자들에게서 논의된 '인간 조건의 은유로서의 나르시시즘'과 일정하게 구별된다고 할 수 있다. 그것은 근대 세계로의 이행과 결합된 새로운 사회적 패턴에서 초래된 각종 정신병리학적 양상들, 예컨대 명성에 대한 매혹이나 타인과의 경쟁에 대한 두려움 등과 관계된다. C. 라쉬, 앞의 책, pp.50-73 참조.

지만 또한 저항의 근거이기도 하다. 만일 체계적인 질서가 저항적 자유에 선행해서 존재해야 한다는 필수적인 가정을 포기하면, 저항적 자유의 가능성은 도대체 어디에 근거해야 하는 것인가. 낭만주의적 소외 심리학은 바로 규율 체계로서의 사회적 현실을 단순하게 억압과 폭정의 근거로 환원함으로써 그러한 현실이 가지고 있는 저항의 근거를 스스로 파괴한다.[60] 여기서 현실의 축소와 그에 따른 왜곡은 문학적 주체들이 해결하고 구제하려는 문제적인 현실을 고양시키고 선양시키는 것이 아니라 그것을 오히려 저하시키고 하락시킨다. 실제로 낭만주의적 현실 축소 속에서 찬양되는 것은 어이없게도 불운하고 하찮고 저급한 삶의 목록들인데, 무질서와 비위생(非衛生)과 악다구니 등이 그것이다.

> 빈민가에 저녁이 오면 공기는 더욱 탁해진다. 멀리 도시 중심부에 우뚝우뚝 솟은 빌딩들이 몸뚱이의 한편으로는 저녁 햇빛을 받고 다른 한편으로는 짙은 푸른색의 그림자를 길게 길게 눕힌다. 빈민가는 그 어두운 빌딩 그림자 속에서 숨쉬고 있었다./ 교과서의 직업목록 속에서는 찾아볼 수 없는 가지가지의 일터에서 사람들이 땀이 말라 끈적거리는 얼굴을 손으로 부비며 돌아오고, 이 마을에 들어서면 그들의 굳어졌던 얼굴들이 풍선처럼 펴진다. 웃통을 벗은 사내들은 모여서서 쉴새없이 떠들고 아이들은 자기들

60) 낭만주의적 소외 심리학은 질서와 규칙이 가지는 잠재적인 비판력을 무시하고 경직된 억압과 해방의 이분법 속에서 질서와 규칙을 다만 억압의 축으로만 환원해버린다. 그런 의미에서 낭만주의적 소외 심리학은 비판적 지성의 자원이라기보다는 그것을 무장 해제시키고 혼란시키는 방해물인지도 모른다. 선이 자유와 자율의 보편화 속에서 상대화되어 더 이상 비판력과 행동력을 보장하지 못하기 때문이다. 따라서 소외 심리학에서 만나게 되는 것은 비판적 사고보다는 체념과 허무의 유희들과 도피주의적 공상들인지도 모른다. 질서와 규칙이 억압의 근거이기도 하지만, 동시에 저항의 근거이기도 하다는 주장과 관련해서는 G. 그라프, 앞의 책, pp.79-122 참조.

> 집과 집의 처마를 스칠 듯이 지나가는 기동차의 뒤를 좇아 환호를 올리며 달린다. 아낙네들은 풍로를 밖으로 내놓고 그 위에 얹은 냄비 속에 요리책에는 없는, 그들의 그때그때의 사정이 허락하는 신기한 요리 재료를 끓인다. 이 냄비와 저 냄비에서 끓고 있는 음식은 나라와 나라 사이의 풍토보다도 더 다르다. 마치 마귀할멈이 냄비 속에 알지 못할 재료를 넣고 마약을 끓여내듯이 그네들도 가지가지의 마약을 끓이고 있는 것이다./ 빈민가의 저녁은 소란하기만 하다. 취해서 돌아온 사내는, 기부운, 하고 비명 같은 소리를 지르고 자기가 번 그날의 품삯을 내보이며 친구들을 끌고 술집으로 간다. 그러면 그 뒤로 그 사내의 아낙이 좇아와서 사내의 돈을 빼앗아 쥐고 주먹을 휘둘러 보이며 집안으로 사라지고 그러면 뒤에 남은 사람들은 싱글싱글 웃으며 노해서 고래고래 소리 지르는 그 사내를 달랜다. 빈민가 가까이 있는 시장에서 생선의 비린 냄새가 물씬물씬 풍겨오고 도시의 중심부에서 바람에 불려온 먼지가 내려앉고 여기저기의 노점에 가물가물 카바이트 불이 켜지는 시각이 되면 사내들은 마치 그것들을 피하기라도 하려는 듯이 자기들의 키보다 낮은 술집으로 몰려든다.(1: 79)

이것은 한마디로 지옥의 풍경이지 유토피아의 풍경이 아니다. 현실성의 부정과 비판이 정치적 혁명의 조건이라고 해석하는 문학적 주체들의 소외 심리에서 자라나는 것은 결국 더럽고 조잡하고 그악스런 왜곡된 현실이라고 할 수밖에 없다.

한편, 김승옥의 「야행(夜行)」(1969)이라는 작품은 「역사」와 마찬가지로 낭만주의적 소외 심리학을 통한 사회적 현실의 왜곡을 동반하면서도 그 소외 심리학이 마침내 이르게 된 인간상의 왜곡이라는 문제적 상황을 뚜렷이 예시한다는 점에서 또 한 번의 주목을 요한다. 이 소설은 서울의 밤거리를 서성거리는 한 여자의 이야기를 들려준다. 여자가

도시의 거리를 서성거리게 된 사연은 이러하다. 여자는 남편과 사내 커플이지만 기혼 여성은 쓰지 않는다는 직장의 방침 때문에 "연극"하듯 결혼한 사실을 숨기고 남편과 동료로서 직장을 다니고 있다. 8월 초순의 어느 날, 모처럼의 휴가를 고향에서 보내고 서울로 상경한 여자는 육교의 계단을 오르다 "낯선 사내의 억센 손"에 여관에까지 끌려들어가는 치욕적인 경험을 하게 된다. 그런데 낯선 사내에게 끌려가던 여자는 공포와 혼란으로 소리조차 지르지 못하면서도 미끄럽게 마찰되는 그 사내의 손으로부터 "생명의 거친 숨소리"를 들으며 안심한다. 여자는 그 순간 불현듯 남편과의 "생활이 주는 평범한 행복"이 기만적인 타성이라는 것을 자각하고 자신의 욕구가 깨어나는 것을 느꼈던 것이다. 그 이후 여자는 남편과의 연극은 여전히 계속하지만 도시의 거리 곳곳에서 자신의 욕구로 헐떡이는 사내들을 자꾸 보게 되고, 뜨거운 8월의 그 날을 강렬히 염원하게 된다. 드디어 어느 날 밤 여자는 자신의 욕구가 "지나치게 무모하고 비상식적이고 반사회적"이라는 것을 알면서도 밤거리를 나선다. 낯선 사내의 미끌미끌하던 손에서 감지된 생명의 기운을 다시금 느껴보려는 거리의 배회를 시작했던 것이다. 그러나 여자는 8월의 그 사내와 흡사한 사내를 만나기 어렵다는 것을 깨닫게 되면서 거리의 배회가 자기의 욕구를 포장하는 기만적인 "의식(儀式)"이 되어버리는 게 아닌가 두려워한다. 거리의 사내들은 가끔 술의 힘을 빌려 여자를 치근덕거려 보지만, 결국 여자의 눈치만 살피다 모두 슬슬 꽁무니를 빼고 "자기의 예정된 생활"로 물러가버렸던 것이다. '연극'과 '의식'의 속임수로부터 해방되기를 바라는 여자는 그런 사내들을 바라보며 무척 쓸쓸해한다.

이 소설의 여주인공은 「역사」의 서 씨와 마찬가지로 다소 몽상적인 형태의 비현실적 인물이다. 즉 자신을 강제로 여관으로 끌고 갔던 사내를 그리워하며 그 사내와 다시금 해후하기 위해 도시의 거리를 배회하고 서성거리는 유부녀란 사실 개연성 있는 인물이라 보기 어렵다. 그러나 그녀를 문학적 주체성에 연계된 상징적인 인물로 볼 수 있다면, 「야행」은 특별히 흥미로운 소설이 된다. 미리 결론부터 말하자면, 도시의 거리를 배회하며 자신을 여관으로 끌고 갔던 남자를 찾아 헤매는 한 여자의 이야기를 통해 이 소설은 문학적 주체의 낭만주의적 심리 조작과 그에 따른 자기기만을 극적으로 보여준다. 「야행」의 여주인공에게서 '생활이 주는 평범한 행복'이 기만적 타성의 '울타리'로 부정되고 자신을 여관으로 끌고 갔던 '사내의 억센 손'이 자기 욕구에 대한 속일 수 없는 성실이자 기만적인 현실로부터의 해방으로 긍정되고 있다면,[61] 여기서 작용하고 있는 것은 억압과 해방의 이분법이라는 낭만주

61) '남편'과 '불량배'에게 각각 부여된 비정상성과 정상성의 표지를 보라. 그리고 가해자와 피해자의 전도 양상도 아울러 보라. 여기서 정상성과 비정상성은 완전히 전도되어 있다. "그 사건이 생긴 데 대하여 책임져야 할 사람이 있다면 그것은 그 불량배가 아니라 자기와 자기의 남편이어야 한다고 그 여자는 생각하였다. 뿐만 아니라 이제는 그날 그 육교 위에서 손목을 잡힌 사람은 그 불량배였는지 자기였는지조차 판단할 수 없다고 생각하였다. 자기는 자기의 더러움을 보았다. 그리고 그곳에 있는 모든 것으로부터 도망하고 싶었다. 마침 한 사람이 자기 곁을 지나가고 있었다. 자기는 그 사람의 손목을 붙잡고 이곳이 아닌 다른 곳으로 데려다달라고 애원하였다. 그 사람은 자기를 데려다주었다. '이곳'이 아닌 다른 곳으로, 더 나은 곳인지 아닌지는 몰라도 적어도 '이곳'이 아닌 것만은 틀림없었다. 그 점에 대해서는 의심의 여지가 없다. 얘기가 이렇게 되는 것이 그 사건의 정확한 줄거리라고 그 여자의 의식은 말했다./ 그 여자는 자기가 확실히 그 사내에게 매달리고 있었음에 틀림없다고 생각하게 되었다. 그리고 그 사내는 믿음직스럽게 행동했던 것 같았다. 타성이 그 여자에게 불어넣어준 그 사내에 대한 저항을 사내는 얼마나 멋있게, 꼼짝할 수 없도록 때려 뉘었던가! 땀, 그렇다. 쉴 줄 모르고 솟아나 온몸을 목욕시키던 땀은 그 여자의 '이곳'이 패배의 쓰라림에 흘린 눈물은 아니었던지!/ 그러나 그 여자의 외면적 생활은 여전히 계속되었다. 남편과는 이십분 간격으로 은행에 출근하였고, 은행에선 두 사람은 될 수 있는 대로 접촉을 피했고 부득이 말을 주고받아야 할 경우엔 '박선생님' '미스 리' 했다. 하루 일이 끝나면 남편은 으레 다른 남녀 행원들과

의적 대립 구도와 거기서 마련되는 낭만주의적 유토피아 정치학이다. 문학적 주체들이 사회적 권위에 대한 개인적 자유의 승리라는 낭만주의적 감정의 이상을 종종 정치적 전략이라는 차원에서 안정적 질서에 대한 파괴적 혼돈의 우월성이라는 극단적인 선택으로 표현하는 것처럼, 「야행」의 여자도 어떤 폭력의 체험이 가져다준 공포와 혼란의 감정을 기만적인 허위로서의 일상적 평온과 행복을 깨뜨리는 자유와 해방의 느낌으로 소개하고 있다. 바로 그 때문에 한 낯선 남성이 누군가의 평온과 안정을 파괴하려고 휘두르는 폭력은 규범과 질서가 자리 잡고 있는 억압적인 사회의 반대편에 있는 가장 그럴듯한 유토피아의 품목 가운데 하나가 된다. 그러나 현실적인 사회·문화의 관점에서 보면, 그녀의 내면 심리는 또한 자신의 소외를 해방으로, 자신의 불운을 행운으로 전도시키는 특이한 심리적 과정으로 이해되기도 한다. 이것이 비정상적인 것을 정상화함으로써 사회적 현실을 왜곡하는 낭만주의적 소외 심리의 한 예가 된다는 것은 이미 말한 바와 같다.

그들은 백화점을 끼고 돌았다. 그들은 차도를 건너질러갔다. 도중에 차도의 복판에서 차가 몇 대 지나가기를 기다리느라고 잠깐 걸음을 멈춘 동안, 사내는 문득 "날씨가 몹시 덥죠?" 하고 중얼거렸다. 그것은 여자에게라기보다 자기 자신에게 들려주기 위한 중얼거림 같았다. 차라리 사내가 여자에게 말하고 있는 것은 여자의 손목을 잡고 있는 그의 손을 통해서였다. 여자는 빼내려 하고 사내는 놓치지 않으려 하는 두 손은 몹시 미끄럽게 마찰되고 있었고 그 움직임이 문득 눈에 뜨이자 현주는 마치 사내가 자기를 애무하고 있는 게 아닌가 하는 착각에 휘말려드는 것이었다. 사내는 손을

함께 문을 나섰고 그 여자 역시 다른 남녀 행원들 틈에 끼어 문을 나섰다. 그 후에 그들이 집에서 만나게 되는 시간은 대중 없었다."(1: 272-273)

> 묘한 형상으로써 그 여자의 손목을 잡고 있었다. 즉 그 사내는 엄지손가락의 끝을 나머지 네 개의 손가락 끝에 맞대어 일종의 고리를 만든 것이었다. 그 고리 속에 현주의 가느다란 손목이 갇혀 있는 꼴이었다. 그 고리는 여자의 손목이 마음대로 움직일 수 있을 만큼 헐렁하였다. 그러나 빠져나올 수는 없었다. 사내 손의 그 섬세한 조작이 그 여자의 마음에 들었다. 공포 속의 안심이라고나 할까, 그 여자는 그런 걸 느꼈다. 그 여자는 손목을 빼내기를 단념하였다. 그러자 그 고리가 점점 오므라들어 움직이기를 멈춘 여자의 손목을 아프지 않은 한계 안에서 조이는 것이었다. 그 여자는 문득 자기의 손과 사내 손의 그 땀에 젖어 미끄러운 틈으로부터 생명의 거친 숨소리가 들려오는 것을 의식하였다. 그것은 북소리처럼 둔중했고 생선 아가미처럼 가빴다. 사내의 생명도 자기의 생명도 아닌 전연 낯선 생명이 지금 마악 땀에 젖은 손과 손의 틈바구니에서 태어난 것 같았다.(1: 270–271)

치한에게 끌려가며 느끼는 여자의 감각과 사고들을 세밀하게 묘파하는 대목이다. 불량배의 폭력적 협박으로 궁지에 몰린 여자의 심리를 그리는 이 장면에서 두드러지는 특징 중의 하나는 그 여자의 심리가 왠지 자연스럽지 않고 무언가 작위적이라는 사실이다. 여자에게 한 사람의 치한은 다급한 욕구에 사로잡혀 거칠게 몰아대는 폭력적인 무뢰배로서가 아니라 "섬세한 조작" 속에서 "생명"의 기운을 느끼게 해줌과 동시에 "공포 속의 안심"이라는 기묘한 심리적 쾌감까지도 가져다주는 존재로 어색하게 다가오고 있다. 여자가 보여주는 것처럼 곤경이 급격한 희열로 바뀌는 상황은 억압과 해방의 이분법이라는 도식을 통해 어떤 비판의 정치학을 구현하려는 문학적 실천들에서 그리 드물지 않은 장면에 속한다. 그러나 이 장면에서 느껴지는 일종의 작위성은 사회적 현실을 억압의 축으로 환원하고 왜곡해버리는 낭만주의적 도식이 문학적 형상을 압도할 때 불가피하게 겪게 되는 것이다. 여자가 낭만주의적 소외 심리학에서 일어나는 심리적 전도 과정 속에서 왜곡된 심리 상태에 처해 있다는 것은 어쨌든 명백해 보인다. 그런가 하면 「야행」의 소외 심리학에는 「역사」와 비교해서 별도로 주목해야 할 것이 있다. 소외된 자가 느끼는 심리적 갈등과 그 해소를 상징하는 인물인 「역사」의 서 씨와 달리, 「야행」의 여주인공은 소외를 철저히 내면화하고 있다가 그 소외의 상태에 대한 자각으로 야기된 정신적 방황을 겪는 실감나는 인물이라는 점이 그것이다. 여자는 바로 규율 권력이 자리 잡은 근대적 일상의 연극적인 허위의 공간에서 자기 욕구를 상실하고도 생활이 주는 기만적 행복을 느끼며 사는 조직 인간, 즉 소외된 근대적 개인의 실체에 아주 근접해 있는 존재로 드러난다.[62] 그러나 「야행」의 여자가 주목되는 좀더 중요한 이유는 소외된 근대적 개인들의 내면에 잠재되어 있는 낭만적 성격의 '문학적 주체성'이 어떻게 자각되면서 작동하는지가 그녀에게서 여실히 나타난다는 점에 있다. 여자는 소외의 상태를 자각하면서 문학적 주체성이 깨어나는 순간은 무엇보다도 평온하고 행복한 일상의 울타리가 허술해지는 "틈바구니"라는 사실을 알려준다. 이것은 평범한 근대적 주체들에게도 문학적 주체성이 항시적으로 잠복되어 있다는 사실을 암시하는 것과 동시에 문학적 주체들이 그와 같이 허술해진 일상의 울타리에서 낭만주의적 소외 심리학을 작동시킨다는 사실을 가리킨다. 요컨대 이것은 문학적 주체들의 병리와 평범한 근대적 주체들의 병리가 서로 연관되어 있다는 사실을 암암리에 보여준다.

근대적 주체성 일반과 결합된 문학적 주체성의 정신병리를 대변하

62) 그런 의미에서 「야행」의 여자는 「역사」의 서 씨에 비해 조금은 현실성을 획득한 인물이라고 할 수 있다. 무엇보다도 그녀는 혼자서는 도저히 들 수 없을 것 같은 돌을 들어올리는 어이없는 괴력의 인물은 아닌 것이다.

는 여자는 결국 상징적인 의미를 띤 자신의 심리적 드라마를 통해 폭력적인 체험을 해방의 논리 속에서 조작하여 평범하고 행복한 생활을 속임수의 연극으로 비판하고, 치한의 파렴치한 욕구는 그 연극으로부터의 해방이라는 의미를 지니는 것이라 찬양하면서 낭만주의적 소외 심리의 심리적 전도 양상을 예시한다. 다시 말해 「야행」은 한 여자의 비정상적인 몽상을 낭만주의적으로 정상화함으로써 정상적인 인간 조건을 비정상적인 것으로 왜곡하는 것으로 볼 수 있다. 그런데 「야행」은 낭만적 성격의 문학적 주체성이 비현실적이고 몽상적인 소외 심리학을 통해 인간 조건을 왜곡하는 것에서 그치지 않고 그것이 야기한 인간 조건의 왜곡이 왜곡된 인간상을 유발하는 하나의 토대라는 사실을 「역사」보다 좀더 뚜렷하게 보여준다. 조건의 왜곡은 단지 조건의 왜곡에 한정되는 것이 아니라 그 조건에 결부된 것들을 함께 왜곡한다는 사실을 통해 「야행」은 「역사」의 낭만주의적 소외 심리학이 가지는 귀결점을 좀더 선명하게 나타내는 것이다. 사실 이것이야말로 「역사」와는 별도로 「야행」이라는 작품을 분석하고자 한 이유라고 할 수 있다. 「야행」의 여자가 행하는 비현실적이고 몽상적인 거리의 배회는 그녀의 문학적 주체성 속에서 현실 원칙에 대한 쾌락 원칙의 반항과 복수라는 낭만주의적 주제로 자각되면서 일단 비판적 근거를 얻는 것처럼 보인다. 즉 여자의 행위와 의식은 근대적 일상을 억압과 폭정의 규율 권력이 자리 잡은 공간으로 비판하면서 그것을 폭로하는 역할을 한다. 물론 근대 사회의 통합이 계약적 질서에 기반하는 것이고 또 개인의 자유는 거기서 일정하게 제약될 수밖에 없는 것이라는 점에서, 그것이 과민한 사람들에게 억압과 폭정이라는 부정적 양상으로 경험되기는 할지 모른다. 그러나 사회적 통합에 따른 자유의 한정이 단순히 타파되어야 할 억압과 폭정의 현실로 환원될 수는 없다. 질서의 파괴와 그에 따른 공포와 혼란이 자유와 해방의 느낌과 만난다는 낭만주의 미학의 비판적 전제는 자신을 반박하는 전제이기도 하다. 어떤 규범과 모델이 선택을 결정하는 것이 아니라 어떤 선택들이 규범과 모델을 결정하게 된다는 낭만주의적 감정의 이상은 형성적인 규범과 모델의 존재를 제거함으로써 파괴적인 혼돈을 잉태하면서 스스로를 부정하게 되기 때문이다. 파괴와 공포와 혼란의 가치화는 낭만주의 정치학이 겨냥하게 되는 목표까지 아예 지워버림으로써 저항하고 반발하는 낭만주의의 비판적 정치학의 힘을 상실하도록 만드는 것이다.[63] 예컨대 「야행」이 간절히 바라고 염원하는 대로 파렴치한 욕구를 가진 치한의 세계가 도래한다면, 그 안에서 치한은 치한을 비판할 수 없을 것이다. 그런데 바로 「야행」의 여주인공은 자유와 해방이라는 낭만주의적 유토피아 정치학을 두둔하며 평범한 사람들에게 그들이 원하지 않는 일종의 '치한'이라는 모델을 제공하고 있다. 특히 용감한 치한은 「야행」에서 바람직한 인간상으로까지 정립되고 있는 듯하다. 「야행」에서 낭만적 성격을 띤 문학적 주체성과 그 소외 심리학은 마침내 '치한'을 인간에게 본래적인 것이자 실제적인 것이며, 내면적으로 진정한 것이자 뜨거운 생명인 것으로 만들어버리는 것처럼 보인다. 이 소설에 의하면, 진정한 인간이란 곧 치한이라는, 그것도 용감한 치한이라는 어처구니없는 의미론이 정당화되는 것이다. 근대적 주체들은 그러한 '치한의 의미론' 속에서 의미와 가치를 얻기는커녕 경멸당한다.

63) 낭만주의자가 생각하는 것과 달리, 해방적 혼란은 비판을 보장만 하는 것이 아니라 방해하기도 한다는 사실과 관련해서는 앞선 주 60)과 마찬가지로 G. 그라프, 앞의 책, pp.79-122 참조.

미학적 경멸의 대중적 냉소주의

이처럼 문학적 주체들의 낭만주의적 소외 심리학을 바탕으로 한, 전도로서 기만적이 된 우월감은 인간에 대한 경멸과 비하를 낳는다. 사실 어떤 주체성의 오만이 자기 이외의 다른 주체들에 대한 공격적인 경멸과 비하에로 심리적인 이행(移行)을 보여주게 되리라는 것은 충분히 예견된 것이었다. 그런데 양옥집 할아버지와 같은 질서와 기율에 충실한 인간이 억압적인 초자아의 대행자로 조롱당해야 하고 평범한 일상을 살아가는 상식의 인간으로 하여금 범죄자를 해방적인 모델로 삼도록 한다는 것은 바로 문학적 주체성의 심리적 왜곡이 형성한 현실과 인간에 관한 심상치 않은 암시이다. 왜냐하면 사회적 신분이 동등화됨으로써 자유로운 만큼 경쟁적이 된 근대 세계는, 자유를 제약하고 한정하는 것들에 대한 무조건적인 반감과 혐오를 태어나게 하고 그와 더불어 생존을 위한 악착같은 싸움을 만연시키는 공간이라는 점에서 기율적인 질서가 적으로 규정되고 그것에 대한 범죄적 파괴가 가치를 만드는 낭만주의적 유토피아와 어딘가 합치되는 듯 보이기 때문이다. 결국 근대적 현실과 그 안에서 살아가는 인간에게 자유와 해방의 비전을 열어 보이려던 낭만주의의 예술적 야망은 역설적이게도 그것이 옹호하고 상승시키고자 한 현실과 인간을 비하하게 되는 몽상적인 결과에 이르게 된 셈이다. 더욱이 문학적 주체들의 예술적 야망은 어떤 의미에서 상당히 자기 부정적인 것이 되어 있다. 그들은 근대 세계에서 현실과 인간의 참담한 국면을 발견하고 비판적으로 폭로하고 있으면서도 자기가 거기에 속한다고는 생각하지 않지만, 실제로는 현실과 인간에 대한 경멸과 비하로서 자기가 속한 현실과 그 안에 위치한 자기를 스스로 모멸하고 부정하는 데 도달한다. 물론 근대의 실상을 반성하고 성찰하면서 그것에 대한 소원함을 느낀다면, 그 문학적 주체들이 추구할 만한 정당성이 있는 현실과 인간에 대한 느낌을 최소한이나마 간직하고 있다는 증거는 될지 모른다. 그러나 현실과 인간에 대한 경멸로서 자기모멸과 자기 부정에 이른 문학적 주체는 이제 비판의 유일한 근거인 자신과 그의 현실마저도 비판과 폭로의 대상에 포함시켜버림으로써 현실과 인간의 모든 가치와 목적을 말소하는 '냉소적 허무주의'에 이르게 되는 것으로 보인다. 문학적 주체들에게는 현실과 인간에 대한 경멸이 언제나 '미학적 경멸'의 성격을 띠는 것으로 이해되기 때문에, 그들은 현실과 인간에 대한 경멸이 냉소적 허무주의에서조차 비판적 반성과 성찰의 힘을 계속 유지하는 것으로 가정하기는 한다. 문학적 주체에게 현실과 인간에 대한 경멸이 참다운 현실과 인간상의 보존을 위한 일종의 방법적 경멸이 된다는, 낭만주의적 소외 심리학에 근거한 자기 정당화에 전혀 설득력이 없는 것은 아니다. 그러나 여기서 문제적인 것은 낭만주의적 정당화가 참다운 현실과 인간상의 보존이라는 명분 속에 현실과 인간이라는 본질적 토대마저 거부하는 자기 부정의 명제를 은연중에 포함한다는 데 있다. 이것은 근대적 세계가 사람들로 하여금 그 세계의 유동적인 성격이 제공한 자유와 해방을 만끽하도록 할 경우 그러한 유동적인 삶이 가지는 정당성에 관해서는 사람들이 더 이상 고민하지 않으리라는 것을 함의한다. 그리고 김승옥 소설에서 그것은 현실과 인간에 대한 경멸과 비하라는 문제가 문학적 주체들에게조차 점차 모든 정치적, 사회적, 이념적 문제의식을 떠나서 이루어진다는 사실과 무관하지 않은 것이다. 이때 냉소적 허무주의자를 자처하는 문학적 주체들의 현실과 인간에 대한 미학적 경멸과 비하는 '비판적 냉소주의'에서보다는 이른바 '대중적 냉소주의'에서 그 메아리를 발견하게 된다. 이런 맥락에서 김승옥의 중편 「다산성(多産性)」(1966)은 지금까지 별

달리 이목을 끌지 못한 작품이었음에도 불구하고 다시금 주목하여 읽을 가치가 있다. 이 소설은 무엇보다도 현실과 인간에 대한 미학적 경멸과 비하가 품은 허무주의적 성격의 비판적 냉소주의가 무책임한 대중적 냉소주의와 근친 관계에 있음을 선명하게 보여준다.

「다산성」은 한 "연예 담당기자"의 여러 국면의 일상을 옴니버스 형식으로 묶고 있는 작품이다. 이 소설은 편의상 네 개의 이야기로 구분해볼 수 있다. '돼지는 뛴다' · '토끼도 뛴다' · '노인은 없다'라는 소제목으로 구분된 삽화들이 병렬 구성의 형식으로 이야기를 만들고 있다. 그러나 그 세 개의 삽화들을 가로질러 기자 신분의 주인공과 하숙집 딸 숙이와의 로맨스가 이야기된다는 점에서, 이 소설은 모두 네 개의 삽화들을 들려주는 셈이다. 첫 번째로 "들놀이"에 관한 삽화가 있다; 어느 날 기자와 그의 친구들은 행주산성으로 들놀이를 계획한다. 그들은 예비모임에서 통돼지 구이 파티를 결정하고 작은 돼지 한 마리를 몰고 목적지로 떠난다. 그런데 돼지고기 카니발의 계획은 산성으로 가는 도중 엉뚱한 사건으로 약간의 차질을 빚는다. 돼지가 넓은 들 속으로 뛰어들어 탈출해버렸던 것이다. 주인공이 돼지를 잡으려 들을 헤매다 벼잎에 눈을 찔리는 사고를 당하기는 하지만, 그러나 그들은 돼지를 잡아 마침내 돼지고기 파티를 성공적으로 벌인다. 두 번째 삽화는 한 "전위 연극"에 대한 것인데, 주인공은 '국민무대'라는 한 극단의 연극을 취재하게 된다. 그는 음침하고 수상한 분위기의 연극연습 장소를 찾았다가 연출자로부터 토끼에 관한 괴상한 얘기를 듣고 또 연기하는 토끼를 본다. 연출자는 모든 것을 분해해서 이용하는 현실에 대한 불만에서 토끼의 전체로서의 생명력을 이용하기로 했고, 드디어 토끼를 일정한 조건에 반응하는 한 명의 연기자로 만들었던 것이다. 연극이 무대에 올려지는 날, 영화나 곡마단의 관객에게나 어울릴 광고 덕분인지 극장은 예상 밖의 만원을 이룬다. 주인공은 거기서 대중이 원하는 레퍼토리를 가지고 역설적으로 대중 자신의 모습을 바라볼 기회를 제공하겠다는 연출자의 포부를 듣고 일단 기대를 가진다. 그러나 관객의 웃음소리를 시발로 연극은 코미디가 되고 그 '전위 연극'은 급기야 관객석으로 뛰어내린 토끼 때문에 흥분과 수런거림에 휩싸이다 중단되고 만다. 그리고 관객들은 입장료의 반을 환불해 주겠다는 연출자의 말에 아랑곳하지 않고 "유쾌한 게임"을 즐긴 듯 퇴장한다. 세 번째는 "흥신소"에 관한 삽화이다; 주인공은 동료의 권유로 흥신소 아르바이트를 한다. 가족의 부탁으로 한 노인의 일거수일투족을 감시하며 신변을 보호해야 하는 일이었다. 그런데 어느 날 기자는 극장에서 노인의 행방을 잃어버렸다가 다시 찾게 된다. 주인공의 미행을 이미 알고 있던 노인의 장난이었던 것이다. 그러나 다음 날 노인은 진짜로 사라져버리고, 주인공은 노인의 마지막 모습을 본 유일한 사람으로 흥신소장과 가족으로부터 추궁을 당한다. 결국 그는 자신에겐 책임이 없다고 강변하고 흥신소 일을 그만두지만, 노인의 실종에 대해 막연한 불안감을 느낀다. 주인공은 어제 노인으로부터 "욕망에 대한 얘기"와 "'우리나라 노인들에겐 아들이 없다'는 얘기"를 들었던 것이다. 마지막 삽화는 일종의 로맨스인데, 사실 그것은 로맨스라기보다는 일종의 치정에 가까운 이야기이다. 주인공은 하숙집 딸 숙이에게 쪽지 편지를 보내고 연애를 건다. 순진한 숙이는 주저하면서도 그의 추파를 마침내 받아들인다. 그는 처음엔 결혼이라는 두 인생의 접점에서 삶의 희망을 발견하려는 기대를 가지고 있었다. 그러나 삶이란 별 수 없는 것이라는 그의 냉소적 태도는 숙이와의 로맨스를 장난처럼 생각하는 위악적 의식과 만나게 된다. 그런데 숙이 또한 기자의 애정 공세에 끌리고 영화가 제공하는 환상적 로맨스를 믿으면서도 그의 결혼에 대한 얘기를 끊임없이 부정하고 의심한다.

숙이는 순진한 처녀가 아니라 이미 사랑과 결혼의 환상을 잃어버리고 속물이 된 처녀였던 것이다.

우선 이 소설에서 주목해야 할 것은 사랑의 불가능성을 체험하는 한 '연예 담당기자'의 자의식이다. 그는 처음에는 "한 인생과 다른 인생이 접합점을 가졌을 때엔 이 인생도, 저 인생도 동시에 좋은 방향으로 달라지리라고 상상하고" 사랑과 결혼에 대한 꿈과 기대를 가졌지만, 나중에는 대개 사람들 사이의 관계란 "어떤 사람은 다른 이유로 방문을 열고 그러면 다른 사람은 다른 이유로 그 열려진 방문을 통하여 안으로 들어온다"는 "피차간의 어떤 작은 오해 때문"에 성립한다는 체념 속에 빠지고 만다. 숙이와의 연애가 실패로 끝나면서, 사람들이 저마다 가진 내면의 자유로 인한 인간적 소통과 유대의 불가능성에 대한 우울한 체험은 결국 그에게 타자들과의 교류나 제휴가 불가능한 근대적 현실의 출구 없는 곤경의 느낌과 거기서 자라나는 절망적 허무감을 맛보도록 한다. 숙이와의 대화에서 기자가 "아무것도 아니라는 뜻"의 "불란서 말" "리엥"에 친근감을 느낀다고 말하는 장면에서 그의 내면에 깊숙이 자리 잡은 절망과 허무는 단적으로 드러난다. 이 대목은 바로 인간적 소통과 유대의 가능성을 냉소할 뿐만 아니라 그것의 실현을 위해 노력하는 일조차 허망하고 무의미한 일로 규정하는 그 기자의 '냉소적 허무주의'가 비로소 확연한 윤곽을 드러내는 순간이다. 그런가 하면 '들놀이' 삽화에서는 기자의 허무주의가 '동질적인 인간관계의 불가능성에 직면한 근대적 주체의 곤경'에서 오는 것일 뿐만 아니라, '불가능한 그 동질적인 인간관계를 구속적인 체계의 인위적 조작을 통해 마련하는 근대 세계의 불가피한 사회적 역정'에서도 오는 것임을 알려준다. 즉 '들놀이'와 "돼지고기 파티"가 상징적으로 암시하는 일상으로부터의 낭만적 탈주조차 "찐빵"이라는 일종의 집합적(集合的) 체계의 구속을 전제로 한 유희적 프로그램의 일부라는 자각은 사실상 불행한 근대적 현실의 출구와 그 바깥을 상상하기 어렵다는 기자의 허무주의를 뚜렷이 드러낸다.

> 찐빵, 두려운 찐빵, 나는 다방 입구에서 처음으로 우리를 지배하고 있는 자의 상판때기를 똑똑히 보았다. 그 왕초의 주먹이 내 등을 아프도록 치는 것을 이따금 느끼기는 했지만 그날 오후에야 나는, 왕초의 손아귀에서 벗어날 수 없음도 동시에 보았다. 마치 원숭이가 부처님의 손아귀에서 벗어날 수 없음과 같이 귀여운 데가 있는 찐빵의 표정, 내게 관심을 가지고 있다는 듯한 그의 눈짓. 오오 거룩한 찐빵이여, 라고 소리내어 외치는 것이 차라리 현명할지도 모른다고 나는 생각했다." …(중략)…/ "알겠어. 너의 용어로 말하면 찐빵이라는 작자는 나의 용어로 말하자면 장난감인데, 네 얘기는 장난감도 생명을 가질 수 있다는 얘기지? 생명만을 가진 정도가 아니라 우수한 두뇌와 날카로운 도구를 사용할 줄도 안다는 얘기지? 그러니까 얘기는 되돌아가서, 장난감에 대해서 가령 이쪽에서 믿지 않는다고 떠들어 보았댔자 믿지 않으면 안 되는, 적어도 그 존재를 인정하고 그의 명령에 복종하지 않을 수 없는 사태가 생겨서 꼼짝없이 이쪽을 끌고간다는 얘기지?"/ "그렇지 바로 그거야."/ 내가 말했다./ "네 말대로 그 사실, 그러니까 찐빵이 우리를 지배한다는 사실은 어쩔 수 없다고 하지. 그러나 문제는 그게 아니지 않을까?"/ "그럼 무엇이 문제지?"/ 내가 물었다./ "그 어쩔 수 없는 사실에 대처하는 태도가 개인개인에게는 문제겠지. 자세히 예를 들면, 찐빵이 있다는 것이 문제가 아니라 찐빵의 눈에 들려고 애쓰는 너의 태도가 문제란 말이야."/ "나로서는 그게 최상의 태도라고 생각한 것인걸. 그렇지 않고서는……"/ "죽는 수밖에 없다는 얘기겠지."/ "그래"/ "죽는 게 최상의 태도라면 그걸 선택할 용기는 있니?"/ "아마 용기가 없으니까 복종하며 살아 있

기로 한 거겠지. 그보다 죽어버린다는 것은 태도 중의 하나가 아닐 거야?" (2: 79, 104-105)

여기서 기자는 탈선적인 낭만적 카니발이 일상적인 현실의 페스티벌에 나포되어 있다는 현실의 체념적 인정을 통해 자기 부정과 무기력, 그리고 허무주의를 삶의 근본적인 태도로 설정하고 있다. 일반적으로 말해서, 그것은 "죽는 게" 아니고서는 집합적 체계로서의 '찐빵'이라는 사회적 지배로부터 벗어날 수 없다는 이른바 냉소적 허무주의에 필연적으로 내재하는 심리적 정황의 소산이다. 물론 기자의 경험에서는 죽거나 "복종"하지 않으면 살 수 없다는 절망적 '허무'와, 인간과 현실에 대한 냉소를 가능하게 하는 구원에 대한 종교적인 '동경'이 길항하여 그의 초월적인 지향이 겪는 시련과 역경을 좀더 강렬하게 만드는 측면이 없지는 않다. 그러나 존재의 기반으로서의 초월성을 상정하면서도 그것에 도달하는 것은 불가능한 것이라는 느낌과 생각은 이상과 현실이라는 형이상학적 존재론의 구도 속에서 실제적인 인간과 현실을 비현실적인 유령처럼 만들고 만다. 즉 불가능한 초월에서 초래된 체념 내지는 파악 불가능한 채 모든 것을 무화하는 허무는 단지 주어진 인간과 현실을 "죽어버린다는 것"으로서만 모독할 수 있을 뿐이다. 이처럼 인간 현실에 대한 모독적인 경멸로서 자기모멸과 자기 부정에 이른 기자[記-者]란 비판과 폭로의 유일한 토대인 자신과 그의 현실마저도 비판과 폭로의 대상에 포함시켜버림으로써 인간과 현실의 모든 가치와 목적을 폐기하여 '냉소적 허무주의'에 도달했던 문학적 주체의 상징적 육화(肉化)라고 할 수 있다. 기자의 자아는 결국 허무와의 제휴로서 타자와의 소통과 그것을 향한 노력을 대체해버린 셈이다. 홍신소 아르바이트에서 기자가 들은 "'우리나라 노인들에겐 아들이 없다'는 얘기"와 그 얘기를 한 어떤 '노인의 실종'에 관한 일화는 문학적 주체가 도달한 허무와의 제휴에 관하여 특히 암시적인 예화가 되어주는 것처럼 보인다. 이것은 간단히 말하면 삶과 현실에 의미와 가치를 제공해 줄 만한 선례의 부재와 기준의 실종을 은유적으로 말해주면서 무의미와 무가치에 직면해야만 하는 근대적 주체들의 곤경을 환기시킨다. 그런 점에서 절망적 허무에 빠진 그의 삶이, 숙이와의 실패한 로맨스를 비롯한 일상의 여러 국면이 암시하고 있는 것처럼, 행동력을 소진한 채 무기력하고 자폐적인 내면에 고립된 상태로 나타나는 것은 자연스럽다. 「다산성」에서 기자가 그러한 자아의 상태에 처하여 자신을 포함한 모든 것을 부정하는 허무주의를 내면화하고 인간과 현실에 대한 경멸과 비하의 한 극단적 형태를 보여주게 되리라는 것은 이로써 확연해진다. '찐빵'이라는 비유와 상징 속에서 희화화된 현실이 현실에 대한 경멸과 비하의 한 극단이라면, 동물적인 것의 비유와 상징 속에서 조롱당하는 인간은 인간에 대한 경멸과 비하의 또 다른 극단이다. 여기서 특히 흥미로운 것은 김승옥 소설이 인간 경멸을 정당화했던 '치한의 의미론'이 「다산성」에 이르러 '동물적인 것의 현상학'으로 변화된다는 것이다. 비유와 알레고리의 차원에서 전개된 단순한 것이긴 하지만, 「다산성」에서 인간은 더 이상 인간적인 것의 범주에 포함되지 않는 "돼지"와 "토끼", 그리고 "벌레" 등과 같은 '동물적인 것'으로 변형된다.[64] 문학적 주체

64) 다음의 인용에서 '돼지'는 단지 인간의 파티를 위한 음식물이기만 한 것은 아니다. 돼지의 탈주가 통돼지 구이 파티의 제물이 되고 말았다는 것은 인간의 탈주의 불가능성과 그것의 필연적인 실패에 관한 의미심장한 암시에 해당한다. "나는 정태가 일부러 돼지를 놓아준 것은 아닌가 하고 생각했다. 나는 찐빵은 너무 변덕스럽고 장난스러운 성격을 가졌다고 생각했다. 나는 돼지가 잡히기만 하면 내 손으로 그놈의 목에 칼을 찌르겠다고 생각했다. 나는 돼지를 빨리 생포하고 나서 친구들과 큰 소리로 한바탕 웃고 싶었다. 나는 이렇게 달리고 있는 것도 오늘 프로그램 중의 한

가 냉소적 허무주의와 손잡은 지점에서 이제 현실과 인간에 대한 경멸과 비하는 심미적 정당화의 대상이 되지 못한 채 비판적 냉소주의라는 맥락을 잃어버리고 그 현실과 인간을 무책임하게 희화화하고 조롱하는 '대중적 냉소주의'와 결합하지 않을 수 없다. 이를테면 기자로 대변되는 「다산성」의 문학적 주체성은 냉소적 허무주의로 말미암아 현실과 인간에 대한 경멸과 비하가 미학적 경험이 되도록 한다는 낭만주의적 유토피아 정치학을 사실상 포기함으로써 냉소의 비판적 힘을 무기력하게 만드는 것과 동시에 비판과 무관한 자리에서 생겨나는 대중적 성격의 무책임한 냉소로 나아간다.

한편, 미학적 경멸과 비하가 지니는 냉소의 대중적 성격은 근대적 주체들의 문학적 실천이 지니는 불가피한 숙명에서 좀더 자명해진다. 김승옥의 「다산성」이라는 작품은 실제로 문학적 주체의 비판적 냉소주의가 대중적 냉소주의와 결합될 수밖에 없는 것이라는 사실을 알려준

항목이라고 생각했다./ …(중략)…/ 돼지는 온 몸에 흙물을 뒤집어쓰고 눈 가장자리와 콧등에 묽은 흙을 주렁주렁 달고 꽥꽥거리며 끌려왔다. 산성에 올라서 대첩비(大捷碑) 아래쪽 빈 터에 모닥불을 장만하고, 털을 벗기고 배를 가른 돼지를 굽고 있는 동안에도 나는 들녘이 우리에게 던져준 돼지의 껍질을 우리가 굽고 있는 것만 같았다./ 불꽃 위로 돼지의 기름이 뚝뚝 떨어질 때마다 불꽃은 노출된 상처를 찔리기라도 한 듯이 나지막한 비명을 지르며 펄쩍펄쩍 튀어올랐다. 대가리도 잘리고 털도 벗겨져버려서 완전히 고깃덩어리에 지나지 않는 불꽃 위의 돼지는, 푸줏간의 고깃덩어리와 수레를 끄는 황소를 연결시켜 생각하기 힘들다는 사실을 존중하라던 찐빵의 계명을 나로 하여금 가역하지 않으면 안 되도록 했다. 불꽃 위의 고깃덩어리는 흙탕물을 뒤집어쓰고, 맑은 눈동자를 데룩거리는 돼지로서 나를 무자비하게 물어뜯고 있었다."(2: 110-111) 물론 문학적 주체성의 낭만주의적 감정의 이상은 짐승들의 야성이 가지는 에로스적 활력을 종종 억압적 현실에 의해 차압된 인간 생명력의 유추로서 인정하고 그것을 비판적 토대로 활용하곤 한다. 그러나 인간에 빗대어진 「다산성」의 동물들은 거의 길들여진 가축이나 하찮은 벌레라는 점에서 에로스적 활력을 상실하고 방법적 경멸이라는 자기 정당화의 의욕마저 완전히 잃어버림으로써 인간에 대한 경멸의 감정 그 자체만이 두드러진다.

다. 특히 '전위 연극'에 대한 이야기는 비판적 냉소주의가 대중적 냉소주의와 맺고 있는 모종의 협력 관계를 엿볼 수 있는 시사적인 예이다. 일단 이 소설의 주인공이 지닌 사회적 신원에서 그것은 가장 먼저 암시된다. 다시 말해 '연예 담당기자'라는 신분은 현실에 대해 냉소와 부정을 보여주는 비판적 보고자라는 기자의 지위와 그 현실에 가담하고 있는 직업인으로서의 연예 담당자라는 위치가 중첩되어 있다는 점에서, 그 직분은 비판적 문예가 아닌 오락적 연예에 그 취재의 역할을 부여받은 직업인을 상기시켜 그것이 냉소와 부정으로 파괴하고자 하는 사회적 통합의 억압적 질서에 기생하여 생존의 자리를 추구한다는 사실을 확인시켜준다. 그런가 하면 기자가 취재차 찾은 한 극단의 연극연습장에 대한 묘사는 심미적 혁신과 사회적 저항이라는 이중의 역할을 부여받은 품격 있는 예술이 '혁신'과 '저항'은커녕 이미 통속적인 데서 한 걸음 더 나아가 저급한 포르노그라피(pornography)와 구분되기 어려운 것임을 보여준다.[65] 이것은 무엇보다도 극단적인 예로서 근대의 문

65) "그 집의 이층방은 미닫이로써 연결되어 있는데 미닫이를 모두 떼어내니까 댄스 파티도 할 만큼 넓었다. 연극 연습장소로는 아주 훌륭했다. 방의 창들이 검은 커튼으로 가려져서 밖에서 들어오는 빛을 차단하도록 해놓은 것은 이상했다. 그 대신 대낮인데도 전등을 켜놓고 있는데 도색(桃色) 영화를 찍는 스튜디오가 아닌가 하는 착각이 들 만큼 음침하고 수상스러운 분위기였다. 연예 담당기자라는 신분 때문에 나는 공연 연습장소엘 자주 가보곤 했지만 그렇게 복잡한 곳은 처음이었다. 대개는 학교 교실 따위를 빌려서 마룻바닥에 분필로 세트의 평면도를 그려놓고 의자 몇 개를 놓으면 그만이었다. 우선 가정집 이층이라는 것까지는 그들의 호주머니를 참작하여 상상력을 발동시키면 그럴 수도 있겠지 한다고 하더라도, 그렇게 바깥의 빛을 차단해버리고 자질구레한 도구가 많이 준비되어 있는 것은 이해할 수가 없었다. 제일 먼저 눈에 뜨이는 것은—그것이 나로 하여금 도색영화를 촬영하는 스튜디오가 아닌가 하는 착각을 하도록 한 것인데—철로 연변에서나 볼 수 있는 키 작은 신호등 닮은 조명기구가 세 개였고 그 다음에 눈에 뜨이는 것은 수상한 액체를 담은 유리병—그것들은 모두 콜크 마개로 덮여 있고 마개에는 길고 가느다란 고무줄이 하나씩 붙어 있고 고무줄은 관상(管狀)인지 끝을 작은 솜뭉치가 덮어싸고 있었다

학적 실천이 지니는 전위적 흐름의 문화적 힘이 통속적인 대중문화의 자장이 지니는 영향력에서 자유롭지 못한 처지에 빠져 있음을 암시한다. 예컨대 '전위 연극'의 실행자들은 대중문화의 자장 안에서 사회적인 성공을 끌어내기 위해 "곡마단의 그것"을 닮은 광고를 통해 자신의 공연 일정을 선전하는데, 이것은 물론 비판적인 전위의 모든 문학적 주체들이 고독과 결백함이라는 자신의 고고한 위치가 그 주변성으로 인해 비판적 긴박성을 상실하게 만드는 불리한 조건이 된다는 것을 알고 용감하게 대중문화의 자장 안으로 뛰어드는 방법이라고 할 수 있다. 그러나 부정과 냉소를 발휘하는 비판적 의식은 통속적인 대중문화에 대한 저항으로서 성공하는 순간 그것이 비판하고자 하는 세속적인 문화에 대해 역설적이지만 기생적인 것이 된다. 통속적인 대중문화는 진지한 문학적 실천을 상품으로 변형시킴으로써 그것의 반역하는 힘을 감소시키거나 그 영향력을 오락적 쾌감에 한정함으로써 무능하게 만들기 때문이다. 격렬히 반사회적인 작품을 만들면서 동시에 사회와 개인적인 상호 관계를 유지하려는 문학적 실천의 이러한 모순은 결국 대중문화의 통속성을 뚫고나오기보다는 그것의 실행이 되어버린다. 실제로 상업적 광고 덕분인지 예상 밖에 만원을 이룬 극장은 대중이 원하는 레퍼토리를 가지고 역설적으로 대중 자신의 모습을 바라볼 기회를 제공하겠다는 연출자의 비판적 의도와는 다르게 관객의 웃음소리로 가득 찬다. 여기서 특히 문제적인 것은 관객석으로 뛰어내린 토끼 때문에 흥

ㅡ이 일곱 개 정도, 농악에나 쓸 것 같은 작은 북과 크기가 다른 방울이 여러 개, 그리고 옛날 톱밥을 연료로 쓰던 시절에나 필요하던 가정용 풀무가 한 대 눈에 뜨였다. 그 외에, 배우라는 남자 둘과 여자 하나와 연출자와 무슨 일인가를 맡고 있을 남자 셋은 으레 있는 것이라고는 하지만, 토끼 한 마리 방안을 뛰어다니고 있는 것은 아무래도 이상스런 풍경이었다."(2: 116-117)

분과 수런거림에 휩싸이다 중단되고 만 무대 때문에 입장료의 반을 환불해 주겠다는 연출자의 말에 관객들은 아랑곳하지 않고 "유쾌한 게임"을 즐긴 듯 퇴장한다는 점이다. 전위적인 예술적 실천이 대중의 오락적인 냉소와 만나고 있다는 사실은 바로 문학적 주체들의 진지한 비판적 냉소주의와 일반 관객들의 유희적인 대중적 냉소주의가 메아리를 이룬다는 의미심장한 암시이다. 이것은 근대 세계에서 문학을 포함한 모든 예술의 전위적 실천이 대중적 냉소주의가 소비하는 상품으로 전락할 수밖에 없다는 필연적인 숙명을 예고하는 것이라고 할 수 있다.

현실과 불화하는 문학적 주체들, 즉 작가의 분신들이라고도 말할 수 있는 기자와 한 전위 연극의 연출자는, 물론 「다산성」에서 예술적 전위와 대중적 몰이해의 대비를 보여주는 데 동원됨으로써 통속적인 대중들이 조직하는 사회적 현실을 일종의 아이러니로서 비판하고자 했는지도 모른다. 그러나 전위 연극을 상품으로서 소비하는 대중들의 존재에서 암시되고 있는 것처럼, '우리가 진짜야, 현실은 아무것도 아니란 말이야'라고 말하는 비판적 냉소주의는 '세상이 다 그런데 너희들이라고 별 수 있어'라고 말하는 대중적 냉소주의로 언제든 즉각 옮겨갈 수 있다. 그런 만큼 전위 연극에 관한 삽화는 아이러니를 의도하는 진지한 연출자의 비판적 냉소주의가 한 전위 연극을 상품으로 즐겁게 소비하는 유희적인 대중적 냉소주의와 어떻게 다른 것인지를 말하는 것이 이제 거의 불가능하다는 것을 가리킬 뿐이다. 김승옥의 「다산성」은 결론적으로 인간에 대한 미학적 경멸이 품은 비판적 냉소주의가 대중적 냉소주의로 전신(轉身)함으로써 그 비판적 유용성이 유희적 무용성(대중에겐 유용한 것이지만) 속에서 고갈되어버린다는 사실을 보여준다. 그리고 대중적 냉소주의 속에서 작가를 포함한 모든 문학적 주체들은 다음의 인용문처럼 "세상을 사랑하는 일을 그쳐버리는 일", 곧 인간에 대

한 "무관심"(『60년대식』)이라는 체념적 허무 속으로 흘러들어가게 된다.[66]

> 세계는 어차피 정열을 가진 사람들의 소유이다. 정열이 없는 사람들은 물거품처럼 이 지구 위에 그의 존재를 잠시 떠받치고 있다가 꺼져버리는 것이다. 신경질적인 발작을 가끔 일으켜보기도 하지만 그러나 그건 정열이 아니다. 만약 정열을 가진 사람이 아니꼬워 보인다면 정열 없는 사람들이 그들에게 저항할 수 있는 최선의 방법은 그들이 세계를 구워먹든 찜쪄먹든 내버려두는 것뿐이다. 무관심-도인은 애경과 화학기사의 문제에 대하여 무관심하고 싶었다. …(중략)…/ 유서를 써서 신문사로 부친 것은 어제 아침의 일이다. 그러므로 그가 시장거리를 걷고 있는 지금까지 겨우 이틀 동안 그는 그의 일상생활의 궤도에서 외출해 있었을 뿐이다. 그런데 그 단 이틀 동안에 그가 이십팔 년 간 축적해온 그의 모든 능력은 시험되었으며 형편없는 점수를 받았다. 그는 그가 염려하고 있던 대상의 중심에는 커녕 그 근처에도 가보지 못한 채 엉뚱한 변두리에서만 빙빙 돌고 있는 것이다. 그렇다. 역사는 그의 손이 미치지 않는 곳에서 셔터를 굳게 내려놓고 이루어지고 있는 것이다. 그는 다만, 한 여인과 그 여인 덕분에 알게 된 사람들에게서 역사의 배설물이 풍기는 냄새를 맡아볼 수 있었을 뿐이며, 그리고 그 나름으로 완성돼버린 역사를 책에서나 읽을 수 있을 뿐이다.(3: 327-328)

그러나 김승옥 소설의 문학적 주체들이 아직 근대적 상황에 대해

---

66) 이후 김승옥은 『60년대식』(1968)과 같은 피상적인 세태 풍자소설을 쓰게 되는데, 그것은 비판적 냉소주의의 소산이 아니라 바로 대중적 냉소주의의 결과라고 생각된다. 그런가 하면 김승옥의 문학적 주체가 대중적 냉소주의에 편승하면서 마침내 예술과 미학을 소비적 상품으로 간주하게 된 결과는 『보통 여자』(1969)와 같은 통속적 대중소설의 경향으로 나타나는 것처럼 보인다.

소원함과 거리감을 느끼고 있다는 점에서, 하나의 문학 작품이 대중적 냉소주의에 이르러 인간에 대한 관심을 거의 완전히 포기함으로써 비인간화해 간다는 것은 아직 미약한 징후일 따름이다. 작가 김승옥은 여전히 인간 중심적 기대를 포기하지 않고 있는 것처럼 보이기 때문이다.

경과(經過) 1_ 인간의 악마화 2
– 최인훈의 소설

이 장에서는 60년대 한국소설의 비인간화 경향에서 좀더 '심화된 형태'로서 나타나게 되는 인간의 변이, 즉 악마주의적 변신의 양상을 앞선 전조의 진행이라는 일종의 '경과'로써 다루게 된다. 그것은 근대적 주체성에 고유한 낭만적 성격이 원천적으로 내포하는 사회적으로 원자화된 자아의 폐쇄적 고립 때문에 개인을 넘어가는 것에 대한 감각이나 의지를 잃어버리고 타자들과 전쟁 상태에 들어감으로써 자라나는 사악한 내면의 형성에 이어져 있는 것이다. 60년대 소설은 민주화의 본격적인 행보를 가능하게 한 4월 혁명과 더불어 1960년대 한국사회에서 번창하게 된 근대적 개인의 성격, 즉 주체성을 강령적으로 전유하고 자율성의 테제를 확립함으로써 자기표현에서 자기완성을 이룩할 수 있다는 확신으로 가득한 새로운 심미적 경험을 제공했다. 그리고 이것은 민주화 혁명 이후 모든 장르의 예술의 바탕에 깔리게 되는 자기표현에 대한 열광과 전위에 대한 환상을 지속적으로 지원하였던 역사적 조건과 불가피한 연관을 맺고 있는 것이었다. 그러나 일체의 것을 경험적인 자아의 내면 안에 들여놓고 신적인 초월성을 파기하려는 근대적 주체성의 자기도취적 오만이 야기한 제신(諸神)들의 전쟁(오만은 자신보다 우월한 힘의 존재를 망각하고 스스로를 본질로 상상하는 것이어서 근대 세계는 다신론적인 공간이 된다)이 그 초월성과 더불어 그것에 결부되어야만 신뢰할 수 있는 인간과 예술이라는 고귀한 개념을 어지러운 혼란에 빠뜨리고 만다는 사실을 연상하면, 모든 욕망의 민주화에 따라 독립된 자아의 존재를 고무하는 낭만주의적 감정의 혁명적 이상은 사회적 상황에는 말할 것도 없고 그것의 예술적 실천에서도 그 대가를 치르도록 하리라는 것은 쉽게 짐작할 수 있다. 이것은 근대적 주체성에서 초래된 근대 사회와 근대 예술의 병리를 다시 한번 예상케 만든다.

이를테면 초월적 신성에 의혹을 제기하고 그것과 단절함으로써 주체적이 된 근대적 개인들은 일단 자유와 해방의 환희가 감추어놓은 혼돈과 무질서 때문에 '배신의 가능성'에 노출된다. 다시 말해 공통의 기준과 합의들이 개별적인 자아에 분산되어버리자, 보편선(普遍善)에 입각한 화해와 조화를 자아의 오만에서 비롯된 반목과 비판이 대체해버린 것인데, 그런 조화와 화해의 불가능성은 바로 근대 세계를 유혹하여 그 세계를 '배신의 가능성'에 처하게 만든다. 이처럼 누구나가 다 옳음으로써 아무도 옳지 않게 되고, 따라서 오늘의 친구와 연인이 내일의 친구와 연인으로 남으리라는 보장을 어디에서도 구할 수 없게 된 근대적 현실은, 한마디로 말해서 만인이 만인에 대해 적대적이 되는 전쟁 상태의 지옥으로 변할 수밖에 없다. 그런 맥락에서 전쟁 상태에 빠진 근대적 주체들의 내면이 드러내는 부러움·시기·원한·질투·증오와 같은 악한 감정은 인간성의 비천한 결점이기에 앞서 4.19와 같은 민주화 혁명의 필연적인 결과에 해당한다고 할 수 있다. 근대적 개인들이 동등화의 요구로서 각자의 권리로 정립한, 스스로를 따를 수 있다는 가능성은 그와 동시에 인간들끼리 벌이는 보이지 않는 전쟁을 합법적으로 가능하게 한 것이기 때문이다. 여기서 그러한 근대적인 지옥이 인간과 예술을 서서히 악마적인 것에 사로잡히게 만든다는 것은 불가피한 사실이 되고 만다. 특히 예술에서는 진정한 현재를 관념적으로 이상화된 과거나 미래 속에서 희생시키는 비현실적인 '유미주의'를 따라 유령적인 것이나 괴물스러운 것 등에 대한 지나친 탐닉을 심미적으로 정당화하는 일이 번성하게 된다. 60년대 한국소설은 결국 근대적 주체의 원리가 초래하는 자아의 고립과 그에 따른 자폐적인 자유의 환상 때문에 보편선에 대한 진지한 감각과 의지를 반동적인 것으로 치부하는 데서 인간과 사회를 전쟁 상태로 휘몰아가는 근대성의 불가피한 병리를 반영하는 것처럼 보인다.

이 점에 비추어 볼 때, 인간의 악마적 변이나 변신이라는 양상은 신성한 것과 절연함으로써 자유와 해방이라는 인간적 이상을 달성하는 데서 주요 표어들을 이끌어낸 근대 예술의 유미주의적 경향(낭만주의 경향의 몸바꿈)이 그러한 경향의 자폐적 환상 속에서 조장한 인간적인 것과 악마적인 것의 친연성이라는 지옥의 이미지를 무죄로 할 뿐만 아니라 진정성의 근거로 찬양하기까지 하는, 인간적 관심과 필요의 관점에서 볼 때는 전연 부당한 심미적 경험을 가리킨다. 최인훈과 박상륭의 소설은 바로 비인간화의 심화와 경과로서 나타나는 그런 심미적 경험을 독자로 하여금 일정하게 겪도록 하는 것으로 보인다. 다른 여타의 60년대 소설도 마찬가지지만, 특히 그들의 소설에서 두드러진 '인간적인 것'에 대한 지나친 근대적 환상은 그것이 내재한 논리의 불가피한 결과로 인간의 신성모독적인 행태를 미화하는 악마주의적 경향을 뚜렷하게 보여준다는 점에서, 최인훈과 박상륭의 소설은 근대적 주체의 원리가 수반하는 인간 하락의 경험이라는 양상을 드러내기에 매우 적절한 예가 된다. 물론 두 사람의 소설은 흡사한 결과적 양상을 보여주면서도 그 인간 하락의 경험을 드러내는 과정에서는 차이가 있다. 간단히 말하면, 최인훈 소설의 경우는 현실에 대한 냉철한 분석과 인식에서 출발하여 현실적인 것과 예술적인 것의 대립적 이분법을 끌어내고 현실을 위협하는 악을 '심미적'으로 정당화하는 데 반해, 박상륭 소설의 경우에는 진리에 대한 구도적 열정을 지니고 아집의 번뇌로부터의 해탈이라는 불교적 사유 속에서 번뇌의 원천인 악을 오히려 일종의 구원의 방법으로 전도시켜 그것을 '구도적'으로 정당화한다. 어쨌든 그들의 소설은 지적인 분석의 냉철함이나 구도자적 열정의 숭고함 뒤에 공통적으로 인간과 악마의 친연성이라는 '하부 세계적 이미지', 즉 비인간적인 악마를 숨겨가지고 있는 것처럼 보인다. 그러나 여기서 상기해야 할 것은, 최인훈과 박상륭의 소설에서 두드러지는 이른바 '악마주의'는 그들의 소설이 의도한 것이라기보다는 주체의 원리를 내면화한 결과로서 나타난 징후들이라는 사실이다. 요컨대 이 장에서는 최인훈과 박상륭의 소설에서 주동인물을 통해 구현되어 있는 작가들의 문학 이념이 가지는 비판적 의도가 그 의도와 다르게 잉태하게 되는 인간의 악마적 변신의 결과들을 주목하고자 한다.

버림받은 인간의 도상(圖像)

최인훈 소설에서 삶과 현실의 모든 문제의 원인으로 나타나는 것은 한마디로 말해서 '근대적 주체성'이다. 근대적 개인의 주체적인 성격에서 초래된 삶과 현실의 모든 문제는 근대 세계에 대한 극복의 가능성이 끊임없이 모색되는 가운데서도 그의 소설에서 해결 불가능한 어떤 역사의 근원적인 한계로 상정된다. 최인훈 소설에는 60년대 한국사회를 겪어내야 했던 사람들의 시련과 역경이 대개 주체성의 문제와 얽혀 있었다는 서사적 기록이 무수히 산재해 있다. 그런 만큼 주체성은 최인훈의 소설을 이해하기 위한 핵심적 키워드(keyword)라고 하지 않으면 안 된다. 최인훈 소설에 나타난 주체성은 근대인들이 억압적 질서와 싸워 얻은 개인적 표현과 행동의 자유가 일으킨 내면의 낭만주의적, 표현주의적 특성을 가리킨다. 다시 말하여 최인훈 소설의 주체성은 일정한 중심의 힘에 결속된 근대 이전의 전일적인 '신정(神政) 시대'와 단절하고 그로부터 자유와 해방을 호흡하려 했던 역사철학적 개인의 성격을 보여준다. 물론 최인훈 소설의 작중인물들이 보여주는 근대적 개인의 주체적 성격은 실제로는 그들이 전근대의 억압적 질서에 의혹을 제기하고 그것과 분투해 개인적 자유와 해방을 획득한 역사철학적 개인의 성격뿐만 아니라 나아가 근대적 조직 사회의 획일적 강압이 공고한 질서를 얻으면서 마련해 간 사회 시스템을 비판적으로 인식하고 그것에 저항적으로 행동한다는 이상적인 주체 일반의 성격을 보여주기도 한다.[67] 그러나 최인훈 소설에서 근대적 주체성의 문제와 관련해 좀더

67) 사실 주체성을 획득한 근대적 개인이 근대 세계라는 '메이플라워 호'—'배' 혹은 선박의 비유는 최인훈 소설에 나타난 근대적 주체성을 이해하는 데 핵심적이다. 예컨대 「낙타섬에서」(1970)와 같은 소설은 작품 전체가 배의 알레고리로서 그런 주체성의 문제를 다루는 가장 대표적인 작품이다. 특히 최인훈 소설에서 작가 개인의 특별한 체험, 즉 월남민으로서 겪은 'LST 체험'과 거기서 오는 '피난민 의식'은 근대적 주체성의 성격을 암시하는 보편적인 의미로 파악되고 있다—에 승선해 자유의 바다를 향해 출범한 것은 억압적 질서에 대항한 근대의 파괴적 혁명 이념이라는 엔진을 장착함으로써 가능한 것이었다. 바꿔 말하면, 근대적 개인의 탄생은 정치적 민주화를 통해 억압적 질서로부터 얻어내려 한 모든 욕망의 동등화와 개개 욕망의 자율화라는 혁명의 윤리적 요구에서 비롯된 것이었다. 물론 최인훈의 장편소설 『회색인』에는 작가의 분신처럼 생각되는 독고준의 입을 빌려 다음과 같이 한국적 근대의 특수성이 강조되고 있다. "한국의 경우에는 신은 죽었다, 그러므로 자유다 하

중요한 의미를 지니는 것은 사회와 갈등과 마찰을 일으키는 겉으로 드러난 주체적 개인들이 아니라 특정한 역사적 국면이 속 깊은 곳에서 초래한 근대적 삶의 정황에 어떻게 할 수 없이 결박되어 있는 역사철학적 개인이다. 예컨대 최인훈 소설에서 역사철학적 개인은 "창문형 인간"(「GREY 俱樂部顚末記」)이라는 이름을 달고 구체적인 실체로서 등장한다. '창문형 인간'은 최인훈의 소설에서 일일이 예거하기 어려울 정도로 빈번하게 목격될 뿐만 아니라, 그의 소설이 근대적 주체성의 문제와 긴밀하게 연루되면서 겪는 60년대 한국인들의 삶의 곤경과 현실적 난제들의 정체를 알려주는 특별한 도상으로 그려진다.

그녀가 무슨 생각을 하는지 알 수 없다. 내 얘길 하나도 듣지 않는 것 같다. 나를 믿지 않는군. 나는 오뚝이 얘길 꺼낸다. 그러자 신통한 꾀가 생각난다. 아내가 날 사랑한다면 꼭 그렇게 할 거다. 그건 틀림없다. 나는 신이 난다. 진작 생각 못 한 일이 바보 같다. 그래도 생각이 났으니 잘 됐다. 시험하지 말라. 사랑을 시험하지 말라. 난 시험하는 게 아니다. 사랑하는

는 생각은 근거 없는 유행가다. 서부 활극의 호남아들이 우리 눈에는 아무래도 서먹한 친구들인 것도 그 때문이다. 그래서 우리들의 근대 선언은 가족은 흩어졌다(혹은 없다), 그러므로 자유다, 하는 이론을 만들어냈다. 이 명제를 십자가처럼 가슴에 품고 이 으리으리한 무대에서 싸늘한 연극을 살리라, 하는 게 그의 처음 생각이었다."(2: 184) 그러나 한국사회의 경우도 혁명과 근대적 개인의 동행은, 역사적 세목을 제외한다면, 서구의 경우와 크게 다르지 않다. 한국 사회도 갑오경장이나 4.19혁명처럼 혁명과 근대적 개인이 어깨를 걸고 분투하는 고된 역사적 과정을 거치며 마찬가지로 주체성을 심화시킬 수 있었던 것이다. 그러니까 최인훈 소설의 등장인물들은 특별히 한국적이어서 특수한 주체성을 보여준다기보다 모두 혁명적 주체로서 근대의 주체적인 개인의 성격을 지닌다고 할 수 있다. 그렇다면 최인훈 소설에서 근대적 주체들은 단순히 전쟁으로 인해 극대화된 이데올로기에 대한 비판과 부정에 좁게 한정될 수 없다. 거기서 근대인의 주체성은 그 이데올로기 문제를 포함해서 넓게는 '신(神)'이나 '족보'와 같은 중심에 결속된 전일적인 세계, 즉 전근대에 대한 비판과 부정까지를 포함한다.

거다. 괜찮다. 자 시작하자. 먼저 점잔을 뺀다. 기침을 세 번 한다. 어흠. 흠흠. 이렇게 한다. 다음엔 먼데를 한번 쳐다본다. 고개를 떨어뜨린다. 번쩍 쳐든다. 그리곤 잠시 아내를 본다. 나는 미소한다. 자 준비는 다 됐다. 아내는 긴장했다. 내 입술을 본다. 무슨 중대한 얘기가 나올 걸 기다린다. 성공이다. 비로소 나는 아내의 귀에 대고 속삭인다. “날 사랑해?” 아내는 끄덕인다. 그럼 믿고 부탁하지. 다름이 아니고 저 오뚝이 말이야. 불쌍하거든. 나갈 적에 살짝 치마 밑에 넣고 나가. 좀 산보를 시켜줘. 나는 괜찮아. 이게 부탁이야. 의사한테는 말하지 말어. 정말. 아내는 끄덕인다. 말하면 배반이야. 날 사랑하지 않는 거야. 슬픈 눈으로 나를 본다. 의사한테로 걸어간다. 나는 창틀에 기댄다. 아내와 의사와 간호부는 한참 소곤거린다. 그들은 한꺼번에 이쪽을 본다. 아내는 고개를 떨어뜨린다. 말했구나. 나는 뛰어간다. 그보다 빨리 그들은 복도로 나간다. 문이 닫힌다. 잘칵. 내 손에서 아코디언이 떨어진다. 파악. 그렇게 아름답던 7월의 한낮이 균열한다. 포플러 그림자가 부서진다. 플라타너스는 쪼개진다. 발레리나는 찢어진다. 마네킹은 깨진다. 금이 간다. 파앙. 7월의 한낮은 소리 날카롭게 금이 간다. 모두 이그러진다. 프리즘. 유리처럼 투명한 7월의 한낮은 두껍게 나를 싼다. 싼 채 균열한다. 파악./ 나는 갇[囚]혔다./ 나는 창가로 뛰어간다. 7월 달 햇빛에 이글이글 눈부신 철로와 나란히 기름진 국도(國道)가 바라보이고 국도에 직각으로 마주치는 좁은 길이 보인다. 이 병원에서 국도로 나가는 길이다. 나는 기다린다. 좀 있으면 볼 수 있을 것이다. 나란히 움직이는 아내와 그 남자의 어깨를. 그 길 위에. 언제나처럼.[68]

---

68) 최인훈, 「수(囚)」, 『우상의 집-최인훈전집 8』, 문학과지성사, 1976, pp.121-122. 이후 문학과지성사 판 『최인훈전집』을 인용할 경우, 인용문의 출처는 (권수: 페이지수)만을 표시한다.

「수(囚)」(1961)라는 소설의 마지막 장면이다. 남편이라는 이름의 한 남자와 아내라는 이름의 한 여자가 창문을 사이에 두고 '멀리' 떨어져 있다. 무슨 이유 때문인지는 모르지만, 남편은 지금 미친 자가 되어 정신병동에 갇혀 지내고 아내는 남편을 배반하고 다른 남자의 애인이 되어 가끔 면회를 올 뿐이다. 이들에게서 사랑은 분명 결혼의 계기였겠으나 현재 그 결혼은 사랑의 보존과 유지에 실패하고 만 것처럼 보인다. 남편의 광기가 두 사람의 관계에 균열을 일으킨 것일 수도 있고, 반대로 두 사람 사이의 애정 파탄이 남편의 광기를 유발한 것일 수도 있다. 어쨌든 이 장면은 애정의 느낌이 사라진, 파탄 난 남녀관계의 한 극단적 형태를 보여준다. 그러나 여기서 주목할 것은 사랑하면서도 사랑을 시험하지 않으면 안 되는 한 남자의 '불신'과 외도로서 그 불신을 이미 실현한 것으로 보이는 한 여자의 '배신'이 투명한 창문을 사이에 두고 대치하고 있는 구도이다. 이 구도는 특히 '닫힌다' '떨어진다' '부서진다' '쪼개진다' '찢어진다' '깨진다' '금이 간다' '이그러진다' 등의 "균열"의 술어들이 전반적으로 공유하는 관계 결렬의 암시를 통해 소설에서 뚜렷하게 표시된다. 그러나 창문을 사이에 둔 남자와 여자의 '배반의 구도'는 단지 어느 개별적인 인간의 시련에 그치는 것이 아니라 어느 개인이 주체성을 내면화하는 순간 역시 주체성을 내면화한 또 다른 개인과 대적하고 씨름하지 않으면 안 되는 근대의 주체적 개인들 일반의 현실적 곤경을 절묘하게 연상시킨다. "언제나처럼"이라는 부사구가 말해주는 바대로 그 현실적 곤경의 지속성은 작중인물들의 이름이 '남자'와 '여자', '남편'과 '아내'라는 보통명사로 쓰여 있다는 사실과 결부되어 그것의 일반적 보편성을 함축하게 되기 때문이다. 그런 점에서 최인훈 소설의 작중인물들이 자주 머무는 공간의 하나가 '창가'라는 것은 특별한 의미가 있다. 언제나 버림받고 돌아와 '창가'에 서서 원망과 증오에 사로잡혀 창밖을 바라보는 '창문형 인간'이란 실연당한 인간의 환유라는 차원을 넘어 근대적 주체성의 경험이 사람들 각자에게 가져다 준 자유와 해방의 내면이 결정적으로 좌우하는 현실적 정황과 그것의 위태로움을 은유적으로 나타낸다. '수(囚)'라는 이 소설의 표제는 그 점을 좀더 여실히 드러낸다. 그것은 무엇보다도 버림받았다는 배신의 상처를 안고 네모난 창문 가까이에서 투명한 유리창을 바라보며 원망에 사로잡힌 주체로 현전하는 근대인의 현실적 정황을 시각화하는 근대적 주체성의 도상으로 제시된 것이다. 그런가 하면 배신의 근거를 이루는 원자화된 자아의 자폐적 심성에 대한 형상 또한 그것은 재미있게 표현해준다. 그런데 좀더 흥미로운 것은 버림받음과 자기 폐쇄라는 그 도상적인 한자의 내포적 의미가 신과 같은 외부의 모든 권위적 근거를 거부하나 오히려 신으로부터 버림받고 자폐적인 자아의 상태에 처하게 된 근대적 주체들의 일반적인 불행에 정확히 부합하는 도상이라는 점이다. 요컨대 '버림받은 인간'의 도상 '수(囚)'는, 자기도취적 오만이 자유와 해방의 느낌으로 충만한 내면을 획득함과 동시에 그 내면이 자폐성으로 인해서는 욕망과 애정의 변덕을 제한할 어떤 공통의 기준과 합의의 근거를 영원히 상실함으로써, '언제나 가능한 배신'에 대한 불안에 휩싸이게 된 근대의 주체적 개인들의 불행한 운명을 선명하게 보여준다.[69] 결국 「수」에서 창문은 근대 세계를 살아가는 사람들에게 투명

69) 그런 만큼 '창문형 인간'이란 섣불리 행동의 오류에 빠지지 않고 "끊임없이 현실을 지켜보는 인간"이나 "전쟁으로 인해 극단화된 이데올로기의 시야에서는 발견할 수 없었던 인간적 진실을 현실에서 다시 발견하고자 하는 것, 그리고 그렇게 발견한 것을 붕괴된 주체를 재건하는 기반으로 삼으려는 것"에 '목표'를 둔 의지할 만한 긍정적 '인간'(장수익, 「특집 최인훈—회의적 주체와 타자에 대한 사랑」, 『작가연구』, 2002년 상반기, pp.181-182 참조)만이 아니다. 물론 '창문형 인간'이라는 개념은 작가 최인훈이 근대적 주체성의 현실적 위태로움을 발견하도록 한 도상이면서,

한 매개로서 소통과 희망의 가능성을 암시하는 것이 아니라 고립된 자폐성을 상징하며 뛰어넘을 수 없는 장애가 되어 있는 셈이다.

이처럼 최인훈 소설에 나오는 창문형 인간들은 실제로 사회적 원자로서의 근대인이 처한 자폐성이라는 조건에 따라 언젠가는 불신과 배신과 광기에 떨어지게 될 주체적 개인의 암울한 미래를 절망적으로 상징한다.[70] 그리고 그들은 배신들이 자극하여 쌓아가는 원한과 증오에 둘러싸인 채 언젠가는 악마적인 것에서 친숙한 무언가를 발견하게 될지 모른다는 두렵고 섬뜩한 인상을 풍긴다. 여기서 「귀성(歸省)」(1967)이라는 작품이 특별히 주목되는 것은 그것이 주체화한 근대적 개인들이 맞이하게 될 내면의 위험한 변이를 어느 정도 알아보게 해주는 암시적인 일화들을 담고 있기 때문이다. 이 소설은 최인훈 소설의 주요한 플롯들 가운데 하나인 '귀성 이야기'의 기본형을 보여주는데,[71] 주인공 '남자'가 주체성의 자아 감각을 획득한 근대적 개인에게서 가장 유력한 배신의 체험을 거쳐 귀성을 유보하게 된다는 이 이야기는 주체화되기 이전 중심의 힘에 결속되어 인간적 유대의 체험이 가능했던 전일적인

나아가 그가 그 위태로움을 기회와 희망의 계기로 전환시키며 현실을 비판적으로 인식하도록 하고 또 그에게 독특한 문학적 방법을 싹트게 한 도상이기도 하다. '囚'라는 도상이 지닌 이러한 양면성은 세 번째 절에서 좀더 상세하게 다뤄질 것이다.

70) 창문형 인간은 분명 근대인의 절망적 암시이지 희망의 근거가 아니다. 그래서 최인훈 소설의 인물들은 대개 삶과 현실 안에서 배신당하고 버림받으며 분노와 원한에 사무쳐서는 돌아오고 창가에 외로이 서서 창밖으로 원망과 증오의 눈길을 던지게 되는 것이 아닌가 한다. 물론 최인훈 소설은 그 와중에도 소통과 화해라는 인간적 유대의 체험이 먼 미래에 성취되리라는 믿음을 포기하지는 않는 것처럼 보인다. 그러나 그것은 현실적 믿음이라기보다는 주체성으로부터 소통의 희망을 연역할 수 없다는 지성의 절망을 그런 희망에 대한 믿음을 요청함으로써 견디고자 하는 의지의 믿음에 좀더 가깝다.

71) 예컨대 「가면고(假面考)」(1960)와 『서유기』(1966)는 각각 중편 「귀성」과 장편 「귀성」이라 할 만하다.

세계, 즉 조화와 화해 속에서 살아갈 수 있는 '고향'이라는 세계의 낙원[72]에 영원히 다시 돌아갈 수 없게 된 근대인의 현실적 정황을 우회적으로 알려준다. 서로 사랑하는 한 쌍의 연인이 있다. 그들의 이름은 '남자'와 '여자'이다. 여자는 오늘 귀성하는 남자를 배웅하기 위해 저녁 기차 시간까지 꼬박 하루를 함께 보내기로 한다. 그들은 아침부터 데이트를 즐기다가 오후 5시쯤 텅 비어 아늑한 시내의 어느 찻집에 마주 앉는다. 그런데 어느 순간 여자는 남자에게 농담처럼 이상한 내기를 제안한다. 서로 갈라졌다가 차 시간 한 시간 전에 여기서 다시 만나되 여기 오고 안 오고는, 예컨대 책방 "책가의 제일 아랫줄 첫 번째 책이 남자 필자의 것이면 오고 여자 필자의 것이면 안 온다"는 그런 방식으로 하자는 것이었다. 남자는 찜찜해 하면서도 여기 오고 안 오고는 결국 각자의 선택이라는 여자의 말에 일단 안심하고 그 제안을 받아들인다. 그러나 남자는 '드라큘라의 복수'라는 외국 영화를 보는 것을 시작으로 감정의 혼란 상태에 빠지며 같은 과의 한 여학생에게 전화를 거는 일 등을 반복하면서 내기에 신경질적으로 몰두하게 된다. 남자는 처음엔 테스트 당한다는 느낌에 약간 불안해 하다가 곧 여자에 대해 분노하고,

---

72) 세계의 낙원으로서의 상징적 '고향'은 「귀성」이라는 작품에서는 매우 구체적인 이미지를 부여받고 있다. "쇠창살 문 사이로 머리가 몸에 비해 엄청나게 큰 개가 어슬렁거리고 지나간다. 그는 고향집의 검둥이를 생각하였다. 지난 겨울에 귀성했을 때 그녀는 새끼를 낳은 지 이틀밖에 안 된 몸을 일으켜 그의 손등을 핥아주었었다. 모성애 때문에 눈이 뒤집혀 주인들에게도 실수를 저지르는 수가 흔한 그 계제에 그녀가 보여준 단정한 예절 때문에 그는 약간 감격했었다. 물론 어머니의 정성인 닭찜을 꾸지람을 들으면서 절반이나 갖다주었지만. 지금까지는 그렇지 않기나 했던 것처럼 고향 생각이 간절했다./ 오늘밤이면 들어서게 될 동구 앞길이 당장 지금 이 길이었으면 싶었다. 그리고 검둥이와 그 검둥이 엄마와 같이 보낸 그 고향의 논두렁 길을 훨훨 걷고 싶었다."(8: 289) 여기서도 드러나는 바와 같이, 한 가지 흥미로운 사실은 60년대 소설들 전반에서 대개 '도시'와 '시골'의 공간적 이분법은 '근대'와 '전근대'의 시간적 이분법과 은유적으로 관계 맺고 있다는 점이다.

서서히 복수심에 불타다가는 정녕 여자를 증오하게 되며, 마침내 여자를 경멸하다 자존심의 상처를 입고는 외롭다고 느낀다. 남자에게 여자의 제안은 유쾌한 것이다가 점차 불쾌한 것이 되면서 그는 오기로 내기의 횟수를 늘려갔던 것이다. 다행스럽게도 결국 내기의 스코어는 여자에게 가는 것으로 결정되는데, 그러나 남자는 자신이 바라는 결과를 얻었음에도 내기의 결과는 단지 절반의 보장밖에 되지 못한다는 사실을 깨닫고 절망한다. 왜냐하면 여자의 내기와 선택은 무엇보다도 남자가 관여할 수 없는 어떤 독립된 타인의 결정에 속하는 것이라는 데 생각이 미쳤기 때문이다. 그러나 남자는 자신의 선택의 몫만은 포기할 수 없다는 생각에 어쨌든 약속 장소로 간다. 그리고 남자는 다방에 앉아 있는 여자를 발견하고 다가가면서 그녀가 처음부터 이 자리를 떠나지 않았다는 다방 레지의 말을 듣는다. 여자는 전승 축하연을 제안하며 "귀성을 하루 늦추세요"라고 말하고, 남자는 고개를 끄덕이면서도 여자와의 이제부터의 시간은 결코 내기 전의 시간과 같지 못하리라 울적하게 생각한다.

「귀성」은 단지 한 연인들의 하루 동안의 데이트 이야기를 들려줄 뿐이다. 그러나 이 소설은 여자가 각자의 애정을 시험해 본다는 뜻으로 장난처럼 제안한 내기 때문에 남자가 겪게 되는 심리적 방황과 혼돈을 통해 근대적 주체들이 처한 외로운 현실을 상징적으로 보여주는 의미심장한 이야기라고 할 수 있다. 다시 말해 「귀성」은 애정 시험의 과정과 그 끝에서 외로움을 느낀 남자가 "풍문만으로 들어온 늙디늙은 시간 속에 귀성해 있는 자기"를 깨닫게 되었다고 생각하는 대목이 넌지시 환기시키는 바 그대로 일단 그의 외로움이 근대적 주체성의 독립된 자아 감각이 낳은 매우 역사적인 감정이라고 말하고 있는 작품이다. 나아가 애정의 시험으로 아슬아슬한 낭떠러지를 걷는 것 같다고 느낀 남자가 거기서 무사히 빠져나올 내기의 결과를 얻고서도 "그 낭떠러지에 걸 외나무다리의 절반의 길이를 그는 가지고 가지만 저편에서 와야 할 절반의 길이가 없을 때 그가 지닌 절반의 길이는 어두운 추락을 위한 추(錘)의 몫을 하게 될 것"(8: 296)이라는 사실을 깨닫고 절망하는 대목이 비유적으로 말해주는 것처럼 주체성의 자아 감각이 수반하는 자폐성의 외로움이라는 한계를 현실적 조건으로 하는 고독한 근대인의 초상을 그리고 있는 작품이다. 물론 표면적으로 이 소설은 한 남자와 한 여자가 심리적 혼돈과 방황을 거치면서도 서로의 사랑과 신뢰를 확인하는 애정 시험을 무사히 통과한다는 그다지 우울하거나 외롭지 않은 이야기로 나타난다. 그러나 「귀성」에서 가장 중요한 대사 가운데 하나가 되어 있는 "귀성을 하루 늦추세요"라는 여자의 말은 아이러니한 상징성(여자가 남자와 조금이라도 함께 있고 싶다는 표면적인 뜻 배면에 깔려 있는 귀성의 좌절에 연결된 선험적 고향 상실성이라는 상징적인 의미)을 띠면서 "그와 그녀의 이제부터의 시간은 결코 그 내기를 입 밖에 내기 전의 그들의 시간과는 다시는 같지 못하리라"(8: 298)는 남자의 우울한 생각과 조응하며 소설을 주체화된 근대적 개인들의 현실적인 곤경과 난제에 얽힌 불행한 이야기로 만든다. 그 불행의 느낌은 사실 근대적 주체성 속에서 독립적인 자아 감각을 획득한 개인의 의식에 무엇보다도 핵심적인 것이다. 이를테면 근대적 주체들의 현실은 독립된 자아에서 오는 자폐성의 조건에 따라 사랑의 획득과 거기서 오는 승리감에도 불구하고 개인적 자유 추구가 동반하는 욕망의 변덕으로 인하여 그 사랑을 언제 결렬시킬지 모르는 배신과 그것에 대한 불안감에 노출되어 있는 데서 불행한 것이다. 뿐만 아니라 주체로 현전하는 독립된 자아의 그와 같은 불안감이 배신의 현실에 부딪쳐서는 원망·분노·증오·경멸 등과 같은 "악의에 찬" 감정들을 불러일으키며 근대의 주체적 개인들의 내면을 극히 위태로운 비인간적 악마의 심성으로 채우게 되는 데서 더욱 그러하다고 할 수 있다.[73] 여기서 근대적 개인들의 불행은 느낌의 불행을 넘어 실제로 치명적인 불행이 될 공산이 크다. 이 작품은 최인훈 소설이 초기에 특히 집요하게 탐구한 '사랑의 시험이라는 테마'를 통해 결국 근대인과 그의 세계가 처한 '고독'과 '악마'의 상태가 역사의 전개에서 근대로의 전환점이 되는 주체성의 혁명에서부터 발원하는 것이라는 역사철학적 통찰을 전해주는 소설이라고 할 수 있다. 남자가 애정의 시험을 치르며 방황하다가 과거의 어떤 기억을 떠올리는 다음과 같은 상징적 장면은 그러한 결론에 대해 좀더 정확한 개연성을 부여한다.

자리를 넉넉하게 잡은 좋은 집들이 들어앉은 골목으로 그는 들어서고 있었다. 높고 야하지 않게 색칠한 담 너머로 잘 가꾸어진 나뭇가지가 넘어올

73) 사랑의 테스트 속에서 남자와 여자가 느끼는 악의에 찬 감정들의 목록은 다음과 같은 대목들에서 적출할 수 있다. "문제를 내는 방식에 어딘가 잘못이 있다는 생각은 들었으나 지금 그 문제의 출제를 바로잡는 곬으로 그의 마음을 흘러가지 못했다. 그는 그녀를 원망했다. 지금 이 시간을 이런 몰골로 보내게 한 그녀가 미웠던 것이다. 그러자 그는 마치 지금 처음 깨닫기나 한 것처럼 그의 언짢음의 진정한 까닭에 부닥치는 것이었다. 그런 제안을 할 수 있는 그녀의 마음이 그의 불안이었다는 것을 생각하고 그는 화가 났다."(8: 284)/ "그런데 농담이라도 하필이면 이런 농담을 하다니. 그의 불안은 이번에는 그녀에 대한 경멸로 바뀌었다. 행뚱거리면서 재수없는 농담을 재기(才氣)이기나 한 것처럼 아는 사람은 그가 제일 싫어하는 따위였다."(8: 285)/ "사고를 당한 사람은 나 같은 학생이었는지도 모른다. 오늘 귀성하려고 서둘러 볼일을 마치고 다니는 중이었는지도 모른다. 그리고 나처럼, 그렇지 나처럼 어느 여자하고 말장난 끝에 엉망으로 헝클어진 신경을 걷어안고 골똘한 생각에 잠겨 길을 건너다가 죽어간 것인지도 모른다. 쓸데없는 여자의 어리석은 경박함에 장단을 맞추다가 죽은 것이다. 그것은 나다. 내가 죽은 것이다. 내가 그럴 법한 죽음을 어느 다른 사람이 죽은 것이다./ 그 망할 년 때문에. 망할 년을 그 다른 사람의 망할 년인지 자기 자신의 망할 년인지를 마음으로 가리지 않은 채 양쪽으로 두루뭉실 걸어서 그는 비난하였다."(8: 288-289)

> 락말락한 그 속에서 이루어지는 삶에 대하여 그는 시골 출신다운 어떤 눌림을 느끼는 것이었다. 오늘이 처음이 아니라 가끔 이런 골목을 지나가게 될 때 그는 까닭없는 무게를 느끼는 것이다./ 그 무게는 그가 학교에서 보내고 있는 추상의 세계가 그에게 허락해주는 높은 곳으로의 거칠 것 없는 날갯짓을 지그시 내리누르는 고압의 기류같이 느껴졌다. 두꺼운 벽에 뚫린 깊숙한 창문의 안쪽에서 잠옷 같은 것을 걸친 중년의 여자가 천천히 지나가는 것을 보고 그는 성욕을 느꼈었다. 그것은 얼마 전 선거 부정에 항의한 데모가 시청 앞 광장에서 해산당하여 뿔뿔이 친구들과 갈라진 다음 이런 길로 들어섰을 때의 일이었다. 몸의 그 부분에 의해서 나타내진 그 육체적 반응은 그를 부끄럽게 하였다. 방금 치르고 온 광장의 감정에 비해서 그것은 너무 동떨어져 보였기 때문이다. 정부와 끼고 자는 현장을 들킨 혁명 수령의 이미지가 퍼뜩 그의 머리에 스쳤던 것을 그는 떠올렸다./ …(중략)… / 그러나 지금 그가 걷고 있는 길은 다른 길이었다. 널찍한 공간을 서로 찢어가지고 이웃간에는 거래 없이 여유 있게 지내는 사람들이 사는 골목이었다. 처음에 그는 높은 담, 튼튼한 건물의 그 안에서 이루어지는 삶에 대해서 시골 소년이 별장의 안을 상상하는 그런 심정으로 생각하였었다. 그러나 서울 생활이 오래감에 따라서 그의 감정은 조금씩 달라갔다.(8: 288-289)

애정의 시험을 치르며 거리를 배회하던 남자는 어느 동네 골목길에 들어섰다가 문득 과거의 일을 떠올린다. 그는 데모대의 일원이 되었다가 "뿔뿔이 친구들과 갈라진 다음" 지금 들어선 골목과 같은 길로 접어들었고 거기서 담 넘어 창가에 "잠옷과 같은 것을 걸친 중년의 여자"가 지나는 것을 엿보며 성적 욕망을 느꼈던 적이 있다. 그리고 그는 "그 육체적 반응" 때문에 그만 '부끄러움'에 빠지고 말았었다. 그런데 주인공 '남자'의 좀 갑작스런 회상을 따라가다 보면 '주체성'이라는 근대인의 조건이 '혁명'이라는 근대적 사건으로부터 비롯되었다는 흥미로운 암시를 읽을 수 있게 된다. 남자는 일단 "성욕"이라는 사적인 욕망이 공적인 "광장의 감정"이라는 것과 "너무 동떨어져" 보인다고 말하고 있지만, "데모"에 이어져 불거져 나오는 남자의 욕망은 오히려 '성욕'과 '광장의 감정'이 동떨어진 것이라기보다는 서로 깊숙이 연결되어 있는 것이라는 사실을 절묘하게 부각시킨다. 주체적인 자아를 모색하고 도모하는 사람들에게는 어찌 보면 모순돼 보이는 것들인 '욕망'과 '혁명'의 연결이 조금도 낯선 것이 아닌 것처럼, 데모대의 일원이 되어 '광장의 감정'을 느꼈던 남자에게 그것이 수반하는 근대적 주체성의 내면적 자유에서 '성욕'이라는 생명에 대한 욕망이 생겨났던 것은 사실 아주 자연스럽다. 그런 점에서 "널찍한 공간을 서로 찢어가지고 이웃 간에는 거래 없이 여유 있게 지내는 사람들이 사는 골목"은 주체성이 구성하는 근대 세계에 관한 상징적 표현에 해당한다고 말해도 좋다. 여기서 특히 주목할 것은 근대 세계의 '골목'에서 드러난 사람살이의 양태가 주체성으로 인하여 '밀실적(密室的)' 자폐성이라는 내면적 조건에 처하게 된 근대적 개인들의 처지를 확연히 드러내고 있다는 점이다. 남자가 생명에 대한 자유로운 욕정을 해방의 기쁨으로 가득 한 환희의 감정과 연결하지 않고 '부끄러움'이라는 수치의 감정과 결합하는 이유는 바로 거기에서 온다. 혁명적 군중집회 이후 골목길에 접어들었던 남자가 높은 벽으로 둘러쳐진 주택가에서 떠올린 "정부와 끼고 자는 현장을 들킨 혁명 수령의 이미지", 즉 해방적 자유의 퇴폐적 왜곡에 대한 부정적 암시는 억압적 질서에 대적하여 모든 욕망을 동등화하라는 민주적 혁명에 대한 정치적 요구가 사회적으로 원자화된 근대적 개인들의 자폐적인 주체성을 형성한 것이었다는 사실을 결정적으로 보여준다. "뿔뿔이"라는 파편화의 뉘앙스를 지니는 부사어는 그 모든 것을 간단히 집약하고 있는 것처럼 보인다. 요컨대 근대적인 민주 혁명의 정치적 요구는 근대인들에게 개인적인 자유 추구의 기회를 제공한 대가로 개인을 자아 안에 유폐시켜버림으로써 아이러니컬하게도 인간적 유대의 체험을 가능하게 하는 공통의 토대를 희생토록 요구한 셈이다.

초월성을 비롯한 모든 규범적 토대를 와해시키는 주체성의 위험한 작용은 이렇게 근대인들로 하여금 누구나 외롭지 않을 수 없게 만드는, 고독이라는 감정의 역사적 조건이 된다. 물론 최인훈 소설에서 근대의 주체적 개인들은 공통의 보편적인 토대에 근거한 포괄적인 인간 유대의 체험은 상실하지만, 그들이 저마다 처한 자폐성의 불행을 "같이 견디고 있다는 인연"(『회색인』)으로부터 연원한 연민과 사랑이라는 개별적인 인간 유대의 체험에서 마지막 희망을 엿보기는 한다. 그러나 그들이 종종 서로 사랑의 환희 속에서 만나 외로움과의 싸움에서 비록 승리하는 사이가 된다 하더라도 변경 불가능한 자폐성이라는 내면적 조건이 제약하는 근대인의 사랑은 자유로운 개인들의 감정과 감정, 욕망과 욕망을 맞춰보는 일인 만큼 거기서 지금의 사랑이 미래의 사랑으로 연결되리라는 보장을 찾는다는 것은 원천적으로 불가능한 것이다. 즉 근대적인 사랑은 불가피하게 감정과 욕망의 변덕에 쉽게 흔들리고, 그에 따라 근대인들은 고통스러운 심리적 드라마에 휘말리지 않을 수 없다. 근대인들이 사랑이라는 작은 유대마저도 심리적 방황과 혼란 속에서 거의 망치게 되는 이유는 무엇보다도 여기에 있다.[74] 근대인들은

---

74) 파스칼 브뤼크네르는 주체성의 혁명이 초래한 불행을 사랑의 불가능성이라는 차원을 넘어 사회적인 불행으로 확대하여 그 점에 관한 좀더 폭넓은 논거를 제공한다. "부러움·원한·질투, 그리고 무력한 증오는 인간성의 야비한 결점이기에 앞서 민주 혁명의 직접적 결과인 것이다. 각자가 권리로서 자기가 선택한 길을 시도할 수 있는 가능성·야망·성공을 합법적으로 인정함으로써, 인간들끼리 벌이는 부드러운 전쟁을 또한 합법적으로 인정한 것이 바로 이 민주 혁명이다. 인간들은 이 싸움

외로워서 사랑하지만 언제 다시 외로워질지 모르기에 사랑하고 있어도 다시금 '외롭다.' 그런데 문제는 바로 그 마지막에 오는 외로움이다. 이미 언급한 바 있는 것처럼, 근대의 불가피한 내면적 조건에 따라 '배신의 가능성'에 노출된 사랑이 사람들의 심성에 일으킨 어떤 두렵고 섬뜩한 변이로 인하여 근대 세계의 미래는 좀더 난감한 것이 된다. 사랑의 좌절로 인한 외로움의 감정이 원망·분노·증오·경멸과 같은 악한 감정들을 불러일으키는 것이라면, 주로 버림받고 실연당한 인물들이 움직이고 말하는 최인훈 소설은 대체로 해방적 자율성의 느낌으로 충만한 근대적 개인의 내면으로서는 뜻밖인 흉악하고 끔찍한 마음들의 각축장으로 변질된 상태일 것이 자명하기 때문이다. 사랑의 우여곡절이 불안에 이어 원망과 분노, 증오와 경멸이라는 악의에 찬 감정을 마음속에 들여놓게 되었다는 「귀성」의 암시적인 결론은 여기서 다시금 주목할 필요가 있다. 근대의 주체적 개인들이 서로 만나고 헤어짐을 반복하면, 분명 그 상처들이 언제곤 다시 덧나 피 흘리고 또 거기에 새로운 상처가 덧입혀지면서 더욱 깊어지고, 결국 나쁜 냄새를 풍기며 곪아 터지다가 소름끼치는 흉터가 될 것이라는 예측이 가능하다. 그것은 결국 근대적 개인들에게 고유한 유폐된 마음이란 점점 일그러지고 비딱해지고 흉포해져서 그 속에서 추악한 마성은 필연코 고개를 들고 말 것이라는 필연적인 수순을 떠올리도록 만든다. 이런 맥락에서 「귀성」의 전반부에 나오는 중심 공간, 즉 남자와 여자가 만나 사랑의 밀어들

에서 자신들의 행운에 따라 번갈아 분해하거나 행복해한다. 또한 민주 혁명이 모두에게 부와 행복·충만을 약속함으로써 좌절을 부추기고, 우리로 하여금 우리의 운명에 영원히 만족하지 못하도록 북돋운다. 이것이 비교라는 독과 결합되고, 어떤 사람들의 눈부신 성공과 다른 사람들의 부진으로부터 태어나는 원한과 결합될 때, 그것은 각자를 욕망과 실망이라는 끝없는 사이클 속으로 끌어들인다." P. 브뤼크네르, 앞의 책, pp.37-40 참조.

을 속삭여대었을 '찻집'을 남자가 뜬금없이 "악의에 찬" 불길한 장소로 공포스럽게 상상한다는 것은 특별히 암시적이다. 이것은 바로 근대의 개인적 자유 추구의 병리학적 특성, 즉 근대적 주체들의 내면적 조건이 초래한 심성의 악마적인 변이를 통해 예고된 비인간화의 악마주의적 양상을 징후적으로 보여주는 것이다. 결국 주체성의 병리적인 징후들을 보이면서 인간 심성의 악마적 변이의 과정을 광범위하게 겪게 될 것으로 짐작되는 근대 세계는, 「귀성」에서 한 극장의 상영작 '드라큘라의 복수'라는 영화에 얽힌 삽화가 은연중에 말해주는 것처럼, 주체적인 내면에 의한 '인간의 악마화'를 불가피한 미래로 가지게 되는 것으로 보인다. 역사 속 드라큘라(dracula)가 배반의 음모에 의해 시해된 자였다는 사실과 악마적인 피의 복수가 그로부터 비롯되었을 것이라는 상상들은 여기서 상기할 만하다.

인간 흡혈귀의 발생론적 의미

최인훈 소설에서 지배적인 양식적 요소 중의 하나가 되어 있는 '환상'들이 불행한 현실의 영향력으로부터 벗어나 자유로움을 구가하는 낭만적 판타지가 아니라 그것의 영향력이 현저하게 작용하는 끔찍하고 불행한 현실 그 자체가 되고 있는 것을 이해하는 것은 이때 비로소 가능하게 된다.[75] 예컨대 「주석의 소리」(1969)와 「총독의 소리」 연작

75) '환상성' 또한 최인훈 소설을 파악하기 위해 특별히 주목하지 않으면 안 되는 키워드라고 할 수 있다. 기존의 논의에서 최인훈 소설의 환상적 특성은 대개 현실 비판을 위한 방법적 저항으로서 그 예술적 의의가 자못 큰 것으로 간주되었다. 그것들에 따르면, 근대라는 객관적 현실이 이미 혼돈과 무질서에 의해 장악된 파열된 세계이어서 단순한 사실주의의 방법으로는 진실의 재현이 불가능하게 된다. 따라서 현실적 구속과 제약에서 풀려난 환상의 방법만이 객관적 현실과 그 진실을 좀더

(1967-1976)은 한국사회의 근대성이 지닌 난맥상을 거의 '주석'이나 '총독'이라는 유령적인 작중화자의 어지러운 목소리를 통해서만 전달함으로써 현실과 환상의 섬뜩한 조응 관계를 아주 순수하게 보여주는 작품들이라고 할 수 있다. 비록 그 소설들이 한국인의 근대적 현실이 지닌 불우함을 비판적으로 통찰하는 작품이라 하더라도, 사실 현실적 삶에 대한 비판적 통찰은 유령적인 목소리가 야기하는 어지러운 환상에 거의 완전히 압도당하고 있는 것처럼 보인다. 그런 점에서 최인훈 소설이 현실에 연관시킨 환상이라는 방식은 비판과 저항의 미학적 방법이 된다기보다는 오히려 현실의 일부이자 현실 그 자체가 되어 있는 듯하다. 최인훈 소설에서 대개 환상이 자유와 해방의 꿈이 되지 못하고 가위눌림의 혼몽이나 악몽이 되어 있는 것은 그것조차 이미 불행한 현실의 영향력에 철저히 장악되어 있기 때문일 것이다. 이처럼 최인훈 소설의 환상적 성격이 단순한 낭만적 판타지가 아니라 섬뜩하고 소름끼치는 악몽의 현실에 관계되어 있다는 것은, 그러한 현실을 반영하는 소

효과적으로 포착하게 된다는 것이다(서은주, 「특집 최인훈—환상, 새로운 질서 세우기의 욕망」, 『작가연구』, 2002년 하반기 참조). 일단 최인훈 소설이 환상의 방식을 차용하는 일정한 의도를 그러한 논의에서 찾아볼 수 있을지 모른다. 간단히 말하자면, 파괴된 근대 세계의 분열성과 파편성을 제대로 반영하기 위해 소설의 내용과 형식 또한 현실의 변형과 굴절이라는 훼손된 형태를 요구하게 된 것이라는 해석이 최인훈 소설의 환상적 특성을 이해하는 기존의 관점인 것이다. 그러나 이 책에서는 기존의 논의를 어느 정도 수긍하면서도 파손된 현실을 파손된 형태로 재현하는 일이 과연 현실을 비판하기 위한 일종의 방법적 저항이 되는가 하는 것에 대해 의문을 가지지 않을 수 없다. 비록 비판과 저항이 작가의 의식 속에서 발견된다 할지라도, 찢기고 파손된 소설적 사실 자체는 그 비판과 저항의 형태가 어떤 순응과 체념의 수사학적 의장일지 모른다는 생각을 하게 만든다. 즉 파손된 현실에 파손된 형태로 대응하는 것은, 파손된 현실을 복원하고 질서를 다시 창출하는 일이 이제 완전히 불가능한 것이라는 상황에 굴복함으로써 혼돈과 무질서에 개방된 정신의 비합리주의가 자기 정당화에 착수하게 되는 '미학적 알리바이'라는 측면이 없지 않다.

설에 빈번히 등장하는 '인간이라는 흡혈귀'의 존재가 근대의 현실적 조건이 개인의 내면에 일으킨 심성 변이를 비유하는 암시적 가상이 아닌 근대적 주체성에 내재되어 있는 인간 분신을 직접적으로 가리키는 하나의 실체적 현존으로서 확인되는 순간, 확연해진다. 물론 최인훈 소설이 제시한 바와 같은 인간 흡혈귀의 존재는 결코 뜻밖의 것은 아니다. 개인적 자유 추구에서 오는 인간 심성의 변이라는 근대적 주체성의 병리학적 징후에서 그것은 어느 정도 예상되었던 것이다. 그러나 여기서 주목해야 할 것은 인간 흡혈귀의 존재에 의해 징후적인 병리학의 미래가 현실적인 병리학의 현재로 다가오고 있다는 어떤 임박한 위기이다. 「귀성」이 앞서 보여준 마성의 인간들과 그들의 근대 세계는 그와 같이 인간 흡혈귀의 출현에 의해 더 이상 치유하거나 돌이킬 수 없는 악마와 지옥의 공간이 되고 있다. 바꿔 말하면, 최인훈 소설에 그려진 그 악몽의 현실에서 특별히 중요한 계기를 이루는 '인간이라는 흡혈귀'의 악마적 형상은 근대인과 그의 세계가 좀더 심화된 형태로 마성화되어 가고 있음을 표시함으로써 그 마성화가 위태로운 징후를 넘어 이제 실제적인 진행 과정 속에서 악마화에 연속되어 있음을 보여준다. 이를테면 「구운몽」(1962), 『회색인』(1963) 등은 그 현실화하고 있는 마성화의 징후를 '악마적 인간의 발생'이라는 테마를 통해 제시하고 있는 대표적인 작품들이다. 거기서 특히 최인훈의 중편 「구운몽」은 주목에 값할 만하다. 현실과 구분할 수 없게 뒤섞여 있는 어지러운 꿈과 섬뜩한 악몽의 환상들에서 인간 흡혈귀의 발생을 추적하고 그 발생론적 의미를 가늠하는 데 그 작품은 아주 유용한 예가 되어주기 때문이다.

이 소설은 월남한 청년으로서 아무데도 연고를 가지지 못한 주인공 '독고 민(獨孤 民)'[76]이 자신의 돈을 가지고 도망 간 애인 숙을 다시 만나고 싶어 하지만 결국 그러지 못하고 동사하여 죽고 만다는, 다시 말하여 사랑의 환희와 환멸의 동시적 경험이라는 애정소설의 상투적인 플롯을 제시하고 있다. 그러나 「구운몽」은 사랑하는 사람에게 배신당한 외로운 삶이 그 해답을 찾지 못하고 원망과 분노와 증오 등의 악의적인 감정에 유폐됨으로써 마침내 주인공 독고 민이 사악한 존재로의 변신에 성공한다는 소름끼치는 꿈을 통해 근대 세계가 끔찍하고 공포스러운 악마와 지옥의 세계가 되어가고 있다는 어떤 위기를 상징적으로 보여준다. 그런 점에서 사실 「구운몽」은 무엇보다도 흥미로운 작품이다. 예컨대 이 소설의 서두에 배치된 주인공 독고 민이 마치 복수심에 불타는 드라큘라처럼 관 속에서 괴기스럽게 걸어 나오는 첫 장면부터가 예시적이다.[77] 이러한 독고 민의 변신은 「귀성」의 주인공이 극장 앞에서 보았던 영화 속 드라큘라가 이미 현실 속에서 살아 움직이고 있다는 사실을 가리키는 것으로 이해된다. 물론 독고 민이 관 속에 누워 있다 깨어나는 「구운몽」 서두의 장면은 독고 민 자신의 꿈 속 장면

---

76) 이 '독고 민'이라는 애펠레이션은 최인훈 소설이 얼마만큼 근대적 주체성의 문제에 집요하게 매달리는지를 적시한다. 외로운 백성이라는 뜻을 표시하는 '독고 민'이라는 이름은 다름아닌 근대적 주체성과 그 곤경을 아주 정확하게 함축하는 명명이라고 할 수 있다.

77) "관(棺) 속에 누워 있다. 미이라. 관 속은 태(胎)집보다 어둡다. 그리고 춥다. 그는 하릴없이 뻔히 눈을 뜨고 누군가를 기다리고 있다. 몸을 비틀어 돌아 눕는다. 벌써 얼마를 소리 없이 기다려도 아무도 찾아오지 않는다. 몇 해가 되는지 혹은 몇 시간인지 벌써 가리지 못한다. 혹은 몇 분밖에 안 된 것인지도 모른다. 똑 똑. 누군가 관 뚜껑을 두드리고 있다. 누구요? 저예요. 누구? 제 목소리를 잊으셨나요. 부드럽고 따뜻한 목소리. 많이 귀에 익은 목소리. 빨리 나오세요. 그 좁은 곳이 그렇게 좋으세요? 그리고 춥지요? 빨리 나오세요. 따뜻한 데루 가요. 저하구 같이. 그는 두 손바닥으로 관 뚜껑을 밀어올리고 몸을 일으켰다. 어둡다. 아무것도 보이지 않는다. 게 누구요? 대답이 없다. 그는 몸을 일으켜 관에서 걸어나왔다. 캄캄하다. 두 팔을 한껏 앞으로 뻗치고 한 발씩 걸음을 떼놓는다."(1: 173) '미이라'라는 표기는 아직 주인공이 드라큘라의 상태 이전임을 암시적으로 가리킨다. 왜냐하면 그의 행동이 아직 간절한 그리움을 묻혀가지고 있기 때문이다. 여기서 악의적인 감정들은 여전히 사랑의 감정에 지배되어 있다.

으로 이내 드러나지만, 이 소설에서 환상은 이미 그것과 서로 구분할 수 없을 정도로 뒤엉킨 어지러운 현실의 부분들로 나타난다는 점을 감안하면, 그 기괴한 꿈의 현실과의 연관성은 단순하게 보아 넘기기 어렵다. 이것은, 앞에서 살펴본 작품들에서처럼, 자폐적 성격의 내면적 자유가 초래하는 마음의 변이가 마침내 촉발하고야 마는 근대적 주체들의 악마적 변신에 관하여 시사하는 바가 크다. 배신으로 인한 외로운 분노로 피의 잔치를 벌이겠다는 악마적인 존재가 전설의 드라큘라에만 해당하는 것은 분명 아니다. 사소한 가십(gossip) 거리 정도로 취급하는 경우가 다반사이지만, 근대의 호기심 많은 매체들은 실연한 살인자나 범법자를 자주 소개한다. 그들은 자폐적 개인의 내면적 마성화라는 근대 세계의 문제적 상황에서 출현하는 악마적 인간의 현실적인 사례가 된다. 그들은 또 한 명의 흡혈귀 독고 민이라 할 수 있을 것이다.

「구운몽」이라는 작품은 크게 세 부분으로 나누어진다. 독고 민이 배신한 숙을 애타게 만나려는 이야기, 김용길 박사와 간호부장이 관 속에 있는 독고 민이라는 동사자를 대하게 되는 이야기, 그리고 맨 마지막 미래의 어떤 현실에서 민과 숙이 길게 입맞춤하는 이야기가 그것이다. 이것들은 혼란스럽게 뒤엉켜 맥락이 다른 이야기들을 이루는 것 같지만, 사실 긴 시간을 사이에 둔 연속되는 이야기라고 볼 수 있다. 즉 이 소설은 독고 민이 배신한 숙을 애타게 만나려 하다가 결국 얼어 죽고, 먼 미래에 영원한 사랑을 이룬 어떤 민과 숙은 그런 조상들을 감동적으로 회고하며 키스한다는 순서로 정렬되는 것이다.[78] 일

78) 그렇지만 최인훈 소설에서 환상과 현실은 명확히 구분되는 것이라기보다는 일정한 통로로 복잡하게 연결되어 있다는 것 또한 확실하다. 그러나 지금까지 적지 않은 검토와 논란이 있었음에도 불구하고 「구운몽」이라는 작품이 현실과 환상의 구분이라는 가장 기본적인 수준에서의 개연성의 원칙을 준수하고 있다는 것은 틀림없다.

단 이 소설은 사랑의 승리가 영원성을 보장받은 배신 없는 행복한 미래를 결말로 보여준다는 점에서 얼핏 지금까지 보아온 최인훈 소설의 관행적 발상과 거리가 있는 것처럼 보인다. 그것은 민과 숙이라는 미래의 후손들이 어느 성탄절 기념 시사회에 참석하고 거기서 "조선원인고(朝鮮原人考)"라는 필름을 놓고 "고난에 찬 시대를 살았던 우리 조상들의 서글픈 자세" 운운하는 미래의 한 고고학자의 설명에 깊은 감동을 받고 나와 서로 사랑의 입맞춤을 길게 나누는 가상적 장면을 통해 나타난다. 그러나 「구운몽」에서 숙의 배신으로 고난당하는 독고민의 이야기에 순차적으로 연결되어 그의 미래적 후손인 민과 숙의 배신 없는 행복한 사랑 이야기가 배치된 것은, 겉보기에 근대적 현실이 시간의 인내 끝에 극복된 것처럼 보이도록 만들지만, 그것은 사실 의지로서 요청된 믿음과 희망, 즉 단지 가상에 지나지 않는다는 점에 유의하지 않으면 안 된다. 그것은 어떤 이상에 비추어 근대 세계를 살아가는 사람들의 고통스러운 현실을 뚜렷이 부각시키려는 일종의 방법적 가상일 따름이다. 이 소설은 근대 세계의 외로운 현실을 극복하는 데 실패할 수밖에 없는 근대인의 고통스러운 드라마들인, 첫 번째와 두 번째의 암울하고 절망적인 이야기에 실질적인 무게중심이 놓여 있다. 거기서 독고 민은 숙에게 배신당하고 원한과 분노에 사로잡혀서도 그녀를 그리워했지만, 그녀와 다시 만나지 못한 채 그만 동사하여 관 속에 영원히 갇히는 자[囚-人]로 나온다. 그가 바로 자폐성이라는 내면적 조건으로 인해 욕망과 감정의 변덕이 수반하는 '배신의 가능성'에 노출됨으로써 불우해진 근대적 주체를 상징적으로 대변하는 인물임에는 의심의 여지가 없다. 이 모든 것은 미래의 고고학자가 '근대 조선인의 화석들'에 대해 간단히 설명하는 다음 장면에서 결정적으로 요약된다.

근래 고고학에 대한 인식이 차츰 높아지고, 따라서 눈여겨보는 분이 늘어가는 일은, 이 밭에서 밥을 먹는 본인들로서는 솔직히 흐뭇한 일이라 아니 할 수 없습니다. 꽤 알려진 일이지만 한국의 유적은 그 황폐성과 뒤죽박죽으로서 이름이 있습니다. 폼페이를 파냈을 때, 그곳 전문가들도 놀랐다고 합니다. 그 너무나 말짱한 보존 상태 때문에. 이 같은 이상적인 유적을 다룰 수 있는 그쪽 학자들의 처지는, 우리로서는 부럽기 짝이 없는 이야깁니다. 우리의 유적은 제 꼴이 그대로 보존되고 있는 것은 전무합니다. 그뿐 아니라, 햇수 짚어내기에 결정적인 요소의 하나인 매몰 상태도 엉망입니다. 고석기 시대의 유물이 신생대에 파묻혀 있는가 하면, 그 바로 밑에는 아주 최근의 것과 닮은 기계붙이가 있는 형편입니다. 이것은 시대 가르기가 불가능한 경우인데, 난점은 한 시대의 유물 서로 사이에도 있습니다. 이를테면 화장실 자리에 고려자기가 놓여 있습니다. 어느 땐지 아직 밝히지 못하고 있으나, 불행한 우리 조상의 역사에 뒷간 기물까지 고려자기를 쓴 시대는 아마 없었을 것입니다. 그런가 하면, 성경책 속에 피임 도구가 끼여 있는 화석이 나옵니다. 작전 서류 속에 연애 편지가 섞여 있기도 합니다. 장군이 시장(市場) 앞에 서 있는 것은 어떻게 풀어야 할지 알쏭달쏭입니다. 발굴된 저 '배제상(像)'을 방불케 하는 남녀 포옹상(像)이, 최근 우리나라에서 나왔는데 한 팔로 남자의 목을 감고 입을 맞추고 있는 이 여인의 다른 손에는 비수가 들려 있고, 그 쇠붙이는 남자의 옆구리로 슬그머니 다가가는 몸매대로 굳어 있습니다. 이런 예를 들기로 치면 한이 없습니다. 그러나 뭐니뭐니해도 가장 난처한 것은, 전혀 성질이 다른 조각으로 이루어진 일기(一基)의 인물 화석입니다. 즉 머리는 신부. 얼굴은 배우. 가슴은 시인. 손은 기술자. 배는 자본가. 성기는 말의 그것. 발은 캥거루의 족부. 이 화석의 눈알이 무언지 아십니까? 웃지 마십시오. 아니 웃으십시오. 눈알이 있을 자리에는 현미경 렌즈가 박혀 있습니다. 이것은 누가 보나 희극입니다. 그러나 우리로서는 그렇게만 보이지는 않습니다. 이 이지러지고, 우습게 겹치고, 거꾸로 붙은 화석은, 고난에 찬 시대를 살았던 우리 선조들의 서글픈 자세가 아니고 무엇이겠습니까?(1: 275-276)

미래의 고고학자가 "한 팔로 남자의 목을 감고 입을 맞추고 있는 이 여인의 다른 손에는 비수가 들려 있고, 그 쇠붙이는 남자의 옆구리로 슬그머니 다가가는 몸매"를 이루는 하나의 화석을 가지고 "고난에 찬 시대"를 말하는 장면이 뭔가를 말해주고 있다는 것을 여기서 구태여 부연할 필요는 없다. 주체로 현전하는 독립된 자아 감각의 획득을 통해 자폐성이라는 내면적 조건도 더불어 떠안지 않으면 안 되었던 근대적 주체들, 즉 '독고 민들'은 근대 세계라는 "고난에 찬 시대를 살았던" 사람들의 "서글픈 자세", 즉 이른바 '배신의 자세' 속에서 결국 빠져나오지 못하고 그처럼 꼼짝없이 굳어버리고 말았던 것이다. 요컨대 최인훈의 「구운몽」이라는 소설은 환상의 방식(이것은 소설의 중간에 배치되어 있는 몽환적인 배회의 어지러운 장면들로 인해 실로 그러하다)[79]에 담긴, 독고 민이라는 한 남자가 끝내 숙이라는 한 여자를 만나지 못해 사랑에 좌절하고 영원히 관 속에 갇히고 만다는 이야기를 통해 근대

79) 「구운몽」에는 시인들, 장부든 노인들, 그리고 댄서들 등을 만난다는 몽유병적인 배회의 혼란스런 장면들이 주인공 독고 민의 악몽의 동기들을 이루고 있다. 이러한 환상적 장면은 자세히 보면 현실과 구분될 수 없이 뒤엉켜 있는 것으로 나타나지만, 설사 그렇다 하더라도 그 환상들이 또한 현실과 그렇게 명확하게 구분되는 것은 아니다. 한편 그 몽유병적인 배회의 장면에 등장하는 특정한 부류의 인간들은 특히 미래의 고고학자가 설명하는 근대 조선인의 화석 중의 하나인 "머리는 신부. 얼굴은 배우. 가슴은 시인. 손은 기술자. 배는 자본가. 성기는 말의 그것. 발은 캥거루의 족부"인 어떤 기괴한 인물 화석과 연결되면서 주체의 원리에 의해 분화된 근대적 세계상 내지 인간상을 환기시키는 데 필요한 서사적 설정이라는 성격이 짙다. 아울러 이것은 근대적 주체성의 경험에 고유한 서로 단절된 경험들의 파편적 성격에 어느 정도 부합하는 양식이기도 하다.

세계의 외로운 현실을 환기한다. 그리고 그 소설은 근대의 주체적 개인들을 대변하는 주인공 독고 민을 통해서는 배신감과 외로운 증오심으로 피를 끓이는 드라큘라, 곧 인간 흡혈귀로 가득 차 있는 근대 세계의 끔찍한 실상을 보여준다. 악마적인 것이 환상 속에 있지 않고 현실로 걸어 들어오는 장면만큼 소름끼치는 것이 달리 있을 것인가. 여기서 마침내 최인훈 소설은 근대 세계가 악마와 지옥의 공간에 흡사한 것이라는 두렵고 끔찍한 징후 그 자체가 된다. 물론 「구운몽」의 마지막 이야기인 '민과 숙의 키스'에 관한 가상적 삽화가 알려주는 바 그대로, 최인훈 소설에는 아직까지 사랑이라는 작지만 가능한 인간적 유대의 체험에 대한 믿음과 희망이 꺼져가는 불꽃인 채로나마 빛을 발하고 있다. 작가가 사랑의 승리를 영원히 성취한 먼 미래의 후손들이 근대인들의 참담한 모습을 감동적인 회상으로 지켜보는 장면을 애써 꿈꾸는 것을 보면, 최인훈 소설에서 주체적 자유의 악마적 왜곡이 왜곡이 아닌 정상적인 것과의 관계 속에서 비판적으로 인식되고 있다는 점은 일정하게 확인된다. 그러나 거기서 현저하게 드러나는 것은 최인훈 소설이 그 지옥을 살아가는 인간 흡혈귀들의 주체적 자아 감각을 절대로 포기하지 않고 시간의 인내를 거쳐 그것에서 '보편과의 황홀한 일치'를 달성하려는 헤겔주의적 아집(我執, '자아'를 통해 '보편'에 이르려 한다는 헤겔 관념 철학을 염두에 두고 쓴 말)으로부터 여전히 자유롭지 못하다는 사실이다. 그러니까 최인훈 소설에 그려진 가상을 통한 사랑의 실현이 그동안 문제시되었던 자폐적 환상과 확연히 다른 것일지는 의문이다. 여기에 대해서는 다른 모든 것은 차치하더라도 위의 인용문에 나오는 "머리는 신부 · 얼굴은 배우 · 가슴은 시인 · 손은 기술자 · 배는 자본가 · 성기는 말의 것 · 발은 캥거루의 족부", 또 '눈알'은 '렌즈'가 박힌, 한마디로 말해 도깨비나 유령, 혹은 괴물과 악마의 모습에 다를 바가 없는 그런 기이한 존재가 뭔가를 말해줄 것이다. 이것은 일단 주체성에 따라 분화의 원리가 지배하게 된 근대 세계란 모든 것이 찢기고 조각나 일정하게 조화를 이루지 못하는 기형화된 존재의 삶과 현실임을 비유적으로 보여준다. 그러나 동시에 근대인과 기형성을 등치시킨 비유에서, 「구운몽」이 실제로 근대 세계를 '배신의 자세'로 끝난 과거완료로 구성한 것처럼, 주체로 현전하는 독립된 에고의 감각으로부터 사랑이라는 보편적 조화를 연역해낸다는 것은 어쨌든 불가능하다는 작가의 체념적 납득을 읽어낼 수 있다. 그러나 '에고의 포기를 거부하는 것에서 에고를 구한다'는 모순된 임무를 작가의 일로 설정하는 대목(2: 213)에 이르면, 최인훈 소설에 편재하는 악마적인 에고의 기형성은 근대적 주체성의 불가피한 숙명이라는 어떤 체념적 납득의 대상이 더 이상 아니게 된다. 최인훈 소설에서 에고의 악마적인 기형성은 작가가 에고의 위세와 매력에 집착한다는 인상을 주면서 그것을 구원의 기회이자 방법의 근거로 삼으려 한다는 것을 예시한다.

악마적인 것의 심미화(審美化)

이런 에고의 주체적 자아 감각에 대한 집착과 결합된 "보편과 에고의 황홀한 일치"(『회색인』)라는 '독고준' 식의 헤겔주의적 관념은 이후 최인훈 소설에서 강령적인 우선권을 확보하면서 인간은 스스로를 따라서는 안 되며 "신의 약속과 사랑을 믿는다는 일"(『회색인』)이 절대적으로 중요하다는 '황선생' 식의 종교적 관념을 압도하게 된다. 예컨대 "그 자신이 비인(非人)이 됨으로써 인간적 문제에 대한 질문이 되고자 한 것입니다"(3: 247)라고 독고준을 변호하는 '방송'의 목소리에서 무엇보다도 강렬한 작가의 육성을 듣게 된다고 생각하는 이유는 바로 거기에 있다. 그러니까 최인훈 소설에서 자주 출몰하는 '비인'의 형상들은 그 비인을 포기하지 않고 그것을 "진인(眞人)"(2: 177)과의 일치로 이끌려는 작가의 이념적 의도에 관계되는 것으로 보인다. 최인훈 소설의 작중인물들이 지니는 '창문형 인간'이라는 일반적 신원은 여기서 특별한 의미를 지니는 도상으로 다시 한번 등장한다. 그것은 주체화된 근대인을 표상하는 일반적 도상인 동시에 이러한 보편적 신원의 한계를 깨닫고 함부로 행동하려 하지 않는 지혜로운 철학자의 특수한 도상이기도 하다. 최인훈의 소설에 따르면, "손 하나 발 하나 까딱하긴 싫고, 다만 눈에 보이는 온갖 빛깔, 형태를 굶주린 듯 지켜봄으로써 보람을 느낀 사람", "움직임의 손발을 갖지 못하고, 내다보는 창문만을 가진 인간형"(8: 23), 바로 이런 타입의 사람이 이른바 '창문형 인간'이다. 현실에 대해 관심을 갖되 그 현실에 뛰어들지 않고 그것을 끊임없이 지켜보는 견자(見者)라 할 수 있는 '창문형 인간'은, 헤겔이 '미네르바의 올빼미'라는 상징을 통해 행동보다는 관조적 지혜를 옹호했던 것처럼 당연히 헤겔적 근대주의자인 작가가 소설의 주요 작중인물 가운데 각별히 옹호하는 인물이 되지 않을 수 없다.

그런데 자신이 몸소 겪고 부대끼는 현실만이 살아 있는 인간적 현실이라고 한다면, '창문형 인간'은 현실을 무감각하게 지켜보기만 한다는 점에서 무엇보다도 '비인간적'인 존재인지 모른다. 더욱이 관념을 어떤 대상에 대한 사고의 수단으로 삼을 때만 관념을 인간적인 면에서 사용한다고 말할 수 있는 것이라면, 거꾸로 어떤 관념이나 이념을 통해 사고의 대상과 목적을 만들어내어 관념을 관념 자체로 분석하고자 하는 '창문형 인간'이란 극히 '비인간적'인 존재라 말하지 않을 수 없다. 즉 최인훈 소설의 비인간적 성격은 그 소설에서 가장 중요한 인물이 되어 있는 '창문형 인간'이 관념을 관념으로서 분석하고자 하는 견자의 무관심에 도달함으로써 촉진되고 있다. 이런 맥락에서 최인훈 소설 이곳저곳에서 메타적 관념성이라는 특질이 지배적인 양식적 요소로 나타나는 것은 불가피한 일이다. 최인훈 소설은 인간의 구체적 현실과 무관한 자리에서 관념 그 자체가 실제적인 현실이 되고 또 반대편의 현실은 일종의 관념적 허구가 되는 비현실적인 특성을 보여준다. 그리고 인간의 구체적 현실이라는 관점에서는 관념의 현실이 비현실이 된다고 할 때, 최인훈 소설은 자신의 관념을 바로 그 비현실 속에서 작용하도록 함으로써 동시에 메타적 성격마저 드러내게 된다.[80] 물론 최인훈 소설의

80) '메타성'은, 최인훈 소설이 악마주의적 양상으로 나타나는 비인간화 징후 그 자체라고 할 때, 특히 눈여겨보아야 할 최인훈 소설의 특성이다. 그러나 메타성은 최인훈 소설에서 상당히 보편적인 서사적 특징임에도 불구하고 그동안 '패러디 소설'이나 '소설가 소설'이라는 장르 범주에 묶여(양진오, 「특집 최인훈-소설가 소설의 한국적 모델의 완성과 계승」, 『작가연구』, 2002년 상반기); 김한식, 「특집 최인훈-한 근대 지식인의 고전 읽기」(최인훈의 패러디 소설에 대하여」, 『작가연구』, 2002년 상반기 참조), 그 의미와 중요성이 일면적으로 평가되었다. 소설의 메타성은 작가가 소설을 쓰고 있다는 사실을 소설 표면에 부각시키는 자기 언급적 특성을 이용해 소설적 사실이나 진실의 허구성을 의도적으로 강조하는 소설적 기법을 일컫는다. 바꾸어 말하자면, 소설은 그 메타성을 통해 대지적 현실과의 연관을 부인하고 언어적 허구 그 자체를 순수화함으로써 현실의 형상이 아닌 관념의 문법이 되어버리는 것이다. 그런 의미에서 「놀부뎐」(1966)이나 「춘향뎐」(1967), 「옹고집뎐」(1969), 그리고 『소설가 구보씨의 일일』(1969-1972)과 같이 고전이나 근대 소설을 패러디한 소설에서 작가가 문면에 나서 그것을 다시 고쳐 쓰고 있다는 점을 노골적으로, 혹은 암암리에 가리켜 보여주는 것은, 최인훈의 패러디가 비판적 모방의 소설이기 이전에 좀 더 근본적으로는 메타적 관념의 소설이라는 증거가 된다. 그리고 최인훈 소설에서 생동하는 체험을 보게 되는 것이 아니라 거의 체험에 대한 관찰을 사유한 관념을 알게 된다는 인상에서 그런 최인훈 소설의 메타성을 간접적으로도 확인할 수 있다. 그러나 최인훈 소설에서 관념성과 메타성은 서로 연관되는 것이면서 또 서로 구분되는 것이다. 왜냐하면 관념성에 나아갈 때는 대상에 대해 사유된 관념을 문제 삼는 것이지만, 메타성에 다가갈 때는 그 대상의 관념에 대한 사유를 반복하면서 거듭 사유된 관념의 대상화를 문제 삼는 것이기 때문이다. 그런 만큼 최인훈 소설의 메타성은 관념성 속에서 미약해진 구체적 현실과의 접점을 그 관념성을 대상으로 한 메타적 관념을 통해 다시 한번 희미하게 만들고 또 거의 지워버리는 것처럼 보인다.

메타적 관념성에서 두드러지는 '비인간성(dehumanity)'은 비판적 거리를 통한 중립적 판단이라는 견자적 의미를 띠는 것이고 아직은 도덕적인 결여를 뜻하는 비인간성(inhumanity)으로까지 보기는 어렵다.[81] 그러나 문제는 메타적 관념성이 에고의 악마적 기형성이라는 근대적 주체들의 내면적 위기에 일치하는 문학적 퇴폐의 양상이기도 하다는 점에 있다. 주체로 현전하는 독립된 자아 감각으로 인해 주관화된 사실과 진실은 합의점의 붕괴에서 오는 부정에 대한 부정 내지는 비판에 대한 비판이라는 메타적, 관념적 논의들만을 증식시키고 그것으로 하여 참다운 사실과 진실의 주변을 겉돌게 되는 무의미한 부정과 비판의 과정을 야기하는데,[82] 이것은 역시 무의미한 부정과 비판에서 증가되는 원

81) 이것과 관련해서는, 메타적 관념성에서 두드러지는 비인간성을 윤리적인 관점에서가 아니라 미학적인 관점에서 본 오르테가 이 가세트의 논의가 유용한 참조점이 된다. 호세 오르테가 이 가세트, 앞의 책, pp.66-67 참조.

82) 메타적 관념성은 일반적으로 언어에 대한 언어 내지는 관념에 대한 관념이라는 의식의 반성적 차원에 결부되는 언어적 양식으로 정의되지만, 그것은 전근대에서 근대로의 역사적 전환에 따라 활성화된 반성적 의식의 문화적 현상이라는 차원으로까지 확대해서 이해할 수 있다. 먼저 모든 욕망을 민주화시키는 근대 세계의 이념은 근본적으로 척도와 기준의 부재를 가치화해 자율성의 원리에 따른 분화되고 파편화된 사회와 문화를 폭넓게 이룬다. 근대 세계는 척도와 기준을 다원화하여 무엇이 옳고 그른지 또 무엇을 믿고 믿지 말아야 할지에 대한 합의점을 구하기 어렵게 됨으로써 모든 욕망들이 자기 연관적인 반성의 고립적 순환 회로에 영원히 갇히고 마는 것이다. 그런 만큼 근대 세계에서는 중심이 상실됨으로써 나의 척도와 너의 기준이 가치의 위계 속에 결속되지 못하여 부정과 비판이라는 현상이 만연될 수밖에 없게 된다. 다시 말해 근대 세계에서 모든 욕망과 언어와 관념은 더 이상 힘의 논리가 아니고서는 중심이 되지 못하는 것이고, 만일 힘의 중심을 장악하지 못한다면 그것은 또 다른 욕망과 언어와 관념의 회의적 반성 속에 끌려들어가 부정과 비판의 심문 받지 않을 수 없는 것이 되어버린다. 그리하여 거기서 활성화된 메타성은 사실과 진실에 다가가는 과정이 아니라 비판을 위한 비판이 되어 사실과 진실의 주변을 헛도는 악무한적 과정으로서 부정과 비판을 가장한 무의미한 메타적, 관념적 논의들만 증식시킨다. 이와 관련해서 가깝게는 이남호의 「리얼리즘의 정신과 새로운 소설적 징후들」, 『문학의 위족 2-소설론』, 민음사, 1990, pp.71-72를 참조할

한과 분노, 증오와 경멸이라는 감정의 원천이 됨으로써 주체성의 자아 감각이 인간 심성에 일으킨 에고의 악마적 기형화에 대해 또 하나의 동기를 이룬다는 점에서 의미심장한 문학적 현상이다.

최인훈 소설은 메타적 관념성으로 인하여, 결국 견자적 무관심에서 촉발된 비현실적 성격뿐만 아니라 이제 도덕적 결여를 뜻하게 된 비인간적 성격을 마침내 띠게 되는 것이 아닌가 한다. 실제로 최인훈 소설의 메타적 관념들 가운데 중심이 되어 있는 '유미주의'는 작가가 채택한 문학적 관념으로서 에고의 포기를 거부하는 것에서 에고를 구하려는 '아이러니'에 작가의 임무를 설정하고 에고의 보편과의 일치라는 목표 하에 에고의 악마적 기형성마저 심미적으로 정당화하는 구실이 된다. 바꿔 말하면 '창문형 인간'의 근대주의적 이념이 '유미주의'를 그것의 성취와 도달을 위한 방법적 과정으로 채택한 셈이다. 에고의 절대성에 대한 근대적 신념이 아마도 에고의 모든 변형과 타락에서도 보편의 기미를 발견하도록 한 것으로 보인다. 이 점으로 미루어 짐작하건대, 최인훈 소설은 유미주의라는 메타적 관념에 의해 에고의 보편과의 일치라는 '추상적 가능성' 속에서 인간이라는 '구체적 가능성'의 왜곡을 정당화함으로써 현실로부터 떨어져나가 세계를 상실하게 되는 것과 동시에 인격의 정상적인 윤곽을 훼손하여 인간이라는 개념을 파괴하는 비인간화의 경향을 경험하게 된다고 할 수 있다.[83] 요컨대 「가면고(假面考)」(1960)에서 작중인물 '민'의 입을 빌려 토로된 작가의 유미주의 흐름의 예술관[84]은 『서유기』(1966)의 주인공 '독고준'에게서 현저한

수 있다.

83) 여기서 '추상적 가능성'과 '구체적 가능성'이라는 용어는 루카치가 전위주의의 세계관적 기반을 퇴폐적이라 비판하면서 쓴 개념을 잠시 빌려온 것이다. G. 루카치, 「전위주의의 세계관적 기반」, 앞의 책, pp.156-165 참조.

84) "세계관에는 분명 두 가지 본이 있다. 헤브라이즘과 헬레니즘이 아니다. 헤브라이

악에 대한 열광적 관심을 진지하게 고려하는 작가의 태도에 귀결된다. 이처럼 악마주의적 양상으로 드러나는 비인간화의 경향은 메타성과 관념성이 지배적인 이른바 '패러디 소설'이나 '소설가 소설' 범주에 속하는 작품들에서 선명하게 나타난다. 특히 예술가 소설의 하위 범주에 속하는 '소설가 소설'에서 중요한 대목을 이루는 예술론은 근대 세계에 위협적인 악마적인 것과 지옥적인 것을 심미화함으로써 현실과 인간의 마성화나 악마화를 정당화하는 유미주의적 경향을 그러한 메타적 관념성에서 자연스럽게 드러낸다. 여기서 최인훈의 장편소설 『소설가 구보씨(小說家 丘甫氏)의 일일(一日)』은 그것이 에고의 악마적 기형화에 대한 유미주의적 정당화에 관하여 몇 가지 암시적인 예화를 제공해 주고 있어 주목된다.

『소설가 구보씨의 일일』은 주인공 '구보씨'라는 한 소설가가 1969년 겨울부터 1972년 봄까지 "겨울과 봄 사이"(「난세(亂世)를 사는 마음 석가(釋迦)씨를 꿈에 보네」)에 겪은 경험과 그것에 대한 관념을 적고 있는 작품이지만, 그렇다고 정확한 의미에서의 '메타 픽션'은 아니다. 당연히 이 소설에는 메타 픽션의 자기 언급적 특성이 거의 나타나 있지 않다. 그러나 구보씨의 언어와 관념이 지배적인 것은 물론이고, 나아가

즘과 페어리 테일리즘 fairy taleism이다. 헬레니즘엔 어둠이 없다. 너무 밝다. 악마들도 너무 뻔하다. 페어리 테일의 악마들은 무섭다. 어둡다. 요기가 있다. 느닷없는 사건 전개와, 전혀 우연의 연쇄적인 등장인물들의 행동은 무설명이 주는 심미감으로 가득 차 있다. 악이라 하고 요기라 할 때, 같은 내용을 하나는 윤리의 안경으로 보고 하나는 미학의 손으로 만진 것이다. 윤리는 예술일 수 없다. 그대로는. 그렇다면 내 작품도 한번 이런 쪽으로 잡아보면 어떨까."(6: 215) 유미주의자들에게 예술의 자급자족은 일종의 구원에 해당한다. 그들에게 심미적 경험은 그 자체가 목적이고, 독립된 가치를 지니는 것이다. 그런 점에서 유미주의적 관념이란 예술이 진실을 보존하는 유일한 방법을 사회적 윤리와의 거리를 철저히 유지함으로써 예술을 위한 예술(art for art's sake)로 머무는 것에서 찾는 예술적 이념이라고 할 수 있다.

주인공이 보여주는 언어와 관념이 대개 경험의 현실이 아닌 그것의 추상으로서 이미 있는 언어와 관념에 대한 것이라는 점에서, 『소설가 구보씨의 일일』은 메타적 관념성을 지닌다고 할 수 있다. 메타적 관념성이란 무엇보다도 근대성을 출범시킨 주체성, 즉 개인적 자유 추구의 동기이면서 자폐적인 내면을 형성하게 된 계기를 이루는 원리로서 전체 사회의 분화와 파편화에 대응하는 근대적인 의식 형태를 일컫는다. 따라서 분화의 원리에 따라 전문화된 분석적 논의와 관념들이 메타적 관념성의 내용을 이룬다는 것은 불가피할 수밖에 없다. 일단 『소설가 구보씨의 일일』과 같은 메타적 관념성의 소설은 그것이 중심에 대한 결속을 통해 위계화되는 억압적인 우상의 질서를 부수고 깨뜨리려는 의미 있는 예술적 실천으로 이해될 수 있다. 왜냐하면 메타적 관념성은 주체성의 자아 감각이 수반하는 척도와 기준의 부재를 가치화하여 반성적 의식의 심문 위에서 중심의 질서를 부정하는 매우 비판적인 사고방식의 이름이기도 하기 때문이다.[85] 그러나 메타적 관념성으로 인한 전문화된 분석적 논의와 관념들은 관념을 관념 자체로 분석하고자 하는 경향에서 현실과 동떨어져서는 그것을 왜곡함으로써 잘못된 관념적 논의들을 배태하는 토대가 될 수도 있다. 예컨대 『소설가 구보씨의 일일』의 경우 무엇보다도 인간 개념의 핵심이 되어 있는 초월적 신성을

85) 근대인들은 "발판 없음의 인식"으로 인해 자유의 현기증이라는 부작용을 겪으면서 거기서 오는 "어질머리"(「느릅나무가 있는 風景」)를 걷어내기 위해 의사-중심(최인훈의 소설에서 그것은 종종 '偶像'이라 불린다)을 상상하고 만들어낸다. 그들은 근대의 주체성이 야기하는 자유의 혼돈을 그러한 의사-중심에 결속시켜 자유의 현기증을 치유하려 하는 것이다. 그래서 거기서 마련된 우상의 질서와 안정감이 자유스러운 개체의 호흡을 단속하고 억압한다 하더라도, 실제로 근대인들은 그 우상의 질서를 자유의 질서로 착각하고 살아간다. 여기서 바로 부정의 카오스적 활력으로 가득 찬 메타적 관념성은 그러한 기만적인 자유의 질서를 다시 의심하고 그것에 의혹을 제기하는 역할과 기능을 갖는다.

거부하는 신성모독적인 악한 마음을 우상파괴적인 예술가의 정신으로 슬쩍 바꾸어놓는 유미주의적 관념에서 그것은 두드러지게 나타난다. 구보씨는 실제로 자신이 꿈꾸는 예술적 유토피아에 비현실적 유령과 괴물들이 출몰하는 "귀신들의 나라"(「위대(偉大)한 단테는」)라는 성격을 부여한다. 그는 어느 파에도 소속되지 못한 뿌리 없는 "피난민" 단테가 그 소외의 상태를 자유로운 창조의 가능성으로 이해하면서 내면화하게 된 낭만주의적 관념을 통해 『신곡』의 지옥편을 낳게 된 것을 두고 단테를 자신과 동일시하면서 그 지옥으로부터 오는 예술적 자유의 세계를 꿈꾼다. 이렇게 보면 '단테'적 지옥이 표시하는 그 악마적 에너지에 대한 낭만주의적 감각을 떠나서 『소설가 구보씨의 일일』의 유미주의 예술론을 얘기하기는 어렵다. 『소설가 구보씨의 일일』의 서사는 결국 "예술은 인간이다, 라는 까닭에서가 아니고 예술이라는 칼을 들었으면 칼이 가자는 데로 가야 한다"(「느릅나무가 있는 風景」)는 일종의 낭만적 성격의 유미주의로부터 급진화된 악마주의에 대한 고양된 관심으로 작동한다고 할 수 있다.

최인훈의 『소설가 구보씨의 일일』이 악마적인 것의 낭만주의적 정당화를 두루 보이면서 제시하는 유미주의 예술론은 특히 '제7장 「노래하는 사갈(蛇蝎)」'의 '샤갈 특별전'에 관한 삽화가 잘 드러내주고 있다. 여기서 우상 파괴를 관철시키려는 메타적, 관념적 의식의 환상과 모험에서 태어나는 것이 예술가 '샤갈'의 마음이면서 동시에 사악한 '사갈'의 마음이라는 것은 결정적인 증거가 된다.

> 허무와 방랑을 스스로 사양한 원(圓)이 겹겹이 어울려 커다란 합장(合掌)을 이루고 있다. 이것은 정안(正眼)으로 본 정법(正法)의 모습이다. 샤갈은 사안(斜眼)으로 본 사법(斜法)의 모습이다. 용골필법만 따진다면 거기는

다름이 없다. 매재(媒材)를 다루고 있는 '힘'에는 다름이 없다. 이 근본에서는 그것들에는 예술의 한 집안이다. 그러나 그 '힘'이 만들어낸 기운(氣韻)은 다르다. 이 기운이 어떻게 다른가는 풀이하기가 거의 불가능하다. 왜냐하면 그것을 설명하는 것은 그것 스스로이기에. 그러나 굳이 따진다면 이탑은 '버림'의 홀가분함이요, 샤갈은 '꿈'의 풍성함이다. 욕심을 모두 버린 다음에 얻은 기쁨과 평화가 샤갈의 마음이다. 이 두 길은 겉보기보다는 그리 먼 것도 아니요, 다르지도 않다. 왜냐하면 이토록 온전한 '버림'이나 '꿈'이 모두 현실에서 이루어진 것이 아니라 예술 속에서만 이루어졌기 때문이다. 버렸으니 꿈이 이루어진 것이요, 꿈속에서니까 버릴 수 있은 것이다. 서로는 서로를 거느리고 있지만 얼굴은 서로 다른 쪽을 보고 있다. 두 개의 얼굴을 가진 '야누스'라던가 하는 귀신을 구보씨는 떠올린다. 사람은 양인이고 동인이고 모두 야누스의 핏줄이다. 다만 이 지구의 어느 한 고장에 붙박혀 살면서 그 두 얼굴의 어느 한쪽이 녹이 슬고 덩굴에 덮여버리게 된다. 그 풍토의 형편으로서는 그쪽을 볼 필요가 없거나 보아서는 살기에 불편하기 때문에. 바람 센 지방의 소나무가 한쪽으로 휘듯이. 그렇게 돼서 생긴 감수성의 버릇이 더욱 닦여지고 굳어버리면 전통이 된다. 그러나 이 전통은 결코 다시 분해할 수 없는 실체는 아니다. 신비한 것도 아니다. 해를 따라가는 해바라기처럼 생활의 필요를 따라서 돌린 고개가 굳어버린 것뿐이다. 역사와 문명의 태양은 궤도가 바뀌는 천동설(天動說)의 세계다. 그러면 고개는 오래 있었던 감각을 되살려 그 해를 따라 돌아야 한다. 아마 인류가 오랜 옛날에는 사용하였던 그 목의 힘살의 운동 기억을 상기(想起)하지 않으면 안 된다. 이 상기(想起), 그것이야말로 가장 훌륭한 상상력이다. 상상력은 없는 것을 지어내는 힘이 아닌 것. 자기 자신을 기억의 바다에서 불러내는 것. 나르시스의 능력이다. 그런 인간이란 어떤 인간일까. 말했다시피 '야누스'다. 두 개의 얼굴을 가진 이 신화의 인물이 바로 인간의

> 바른 모습이다. 야누스가 이형(異形)의 괴물인 게 아니라 지금의 사람들이 반신불수일 뿐이요, 안면 마비증이다. 그들은 외눈을 자랑하는 슬픈 동물이다. 인간이 다시 야누스가 되는 때, 자기 자신인 그 신화인(神話人)이 될 때 인간의 마음은 참다운 기쁨과 평화를 찾지 않을까.(4: 164-165)

「노래하는 사갈」에서 구보씨는 '샤갈 특별전'을 보고 유미주의 형태의 한 극단인 이른바 '환상 예술론'을 펼쳐 보인다. 그에 따르면, "감정의 세계는 어떤 인간이, 자기 삶의 추억들을 머릿속에서 모두 불러 세워 놓고 그것들에서 받은 자기의 희로애락을 기준삼아(이 세상 신분을 거들떠봄이 없이) 내려준 작위(爵位)의 서열에 따라 통제되어 있다. 예술가의 내적 서열과 현실 세계의 생활의 서열 사이의 어긋남이 곧 우리가 '幻想'이라고 부르는 현상이다."(4: 155-156) 그런데 '예술가의 환상'을 강조하는 예술론에서 경악스럽게도 온전한 삶과 그 속에서 살아가는 참다운 인간의 모습은 무엇보다도 "두 개의 얼굴을 가진 '야누스'라던가 하는 귀신"으로 표현된다. 물론 그 '야누스'는 '현실 세계의 생활의 서열과 예술가의 내적 서열 사이의 어긋남'이 낳은 일종의 예술적 환상의 표현이면서, 나아가 어떤 존재의 이상에 대한 비유적 상징으로 나타난다. 그러나 거기서 근대적 인간과 그의 삶이 "외눈을 자랑하는" "반신불수"의 흉악한 괴물로 치부되고 있을 뿐만 아니라 예술의 환상이 근대의 주체적 개인들에 견주어 제시한 온전한 삶과 참다운 인간의 모습마저 '야누스'라는 신화적인 괴물로 나타나는 것은 특별히 문제적인 것이라 하지 않을 수 없다. 불완전한 현실의 괴물화는 그렇다 치더라도, 꿈과 환상의 예술적 유토피아에서까지 흉악한 괴물을 살아가도록 한다는 것은 단순히 비유나 상징의 차원으로 그치는 것은 아닌 것 같다. 구보씨의 관념이 가지는 메타 언어적 특성이 현실을 왜곡하여 마침내 순수하고 절대적인 관념으로 유미주의를 완성할 때, 그것은 일단 구보씨에게서 예술이라는 이름의 알리바이를 가지면서도 어쨌든 그러한 관념이 옹립하는 것은 귀신과 괴물과 유령들과 같은 기형적이고 악마적인 것임에 틀림없다.[86] 결국 유미주의라는 추상적 관념으로 구체적 현실을 왜곡하여 에고의 악마적 기형성을 옹호하는 『소설가 구보씨의 일일』은 악마주의적 양상으로 드러나는 그와 같은 비인간화의 경향에서 주체로 현전하는 독립된 자아의 성격이 수반하는 병리학적 특성을 다시금 보여준다고 할 수 있다. 최인훈 소설에 나타난 에고의 악마적 기형성을 통해 이제 현실의 왜곡과 인간이라는 개념의 파괴가 예술적 유미주의의 가장 깊은 충동이자 의도임을 알게 된 셈이다.

86) 다만 최인훈 소설은 샤갈이 사갈로 전신할 때라도 자기의 본래적인 정체가 자기 구원과 인간의 구원을 믿는 예술가임을 결코 잊는 법은 없다. 가령 구보씨가 '자광 대학' 강연에서 힘주어 옹호한 감수성의 혁명에 대해 한 늙은 학생 청중이 던진 날카로운 질문, 즉 "감수성이란 것이 문학의 경우, 순수한 감각의 뜻에만 머물 수는 없고 '윤리'에까지 나가야 된다고 생각되는데 과연 어떤 혁명이 있었단 말인가"(「느릅나무가 있는 풍경」)라는 질문은 물론 최인훈 소설이 들려주는 예술론의 맹점을 정확히 찌르고 들어간 것이다. 그러나 그것은 이미 소설의 반성적 의미론 속에서 작동하고 있다.

경과(經過) 2_ 악마의 인간화 3
– 박상륭의 소설

신(神)을 배반한 인간의 의미

(힌놈의 골짜기의 동남 예루살렘과 골짜기 맞은편 후미지고 나그네의 발걸음이 여간해선 머물지 않는 한곳에 오래되고 볼품없는 움막집이 한 채 있었는데, 그 움막집의 사립문 한쪽 기둥에 '가롯 유다'라는 문패가 걸려 있었다. 그 문패도 그 움막의 운명과 마찬가지로 영고와 성쇠, 봄바람 가을비에 시달리고 또 썩고 곰팡이가 피어 있어, 관심을 가지고 자세히 들여다보아야 겨우 알아볼 수 있을 정도였다. 그런데 그것은 그리스 문자로 씌어져 있었다.)[87]

87) 박상륭, 「아겔다마」, 『아겔다마』(문학과지성사, 1997), p.9. 이후에 문학과지성사에 나온 박상륭 소설집 『아겔다마』, 『열명길』은 각각 1권과 2권으로 간주하고, 인용문의 출처는 (권수: 페이지수)만을 표시한다.

박상륭의 처녀작 「아겔다마」(1963)의 첫머리에 나오는 이 대목에는 이후 박상륭 소설이 보여주게 될 설화적이고 존재론적인 성격을 역사적인 맥락에서 좀더 구체적으로 인식하게 해주는 중요한 암시들이 들어 있다. 먼저 어떤 이방(異邦)의 공간에 자리 잡고 있는 듯한 "움막집", "가롯 유다"라는 기독교 성경 속 한 인물의 "문패", "그리스 문자"로 되어 있다는 그 가롯 유다의 문패 이름 등을 보면, 박상륭 소설이 경험적이고 현실적인 모든 연관 관계에 충실해 세부 묘사에서 실감나는 이야기를 들려줄 것이라기보다는 일련의 세부적인 요소들을 해석에 개방된 알레고리 속에 대치 가능한 것으로 만들어 그와 같은 경험적이고 현실적인 연관 관계를 파괴함으로써 이른바 알레고리적 구조를 보여줄 것이라는 점이 어느 정도 짐작된다. 박상륭 소설의 시·공간이 대개 '가롯 유다'라는 이름처럼 이방의 느낌을 주기도 하고 동시에 '움막집'과 '문패'라는 한국어의 친근한 뉘앙스로 하여 한국사회의 현실이라는 느낌을 풍기기도 하는 모호함 속에 어떤 구체적인 역사의 현장에 밀착해 있는 것이 아니라 일정한 관념의 형성만을 목표로 하는 추상적인 것이라는 인상을 주는 이유는 분명 거기서 오는 것이 틀림없다. 그러나 역설적이긴 해도 박상륭 소설은 알레고리라는 개방된 해석의 형식으로 인해 경험적이고 현실적인 모든 역사의 구체적 현장에 관계되리라는 것 또한 의심할 여지가 없다. 알레고리란 사실 구체적인 현실과 직접적인 연관을 가지지 않는 중립적인 기호 체계이기 때문에 오히려 어떤 역사적 현장과도 무관하지 않은 다의적 의미 공간을 형성하는 것이기 때문이다.[88] 이것은 앞으로 전개될 논의를 통해 박상륭 소설의

88) 중립적 기호 체계로서 다의적 의미 공간을 형성하는 알레고리가 역사성을 제거함으로써 또한 모든 역사들에 관계된다는 규정에 대해 다음과 같은 W. 벤야민의 논의는 시사하는 바가 크다. "알레고리를 통해 역사의 죽은 모습이 굳어버린 근원적

알레고리에서 60년대 한국사회가 기획한 혁명적 근대성에 대한 매혹과 그것의 위험성을 읽어내고자 하는 것이 충분히 가능한 것임을 설명할 근거이기도 하다. 그런데 이렇게 보면 앞서 인용한 「아겔다마」의 첫머리에서 특히 중요한 것은 유대인으로 알려져 있는 가롯 유다의 문패 이름이 "그리스 문자로 씌어져 있었다"라는 다소 알쏭달쏭한 구절이다. 실제로 '그리스어 표기로 된 가롯 유다의 문패 이름'은 박상륭 소설이 놓여 있는 구체적인 역사적 좌표를 가늠해 볼 수 있는 중요한 실마리라고 할 수 있다. 다음의 인용문만으로도 그 그리스 문자로 된 가롯 유다라는 이름의 문패가 지닌 뜻은 거의 드러난다.

"그 수유의 지상의 천국은 사라졌다. 아주 눈깜짝할 사이에 신화적으로 몰락되어져버렸다. 새로운 용납될 수 없는, 신이 탄생되면서 그렇게 되었다. 이것은 인간만의 평화스러운 공화국을 부르짖던 자들이, 그리고 '황금색의 날개를 가진 참 신'을 예찬하던 자들이 조작해냈다. 이것은 평화와 행복스런 미래를 유액으로 빨고 자라나선, 나중엔 유모를 잡아먹고 암흑의 산파(産婆)가 되었다. 그는 '천만족의 거대한 발걸음으로 온 세상을 돌아다

경관으로서 관찰자의 눈앞에 나타난다. 역사는 자체가 포함하는 애초부터의 무시간적이고 고통에 차 있고 잘못되어버린 모든 것 속에서도, 어떤 얼굴 속에서도, 아니 어떤 해골 속에서도 나타난다. 물론 그와 같은 것에는 표현의 상징적인 자유나 형태의 고전적인 조화 그리고 인간적인 요인 등이 모두 결여되어 있다. 그러나 이처럼 인간의 자연이 가장 쇠퇴한 형태 속에서도 인간생활의 자연력만이 아니라 한 개인의 전기적 역사성까지 수수께끼 같은 문제로서 의미심장하게 나타난다. 세계가 만들어내는 고통의 역사라고도 할 수 있는, 역사에 대한 바로크 시대의 세속적인 해명 혹은 알레고리적 고찰의 핵심은 그것이다. 말하자면 역사는 그 타락의 단계에서만 중요성을 지닌다. 죽음에 이르도록 쇠퇴하면 할수록 많은 의미가 형성된다. 왜냐하면 죽음이 자연과 의미 사이의 날카로운 경계선을 가장 깊게 파놓기 때문이다."(Walter Benjamin, *Ursprung des deutschen Trauerspiel*, G. 루카치, 앞의 글, p.185에서 재인용.)

니며' 진통하는 산모들께서 암흑을 받아냈다. 불안과 공포와 절망이 대량 생산되었다. 이미 그것의 아버지들도 항복해버렸다. 아버지들의 정액 속엔 매독균이 있었거나, 그 정액을 받은 자궁에 뱀이 들끓고 있었던지도 몰랐다. 그 이전의 암흑 시대보다 그 이후의 암흑 시대는 더욱 검고 비참하게 되었다. 세계는 매독에 걸려 고름을 쏟으며 발작하려 한다. 바벨탑을 쌓아 올리자고 노래했던 그들의 노래는 공허한 메아리가 되었거나, 발작을 위한 신음으로 변해버렸다. …(중략)… 그러나 반드시, 어디엔가는 그 황금 시대로 통한 오솔길은 있을 게다. 난 그것을 믿는다. 그것은 신기루나 기적은 아니었어. 확실한 것이었어. 난 눈을 감으면 그 길을 볼 수도 있으며 발 밑에 느낄 수도 있다. 그곳의 지붕은 모두 오월 그늘에 부드럽게 애무를 받고 은근히 빛난다. 사람들은 지루한 시간엔 일하며 경쾌한 시간엔 행복을 나눈다. 공장에선 부족한 필수품을 생산하느라 기계는 노래하고 절망된 자는 없다. 인구는 적당하며 물질은 풍부하다. 순경은 어디에 불편한 점이 있는가 하는 것을 찾기에 혈안이 되어 있을 정도다. 가령 시청 광장을 건던 사람이 광장을 다 건너기 전에 설사를 해버릴 지경이 되었다면 그런 사람을 위해 광장에 금방 변소를 세운다는 식이다. 순경은 그러한 일을 한 달에 한 건이라도 발견한다면, 그는 유능한 순경으로서 화제가 된다. 거기서는 인간만이 가치가 있기 때문이다. 신도 인간을 위해서 존재해 있고, 변소도 인간을 위해서 세워져 있다. 처음부터 끝까지 인간 본위이다."(1: 57-58)

생경한 관념의 노출이 유독 현저한 「강남견문록(江南見聞錄)」(1965)의 한 대목인데, 낭만적 동경의 정조 속에서 일반적으로 토로되는 유토피아에 관한 갈망이 드러나고 있는 이 대목에서 특히 핵심적인 것은 "인간만이 가치가 있기 때문에" "신도 인간을 위해서 존재해 있"는 "인간 본위"의 시대에 대한 강렬한 염원이다. 비단 그 염원이 안타까운 탄식의 비감한 어조에 실려 있는 정황이 아니더라도 여기서 그러한 "황금 시대"가 작중화자의 현실 속에서는 찾기 불가능한 그저 아련한 회고의 대상이 되어 있음을 알아보기는 그다지 어렵지 않다. 소설에 따르면, "신이 탄생되면서" 마침내 '황금 시대'는 몰락하였고 두 번의 새로운 "암흑 시대"가 찾아오게 되었다. 일단 '암흑 시대'라 표시되어 있는 그 새로운 시대들 가운데 하나가 중세 암흑기의 신정 시대를 일컫고 있다는 것은 분명해 보인다. 그런가 하면 두 번째 '암흑 시대'는 아마도 중세에 이어지는 시대인 근대를 가리키는 것 같다. 근대는 주체성의 자아 감각을 획득하여 신적인 초월성으로부터 해방된 다른 무엇보다도 인간적인 시대의 지칭이지만, "황금색의 날개를 가진 참 신을 예찬하던 자들"이라는 구절이 암시하는 바대로 작중화자에게 그 근대는 인간적 가치에 대한 교환 가치의 우월성이 신앙되며 돈이 숭배되는 시대라는 점에서 형이상학적 신을 물질주의적 신으로 대체한 새로운 중세로 나타나는 듯하다. 이런 맥락에서 낭만적 동경의 대상으로 읊조려지는 "신도 인간을 위해 존재해 있"던 "인간 본위"의 과거 "황금 시대"가 실은 인간적 가치의 절대성이라는 차원에서 역사상 유례를 찾기 힘든 이른바 그리스 고전 시대를 일컫는다는 것은 거의 확실하다고 할 수 있다. 가롯 유다라는 이름이 왜 그리스 문자로 씌어진 것이라고 상상되었는지, 그리고 그 상상이 왜 처녀작의 도입부를 장식하게 되었는지를 추측하는 것은 이제 여기서 가능해진다. 간단히 말하면 작가는 '그리스'식 휴머니즘을 열망하는 가운데, 소설을 통해 예수를 팔아버림으로써 신을 배반했던 '가롯 유다'라는 인물을 기독교 성서와 다른 맥락에서 데몬(demon)이 아닌 인간주의자(humanist)로 새로이 해석하고 발견하려 한 것이다. 「아겔다마」라는 첫 작품을 비롯해 그 이후에 쓰여지는 거의 모든 박상륭의 작품에서 인간주의에 대한 근대적 경험과 그것을 원천적으로 규정하는 주체성 등에 대한 탐구가 집요하게 이루어지는 이유는 바로 여기에 있다. 그러고 보면 박상륭 소설의 알레고리적 성격은 단순히 양식적 특성에 그치는 것이 아니다. 프랑코 모레티가 지적한 바 있듯이, 알레고리는 세부적인 요인의 대치 가능성으로 다의적인 의미 공간을 형성함으로써 말과 사물의 관계를 수많은 해석으로 개방하는 것이고 그래서 일의적인 의미로 해석을 제한하는 어떤 권위의 통제를 벗어난다는 인식론적 함의를 지니는 것이기도 하다. 그런 점에서 초월성의 예속으로부터 해방되어 주체성의 자아 감각을 획득한다는 근대적 인간주의를 주제로 한 박상륭 소설이 사회를 통일시키고 일의적인 해석만을 요구했던 '성스러운 텍스트'를 몰락시키고 복수의 독법을 용인하는 '세계 텍스트'로 태어나도록 한 알레고리의 중립적 기호 체계와 만난 것은 불가피한 일이자 아주 자연스러운 일이다.[89] 이것은 실제로

89) 이러한 논의를 위해 프랑코 모레티의 『근대의 서사시』라는 책 가운데 알레고리를 논하고 있는 두 대목을 참조했다. "다시 말해 호손과 멜빌에게서 알레고리는 일의적인 성격을 잃어버린다. 마르첼로 파니니의 멋진 비유법을 빌리자면 알레고리는 '미쳐 날뛴'다. 그리고 다양한 의미들의 이러한 충돌은 아메리칸 르네상스(American Renaissance)의 위대하고 복잡한 시들을 낳았다. 정말 그렇다. 하지만 다의성의 승리는 또한 문학을 넘어서는 것이었다. 말과 사물의 관계가 수많은 해석에 열린다는 말은 뭔가 중요한 것이 권위의 통제를 빠져나간다는 의미로 받아들여야 하기 때문이다. 알렉산드로 포르텔리는 구어적 의사 소통의 변화무쌍한 매체 덕분에 기호들이 가다머의 '확실한 전통'들로부터 해방될 수 있었으며, 따라서 개인들로 하여금 서로 다른 방식으로 사유할 수 있도록 해주었다고 쓰고 있다. 앞의 'A'가 '능력 있는(Able)'을 더불어 의미할 수 있을 때 언론의 자유가 태어난다."(143-144); "이처럼 문학이 장황할수록(redundant), 즉 사회의 응집을 위해 말이 많아질수록 문학의 형식과 그에 대한 해석은 더 자유로워진다. 성스러운 텍스트는 몰락했다. 사회를 통일시키고 따라서 일의적인 해석을 요구했던 책 말이다. 그리고 세계 텍스트가 태어난다. 이것은 아무런 '정치적' 책임도 없으며, 따라서 복수의 독법을 용인한다. …(중략)… 뢰베의 『주해』에 나오는 말을 따르자면 모든 사람이 이 시에서 서로 다른 진리를 찾으리라는 것이다—그리고 그것들 모두가 타당하다. 이런 식으로 세계 텍스트의 청중들을 파편화하는 일……"(150-151) F. 모레티, 『근대의 서사시』, 조형준

박상륭 소설 어디서나 빠짐없이 확인할 수 있다. 그러나 알레고리를 통해 성스러운 것과 단절된 근대적 주체의 '인간주의'라는 메시지를 보여주는 데서 「아겔다마」라는 작품보다 더 적절한 작품은 달리 없다.

'피밭'이라는 뜻의 '아겔다마'를 표제로 하고 있는 이 소설은 말할 것도 없이 일종의 알레고리(allegory)로 되어 있다. 기독교의 경전인 성경에 따르면, 아겔다마는 '가롯 유다'가 신의 아들 예수를 은 30세겔에 팔아넘기고 도망가서 살았던 땅의 이름을 가리킨다고 한다.[90] 「아겔다마」는 바로 그 악마적 죄업에 상관된 땅에 얽힌 성경의 한 이야기를 근대적 인간주의의 새로운 원천인 주체적 인간의 탄생을 보여주는 인유적 이야기로 패러디하고 있는 소설이다. 바꿔 말하면 이 소설은 그 원전의 층위에서는 예수의 열 두 제자 가운데 한 사람인 가롯 유다가 그 예수를 배반하여 악마의 제자로 전신한다는 인간의 죄에 얽힌 이야기이지만 그 비유의 층위에서는 신성에 대한 부정과 거부를 통해 주체적인 자아 감각을 획득하게 되는 근대적 개인의 탄생에 얽힌 이야기가 된다. 「아겔다마」의 주인공 가롯 유다가 처음에는 예수를 만나 그로부터 위안을 얻고 또 그를 추종하였지만 그가 인간의 고통을 해결해 주기는커녕 단지 혹세무민하는 유혹자에 지나지 않는다는 것을 알고 그를 배반하게 된다는 이야기는, 그 가롯 유다라는 인간이 자아라는 권위 이외에 신으로 대변되는 모든 권위의 외부적 근거를 부인하고 거부하려 했던 근대적 주체성을 획득하게 된 인간임을 일깨운다. 그가 신성과 단절한 근대의 주체적 개인의 신원을 가진다는 것은 여기서 좀더 상세하게 확인할 필요가 있다. 가롯 유다라는, 고아로 자라났음에 불구하고

옮김, 새물결, 2001, pp.129-159 참조.

90) 강금숙, 「박상륭 특집-죽음을 매개로 한 문학과 삶」, 『작가세계』, 1997년 가을호, p.47 참조.

품성이 곧지만 생래적으로 외로운 인물이 있다. 그는 한때 갈릴리 포구에서 "푸른 눈의 사내"를 만나 쓸쓸한 삶의 위로를 얻기 위해 그를 따랐지만 "지상적인 갈증"을 해결하지 못하였고 오히려 외로움을 더하였다. 그러나 그 무렵 가롯 유다는 바라바의 "열심당(zealot)"을 알게 되었고, 거기서 한 노인 부부를 만나 함께 살게 되었다. 그들 부부는 자식을 잃고 적적해하던 노부부였기 때문에 가롯 유다는 그들과 자연스럽게 가까워졌던 것이다. 수년의 세월이 흐르면서 충직한 열심당원이었던 새 아버지는 죽고, 가롯 유다는 늙은 새 어머니와 단 둘이 살게 되지만 그는 그 후로도 변함없이 상냥스럽고 인정이 많고 믿음직스러웠다. 그는 노모의 생계를 책임지며 가장의 역할을 충실히 수행하였던 것이다. 그러던 어느 날 가롯 유다는 보름 동안이나 밖에서 지내다 들어왔으면서도 돈 꾸러미를 집어던지는 등 전에 없이 변한 모습을 보여준다. 노모는 그에게서 어떤 귀기를 느낀다. 그는 사실 은 서른 세겔에 '푸른 눈의 사내'인 예수를 유대 왕에게 팔아넘기고 돌아왔던 것이다. 얼마 뒤 가롯 유다는 자신을 자식으로 거두어 주었던 새 어머니인 노파를 잔인하고 끔찍하게 강간한다. 그리고 노파는 그 충격으로 혀를 깨물고 자살한다. 가롯 유다는 그로부터 일주일 정도 먹지도 마시지도 않은 채 노파 옆에서 똥오줌과 범벅이 되어서 자다 깨다를 반복하게 된다. 그러다 잠결에 십자가형을 당한 예수의 방문을 받은 그는 서른 세겔의 은을 받아가기 위해 왔다는 그 벽안의 사내에게 그것은 당신 것도 내 것도 아닌 화대로 지불되어 노파의 것이 되었다고 모독적으로 말하면서 당신은 "지상의 왕"이 아니라 단지 "미혹자"일 뿐이었다고 힐난한다. 예수는 배신할 생각이 없었던 가롯 유다에게 나를 팔 것이라 예언함으로써 그를 실망시켰고, 그래서 그는 예수를 배신하고 진짜로 팔아넘겼던 것이다. 어느 날 여명(黎明)과 함께 깨어난 가롯 유다는 "어떤 승리감 같은 것"을 느끼며 빙그레 웃는다. 그리고 그는 "이 지옥을 제법 잘 영위했던 사람"으로 자신을 평가하며 얼마 뒤 굶어죽는다. 그로부터 스무닷새나 지난 후 한 장사치가 그리스어로 가롯 유다라고 쓰인 문패가 걸린 그 집을 들르는데, 그는 구더기와 피로 뒤엉킨 두 시체를 목격하고 공포에 질려 도망친다.

「아겔다마」에서 주인공 가롯 유다가 집으로 돌아와 그렇게나 다정하게 대했던 노모를 충혈된 눈으로 무섭게 노려보는 장면을 시작으로 펼쳐 보이는 행동들은 인간에 대한 기존의 개념을 무색하게 만드는 끔찍한 야만성을 드러낸다. 오른팔을 분질러가면서까지 노모에 대해 가롯 유다가 행한 잔인한 강간, 아들에게 강간당한 충격으로 자살한 노모의 시체 옆에서 똥오줌과 범벅이 되어서 자다 깨다를 반복하는 가롯 유다의 기괴한 광란, 이런 종류의 행동에는 한결같이 전율스러운 공포가 흘러넘친다. 그 야만적 폭력으로 인해 가롯 유다는 자신의 욕망을 절제하고 순화하여 획득한 인간적 미덕과 품성을 잃어버리고 자연의 원리에 순응하는 한 마리 야수가 된다. 물론 가롯 유다의 이러한 야수적 이미지는 신의 배반에 이어진 행동에서 오는 것이라는 점에서 무엇보다도 악마적 발광의 이미지와 결합되고 있다. 그러나 가롯 유다의 그 모든 악마적 행태는 단지 신의 아들을 팔았다는 그가 행한 죄업이 지옥의 대가를 치러 마땅한 사탄적인(satanic) 것이라는 점을 부각시키기 위한 것이 아니다. 가롯 유다가 자연적 본능에 좌우되는 야수적이고 악마적인 삶의 상태 속으로 빠져 들어갈 때 "형언할 수 없는 오뇌와 갈등과 피로"에 고통스러워하면서도 "숨쉬고 느낀다는 것"의 느닷없는 감지에서 환희와 개운함을 느끼는 대목을 보면, 거기에 무언가 특별한 암시가 숨어 있음을 알게 된다. 이때 가롯 유다의 인상이나 성격을 규정하고 있는 듯한 그의 눈에 관한 묘사와 이와 무관해 보이지 않는 듯한 그의 과격하고 극단적인 욕망의 실현은 그러한 암시와 관련해서 시사하는 바가 크다.

유다의 눈은, 오른쪽은 갈색으로 똑바로 보는데, 왼쪽이 사시(斜視)였다. 그런데 유다의 왼쪽 눈은 보통의 사팔뜨기와는 달라서 참으로 이상했다. 오른쪽이 갈색인 데 비해 왼쪽은 하늘색 바탕이라는 인상을 받는다. 그리고 그것은 위를 향해 시선을 보내는 눈이었다. 좀 문학적인 소질이 있다는 마태가 그 눈을 '기도하는 사튀로스'라고 표현한 뒤부터는 짓궂은 사람들은 유다를 부를 때면 흔히 마태의 '그럴듯한 표현'을 애써 사용했다./ 얼마 동안인가가 그 방의 희미한 촛불 그늘 밑으로 흘러가고 난 뒤, 유다의 목구멍에선 흐느낌이 가래 끓지도 않았고, 더 발광하지도 않았다. 유다는 그렇게 해서 잠이 든 것도 아니고, 생각을 그만둔 것도 아니었다. 엉뚱하게도 그는, 구레네 사람 시몬이 얼떨결에 고역을 당하게 된 것이라든가, 또는 처참한 표정으로 몸매에는 관심도 없이 십자가를 뒤좇아가던 막달라 마리아의 치맛자락을, 한 로마 병정이 창 끝으로 들쳐보면서 게걸거리던 것 같은 작은 사건들을 눈을 감고 그렸다./ "너의 샛서방하곤 며칠 밤이나 잤누? 나하곤 어때? 히히힛." 유다는 그 모든 광경을 가까운 언덕에서 보았는데, 로마 병정이 말한 '샛서방'이란, 기진해서 걸어가는 예수를 가리켰던 것이다. 사실을 말하면, 그때 유다는 예수를 얼마나 경멸했는지 모른다. 자기의 십자가도 감당치 못하는 사내가 '무거운 짐 진 자는 다 내게로 오라'는 것은 우스운 말이었기 때문이다./ 그리고 또 한편으론 막달라 마리아의 아랫도리가 얼마나 욕심이 났는지 모른다. 팽팽하고 물큰해 보이는 두 가랑이가 창 끝에 의해 들쳐나 보였을 때, 유다는 참을 수 없어 숨을 헐떡이었던 것이다. 그전에도 욕심이 없었던 것은 아니었지만 항상 체모가 단정하였으므로 얼굴의 아름다움밖에는 별달리 생각지 않았었다. 그 얼굴의 아름다움도,

> 예수와 가까이 하고 부턴 범할 수 없는 고요함을 지니고 있어서 오히려 식을 정도라고 단념하고 있던 터였다. 그런데 그 병사의 야유는, 먼 곳의 여인을, 피부가 좋고, 매캐한 체취가 있고, 따스하고 물큰한, 자기 마을 샘가의 아낙으로 느끼게 해준 것이다. 사실 그녀로 말하면, 왕년엔 이름난 무희로, 총독의 시의(侍醫) 요셉의 사랑을 받았는가 하면 총독의 조카인 진위대 대장 가이우스 풀라커스 짝사랑의 여인이었다./ 노파는 그제서야 깡마른 손을 뻗쳐 문을 밀고 나오려 했다. 그녀는 유다가 잠든 줄로 알았던 것이다. 그런데 그때 유다는 무슨 생각에선지 광포한 짐승보다도 더 날쌔게 뛰쳐 일어나 노파를 쓰러뜨렸다. 참으로 민첩하고 사나운 동작이었다./ 유다의 신음은 아까와는 달리 발정된 짐승 우는 소리로 변했다. 눈은 찌푸려져 동공은 거의 보이지도 않았고, 헤벌린 입술 사이론 이빨 갈아대는 소리가 으드득 으드득하고 새어나왔다./ 노파가 정신을 차릴 수도 없는 빠른 사이에 노파의 치마가 찢겼다. 다음엔 속옷 찢기는 소리가 그 방의 벽에 살점처럼 튀겼다. 노파는 있는 힘을 다해 발을 구르고 꼬집고 고함을 질러 반항해 보았지만, 끝내는 오른편 팔을 분질려 기절하고 말았다./ 유다는 이번엔 자기의 바짓자락을 찢었다. 가랑이에 붙었던 흙이 부스스 떨어졌다./ 그리하여 그는 짐승의 한계에서도 더 아래쪽 길을 처벅처벅 걸어댔다. 그 거리에서는 누구나 몽유병자가 되는 것이다. 촛불은 켜둔 그대로 타고 있었다.(1: 14-16)

갈색인 오른쪽 눈은 똑바로 보지만 하늘색의 왼쪽 눈은 사시가 되어 치켜떠져 있다는 가룟 유다의 눈에 관한 묘사는, “기도하는 사튀로스”라는 마태의 표현에서도 적시되고 있는 것처럼, 그에게서 일단 ‘지상적인 것과 천상적인 것 사이에 깊게 파인 심연’이라는 어떤 형이상학적 고민 속에서 존재론적으로 찢겨 있는 인간의 모습을 연상하도록 해준다. 즉 위를 향해 시선을 보내는 하늘색 바탕의 왼쪽 눈과 똑바로 앞을 보는 갈색의 오른쪽 눈의 공존적 대비는 천상적인 것을 갈망하지만 지상적인 것에 매인 가롯 유다의 인간적 고뇌와 은유적 관계를 맺는 것이라고 할 수 있다. 그러나 하늘색의 눈이 "왼쪽"에 위치한다는 점과 그 왼쪽 눈이 비정상적인 "사시(斜視)"라는 점은 가롯 유다가 천상적인 신적 초월성에 대하여 이미 비딱하고 반항적인 태도를 내면화하고 있는 자이면서 언젠가는 그것을 실행에 옮길 것이라는 사실을 예감토록 한다. 이것은 한마디로 말해 가롯 유다가 "지상적인 갈증"의 해결에 투철해 있는 신성모독적인 성격의 '인간주의자'라는 것을 가리킨다. 그렇다면 가롯 유다가 야수적이고 악마적인 삶의 상태에 접어드는 데서 발견하게 되는 '성욕'과 '살의'에 대해서도 다른 시각에서의 해석이 가능하다. 그것이 일단 죄업을 짊어진 사탄적 인간의 야수적인 만행에 연관되는 것이라면 그것은 또한 신으로 대변되는 초자아의 거부를 통해 통제로부터 벗어나 자연스런 욕망을 발현하는 인간의 독자적인 행동에 관련되는 것이다. 예컨대 막달라 마리아의 "아랫도리"에 대한 "욕심"이나 자신을 돌봐준 노모에 대한 폭력적인 강간은 단순히 신성모독적인 행위이기만 한 것이 아니라 그 신성모독이 생명과 죽음의 원초적 충동과 같은 인간적인 것에 대한 충실이라는 함의를 띠면서 인간 독립의 선언이라는 의미를 지니는 행위이기도 한 것이다. 이것은 이른바 '기도하는 사튀로스'에게서 '기도'를 완전히 빼앗는다. 사튀로스(satyros)란 주지하고 있다시피 그리스 신화에 나오는 사특한 괴물이자 거대한 남근을 가지며 특히 술을 좋아하는 이른바 디오니소스의 종자(從者)로서 악마적 쾌락을 탐닉하는 인간적인 품성과 은유적 관계를 맺어온 것이다. 그리하여 지상적인 것을 너무도 강렬히 원했던 가롯 유다가 신이 가지는 '미혹자'로서의 정체를 깨달으면서 인간적인 것의 독자성을 주장하는 대목에 이르면, 초월적 신성은 '생명과 죽음의 우주적 순환'이라는 인간의 자연성에 압도되어버리는 것처럼 보인다. 인간주의로 가치화된 이러한 자연의 우월성은 실제로 두 시체가 엉켜 썩어가는 장면을 그리고 있는 「아겔다마」의 마지막 삽화에서 뚜렷이 드러난다. "구데기 뭉치"인 시체들 가운데 가롯 유다의 얼굴에서 발견된 '웃음'은 그것이 공포와 전율에 사로잡히게 하는 것이면서도 어떤 우주적인 해방의 느낌을 전달한다는 점에서 광대한 자연 경관을 대면하는 데서 오는 숭고의 체험에 가까이 간다. 어떤 초월자에게 의지하지 않고도 죽음이라는 생명의 유한성을 '웃음'으로서 긍정할 수 있는 가롯 유다는 결국 신의 후광을 입지 않고서도 인간적인 것의 웅장한 위력과 신비한 매력을 발산하는 셈이다. 신을 배반하고 조롱한 가롯 유다라는 인물이 자아의 권위만을 따르기 위해 모든 외부적 권위의 근거를 거절한 근대적 주체의 인간주의를 의미한다는 것은 이제 어느 정도 명백한 것이라고 할 수 있다.

그러나 박상륭의 「아겔다마」라는 작품은 가롯 유다라는 성경 속의 한 인물을 근대의 주체적 개인의 비유적 대칭물로 만들고 있는 데서가 아니라 사실 그 가롯 유다의 야수적이고 악마적인 행태가 그러지 않았으면 잘 드러나지 않았을 근대적 주체들의 본질적 성격을 확연하게 보여주는 데서 좀더 흥미롭다. 신성의 아이콘(icon)인 벽안의 예수를 배반하고 그를 팔아넘기면서 가롯 유다가 보여주는 야수적이고 악마적인 삶의 행로는 앞에서 언급한 바와 같이 신성한 중심의 질서에 대한 방법적 물음이 되어 인간적 가치를 자율화하고 절대화한 인간주의자의 모습을 상기시킴으로써, 그를 근대의 주체적 개인의 의미심장한 상관물이 되도록 만든다. 가롯 유다의 행동, 특히 로마 병정의 창끝에 얼굴을 처참하게 일그러뜨린 십자가 진 예수를 두고 "자기의 십자가도 감당치 못하는 사내"라고 힐난하는 신성모독적 행동이나 예수를 판 돈을 가지고 집에 돌아와서는 자신을 거두어준 노모를 잔혹하게 강간하는 패륜적 행동은, 비록 극단적인 형태이긴 하지만 초월적 신성에 대한 도전과 거절의 의미를 띠면서 생명과 죽음의 우주적 순환이라는 인간의 자연성을 가치화하기 위한 비유적인 표현에 연관된다. 그러나 거기서 인간성의 왜곡과 파행은 그저 비유적인 것이라기보다는 그것을 초과하는 부분이 분명히 있어 보인다. 가롯 유다가 인간적인 것의 웅장한 위력과 신비한 매력을 성스러운 여인에게 품는 불경한 음욕과 자신의 어머니를 강간하고 죽게 만드는 패륜을 통해 이룬다는 역설은 여기서 중요한 사항이다. 위대한 모델을 자기규정의 숭고함으로 대체해버린다는 것은 따라야 할 기준과 목표를 자아의 외부에 설정함으로써 가능한, 겸허하고 절제된 마음과 태도, 바로 그것의 결여를 나타내기 때문이다. 실제로 가롯 유다의 마음과 태도는 모든 기준과 목표를 자기 내부에서 이끌어냄으로써 명백히 오만한 마음과 과도한 태도에 빠져 "짐승의 한계에서도 더 아래쪽 길"을 서슴없이 걷는 악마적 발광과 광란의 상태에 있다. 요컨대 박상륭의 「아겔다마」는 신을 배신하고 조롱한 가롯 유다라는 패러디된 인물을 통해서는 신성과 단절된 근대적 주체의 탄생을 알레고리로서 보여주면서 동시에 그의 야수적이고 악마적인 행태를 통해서는 신을 인간화함으로써 인간을 신격화하려는 근대의 주체적 개인들의 신성모독적인 자유로 인해 역설적이게도 악(惡)을 내면화하게 된 주체성의 위태로움이 하나의 징조로서 그 알레고리에서 은밀히 나타난다.[91] 물론 주체화에서 비롯된 근대적 현실은 인간을 신성화함으

91) 앞서 주 89)에서 프랑코 모레티가 파니니의 비유적 어법을 빌려 표현한 "알레고리는 '미쳐 날뛴'다"는 형태적 명제는 「아겔다마」의 주인공 가롯 유다가 보여주는 발광과 광란이라는 내용적 명제와 정확히 대응되는 흥미로운 일치를 보여준다. 이러

로써 자아를 극진히 배려하는 개인적 자유 추구의 길을 근대인들에게 열어주었다. 그러나 실제로 자기에의 배려라는 주체의 원리는 인간을 신격화함으로써 모든 것을 스스로 할 수 있다는 자아에 대한 자기도취적 몰두에 따라, 저 광포한 가롯 유다 이야기가 말해주는 바 그대로, 혼돈과 죽음의 원리를 포함함으로써 근대적 현실을 악마와 지옥의 공간으로 만든다. 이를테면 인간은 신을 배반하고 그와 단절하면 상징적 의미에서가 아닌 실제적 의미에서 사탄의 행로를 따라가지 않을 수 없게 되는지도 모른다. 「아겔다마」라는 작품은 결국 신성과 절연된 채 생명과 죽음의 우주적 순환을 인간의 숭고한 운명으로 가치화하면, 그런 세계는 필연적으로 악마적 '사튀로스'의 혼음과 살육의 공간, 즉 '아겔다마'와 같은 끔찍하고 공포스러운 혼돈과 죽음의 땅이 될 수밖에 없으리라는 것을 예시한다.

실신(失神)한 자들이 이루는 지옥도

박상륭의 소설 「아겔다마」는 신성과의 절연이 낳는 혼돈과 죽음을 생명의 우주적 순환이라는 유한한 숙명 속에서도 숭고한 인간적 가치로 파악함으로써 의도하지 않았음에도 불구하고 근대적 주체들이 만든 자유와 해방의 세계에 악마적인 것이 유입되고 있다는 위태로운 징후가 된다. 「쿠마장(場)」(1967)이나 「산동장(山東場)」(1968), 「산남장(山南場)」(1969) 등과 같은 다른 작품들도 마찬가지다. 이 작품들의 서사도

한 상호 조응은 박상륭 소설이 근대성의 매혹과 그 위험성을 몸소 겪고 있다는 점에 착안하면 의미심장한 사실이다. 근대 세계에서 자유의 발광은 매혹을 이끌고, 거기서 오는 혼돈의 광란은 위태로움을 부른다. 요컨대 주체성과 그것에 고유한 형식인 알레고리는 자유의 확대와 동시에 혼돈의 유입이라는 양면성을 보여준다.

작중인물들의 야수적이고 악마적인 행태를 신에 대한 도전과 반항을 통해 획득한 인간적 자유와 해방으로 간주하는 틀과 결합되고 있으면서, 또한 그 인간적 자유와 해방이 수반한 주체성의 자아 감각, 바로 그것으로 야기된 근대적 개인들의 악마화라는 근대 세계의 병리학적 특성에 연루되고 있다. 예컨대 「산동장」에서 주인공 '각설이'가 불구자의 무리를 거느리고 그들에게 지혜를 가르치는 어떤 '선생'을 조롱하다가 마침내 그의 추종자들을 사주하여 그 선생의 사지를 찢어가지도록 하는 이야기는 그 낯익은 알레고리적 구조로 해서 「아겔다마」를 자연스럽게 연상시킨다. 말씀을 설파하는 '지혜의 선생'이 기독교의 신과 유사한 절대성의 도상이고 정착을 모르고 떠도는 '각설이'가 현세적인 가치를 두둔하고 옹호하는 가롯 유다의 또 다른 분신임은 여기서 구태여 부연할 필요는 없다. 그리고 독립된 자아 감각 속에서 자유를 누리게 된 근대적 주체들이 악마적인 변이의 가능성에 직면해 있다는 것은 「산동장」의 경우 유랑의 자유를 향유하는 각설이의 잔혹한 사주에 적절히 암시되어 있다.[92] 그것은 무엇보다도 박상륭 소설에서 주체로 현

---

92) 최인훈 소설에 나타난 악의 형상들을 고찰하면서 특별히 지적하지 않았지만, 그의 소설에서 그것이 근대적 주체성으로 현전하는 에고의 문제로부터 발원한 것이었다는 점에 주목하면, 박상륭 소설도 사실 그러한 종류의 악의 형상과 크게 다르지 않은 것을 보여준 셈이다. 그들의 소설에서 악은 자유가 전제되었기 때문에 인간이 자유를 나쁘게 사용할 가능성을 열어놓게 됨에 따라 출현한 것이므로, 그 악은 주체성의 자아 감각을 지니게 된 에고가 자유의지를 가진 존재가 되면서 그 의지적 자유가 야기한 것이라고 해야 한다. 그런 점에서 최인훈이나 박상륭 소설의 '악'은 하나의 현상이지 어떤 개념이 아니다. 이와 같이 두 작가의 소설에 나타난 악의 형상들은 뤼디거 자프란스키가 『악 또는 자유의 드라마』에서 에덴 신화의 인유를 통해 악을 자유로운 의식과 만나 그 의식에 의해 행해질 수 있는 위협적인 것의 이름이라고 정의한 것과 어느 정도 일치한다. "악은 흔히 잘못 주장되는 것처럼, 충동, 욕망이라 이해되는 '자연'이 아니다. 그것은 자연과 이성의 긴장 관계에서 온다. 그것은 인간에게 일어나는 자연적 현상이 아니라, 자유의 행위다. 악으로 향하는 경

전하는 독립된 자아 감각에 이어진 근대적인 자유의 느낌이 악으로 명명될 만한 어떤 위협적인 것을 생성시킨다는 불길한 암시이다. 이처럼 박상륭 소설의 주요한 작중인물들이 보여주는 악은 최인훈 소설이 동일하게 나타내었듯이 그것이 인간과 신 이외의 독자적인 힘으로서 실체화되기 이전에 자유의 위험성이 잉태하는 인간 의식의 어떤 위협적인 부분을 일컫는다. 박상륭 소설의 등장인물들이 악마적 행위에 마냥 탐닉하는 순전한 악마가 아니라 그 행위로 인한 시련과 역경 속에서 의미를 찾으려고 노력하고 또 그것의 좌절로 고뇌하는, 자의식을 가진 악마에 속하는 이유는 바로 거기에 있다. 바꿔 말하면 박상륭 소설에 나타나는 악마적 인간이란 악의 행위를 자의식 없이 행하는 순수한 악의 존재가 아니라 악의 행위를 긍정하다가도 자의식 속에서 그 행위를 번민하고 고뇌하는 자유의지를 가진 인간일 따름이다. 그러나 독립된 자아 감각 속에서 모든 것을 '나'의 문제로 환원하는 이른바 '아집(我執)' (이 말은 자아의 절대성에 사로잡힌 근대인의 성격에 부합한다고 생각

향은 있지만, 악을 행하여야만 하는 강제력은 없다. 왜냐하면 우리는 이성적 존재로서 어떤 동기가 행동의 '원칙(Maxime)'에 영향을 끼칠지 결정할 여지를 가지고 있기 때문이다. 이 여지는 자유의 차원이다. 악은 그래서 자유가 감수하는 위험이고 자유의 대가다. 악은 경악스러운 것이지만 병적인 것은 아니다. 악은 자유가 전제되었기에 계산된 것이며 인간이 그의 자유를 나쁘게 사용하는 것이다."(R. 자프란스키, 앞의 책, p.227) 여기서 약간 수정되지 않으면 안 되는 것은 자유의지가 나쁘게 사용될 가능성에 대한 자프란스키의 견해이다. 자프란스키는 자유의지가 나쁘게 사용될 가능성에서 오히려 그것이 좋게 사용될 가능성을 상기하고 악이 경악스러운 것일 뿐 병적인 것은 아니라고 하면서 자유의지가 근원적으로 악에 제약되어 있는 것이라는 자신의 전제를 스스로 부정한다. 에덴 신화가 암시하는 바대로, 자유의지가 악 그 자체는 아니라고 할지라도 나쁘게 사용될 가능성이 높은 것이므로 그것이 악에 근접해 있다는 것을 부인하기는 어렵다. 그러므로 자유의지와 그것의 드라마가 되는 악은 단지 경악스러운 것이라기보다는 일정하게 병적인 것이라 해야 한다.

되는 불교적 어휘를 축자적으로 사용해 본 것이다)의 인간, 즉 주체화된 근대적 개인들은 위협적인 것을 고무하는 자유의 위험성 속에서 어쩔 수 없이 악마적인 것의 실체에 근접하게 되리라는 것 또한 사실이다. 이렇게 보면 박상륭 소설에서 '아집'으로 유입된 악마적인 것이 잔혹한 만행과 그것을 통해 지옥이 되어버린 어떤 악마적 세상에 이어지리라는 것을 어느 정도 예측해 볼 수 있다.[93] 근대적 성격의 '아집'은 결국 "실신(失神)"[94]한 주체들에게 신을 배반하고 스스로 신을 참칭하는 신성 모독적 악마라는 불행한 상태를 가져온 것일 뿐만 아니라 궁극적으로 지옥과도 같은 세계라는 참혹한 국면을 가져다준 셈이다.

이런 맥락에서 박상륭의 「뙤약볕 2－하원갑(下元甲) 선달 그믐」(1967)이라는 소설은 주목해 볼 만한 작품이다. 특히 인간이 자신만을 따르려는 아집의 상태에 빠질 때 어떤 세계가 도래하는지를 하나의 알

---

93) 신을 배반함으로써 신성과 절연된 근대인과 그의 세계는 자아에 몰두하고 집착함으로써 자아를 해방시키고 자유롭게 한 것이 아니라 역설적이게도 그 자아를 새로운 구속과 속박에 처하도록 만든다. 신을 버린 근대의 주체적 인간은 오히려 신을 잃어버림[失-神]으로써 이른바 고독한 아집의 상태에 빠지게 된 것이다. 근대적 주체성의 문제는 곧 아집의 문제라고 할 수 있었던 것이다. 그러나 더 큰 문제는 그 아집이 단순히 주체화한 근대적 자아의 개별적 질곡으로 그치는 것이 아니라는 데 있다. 다시 말해 그것은 불교에서 말하는 것처럼 한 자아를 道와 멀어지도록 하는 어떤 진리의 장벽일 뿐만 아니라 그것을 통해 세상을 모든 아집들의 전쟁터로 만듦으로써 '만인에 대한 만인의 악마'(홉스)라는 공동체적 불행의 토대가 된다. 자아가 공통의 규범과 기준을 주관적으로 내면화한 상태라는 주체성이란 자아에 대한 몰두와 집착을 순수화하고 절대화함으로써 이 세상에 타인들의 지옥이라는 혼돈을 전면화하게 된다는 뜻을 함의하기 때문이다. 그런 만큼 근대 세계와 그 안에서 살아가는 근대인들의 총체적 불행은 조화와 상생 대신 갈등과 다툼을 부추기는 아집의 상태, 즉 주체화한 근대적 개인의 근본 성격에 그 원인을 가진다고 할 수 있다.

94) '실신'은 박상륭 소설 「산남장」과 「뙤약볕 3」 등에 나오는 표현인데, 그것은 이 책에서 중의적 의미로 쓰는 '실신'과는 다르게 관습적 의미로 사용되고 있다. 박상륭이 '정신을 잃다'는 의미로 쓴다면, 여기서는 '신을 잃어버리면, 정신을 잃는다'는 의미로 쓴다.

레고리로서 여실히 드러낸다는 점에서 「뙤약볕 2」는 대단히 의미심장한 소설이 되고 있다. '뙤약볕' 연작의 두 번째 작품인 이 소설은 신을 대변하는 '당굴'을 죽이고 신성한 '말'의 질서를 잃어버린 섬사람들이 역병으로 죽어가다가 그 황폐해진 땅을 벗어나기로 하고 신세계를 찾아 떠나는 이야기다. 족장을 중심으로 한 섬사람들은 역병으로 죽은 시체를 갖다 버리던 끝에 그 황폐한 섬을 떠나기로 결정한다. 족장을 포함해 역병에서 살아남은 사람들은 배를 건조해 백여 명의 석 달 분 양식을 싣고 어느 날 마침내 배를 타게 된다. 그런데 살아남은 예순 네 명 가운데 한 사람만은 남는다. 족장의 동생 점쇠는 "<말[言語]>이 없는 땅"에서 살 수 없다고 생각하고 말을 끝까지 찾아보겠다고 섬에 그냥 머무르기로 한 것이다. '말'이 없다는 것은 좀 쓸쓸한 느낌을 가지게 하지만 관념이 빚어낸 초월적 질서가 군림하는 곳이 아닌 "우리만의 땅"이 우리의 진정한 미래라고 설득하던 족장은 동생 점쇠를 단념하고 떠난다. 출항 초반엔 부족한 것도 없었고 날씨도 좋았으며, 늙은이 하나와 어린애 하나가 죽어 수장된 외엔 앓는 자도 없었다. 배 안의 "공화국"은 평안하고 행복한 상태가 일정하게 지속된다. 그러나 열아흐레 째 날부터 날씨가 이상해지더니 드디어 폭풍우가 세차게 몰아친다. 결국 배에 탔던 많은 사람들이 실종되거나 죽고 스물일곱 명만이 살아남는다. 이 시련 후 크게 상처 입은 배는 바람기 한 점 없는 대해의 뙤약볕 속에서 향방 없는 지루한 날들을 지난다. 배 안의 사람들은 정처가 없는데다가 물과 식량마저 줄어들자 점차 불만의 소리를 높여 간다. 그러던 어느 날 그들은 문득 "생명과 정열"을 작열시켜 혼음난무의 선상 카니발을 벌이고 그 때문에 그들의 불만과 불안은 잠시 동안 잠잔다. 그러나 그것도 며칠뿐, 물과 식량이 거의 바닥을 드러내게 된 이른바 '선상 공화국'은 인신공양을 해야 한다는 한 노인의 미신적 속설에 현혹되면서부터 서서히 파괴되기 시작한다. 족장은 제물로 수장당하고, 새 족장이 된 바람쇠는 다시금 여자들의 부정을 씻어야 한다는 노인의 말을 믿고 열 세 명의 여자를 또 수장시킨다. 바람기 없는 뙤약볕의 나날들은 계속되고, 열 명 정도밖에 남지 않은 사람들은 갈증과 배고픔을 더 이상 견디기 어렵게 된다. 마지막까지 살아남은 사람들은 결국 몸을 비틀고 환장한 끝에 얼마 남지 않은 물을 서로 마시려다 끔찍한 살인극의 난장판을 벌이고 파국을 맞게 된다. 얼마 뒤 몇 안 되는 공화국의 "시민"들은 바람 없는 뙤약볕의 망망대해로 미쳐 뛰어들거나 목을 매 자살한다. 그리고 최후의 생존자인 섬순이라는 여자는 갈증을 참다못해 바닷물을 퍼올려 마신다.

「뙤약볕 2」에서는 소설의 주요 사건이 벌어지는 곳에서라면 여지없이 인간 존재를 야수적이고 악마적인 존재에 방불하도록 만드는 잔혹한 폭력과 어지러운 광란이 펼쳐지고 있다. 그런데 그 폭력적인 광란의 장면들은 알레고리적 과장이 역력한 것이어서 다분히 연극적인 것이 되어 있다. 특히 선상이라는 제한된 공간 안에서 극히 적나라한 양태로 드러나는 일련의 장면들은 충격적인 스펙터클을 돌출시키면서도 무언가의 비유적 상관물이라는 인상을 아주 강하게 풍긴다. 이러한 알레고리적 구조를 감안하게 되면, 우선 이 소설에서 '말'은, "여러 생각 중에서도 으뜸인 것만이 뭉쳐서 된, 그것들 너머의 어떤 것"으로 점쇠의 입을 빌어 표현된 것처럼, 인간 세계의 피안을 이루는 어떤 초월성을 뜻하는 것으로 보인다. '말'은 그것을 모시는 '당굴'이라는 사제의 존재에서도 암시되듯이 아마도 기독교의 신과 유사한 어떤 초월적 존재의 아이콘(icon)에 해당할 것이다. 그렇다면 당굴의 '말'을 버리고 떠나는 섬사람들과 그들이 탄 배는 그 신성한 말의 비유적으로 상관되면서 당연히 신과 절연한 근대의 주체적 개인들과 그들이 이루는 세계라는 의미를 띠게 된다. 이것은, 예를 들어 어떤 땅의 고정된 뿌리와 토대를 벗어나 유동적인 흐름에 몸을 싣는 출항이라는 상황 설정에서 간접적으로 암시되고,[95] 신성과 결별한 공간인 선상을 '시민'의 '공화국'으로 표현하거나 그곳이 "울타리도 없고, 계급도 없고, 부자도 가난한 사람도 없"는 곳이라고 지칭되는 대목에서 직접적으로 나타난다. 신성과 같은 모든 외부적 권위의 근거들로부터 놓여나 주체화한 '시민'들의 세계를 무엇보다도 '공화국'이 자리 잡은 근대적인 세계로 보는 것은 여기서 특별히 이상할 것이 없다.[96] 이처럼 「뙤약볕 2」는 그 서사의 표면적 의미에서는 어려운 시련과 역경을 피해 새로운 세계를 찾아 떠나는 사람들의 이야기지만, 그 비유적인 의미에서는 신성과 절연된 채 자유의 바다를 건너가게 된 근대적 개인과 그의 세계에 관한 이야기라고 할 수 있다. 그러나 출항 초반에 안정되고 자유로우며 풍요로웠던 상황과 다르게 배를 탄 섬사람들이 폭풍우를 만난 이후 바람 한점 없는 뙤약볕

95) '배' 혹은 선박의 비유는 마찬가지로 최인훈 소설에 나타난 근대적 주체성의 의미를 따져보는 데도 특별히 유용했던 것이다.

96) 근대적인 공화국의 시민들이 가지는 해방의 느낌과 그에 동반된 환희는 자율성을 획득한 근대인과 그의 세계가 희망 찬 미래를 맞이하리라는 것을 추측하기에 충분하다. 이것은 출항 직후에 섬사람들이 만끽한 생명력에 충만한 행복한 상태를 이르는 대목에서 뚜렷하게 암시된다. "그러는 새 그들은 행복에 가까운 것을 오랜 만에 느낄 수 있게 되었다. 낮엔 건강에 좋을 만큼 일하고 밤엔 장고에 맞춰 춤추는 사이, 사내들의 살갗 밑엔 다시 굳은 근육과 진한 정액이 알뱄고 누르텡텡하게 부어 팽개쳐져 있던 옌네들의 피부 밑에도 동정하고파 하는 생래(生來)의 다정과 진정으로 은밀하고 순수하게 갈망하는 음욕이 되사려져 오동통해 있었다. 눈만 남았던 소년들의 얼굴에도 하룻밤 자고 깨면 여드름이 세 개는 더 피었으며, 표정 없던 소녀들의 얼굴에도 수줍음이 시석거렸다. 병마와 죽음 가운데 서 있었던, 그러면서도 벗은 생명을 가릴 부적 한 장 지니지 못했던, 그래서 다른 사람에게 자기의 여분일망정 줄 수 없었던, 그렇게 닳아져 반들반들한 조약돌에 불과했던, 그 개인들이 지금엔 자기들도 모르는 사이 자기를 송두리째 누구에게든 주어 버리고 싶어했다. 개아(個我)까지도 공유했다."(2: 111-112)

을 지나며 마침내 끔찍한 살인극의 난장판에 이르는 대목을 보면, 그 소설은 근대적 주체들과 그들의 세계가 맞이하게 될 불길한 미래에 관한 이야기라고 고쳐 말해야 옳다.

그렇다면 「뙤약볕 2」에서 중요한 것은 사실 주체성의 자아 감각을 지닌 근대인과 그들이 이루는 세계의 탄생 그 자체라기보다는 신을 잃어버리고[失神] 아집에 빠진 인간들과 그들의 세계가 겪게 되는 근대성의 경험 과정과 그 결과이다. 다시 말해 이 소설은 신성한 '말'이 의미하는 초월적 중심의 질서를 자아에 몰두하고 집착하는 '주체적 개인들'의 질서가 대체했을 때, 이른바 '아집'이라는 근대인의 내면적 조건과 거기서 형성된 삶의 상태가 어떤 불행과 고통과 번민을 만나게 되는지를 좀더 극적으로 보여준다는 데서 유독 흥미롭다. 이것은 결론적으로 근대적 주체성의 요구에 따라 욕망을 조직함으로써 섬사람들이 휘말리지 않을 수 없었던 아집과 이기심의 소용돌이, 즉 이기적인 욕망들의 전쟁이라는 '지옥도'로 나타난다. 일단 섬사람들의 '출항'이 어떤 "새로운 땅"에 대한 기대와 희망을 가지고 선택한 '자유'의 계기라는 것은 확실하다. 그러나 거기서 오는 황홀한 해방의 느낌은 막막한 대해를 유랑하는, 「쿠마장」의 '각설이'가 한 말을 빌리자면, "순간순간 스러져버리는—그리고 그 전이(轉移)로서"(1: 96) 살아야 하는, 그런 방향 없는 행로에 직면하지 않으면 안 된다. 「뙤약볕 2」에는 섬사람들이 행한 출항의 성격을 좀더 구체적으로 인식하도록 해주는 중요한 이미지가 하나 있다. '뙤약볕'이 그것이다. 아무데도 갈 수 없도록 바람기 없는 나날들을 내리쬐는 뙤약볕은 사실상 좌표 없는 자유의 바다와 합세하여 어두운 혼돈과 죽음의 발광을 부르는 위협적이고 치명적인 것의 이름인데, 그 속에서 갈증과 배고픔을 혹심하게 겪던 이들이 곧이어 살인극의 난장판을 벌이는 것에서 드러나듯이 그것은 바로 '지옥의 불'을 의미한다. 요컨대 자아에 몰두하고 집착하게 된 근대의 주체적 시민들은 신이라는 초월적 중심의 질서를 부정하고 거부함으로써 자유가 중심이 되는 새로운 인간의 질서를 만들고자 하지만, 어떤 초월적 질서의 사멸 위에서 자라난 아집의 인간적 질서는 좌표와 방향을 상실한 채 야수적이고 악마적인 행태 속에서 파멸하고 만다는 것을 그 작품은 보여주는 것이다.

당굴의 말을 버리고 족장을 중심으로 잠시 형성되었던 인간만의 아집의 질서는 외로움과 배고픔과 갈증을 견디지 못하고 붕괴되고 만다는 사실을 통해 하나의 알레고리를 이루고 있는 「뙤약볕 2」는 결국 신이라는 초월적 중심을 잃은 근대적 주체들이 서로에 대해 악마가 되는 근대적 세계의 끔찍한 지옥을 보여주는 셈이라고 할 수 있다. 박상륭 소설이 드러내는 악마와 지옥은 그런 의미에서 최인훈 소설의 악마와 지옥과는 확연하게 다르다. 여기서 악마와 지옥은 단지 근대적 주체들과 그들의 현실이 가지는 특성을 가리키는 것에서 그치지 않고 그것을 현실화한 실체 그 자체를 이루는 것으로 나타나기 때문이다. 그런데 「뙤약볕 2」에서 작가는 이른바 '근대화 호'[97]의 끔찍한 파탄과 괴멸을 통해 근대 세계를 조직하고 구성하는 주체성의 고통과 불행을 섬뜩하게 예고하는 어떤 각성과 깨달음을 비판적으로 전달하는 듯하다. 실제로 이 소설에서 주체로 현전하는 근대적 개인과 자유로운 근대적 세계는 「아겔다마」에서처럼 오로지 추구해야 할 인간적 가치로 정당화되는 것이 아니라 그 인간적 가치를 새로운 질곡과 속박이라 규정하는 반성적 인식의 대상이 되어 있는 것 같다. 물론 그럼에도 불구하고 작가 박

97) '근대화 호'라는 비유적 표현은 김정란이 쓴 표현을 빌려온 것이다. 김정란, 「박상륭 특집—사유의 호몬쿨루스」, 『작가세계』, 1997년 가을호, p.113.

상륭은 신성의 회복이라는 퇴행적 처방을 내리기보다는 신성과 결별한 인간과 그의 세계의 참담한 지경을 고통스럽더라도 직시하고자 하는 것처럼 보인다. 그러면서 그 지경을 역설적이게도 어떤 숭고한 차원으로 끌어올리고 싶어 한다. 박상륭의 「뙤약볕 2」의 마지막 장면에서 '섬순이'라는 등장인물이 바닷물을 퍼올려 마시는 대목은 정말이지 아집의 세계의 끔찍하고 처참한 종말이면서 동시에 "퍼올려 마신"다는 말에서 오는 도전적인 뉘앙스 때문인지 참으로 대담한 숭고의 느낌을 준다. 그리고 섬순이가 "에뤼식톤처럼. 이 세계를 송두리째 삼키기 시작했다"는 구절은 그와 같은 숭고의 느낌을 뒷받침하기에 충분하다. 박상륭은 여기서 다시금 신성을 대체한 생명과 죽음의 우주적 순환이라는 자연성을 인간과 그의 세계의 숭고한 운명으로 고양시키려 했는지 모른다. 그러나 그리스 신화에 나오는 '에뤼식톤'은 신성한 나무에 도끼질을 한 대가로 굶주림의 벌을 받아 걸신들린 듯이 먹어대다가 자신의 몸마저 뜯어먹었다는 인물이다. 「뙤약볕 2」라는 작품에서 섬순이가 '에뤼식톤'이라는 신화적 인물에 빗대어진 것은 그녀에게 신화적인 후광을 가져다주면서도 신성을 모독한 인간과 그 세계의 죄업에 대해 내려진 형벌의 어떤 가차 없는 가혹함을 돋보이게 한다. 걷잡을 수 없는 파탄에서 오는 페시미즘(pessimism)의 정조는 사실상 그 소설에서 지배적인 것이 되어 있다. 이것이 「뙤약볕 2」가 「아겔다마」와 결정적으로 다른 점이다.

구도적 자세를 취한 악마

박상륭 소설의 작중인물들에게 신을 잃어버린 자들의 비참한 운명과 그 절망이라는 것이 생명과 죽음의 우주적 순환이라는 인간의 자연성이 가지는 숭고함만으로 쉽게 극복될 수 없는 것으로 인식되리라는 것은 여기서 어느 정도 예측해 볼 수 있다. 그의 소설들 가운데 "내일에 대한 공포보다도, 현실적인 기아와 갈증은, 그들에게서 내일에 대한 공포도 설계도 빼앗아버리고, 외면되었던 현실이 각박하게 그들의 목을 짓눌러 그들은 현실 속에서 습기를 빨기 위해 미친 듯 서둘러대기 시작했다"(1: 49)는, 극심한 가뭄에 시달리는 어느 마을 사람들의 처참한 상황도 나오지만, 생사의 우주적 순환이라는 자연성에 결박된 유한성의 존재라는 것은 거기서 인간의 불가피한 숙명이 되어 있다. 그러나 박상륭 소설에 나오는 인물들은 아집이라는 주체성의 포기와 말로 대변된 신성에의 귀의라는 '역사적 후퇴'를 도모하지 않고 고통과 번민의 원천인 아집을 고집하는 데서 구원을 모색하는 '시간으로부터의 해탈'을 목표로 한다. 그들은 신성과 결별한 인간과 그의 세계의 참담한 지경을 고통스럽더라도 직시하고자 하며, 나아가 아집의 고통을 더 극단적 상태로 추구해 그것을 격렬하게 만드는 데서 역설적으로 아집으로부터의 해방, 한마디로 말해 '해탈'을 이루고자 한다. 이후 박상륭 소설에서 그것은 "인신(人神)"(『죽음의 한 연구』)에의 길로 명확하게 지칭된다. 그의 소설에서 주요하게 등장하는 인물들은 아집에서 오는 비참한 운명과 그 절망의 짐을 스스로가 끝까지 짊어지기를 바라는 데서 결국 그 절망의 운명을 희망의 비전으로 바꾸려 한다고 할 수 있다. '인신'을 향한 고행과 구도의 여정을 통해 절망은 희망으로 전환될 수 있다고 생각하는 것이 바로 박상륭 소설의 작중인물들인 셈이다. 그런데 아집 안에서 그 아집으로부터의 해탈을 끌어낼 수 있다는 인신적 가능성은 박상륭 소설이 이전의 기독교적 사유 속에서 신을 인간화하려던 움직임을 거슬러 불교적 사유 속에서 인간을 신격화하려는 움직임으로 변화되어 간다는 것을 알아보게 해준다.[98] 다시 말해 작가는 신과 절연함으로써 삶의 질서와 의미를 잃어버리게 된 자유의 위험성이라는 문제를 '기독교'라는 서구적 사유의 패러다임 안에서 발견했다면, 그 자유의 위험성이라는 문제에서 오는 근대적 삶의 절망적 운명이라는 염세적 허무에 대한 해법은 '불교'라는 동양적 사유의 패러다임 안에서 검토하는 것으로 보인다. 이를테면 그는, 끊임없이 삶의 의미를 찾으려는 서구 종교의 사유 방식 안에서는 혼돈과 죽음이라는 인간의 절망적 운명에서 벗어날 수 없다고 생각하고, 반대로 삶의 의미를 부정하고 절망을 적극적으로 살려는 데서 오히려 그와 같은 아집을 벗어날 수 있다는 동양 종교의 사유 방식을 채택하는 듯하다. 이것은 간단히 말하면 일종의 탈주체화를 이룩하는 불교적 방식이다. 아집의 희망을 끊는 절망[絶-望]이야말로 인간과 그의 세계를 아집의 고통과 번민으로부터 구제할 수 있다는 이러한 불교적인 '절망의 윤리'[99]는 어쨌든

---

98) 박상륭이 종교적 사유에 정통해 있고 이것은 그의 소설에 심오하게 반영되어 있다는 것은 주지의 사실이다. 박상륭 소설에는 기독교와 불교뿐만 아니라 연금술, 주역 등 동서양의 온갖 종교적 경전들이 섭렵되어 있다. 이것을 두고 김현은 '통종교적'(김현, 「인신의 고뇌와 방황」, 『죽음의 한 연구』, 문학과지성사, 1986, p.478)이라는 표현을 쓴 바 있다. 그러나 혹시 세부적인 면에서 그럴지는 모르지만, 넓게 보면 박상륭 소설에 담긴 종교적 사유의 두 가지 중심축은 역시 기독교와 불교가 아닌가 한다.

99) 이 '절망의 윤리'라는 표현은 뤽 페리가 불교를 이해하면서 그것을 정의하는 데 쓴 개념이다. 삶의 의미로 고민하는 서구의 기독교와 대비해서 "삶의 의미를 아예 뿌리 뽑아버림으로써 삶의 의미 문제를 해결하려 하는 것"이 불교라고 말하고 "불교는 삶의 의미 문제가 사라지고 없는 세계관에 도달하는 것을 우리 삶의 의미로 설정하고 있는 셈"이라고 파악한다. 그리고는 앙드레 콩트 스퐁빌의 저작을 인용해가며 "사람들이 생각하는 것과 달리, 진정한 행복의 조건은 희망이 아니라 본래적 의미에서의 절絶-망望 des-espoir이라는 것"에 있다는 불교에서의 '절망의 윤리'를 정식화한다. 이것이 바로 뤽 페리가 간파한 불교라는 종교의 핵심이다. 뤽 페리, 「삶의 의미: 퇴보한 문제/ 다시 찾는 불교: 삶의 의미 망각에서 삶의 의미 부정으로」, 『신-인간, 혹은 삶의 의미』, 우종길 옮김, 영림카디널, 1998, pp.26-34 참조.

박상륭 소설의 등장인물들에게 그 특유의 '구도적 자세'를 부여한다.

> 성영감은 손이 발이 되도록 비비며, 벌벌 기어왔다. 죽이려는 자의 바지자락이라도 붙들고 애원할 모양이었다./ 「그러면 죽는 날까지 은혜를 잊지 않겠습넨다. 적선하시우 예? 적선하시우! 인정을 베푸시우! 그 은혜는 한울님이라도 갚아드릴 겁넨다.」/ 「그러니깐 당신은 죽어야 한단 말야. 그러니깐 말야!」 홍선이는 영감의 애원에 영향받고 확신을 더 가진 듯 사납게 소리쳤다. 「돈이 있다거나, 보물이 있다거나, 살아 볼 만큼의 생명이 있다거나, 건강하고 팔팔하다거나, 동정으로 사는 걸뱅이가 아니라면 살아야지! 살아야 하구 말구! 허지만, 당신은 불쌍하고 가난하고 , 비천하고, 늙고, 병들고, 더러워졌으니 죽어야 한단 말야. 그러니깐, 규탄 받고 뒈져야 한단 말야! 뒈져야 한다구!」/ 「그, 그런 늙은네를」 성영감은 배고픈 고통이나 추운 고통 따위는 까마득하게 잊고, 그렇게도 저주했던 생명을 고수하기 위하여 비지땀을 흘리며 홍선이의 구두끝에 얼굴을 문질렀다. 「죽여 뭣합넨까? 살려 주시오!」/ 「시끄럿!」 홍선이는 사정없이 영감의 등짝을 짓밟았다. 영감이 잠잠해졌을 때까지 짓밟아댔다./ 「알겠어? 오늘 밤은 획기적인 밤이야! 역사가 바뀌는 밤이라구! 가난이, 질병이, 불쌍함이, 불행이, 비극이, 비천함이, 늙음이,—그런 모든 것이 죽어 버리는 밤이다! 행복과 불행은 양립해선 안 된다. 가진 자와 못 가진 자가 같이 있어 되겠나? 고귀함과 비천함이 대립해선 되겠느냔 말이다? 그 한쪽이 죽어 버리면, 알겠어? 세상이 바뀐단 말야. 너는 나를 지배해 왔었다. 아니, 너는 송두리째 나였단 말야. 너는 그늘이라는 모든 그늘이 뭉친 놈이야! 악마라 하는 게 너란 말야. 너는 죽임 그것이었다구, 넌 육십사방을 막고 있던 방이었어! 헌데 내가 이 돌로 너의 머리를 바수고 나면, 후후훗, 내가 땅에다 천국을 세우는 목수가 되는 것이다. 구원자가 되는 거야. 거기엔 은혜와 감사만이 있을 뿐이다. 아직

> 아무도 널 이겨낸 자가 없었지?」 피를 토하듯 들려주며 홍선이는, 영감의 뒤통수를 겨누어 돌을 힘껏 내리쳤다. 「들리나? 나를 영접하는 선한 양들의 박수 소리가? 그들은 이제 갇혔던 우리로부터 풀 좋은 방목장으로 나왔다!」/ 성영감은 비명 한번 못 지르고, 쭉 뻗어 바르르 떨더니, 그것도 멈춰버렸다./ 「이렇게 해서……나는 죽었다! 내 손으로 죽었어! 나는 지금 바뀌어져 있을 것이다.」(2: 34-35)

「시인일가(詩人一家)네 겨울」(1967)에 나오는 한 장면이다. 삯바느질하는 가난한 어머니와 동생들과 살아가고 있는 홍선이가 '배고픔'과 '추위'로 고통 받고 있는 걸인 성영감을 그와 특별한 연고도, 또 어떤 원한도 없이 돌로 때려죽이는 이 장면은, 작가의 어떤 구도적 이념이 알레고리적 기호를 이루는 것이 아니라면 그저 경악스러울 따름이고 그래서 그것의 개연성을 의심해 볼 만하다. 이 장면에서는 '아집의 희망을 끊는 절망의 윤리'라는 탈주체화를 이룩하려는 불교적 이념이 알레고리적 구조 속에서 극히 적나라한 형태로 펼쳐지고 있다. 그런 만큼 고통과 번민의 원천을 이루는 아집의 감옥("육십사방을 막고 있던 방")인 성영감을 살해함으로써 불교적인 절망의 윤리를 실천하는 홍선이는 여기서 일종의 구도자의 지위를 얻게 된다. 만일 홍선이의 맹목적이고 끔찍한 살인이 구도자의 지위와 걸맞지 않다고 생각한다면, 살인을 끝내고 어떤 희열 속에서 선언적으로 발언된 홍선이의 마지막 외침이 짐작하게 해주는 것처럼, 성영감을 홍선이라는 아집의 대속적인 분신으로 이해하고 홍선이 그 자신이 아집의 감옥을 벗어나기 위해 스스로를 살해한 것으로 보아도 무방하다.[100] 홍선이라는 한 인물의 살인이 상

100) 예컨대 김정란의 견해가 대표적이다. "결국 이 작품은 자아에 의한 자아살해라는

기시키는 것은 아집으로부터 벗어나기 위해 그것의 희망을 끊는 불교적인 절망의 윤리라고 할 수 있다.[101] 따라서 작가의 구도적 이념에 대한 알레고리로서 이 장면을 읽는다면, 개연성의 의혹에 대한 알리바이는 어느 정도 마련된다. 그러나 가난함이라는 자신의 처지에 큰 불만을 가지고 가끔 짜증을 내기도 하며 자살을 꿈꾸는 홍선이라는 인물은 그에게서 구도적 진지함이라는 것을 발견하기 어렵게 함으로써 그의 살인이 절망의 윤리적 실천이라는 의미를 띤다는 구도적 알리바이는 극히 의심스러운 것이 된다. 그는, 특히 "물론 꼭이 죽자는 것도 아니고, 그래야 할 이유가 있는 것 같지도 않지만 말이다. 그렇지만 난 그들에게 뭔가를 보여주고 싶단 말야. 내게 주의를 쏟도록 만들고 싶다니까"(2: 27)라는 읊조림이 암시하는 바 그대로, 또한 구도자라기보다는

구원의 전략을 자아의 네 명의 분신을 통하여 수행시켜 보는 존재론 연습의 기록이라고 할 수 있다." 김정란, 앞의 글, p.98.

101) 이 장면은 분명 어떤 이념의 알레고리가 되어 있다. 물레방앗간에서 홍선이라는 젊은이가 성 영감이라는 걸인을 죽이려 하는 장면이 우선 암시하는 것은 주체화한 근대인들이 신성으로부터 자유로워지자마자 자아에의 몰두와 집착이라는 이른바 탐욕스러운 아집의 상태에 다시금 속박되어버렸다는 사실이다. 그리고 그 아집이라는 근대적 주체의 상태는 무엇보다도 "악마"의 상태에 방불한 것이므로 그것을 벗어던짐으로써만이 아집의 속박과 그 불행으로부터 벗어날 수 있다는 인식이다. 신을 배반한 인간들의 악마화라는 주제를 따라감으로써 기독교적 상징과 사유를 보여주었던 박상륭 소설은, 여기서 신성을 회복하고 다시금 삶의 가치와 의미를 초월적 중심의 질서 속에서 찾는 기독교적 회심의 방식이 아니라, 거꾸로 자아의 의미를 부정하는 불교적 해탈의 방식을 근대인들이 아집에서 비롯된 불행과 고통을 극복할 수 있는 해법으로 제시하는 듯하다. 그러나 아집을 벗어버리는 불교적 해탈의 방식을 제시하는 박상륭 소설에서 동양 종교가 하나의 해법으로 생각된다 할지라도 그 근본에서는 기독교적 상징과 사유를 바탕으로 여전히 근대적인 인식이 드러나고 있는 것 같다. 그러니까 불교적 해탈의 방식은 신성을 회복하는 퇴행적 방식이 아니라 자아를 긍정하며 구도를 통해 스스로를 신격화하는 길을 추구한다는 점에서 근대적인 사고방식과 일정하게 부합하는 측면이 있기 때문이다.

자기를 돋보이게 하려고 죽음을 택한다는 데서 드러나듯이, 나르시시즘이라는 근대 세계의 병리학적 특성을 현시하는 전형적인 근대의 주체적 개인에 속한다. 그런 점에서 홍선이가 예시하는 이른바 불교적 절망의 윤리적인 실천에는 진지한 윤리성에 미달하는 부분이 분명히 있다. 홍선이는 성영감을 두고 "그늘이라는 모든 그늘이 뭉친" "악마"라고 힐난하는데, 사실 그 자신이야말로 악마와 흡사해 보인다는 것은 여기서 중요한 사실이다. 아집의 원천인 자아에 대한 환상을 파괴하기 위해 홍선이가 성영감을 해친다는 것은 비록 그것이 절망의 윤리라는 맥락에서 자기살해의 의미를 지니는 제의적 실천이라 하더라도 홍선이라는 자아는 사라지지 않고 남기 때문이다. 홍선이가 절망을 '원한다'면 홍선이는 어떤 의미에서든 아직도 아집의 감옥인 '자아'에 희망을 품고 그것에 사로잡혀 있는 것일 수밖에 없다. 자신의 희망을 위해 타인의 희망을 절망으로 만든다는 것은 구도주의라는 이름으로도 그렇게 쉽사리 정당화될 수 있는 것은 아니다. 그러니까 근대적 자아라는 악마로부터 해방되기 위해 그 자아라는 것을 헛된 환상으로 여기고 살해하려는 홍선이와 같은 인물들이 불교적인 절망의 윤리를 구도적으로 실천하는 참다운 인간의 지위에 오르는 것은 인간과 그의 세계를 왜곡하고 도착시키는 또 다른 형태의 병리적 징후로밖에는 달리 이해되지 않는다.

이후 박상륭 소설에서 "구도적 살인"(『죽음의 한 연구』)[102]이라는 고상한 표현을 얻으면서 구도자의 품위를 지니게 되는 홍선이와 같은 인물들은 사실상 그의 소설에서 핵심적인 지위를 차지하게 된다. 그들은 모두 무엇보다도 "안팎으로 만나는 자를 모두 죽여라, 부처를 만나

102) '구도적 살인'은 같은 책에서 "은유의 살인"이라고 표현되기도 한다. 박상륭, 『죽음의 한 연구』, 문학과지성사, 1986, p.74.

면 부처를 죽이고, 스승을 만나면 스승을 죽이고, 나한을 만나면 나한을 죽이고, 부모를 만나면 부모를 죽이고, 친척을 만나면 친척을 죽여야만 비로소 해탈할 수 있다."103)는 『임제록』의 권유를 철저하게 따르는 자들로 나타난다. 물론 『임제록』의 그 대목에는 아집의 원천인 모든 개아(個我)들의 제거에서 불교적인 탈주체화의 가능성이 암시되고 있다. 이것은 좀더 분명하게 확인할 필요가 있다. 여기서 「뙤약볕 3-자정녀(子正女)」(1969)라는 소설은 구도적 의미를 부여받은 하나의 악마를 뚜렷하게 보여주고 있어 특별히 주목된다. 이 소설은 '뙤약볕' 연작의 마지막 편으로 역병으로 황폐화된 섬에 남은 점쇠의 구도 과정을 이야기로 들려준다. 신성한 '말'을 포기할 수 없다고 생각하고 섬에 남은 점쇠는 그것을 찾고 간구하며 역병이 창궐하고 있는 죽음의 땅에 홀로 남아 있다. 그러나 도처에서 버림받아 혼자가 된 점쇠는 어쩔 수 없이 외로움과 공포에 짓눌리고 만다. 그리고 그 때문에 사람이 간절히 그리웠던 점쇠는 혹시 생명의 기미라도 엿볼 수 있을까 기대하며 "빈들"이라는 시체 쓰레기더미들이 있는 곳으로 발길을 옮긴다. 그러다가 그는 우연히 썩은 시체에 걸려 넘어진다. 그런데 바로 이것을 계기로 점쇠는 썩어가는 것들에서 어떤 비옥함의 원천을 인식하기 시작한다. '빈들'을 벗어나 갯가 모래밭에 이르렀을 때, 점쇠는 마침 수송아지 한 마리를 우연히 만난다. 점쇠는 반가운 마음에 그 놈을 만지다가 그만 그 녀석이 솟구치는 바람에 또 한번 주저앉아버린다. 그러나 뭔가를 놓쳤을 때의 아지 못할 슬픔과 더불어 그에게 어떤 깨달음이 점점 명확해진다. 한 순박한 짐승의 생명력이 점쇠에게서 외로움과 공포를 씻어가버리고 그는 "자정(子正)"의 의미에 눈뜬다. 신성한 말과 절연된 추락한 땅과

103) 『임제록』, 김현, 「인신의 고뇌와 방황」, 앞의 책, p.477에서 재인용.

거기 남아 있는 자신을 재확인하면서 그것 자체가 아름다운 것이라는 전율에 가까운 확신에 이른다. 어제의 끝이자 내일의 직전인 자정에 "묘혈(墓穴)"과 "산실(産室)"이 뒤얽힌 생명과 죽음의 우주적 순환이라는 뜻을 지닌 인간의 자연성에서 유한하지만 숭고한 운명을 깨달음으로써, 점쇠는 영적인 변화를 겪는다. 그런데 그때 점쇠에게는 어디선가 갑자기 갓난애의 울음소리가 들려온다. 그는 잠시 뒤 갓난 핏덩이를 만지고 그것과 교감하며 생명의 뜨거움에 감격된다. 그러다가 아이의 어미가 아직 살아있을지 모른다고 직감하고 섬을 뒤진다. 마침내 점쇠는 샘터에 쓰러져 있는 한 여자를 찾아 살려낸다. 그리고 얼마 후 점쇠는 여자가 '빈들'에 버려졌던 자신의 열아홉 살 누이라는 사실을 알게 된다. 갓난애는 그만 죽어 묻히고, 점쇠와 건강을 회복한 누이는 새 살림을 시작한다. 그러던 어느 날 숲 속에서 거대한 입상을 발견하고 점쇠는 그때부터 신성한 '말'이라는 것은 "집단적 악몽의 한 표상"일 뿐이라 회의하며 깊이 절망하다가 '말에 대한 추구'의 의미로 쌓아오던 사당을 끝내 허물어버린다. 점쇠는 그 이후 누이를 한 계집으로 취하고 잔인하게 살해한다. 그리고 점쇠는 "명오(明吾)"의 해탈에 마침내 당도하게 된다.

「뙤약볕 3」에서 점쇠는 우선 생명과 죽음의 우주적 순환이라는 자연성에 좌표와 의미를 부여하는 신성한 말, 즉 어떤 초월적 신성을 신뢰하며 그것을 찾고자 하는 일종의 신앙인으로 나온다. 점쇠는 여전히 신성한 말의 현존을 믿고 그것을 찾기 위해 말의 사당을 짓고자 하는 자라는 점에서 그러하다. 「뙤약볕 2」에서 점쇠가 족장인 형과 논쟁적인 대화를 나누는 대목에서 이미 드러난 것처럼, 점쇠는 인간만의 땅에서 비록 해방과 자유라는 인간적 "재미"를 영위하며 살아간다 하더라도 신성과의 절연이라는 상황은 유한한 존재인 인간의 미래를 무의미와 허무에서 구원할 수 없는 치명적인 한계를 가지기 때문에 모든 인간적 가치들은 거기서 결국 허망한 것이 된다고 생각하는 자였다. 그러니까 점쇠는 인간만의 땅에서 누리게 될 자유와 해방의 느낌으로 생명의 미래를 닦을 수 있다고 희망하고 과감하게 신성을 버리는 근대적 주체로서의 족장인 형과 명백하게 대조되면서, 생명의 미래가 가져다줄 인간만의 땅은 죽음이라는 유한성으로 생명의 미래를 끊임없이 제약당하는 데서 오는 무의미와 허무를 빗겨가지 못하게 되므로 어떤 식으로든 신성한 말의 현존을 회복하지 않으면 안 된다고 믿는 지극히 종교적인 인간으로 등장했었다. 예컨대 신 없는 인류에 대한 근대적 확신 속에서 족장인 형이 신앙에서 오는 동생의 생각을 하나의 관념이 빚어낸 허구라고 반박하자, 종교적 인간이었던 점쇠는 "가령 새처럼 날을 수도 있고, 비도 마음대로 내리게 하고…다 상상 못 할 정도로 편리한 세상이 되고 난 뒤에 어떻게 되죠?"(2: 107)라고 물음을 던졌었다. 「뙤약볕 3」에서 점쇠는 그러한 물음에서 생성된 종교적 믿음을 여전히 간직하고 있는 것으로 나타난다. 그는 아직도 삶의 궁극적 의미와 목표를 상실하게 된 족장인 형과 같은 섬사람들의 근대적 고통과 번민은 '말'을 다시 찾음으로써만이 해결될 수 있다고 생각한다. "여기서 이전에 <말(言語)>이 살았었는데, 거처를 잃고 <말>은 지금 어디를 헤매고 있을까?"(2: 128)라는 안타까운 탄식은 "높은 데서 떨어진 아픔과 허탈"(2: 133)이라는 신성의 상실에 오는 깊은 슬픔과 결부되어 결국 점쇠로 하여금 "<말>을 향한 피나는 추적(追跡)"(2: 143)에 나서도록 만든다. 점쇠가 '사당 쌓는 일'에 그토록 열중하는 이유는 바로 그 때문이다. 점쇠의 이 모든 생각과 행동이 지시하는 것은, 간단히 말하면 인간과 그의 세계는 신성이라는 배후를 잃어버림으로써 그것에 궁극적 의미를 부여해 줄 보편적 척도를 함께 잃어버렸기 때문에 비록 가상에 불과하다 하더라도 삶에 추구할 만한 목표를 제시해 주는 지평으로서의 초월적인 신성은 반드시 복원되어야만 한다는 강렬한 염원이다. 그러나 점쇠는 '신성한 말'과 같은 것이란 "태초부터 있어왔던, 저 집단적 악몽의 한 표상"에 지나지 않는다는 것을 깨닫고 마침내 삶에 궁극적 의미를 부여해 줄 신성한 말을 찾는 일은 완전히 불가능한 것이라는 절망에 빠진다. 왜냐하면 '말'의 실체인 "거대한 입상"은 "장정 열 사람 정도의 크기만한 뿔난 도깨비의 서투른 모상(模像)이, 찰흙과 짚북더미 같은 것으로 이뤄져 멍청해 있을 뿐"인 "기름기 있는 끄을음"이 까맣게 칠해진 보잘것없는 그런 것으로 점쇠에게 발각되었기 때문이다. 그것은 한마디로 말해 "인간의 것"에 지나지 않았던 것이다.

> 의심스러워하며 터벅터벅 걸어오다가 점쇠는, 흑사병과 같은 몸으로 슬픈 듯이 서서, 사람들이 떠나버린 그쪽 바다를 바라보고 있는 참으로 거대한 입상(立像) 하나를 보았다. <빈들>에서도 서너 마장이나 떨어진 소나무 숲 옆의 반석 위였다. 성난 <말>이 배반하고 도망친 자기의 백성들을 저주하고 있는 것 같아서 점쇠는 와들와들 떨었다. 그래도 자기만은 남아 있으며, 더우기 <말>을 찾기 위해서였다는 그 용기로, 그리고 오늘에야 <말>의 실체를 만나게 되었다는 그 전율적인 기쁨으로, 점쇠는 손을 가슴에 얹어 경외심을 나타내 보이며 다가갔다. 그리고 안 것은, 그것은 성낸 <말>도 아니며, 살아 있는 거인도 아니라는 그것이었다. 배신을 받은 것 같아 점쇠의 기분은 언짢았다. 장정 열 사람 정도의 크기만한 뿔난 도깨비의 서투른 모상(模像)이, 찰흙과 짚북더미 같은 것으로 이뤄져 멍청해 있을 뿐이었다. 그런데, 한 손엔 낫을, 다른 손엔 술잔을 들었는데, 기름기 있는 끄을음이 그 나찰의 전신을 까맣게 해놓고 있었다. 그것은 아마도 섬의 심층에 태초부터 있어 왔던, 저 집단적 악몽의 한 표상이었으리라./ 쓴웃음으

로 살펴 내리다가 점쇠는, 끝내 핏줄이 곤두서도록 토해내며 도망치기 시작했다. 무슨 제사에 참석하여 감독하고 돌아왔던 형님이, 왼밤 내내 토해냈던 일이 기억되었다. 살이 갈라터진 새까만 대갈통이니, 갈비니, 팔이니, 발목들이 한사코 나찰의 다리를 부둥켜안고 뭔가를 빌고 있는 것이 구역을 일으킨 것이다. 그것 모두 인간의 것이었다./ 점쇠는 거의 기다시피 올라와, 당굴들의 무릎에 닳아 미끄러워진 반석에 몸져 누웠다. 누이의 걱정스러워하는 눈치가 귀찮았지만, 애써 웃어보이곤 저녁 식사도 거절해 버렸다. 누이도 오빠의 심정을 짐작하곤 더 이상 괴롭히지 않으려 조심했다. 그렇지만 맘은 찢어질 듯이 아팠다. 그녀는 고행의 돌더미를 고행으로써 건너다보았다./ 「대체 <말>은 있기나 한 것인가?」/ 점쇠는, 한동안 미뤄뒀던 문제를 다시 생각하며, 오분의 일이나 이뤄진 사당으로 눈길을 보냈다. 「어쩌면 난 너무 욕심이 많은지도 모르지.」 점쇠는 자기가 지나치게 흥분되었다고 생각하며 한숨을 쉬었다. 「이 정도에서 얼마든지 축복받았다고 생각할 수도 있는데……하기야 과분한 은총이지. 헌데 아무렇게나 만족해 버릴 순 없단 말야. 나타난, 감사한 일들에서 더 안방으로 들어가, 난 <말>의 진짜 살[肉]을 만지고 싶단 말야. 어찌하여 내 핏줄 속엔 <밭 갈고 씨 뿌리며> 그런대로 행복하게 살 수 있는 그런 피가 짜 넣어지지 못했을까? 어째서 난 언제나 변덕이 심한 아주 못된 놈인가 병균이 날 파먹고 있어.」(2: 140)

'신성한 말에 대한 추구'는 "대체 <말>은 있기나 한 것인가?"라는 점쇠의 절망적인 외침과 함께 그렇게 끝나버린다. 따라서 「뙤약볕 3」에서 묘사된 이러한 절망의 경험에 점쇠가 "땀과 신앙과 정성으로 쌓았던 사당"(2: 146)을 파괴해버리는 대목은 결정적인 것이다. 이렇게 보면 점쇠는 '신 없는 인류'의 상태에 접어들게 된다는 점에서 '인간만의 땅'을 갈망하는 근대적 염원을 가진 족장인 형과 별로 다를 바가 없게 된다. 그러나 '인간만의 땅' 위에 서게 된 점쇠에게는 「뙤약볕 2」에서는 스스로 던지기도 했고 또 「뙤약볕 3」에서는 그의 누이를 통해 반복되고 있는 "내일은 어떻게 되죠? 오빠, 모레는요? 십년 후에는요, 네?"(2: 146)라는 '신 없는 세상에서의 삶의 의미에 대한 물음'이 아직 강한 울림을 가진다는 점에서, 그는 족장인 형과 명백히 갈라진다. 종교적 물음을 놓지 않고 있다는 점에서 여전히 종교적이지만 모순적이게도 신성을 상실한 삶의 상태에서도 집요하게 그렇게 하고 있는 점쇠, 그는 이제 구도자가 된다. 박상륭 소설의 문법을 감안할 때 이미 충분히 예상할 수 있는 것이지만, 점쇠는 결국 삶의 숭고한 뜻과 그 아름다움을 긍정하기 시작하고, 나아가 어느 날 '자정' 삶과 죽음의 우주적 순환이라는 "새로운 말"의 의미를 깨달음으로써 "말에 맞선 자기"를 획득하는 데 성공한다. 그가 말에 대적하는 자기에게서 그처럼 '새로운 말', 곧 신성을 발견하고 있다는 것이 점쇠가 점차 '인신화'하고 있다는 구도자적 표시라는 것은 말할 것도 없다. 여기서 그는 삶과 죽음이 어떤 초월적 존재에 의해 주재되는 것이 아니라 단지 자연의 순리일 뿐이라는 것을 각성하면서 생사의 여탈에 동요되지 않는 어떤 우주적 긍정에 도달한 것처럼 보인다.[104] 그러나 생사의 순환이라는 자연의 원리에

---

104) "「그러나 <말>은 아마 없을 게다. 돌이니 풀이니 송아지니 하는 것들에서 느꼈던 <말>은 그것들의 정조(情操)며 생명 그 자체였을지도 모른다. 돌에게서도 난 생명을 느꼈으니까. 따지고 보면 송아지나 아이나 여자가 남게 된 것도 그럴 만한 충분한 이유가 있었다. 거기에 <말>의 뜻이 있었던 게 아니라 인간의 예지와 실명(失明)이 있었던 것이다. 하기야 그것 모두 <말>의 지시였다고 해도 된다. <말>을 죽인 자들이 이뤄놓은 우연이라고 해도 안 되는 건 아니다. 그렇다고 내가 뭘 의심하고 있는 것도 아니다.」/ 간추린 머리칼을 점쇠는, 팽배된 채 있는 누이의 두 젖무덤 사이에다 놓아 주었다. / 「난 지금은 다만 새나 풀이나, 짐승이나 돌 같은 그런 것들을 생각하고 있을 뿐이다. 그것들은 <말> 따윈 생각지도 않는다. 그것들은 <말>이 있다고도 안 하며 있는지 없는지 의심하여 생각지도 않는다.

대한 우주적 긍정으로 표출된 점쇠의 각성과 인신화는 단순히 모든 신성에 대한 전적인 부정과 거부라는 뜻을 지닌다기보다는 그 점쇠 자신의 존재론적 유한성에 내재하는 불가피한 절망의 숭고한 지양과 해소라는 의미를 지니는 것으로 이해될 필요가 있다. '사당'을 미친 듯이 헐어버리고 난 이후 대지를 적시며 거칠게 쏟아지는 '폭우'를 맞으며 "풍염한 대지(大地)가 기막히게 비옥한 음부를 열고 유혹하고 있"다고 느끼고, 또 "버마재비의 암컷이 이를 갈며 <말>이나 같은 그런 무엇을 찢어 죽이려 하고 있는 것" 같다고 생각하며, 점쇠가 자신의 누이와 "한몸으로 휘감긴 뱀"처럼 정사를 나누는 대목을 보면, 마침내 절망의 숭고한 해결이 진행되고 있음을 알 수 있다. 사실상 우주의 영원성이라는 함의를 지니는 우로보로스(Ouroboros)적 형상으로 뒤엉킨 남녀의 모습은 '신성한 말'을 대체할 만한 어떤 '인간의 신화'가 탄생하고 있음을 암시하며, 또한 그것은 어떤 신화적인 숭고함으로 인간의 불가피한 절망을 넘어서고 있는 일종의 득도의 자세처럼 다가온다. 그런데 여기서 점쇠의 절망 자체가 절망으로부터의 점쇠의 구제의 근거가 되고 있다는 것에 특별히 주목하지 않을 수 없다. 신성한 말이 존재하지 않는다는 깊은 절망이 점쇠로 하여금 해탈의 계기를 이루었다는 것은 무엇보다도 '절망의 윤리'라는 불교적 해탈의 방식에 연관되기 때문이다. '말'로부터 오는 의미를 찾고 그것을 희망한다는 것은 행복한 상태가 아니라 결핍과 욕망의 상태이고 그래서 불행의 근원이 된다는 불교적

누이니 오빠니도 생각지도 않는다. 그러면서도 그것들은 훌륭한 삶을 살고 있다. 그것은 그것들이 바로 <말>과 비슷하기 때문인지도 모른다. 그것들은 만약 <말>이란 것이 따로 있다면 <말>도 친구가 없이는 너무 쓸쓸한 터인고로 <말> 쪽에서 먼저 얘기를 걸어 줄 것이라는 초연한 태도이다. 사람만이 타락되어 불행하게 살아왔다. 사람은 어떤 근원으로부터 스스로를 버림받게 했기 때문이다. 그들의 영특함으로 그런 거야, 글쎄 그런 거야」"(2: 148-149)

깨달음을 바탕으로 희망을 끊고[絶-望] 아집을 버림으로써[解-脫]만이 삶의 의미라는 인간 세계의 근본적인 불행의 문제를 제거할 수 있다는 불교적인 절망의 윤리가, 어떤 식으로든 점쇠의 절망에서 우주적 긍정이 발아하는 데 작용했을 가능성은 충분히 있다.

그런 점에서 점쇠가 누이와의 정사 이후 그녀를 목 졸라 죽여버렸다는 대목을 보게 되는 것은 어느 정도 예정된 것이었다고 할 수 있다. 이른바 '구도적 살인'에 해당하는 그 사건은 모든 고뇌와 번민의 원천인 아집을 파괴함으로써 결핍과 욕망이라는 불행의 근원으로서의 자아의 감옥을 벗어나게 된다는 불교적 득도와 관계된다. 예컨대 점쇠가 생명과 죽음의 우주적 순환이라는 자연성에 깊이 고무되어 아무런 의식이 없어 즉물적인 상태로 존재하는 돌이나 풀이나 짐승과 같은 자연물 따위를 두고 "훌륭한 삶"을 살고 있다고 생각하는 동시에 인간은 아집의 "영특함"으로 '훌륭한 삶'의 근원을 잊고 "타락되어 불행하게 살아왔다"고 읊조리는 장면에서 그 점은 암시적이다. 구도를 위한 살인이 그처럼 인간이라는 아집의 덩어리를 의식 없는 사물로 되돌리려는 불교적인 탈주체화의 방식이라는 것은 거기서 뚜렷하게 드러난다. 삶의 의미 문제를 삶의 의미 부정으로 순식간에 해결해버리는 불교적인 절망의 윤리와 해탈의 방식은 실제로 '신 없는 인류'의 상태에 처한 점쇠에게 '새로운 말'의 윤리로 다가오고 있다. 그러나 점쇠는 누이를 목 졸라 죽이는 장면에서 일종의 악의 형상이 되고 만다는 사실에 유념해야 한다. 앞에서도 언급한 바와 같이 아집의 원천인 자아에 대한 환상을 파괴하기 위해 점쇠가 자신의 누이를 살해한다는 것은 비록 그것이 절망의 윤리라는 차원에서 구도적 의미를 지니는 제의적 실천이라 하더라도, 점쇠라는 자아는 여전히 남아 있기 때문이다. 점쇠가 절망[絶-望]을 '원한다'면 그는 어떤 의미에서든 아직도 아집의 감옥인 '자아'

에 희망을 품고 그것에 사로잡혀 있는 것으로 볼 수밖에 없다. 되풀이 되는 말이지만, 자신의 희망을 위해 타인의 희망을 죽음이라는 절망으로 만든다는 것은 구도주의라는 이름으로도 그렇게 쉽게 정당화되지 않는다. 이것이 인간과 그의 세계를 왜곡하고 도착시키는 또 다른 형태의 병리학적 징후일 가능성은 크다. 요컨대 박상륭 소설은 정황으로 보아 악마적 행위가 분명한 것에 인간적 구도의 자세를 부여함으로써 절망의 극단에서 탈주체화의 방식을 제시하려 하지만, 그것은 뜻밖에도 악마를 인간화함으로써 악을 정상화하는, 비인간화의 징후에서 좀더 경과된 어떤 양상을 예시하는 것처럼 보인다.[105] 아집이라는 자아의 악마를 물리치기 위해 점쇠가 수행하는 '구도적 살인'은 결국 그 자아라는 악마의 행위에서 그렇게 멀리 있지 않다. 점쇠, 그는 구도자라기보다는 악마에 가깝다. 박상륭 소설에 나오는 작중인물들 가운데 구도적 자세를 취하는 이들은 어쨌거나 점쇠의 분신이거나 점쇠와 근친 관계에 있는 인간들이라고 할 수 있다.

---

105) 최인훈 소설에 나타난 이른바 '인간의 악마화' 경향은 박상륭 소설에 이르러 '악마의 인간화'라는 양상으로 좀더 심각해지는 것이다. 그런 의미에서 박상륭 소설에 나타난 '악마의 인간화'라는 테마는 '인간의 악마화'라는 최인훈 소설의 비인간화 징후가 좀더 교묘하고 극단적인 형태로 경과되어 갔음을 알려주는 불길하고 섬뜩한 징후라 하지 않을 수 없다.

4

예후(豫後) 1_ 순수한 시선의 의미
– 서정인의 소설

마지막으로 이 장에서 다루게 되는 것은, 60년대 한국소설의 비인간화 경향에서 사회적, 문화적 병리를 결정적으로 암시함으로써 일종의 '예후'로서 나타나게 되는 인간의 실종이라는 양상이다. 이것은 무엇보다도 근대적 개인의 주체적인 자아 감각이 초래한 모든 대상적인 현실의 주관화가 세계를 표상화함으로써 형성되는, 진실은 알기 어렵거나 알 수 없다는 이른바 불가지론적 인식에 그 근거를 두고 있는 현상에 해당한다. 다시 한번 말하지만 60년대 소설은 다른 장르의 예술과 마찬가지로 4월 혁명과 더불어 1960년대 한국사회에서 번창하게 된 근대적 개인의 성격, 즉 주체성을 강령적으로 전유함으로써 일단 자유와 해방의 느낌으로 충만한 모든 종류의 심미적 경험을 제공했다. 비로소 한국소설은 60년대에 이르러 주체성에 내재한 낭만주의적 감정의 이상에 따라 신적인 것을 포함한 전통이나 권위적 규범과 같은 배타적인 독단주의를 거부하고 자기완성과 구원에 대한 욕구가 자신과의 만남에서 충족될 수 있다는 자율성에 대한 확신으로 일종의 공존적인 관용을 가지고 난립하게 되었다. 또한 작가들은 그러한 분위기 안에서 아무런 제한이나 제약 없이 저마다의 내면세계를 자유롭게 표현할 수 있었음은 물론이다. 그러나 일체의 것을 경험적인 자아의 내면 안에 들여놓고 일련의 초월성을 파기함으로써 획득한 근대적 주체성의 독립된 자아 감각은 부정적이고 붕괴적인 상황과도 아울러 부딪치지 않으면 안 되었는데, 이를테면 파기된 초월성으로 인해 그것이 보장하던 어떤 실재에 대한 확신을 상실하고 모든 대상적인 현실을 주관적으로 표상하게 된 근대적인 상황을 초래했다. 그리고 이것은 자기표현의 무제한적인 허용을 통해 추구할 만한 정당성이 있는 인간과 예술이라는 개념의 중요성을 뜻밖에도 잠식해버렸다. 인간과 예술의 개념에서 어떤 권위와 거기서 오는 정당성을 주장할 수 없게 되면, 즉 일반적인 실천을 구성하고 지탱하는 규범에 관한 최종적인 동의와 그것에 대한 복종이 없으면, 거기서 인간과 예술의 개념이 혼돈과 사멸이라는 대가를 치르게 되는 것은 불가피한 수순이다.

60년대 한국소설도 여기서 예외는 아니었다. 그것은 자기표현의 자유가 수반한 주관적 표상의 체계에 갇혀 모든 대상적인 현실을 비현실적인 것으로 부정함으로써 마침내 그 자체가 인간의 실종과 현실의 부재라는 근대 세계의 병리를 첨예하게 반영하게 되었다. 다시 말해 주체의 원리가 정립하게 되는 자율성의 감각은 무엇보다도 근대 세계의 모든 분야와 영역들에서 절대적으로 순수해지려는 경향을 만연시키는데, 근대적 주체들이 자아 이외의 대상과 그에 동반된 목적으로부터 자유로워지자마자 나타난 것은 일차적으로 타협을 모르는 순수주의와 어떤 절대적인 것에 대한 끝없는 희구였다. 그러나 이를 통해 독립된 자아와 그것의 표현들이 정말 자율적이고 순수한 본질에 이르렀는가 하면, 전혀 그렇지가 못했다. 60년대 한국소설의 경우 자아 이외의 어떤 외부적 목적과 대상의 속박에서 해방된 상황은 목적이나 대상과의 거의 모든 연결점을 상실하도록 만들고 대상적인 것의 잔여물을 제거해버림으로써 알아볼 수 있는 인간적 자취와 흔적을 지워가고 있었던 것으로 보인다. 실제로 이것은 60년대 소설의 비인간화에서 하나의 전조로서 나타나게 되는 인간 경멸이라는 출발과 인간의 악마적 변신이라는 경과가 도착하게 되는 최종적인 양상의 한켠을 의미심장하게 드러낸다. 그런가 하면 순수성을 향한 문학적 주체들의 노력과 안간힘은 세계의 주관적 표상화로 인해 사실과 진실을 이제 더 이상 알기 어렵고 또 알 수도 없다는 불가지론에서 세계의 전면적인 허구화에 대한 심미적 경험을 생성시키기도 한다. 그리고 세계에 포만한 허구적 가상에 대한 경험은 인간을 의미심장한 외재적 현실 위에 서 있는 사회적 실체로 인정하지 않고 단지 허구적 가상의 효과일 뿐인 것으로 만들고 만다. 이것은 사실 주체성의 지배에서 오는 종교나 전통적 규범과 같은 모든 권위의 상실이 근대 과학의 상대주의(예컨대 상대성의 원리 같은 것)라는 이론적 뒷받침을 받으면서 야기한 세계의 표상화에 따른 '객관성의 붕괴'와 밀접하게 관련된다. 이처럼 근대적 주체성의 독립된 자아 감각은 대체로 두 가지 지향을 낳게 되는데, 하나가 세계의 표상화에 거스르면서 그것의 정신적, 물질적 정확성을 거듭 갈망하는 순수주의라면, 다른 하나는 그 세계의 표상화에 가담하고 그것을 아주 극단화하면서 사실과 진실은 알 수 없는 것이라는(이것은 나중에 사실과 진실은 아예 없다는 포스트모던 허무주의로 이어진다), 따라서 사실과 허구의 경계를 허물고 외재적 현실을 그 허구로 대체해버리는 상대주의적 성격의 다원주의라고 할 수 있다. 결국 근대 문학에 작동하는 세 번째의 비인간화 양상은 그와 같은 순수주의와 다원주의와 결부되면서 궁극적으로 문학이란 항상 무엇에 관한 것(aboutness)이라는 명제적 성질이 철저하게 부정되어버리는 사태로 나타난다. 문학의 명제적 성질이 부정되어 지시 주체와 지시 대상 간의 구별이 혼동되면, 거기서 나타나게 되는 것은 어떤 혼란일 것이고 또 거기서 부정되고 사라져버리는 것은 인간과 그의 현실이다.

이렇게 보면, 인간의 실종과 현실의 부재라는 양상은 신성한 것과 절연함으로써 자유와 해방이라는 인간적 이상을 달성하는 데서 주요 표어들을 이끌어낸 근대 예술의 경향이 그러한 경향의 환상과 환멸 속에서 조장된 순수주의와 다원주의를 통해 '의미가 결여된 복잡성'을 가치 있는 심미적 경험으로 간주하려는 데서 오는 어떤 왜곡을 가리킨다고 할 수 있다. 바로 서정인과 이청준의 소설은 문학적 비인간화의 결정적인 예후로서 나타나는 순수주의의 경향과 다원주의의 경향을 각각 대변하며 그 결과로 나타난 인간과 그의 현실에 대한 왜곡된 심미적 경험을 흡사하게 보여준다. 그들의 소설은 일단 순수성을 향한 노력에 따라 대상적인 잔재들을 최소화함으로써 이른바 대상적인 연결점을 통해서만 가능한 현실적인 의미들을 불확실하고 자의적으로 만들고 있다는 점에서 공통점을 가진다. 물론 그들의 소설에서 의미들을 불확실하게 만드는 과정과 그 방식은 명백한 차이가 있다. 간단히 말하면, 먼저 서정인 소설의 경우에는 주체의 원리가 형성한 '원근법적 자연'의 풍경이 다른 많은 상대적인 성격의 해석적 풍경화들을 낳고 있다는 데서 생기는 소통 부재의 곤경과 난제로부터 문제의식이 자라난다. 그런데 이것은 작가로 하여금 모든 대상의 수학적 정확성에 대한 열망을 가지도록 하고 기하학적 순수에 경도되도록 함으로써 의미가 포기된 표현들이 그의 소설에 유입되도록 한다. 반면에 이청준 소설의 경우에는 자연의 주관적 표상화로 인해 사실과 진실을 이제 더 이상 알 수 없다는 불가지론에서 실재와 표상 간의 갈등을 겪다가 세계의 전면적인 허구성을 발견하게 된다. 그리고 그의 소설들은 서정인 소설과 달리 어떤 대상적인 현실의 허구성을 인정하여 진리의 독단주의를 경계한다는 의도를 방법화함으로써 많은 의미들을 선호하는 표현들에 가까이 간다. 그러나 의미의 포기나 다의성의 선호라는 차이에도 불구하고 서정인 소설과 이청준 소설에서 공통적으로 드러나는 것은 인간과 그의 현실이 한쪽은 순수한 시선 속에서 분해되어 사라지고 또 다른 한쪽은 허구적 텍스트의 계기로 환원됨으로써 그 자취와 흔적을 찾아보기 어렵게 된다는 사실이다. 요컨대 이 장에서는 서정인과 이청준의 소설에 특유한 순수주의 지향과 다원주의 지향을 고찰하며 특별히 그들의 소설에서 두드러진 인간 실종의 양상들에 주목하고자 한다.

의미의 언어와 존재의 현실

비인간화는 김승옥 · 최인훈 · 박상륭의 소설만이 아니라 서정인 소설에서도 예외 없이 경험되는 근대 세계의 병리학적 특성이 되어 있는 것 같다. 특히 서정인이 60년대에 발표한 소설들에서 비인간화의 양상은 근대적 주체성이 구성하는 세계에 살아가면서 겪지 않으면 안 되는 사회적, 문화적 병리와 위기가 이제 어떤 극점을 이루게 되는 것은 아닌가 하는 느낌을 가지게 한다. 서정인 소설이 근대 세계의 병리학에 연루되는 배경에는, 지난 1960년대 한국사회에 본격화되기 시작한 이른바 '주체성의 문화'를 강박적으로 의식하면서 작품 활동을 해야 했던 작가의 시대 경험이 농도 짙게 깔려 있음은 물론이다. 그의 소설에서 중요하게 다루어진 주제들이 대체로 주체적인 자아 감각의 자기 폐쇄적 특성에서 오는 근대적 개인들의 시련과 역경에 관계된다는 것은 조금만 주의를 기울여 보면 쉽사리 간파될 수 있는 것이다. 서정인 소설 가운데 60년대 단편들이 특히 강조하고 있는 것은 주체적 자아 감각의 획득이라는 해방적인 국면 아래에 도사린 사회적으로 원자화된 개인들의 자폐성에서 오는 불행의 느낌이라고 할 수 있다. 그것은 무엇보다도 '사실'과 '의견'이 일치하지 않는 상황에서 발생하는 소통 부재의 곤경을 말하는 이야기를 통해서 주로 제시된다. 근대적 주체들의 자기 폐쇄적 성격이 야기하는 소통 부재의 곤경을 이해하려면 우선 「후송」(1962)이라는 서정인의 등단작을 살펴볼 필요가 있다. 「후송」은 제목 그대로 한 육군 장교가 후송 가는 이야기이다. 이 소설의 주인공인 '성중위'는 대략 1년하고도 수개월쯤 전 중동부전선에 있을 때 사격 훈련 후 귀에서 소리가 나는 자각 증상을 얻었다. 그는 사격장을 뒹굴고 있던 빈 깡통을 보고 충동적으로 권총을 난사하고 나서 귀가 이상해지게 되었던 것이다. 현 부대로 전속된 성중위는 몇 달 전부터 귀에서 소리가 나는 고통을 이제 더 이상 견딜 수 없다고 생각하고 마침내 후송을 결심한다. 그러나 성중위의 자각 증상은 매번 "후송 불요"라 판정되고 거듭 후송 상신(上申)은 이루어지지 않는다. 그의 귀앓이에 대해 의무중대 군의관은 꾀병을 의심하고 사단의 의무 참모는 노이로제 정도로 진단을 내리면서, 하나같이 후송이 불가능하다고 말한다. 모두 주어진 사실을 무시하고 자기들이 보고 싶은 대로 해석하고 판단해버렸던 것이다. 그러나 성중위는 의무 지대장의 소개로 수도육군병원에서 진찰을 받고 의견서를 확보하고 나서 결국 후송 특명을 얻어낸다. 그의 후송병원 생활은 이때부터 본격적으로 시작된다. 물론 '제50야전병원'을 시작으로 '제17후송병원'을 거쳐 '부산의 후송병원'에 이르는 일련의 후송 과정은 순탄하지 않았다. 성중위는 선입관에 의해 내려진 후송 불가 판정 때문에 후송병원을 옮길 때마다 자신의 병을 설명해야 했고,

그것이 먹히지 않으면 군의관들에게 수도육군병원에서 받은 "청력표"와 "의견서"를 제시해야 했던 것이다. 성 중위는 다행히 야전병원을 빠져나와 후방 후송병원으로 가는 데 성공한다. 그러나 그의 후송은 단순화된 '도표'와 '의견'들 때문이었지 귀에서 소리가 난다는 사실 그 자체 때문은 아니었다.

이 소설은 한 육군 장교의 지난한 후송 과정을 통해 '사실'과 '의견'이 일치하지 않는 상황에서 발생하는 대화와 소통의 어려움을 보여준다. 실제로 성중위가 귀앓이를 한다는 사실 자체와 그것을 둘러싼 주변 사람들의 해석과 판단은 끊임없이 겉돌거나 충돌하면서 소통 부재의 답답한 상황을 만들고 있다. 이러한 정황이 단순히 계급적 서열이 지배하는 특수한 집단인 군대만의 문제가 아니라는 것은 그다지 알아보기 어렵지 않다. 여기서 성중위와 그의 주변 인물들은 무엇보다도 자기 폐쇄적 특성에 제약된 근대의 주체적 개인들을 가리키는 것으로 보인다. 물론 그들은 대개 근대인의 내면적 조건을 그저 표시하는 수동적이고 무감각한 존재로 그려지고 있다. 그러나 성중위만은 그것을 예민하게 경험하고 의식하는 다소 능동적인 존재로 나타난다. 「후송」의 주인공인 성중위는 바로 자폐적인 자아의 고통을 불가피하게 경험하게 되는 근대적 주체성을 지니게 된 존재이자, 그 주체성에 의해 형성된 자폐성이라는 내면적 조건을 의사소통의 불가능성 속에서 어떤 불행의 느낌으로 체험하는 존재를 대변하는 상징적 인물이라고 할 수 있다. 그렇다면 성중위의 후송에 대한 결정이 거듭 유보되고 지연되는 것을 줄거리로 하는 데서 '근대적 개인들에게서 원천적으로 불가능한 의사소통'이라는 존재론적 주제가 마련되리라는 것은 여기서 어느 정도 예측해 볼 수 있다. 이 모든 것은, 예컨대 성중위가 "히어링 테스트"를 받는 장면에서 상징적으로 예시된다.

수도육군병원에 있는 지대장의 동기생은 안과 군의관이었다. 쪽지에 의하면 성중위와 지대장은 절친한 사이로 되어 있었다. 그래서 그런지는 몰라도 계집애처럼 예쁘장하게 생긴 그 안과 군의관은 치과의처럼 친절하였다./ "눈은 혹시 아프지 않으세요?"/ "눈은…" 성중위는 웃어보이며 대답했다. "아직 쓸 만합니다."/ "그럼 이비인후과로 가보실까요? 진찰권 안 끊으셨죠? 아래층 입퇴원과에 가시면 외래 진찰권이 있습니다."/ 이비인후과는 조용하고 한가한 안과와는 반대로 한창 붐비고 있었다. 입원 환자는 보이지 않았으나 외래 환자 서너 명이 좁은 치료실에 통로를 피하여 여기저기 우두커니 서서 차례를 기다리고 있었다. 치료대 위에는 나이 어린 소녀가 앉아서 두려움과 아픔을 얼굴로 표현하고 있었다. 아버지인 듯한 고급 장교가 옆에 서서 소녀의 어깨를 붙들고 있었다. 커다란 반사경을 머리에 들쳐맨 군의관은 혼자 바빠, 치료하다가도 하얀 가운 자락을 펄럭이면서 방안을 오락가락하였다. 의사가 치료대를 떠날 때마다 소녀의 얼굴에는 집행이 연기되었다는 표정이 떠올랐다. 안과 군의관이 틈을 붙잡아 이비인후과 군의관에게 몇 마디 말을 건넸다. 이비인후과 군의관은 잠시 한쪽에 서 있는 성중위를 바라보더니 그들을 데리고 옆엣방으로 들어갔다. 거기에는 군의관 소령이 앉아 있었다./ "과장님, 히어링 테스트 케이습니다."/ 소령은 성중위를 관찰하였다./ "오디오미터로 안내하시오."/ 성중위를 향해서, 그러나 자기 과 군의관에게 소령이 말했다. 성중위는 조그마한 방으로 안내되었다. 트럭의 운전대 절반쯤 되는 크기의 방이었다. 군의관은 밖에 남아 있었다. 방안은 온통 구멍 뚫린 흡음벽으로 둘러싸여 있었다. 작고 두꺼운 유리창을 통해서 환자와 의사는 연결되고 있었다. 성중위의 귀에는 리시버가 씌워졌다. 손에는 체크 스위치가 쥐어졌다. 성중위는 그때까지 가스실을 상상해본 적이 없었다. 방음 장치된 좁은 밀실은 답답하였다. 군의관들이 유리 저편에서 이쪽을 노려보고 있었다.(19-20)

이 대목은 성중위가 자신이 귓병을 앓고 있다는 사실에 대한 명백한 증거를 확보하기 위해 의무 지대장의 소개로 수도육군병원에서 '히어링 테스트'를 받는 장면이다. 우선 '이비인후과'와 대비되어 눈의 이상을 진단하고 치료하는 '안과'가 "조용하고 한가한" 곳으로 그려지고 있는 것이 의미심장하다. 이것은 보고 판단하는 것이 서로 달라 소통 부재의 답답한 상황을 만들고 있는 데도 그런 문제를 느끼거나 인식하지 못하는 사람들이 의외로 많다는 역설적 사실을 알려준다. 그런가 하면 "온통 구멍 뚫린 흡음벽"으로 둘러싸이고 또 환자와 의사는 "작고 두꺼운 유리창"을 통해서만 연결되는, "방음 장치된 좁은 밀실"은 단순히 '오디오미터'라는 청력을 체크하는 기계와 관련된 묘사에 그치는 것은 아니다. 그것은 근대적 주체성으로 야기된 원자화된 자아의 자폐적 특성과 은유적 관련을 맺는 상징이라고 할 수 있다. 마지막 구절에 제시되고 있는 주인공 성중위의 '답답함'이 또한 주체성의 자아 감각이 수반하는 근대적 개인들의 자폐성에 따른 의사소통의 단절 때문에 오는 것이라는 점은 말할 필요도 없다. 서정인의 「후송」이라는 작품에서 근대 소설에 고유한 '세계와 근원적인 불화 관계에 있는 개인들의 이야기'는 결국 독립된 자아 감각으로 인해 심각한 소통 단절의 상황에 처한 근대의 주체적 개인들의 이야기라는 역사적인 함축을 가진 것으로 변형된 것이다. 「후송」에는 이처럼 의사소통의 근본적인 단절이라는 근대인의 현실적 조건이 '주체적 전회(the subjective turn)'라는 역사적 상황에서 초래된 것임을 암시하는 구절들이 여럿 있다. 사실 이것이 서정인 소설에서 좀더 흥미로운 국면을 열게 될 중요한 대목들이다. 예컨대 "'코페르니쿠스'는 지금 뭘 하고 있을까"라는 「후송」의 지나가는 발언을 통해서는 코페르니쿠스의 지동설을 연상시켜 혁명적인 주체적 전회를 암시하는가 하면,[106] 성중위가 "왕"처럼 누구의 간섭도 받지 않고

"산꼭대기" 파견소대에서 근무하는 것이 훨씬 편안했다는 사연을 서술하는 대목에서는 주체화가 이룩하게 되는 제왕(諸王)들의 세계와 관련하여 "혼자"가 될 수밖에 없는 근대적 주체들의 불안 심리를 엿보게 만든다. 그것은, 근대적 주체성으로 인해 모두 '왕'이 되지만 또한 그에 따라 '혼자'가 된 사람들이 어떤 공통된 감각을 상실하고 자기 폐쇄적인 느낌에 사로잡힘으로써 소통의 가능성을 잠식당하는 데서 오는 타인에 대한 공포감과 관련된다. 다시 말해서 '나'의 진실을 알릴 방법이 없어 '너'의 오해와 공격에 직면할지 모른다는 염려와 두려움은 성중위가 대변하는 근대적 주체들의 근원적인 감정 상태를 가리킨다고 할 수 있다. 「후송」에서 결국 근대 세계는 원천적으로 사실과 진실의 소통을 위한 보편적 토대를 상실함으로써 각자의 해석과 판단과 의견만이 난무하게 된 어떤 전쟁과 혼돈의 공간으로 나타난다. 그리고 근대적 주체들은 그 안에서 주체화가 가져다준 자아라는 '왕'의 자유에 대한 대가로 사실과 의미와 가치라는 객관적 질서를 잃어버리고 의견과 무의미와 허무라는 '주관성의 혼돈'[107]에 빠져버리는 것으로 드러난다. 이런

---

106) "'코페르니쿠스'는 지금 뭘 하고 있을까… 녀석은 첫 잔에 얼굴이 빨개졌지… 코부터 말야… 정말 그 녀석은 코빼르니쿠스였어… 그는 웃었다. 병원은 어둠에 싸여 있었다. 어두운 밤 하늘을 배경으로 시커먼 건물들의 윤곽이 뚜렷이 드러났다. 모든 풍경은 새로워 보였다. 거울을 통해서 거꾸로 볼 때처럼 같은 세계가 또 하나의 다른 세계로 나타났다. 그의 수정체는 채색되어 있었다. 그것은 편리한 채색이었다. 각도를 달리해서 볼 때완 또 다른 무엇이 있었다. 보이는 대로 보는 대신에 보고 싶은 대로 볼 수 있었다. 보았던 것을 안 볼 수도 있었고, 안 보았던 것을 볼 수도 있었다. 그러나 어느 풍경화가 더 진실에 가까웠는지 말하기 어려웠다. 이쪽 수정체가 술에 젖어 있다면 저쪽 수정체는 습관에 물들어 있었으니까. 하나의 풍경에 두 개의 풍경화… 성중위는 드문 풍경화를 보고 있었다. 하늘이 기울고 지평선도 따라서 기울었다. 확실히 지구는 움직이고 있었다."(44-45)

107) 물론 주체성과 주관성은 같은 개념이 아니다. 즉 근대 사상가들은 객관성을 사실의 문제가 아니라 판단의 공통된 기준에 관한 문제로 인식하면서 객관성을 이른

맥락에서 성중위가 권총으로 "버려져서 뒹구는 빈 깡통"을 충동적으로 난사했던 이유는 비로소 밝혀지게 된다. 그는 주체로 현전하는 독립된 자아 감각이 마련한 무의미와 허무의 근대적 조건을 '빈 깡통'에 투사하여 주관성의 혼돈에서 비롯된 불안감과 불만스러움을 '권총 난사'라는 일종의 공격 심리를 통해 표출하고 있었던 것으로 보인다. 그러나 성중위의 후송 과정에서 드러난 것처럼, 근대적 주체는 "사실"이 "선입관"으로 왜곡되고 전문적인 "의견" 속에 굴절됨으로써 진실을 보여주지 못하는 근대 세계로부터 숙명적으로 벗어날 수 없는 암울한 존재로 제시된다.

서정인의 「후송」이라는 작품에서, '사실'과 '진실'을 추구하고 소통하는 일이 근대의 주체적 개인들 저마다의 '해석'과 '판단'과 '의견'들로 좌절될 수밖에 없는 절망적인 근대 세계를 넘어설 수 있는 가능성은 좀처럼 보이지 않는다. 성중위의 귀앓이가 상징하는, 사실과 진실의 소통에 실패할 수밖에 없는 근대적 주체화의 불행이 치유 불가능한 것이라고 말하는 대목을 보면, 그 점은 특히 뚜렷하게 나타난다. "적당한 치료법이 없어요. 약물도 별로 없고…"(37)라는 한 후송병원 군의관의 말처럼 어느 후송병원도 귀에서 소리가 나는 병증을 치유할 방법을 가지고 있지 않다는 것은 여기서 대단히 암시적인 것이 된다. 그것은 사실과 진실의 소통 불가능성과 거기서 오는 의사소통의 단절이 근대인

바 '간주관성' 내지는 '상호주관성'으로 재정의하였다. 그러니까 주체화된 근대 세계에서 '사실'은 표상적인 성격을 가지게 되었을 뿐 완전히 사라져버린 것은 아니었다. 주체성이 주관성과 다른 것은 그 때문이다. 그러나 사회는 특정한 기준들이 미리 확립된 규범이기 때문에 지키지는 않는다. 오히려 사회는 특정한 기준을 규범으로 여기도록 선택함으로써 그 기준들을 확립한다. 그렇다면 규범의 확립 과정에서 공통된 기준을 만들기 위해 상호 의사소통은 필수적이고, 여기서 다시 주관성의 문제는 불거져 나온다. 좀더 자세한 내용은 G. 그라프, 앞의 책, pp.50-53 참조.

과 그의 세계가 직면한 현실적인 조건과 상황이라는 사실을 알려준다. 역시 암시적인 것이지만, 그래서 마지막 후송병원으로 가는 기차는 끝내 "어둠 속"을 달릴 수밖에 없는지도 모른다. 그런가 하면 「후송」의 결말 부분에서 성중위가 제시하는 "하나의 풍경에 두 개의 풍경화"(45)라는 명제는 주체적 전회의 암울하고 참담한 결과를 관념적이지만 좀 더 분명하게 알려준다. 그것에 따른다면, 근대 세계에서 '풍경'이라는 단 하나의 사실 내지 진실은 각기 다른 눈으로 채색된 '풍경화들'로 인해 영원히 알 수 없는 것이다. 성중위를 통해서 아마도 작가는 사실과 진실은 알기 어렵거나 알 수 없다고 생각하는 일종의 불가지론에 어떤 식으로든 친근감을 표시하고 있는 것 같다. 작가의 분신이기도 한 성중위가 "언어"에 대한 불신에서 "침묵"을 즐겼다고 토로하고 있는 것은 그런 점에서 아주 자연스럽다. 그 대목의 골자는, 언어가 진실을 가장하여 간섭해 오는 것은, 똑같이 진실과 무관한 자리에서 이루어지는 것임에도 진실에 대한 자유로운 상상보다 차라리 못하다는 것이다.[108)]서정인 소설의 기저에 깔려 있는 이와 같은 불가지론적 인식을 이해하면, 그의 작품에서 심각한 불화 관계에 있는 개인들의 이야기가 자주 그려지는 것은 별로 이상한 일이 아니다. 이러한 이야기는 서정인의 또 다른 소설 「물결이 높던 날」(1963) 같은 작품에서도 선명하게 드러난다. 석호의 이야기와 현수의 이야기를 교차해서 보여주는 이 소설은 「후송」과 마찬가지로 그 두 사람의 이야기를 통해 해석과 판단과 의견이라는 주체화에서 초래된 주관성의 혼돈 때문에 사실과 진실의 소통이 불가능해진 암울한 근대적 개인들을 보여준다. 이야기는, 간단히 말하면 현수와 다방 아가씨 명자의 사랑은 석호의 실수로 그만 계속되는

---

108) '풍경'과 '풍경화'의 근본적인 단절에서 오는 그와 같은 불가지론적 인식은 서정인 소설의 모든 서술을 결정하는 원천이 된다.

오해의 드라마에 휘말리다가 "간단한 종말"을 맞는 것으로, 또 석호와 삼학정 주인 여자의 관계는 서로에 대한 오해로 애증을 오가다 마침내 치명적인 파국에 이르는 것으로 종결된다. 그런데 사실과 진실을 서로 소통할 수 없게 된 근대 세계의 불행을 출구 없는 절망으로 교착시킨 「후송」의 절망적인 세계는 「물결이 높던 날」에서는 그러한 세계에 대적할 근거를 발견함으로써 뜻밖의 전망을 얻는 듯하다.

> 그녀가 석호의 뺨을 후려쳤다. 석호는 순간 발끈했으나 이내 쌀쌀해졌다. 힘껏 떠밀면…떠밀어 팽개치면…아ㅡ악. 마담이 눈을 흡뜬다. 펼쳐지지 않는 낙하산. 펼쳐지지 않은…그녀가 뒤로 버틴다. 어깨를 꿈틀거린다. 석호는 그녀의 한 어깨를 놓아주었다. 그리고 그 빈손으로 바람에 흩날리는 머리채를 휘어잡았다. 휘어잡고 뒤로 나꿔챘다. 머리가 위로 제껴졌다. 새하얀 얼굴 위에 두 눈만이 커다랗게 확대되어 있었다. 가슴이 두루마기 위로 물결처럼 부풀었다. 그녀는 가슴으로 숨을 쉬고 있었다. 마주보는 여자의 눈동자, 그 점막 위로 물기가 스며들었다. 물기가 맺혀서 아랫눈썹을 적시며 방울지려 할 때 그녀는 두 팔을 벌리고 석호의 가슴에 얼굴을 묻어버렸다. 그녀의 부푼 가슴이 물결 자지러지듯 스러졌다. 석호는 순간 초인종의 단추가 눌린 듯 가슴속이 찌르르했다. 누가 찾아왔는가. 그리고 안에서는 누가 대답할 것인가. 그녀는 두 손으로 석호의 등을 부여안았다. 석호는 그대로 한 손은 그녀의 어깨 위에 또 한 손은 그 머리채 위에 두고 있었다. 누가 나올 것인가 …(중략)… 그는 그녀를 꼭 껴안았다. 그의 빈 가슴속을 상대방의 그것으로 메우려는 듯이. 그녀는 그의 속으로 파고들었다. 여자의 두 손은 그의 등을 놀라운 힘으로 끌어당겼다. 펼쳐지지 않은 낙하산.(90-91)

이 장면은 바로 석호와 '삼학정' 주인 여자가 '물결이 높던 날' 근처해안가 절벽에서 그 동안의 오해로 깊어진 마음의 증오를 격한 몸싸움으로 폭발시키는 장면이다. 그러나 그 두 사람이 갑작스럽게 서로를 껴안게 되었을 때, 그들은 아슬아슬하지만 죽음의 절망으로부터 구원된다. 인용문에 나오는 구절을 빌려 말하자면, "펼쳐지지 않는 낙하산"이 비로소 펼쳐지는 것이다. 아마도 '삼학정' 주인 여자의 물기 어린 눈망울에서 진심을 감지하고 마음의 "초인종" 소리를 듣게 된 석호가, 그동안 오해와 갈등과 다툼의 과정 중에 자신이 닫아두었던 마음을 열어젖힘으로써 마침내 상대방을 맞아들이고 포옹했던 것이 아닌가 한다. 이것은 무엇보다도 근대적 개인들의 자기 폐쇄적인 주체성 안에서도 타인들과 소통하고 조화로운 관계를 맺을 수 있다는 가능성을 보여주는 것으로 이해된다. 그렇다면 「물결이 높던 날」은 「후송」의 연장선상에 있는 작품이면서 동시에 그것의 절망을 희망으로 바꾼 좀 다른 작품이라고 말하는 것이 옳을지 모른다. 그러나 두 남녀의 화해의 포옹 뒤에 예상과 달리 여전히 "펼쳐지지 않은 낙하산"이라는 구절이 이어진다는 점에서 희망은 다시 절망에 귀착하고 만다. 더욱이 「물결이 높던 날」의 결말 부분에서 현수가 명자와의 결별에 따른 쓸쓸한 마음을 "삶에는 꼭 들어맞는 톱니바퀴가 없었다. 어디엔가 반드시 맞지 않는 데가 있어서 불협화음이 있었다"(92)라고 울적하게 토로하는 장면은 그 점을 좀 더 분명하게 확인시켜준다. 여기서 특별히 주목해야 할 것은 '포옹'과 같은 어떤 소통의 몸짓을 취하기에 앞서 석호에게서 일깨워진 어떤 깨달음이다. 실재하지 않는 머릿속 "전체" 때문에 실재하는 눈앞의 "부분들"을 무시할 수 없다는 자각이 바로 그것인데,[109] 서정인 소설에서 소

109) "버스의 창문을 통해 보이는 경치가 세상의 전부는 아니라고 우길 셈인가? 실재하는 부분들을 실재하지 않는 전체 때문에 무시할 셈인가? 이것들이 아니라면 그것이 어디 있으며, 그것이 있다 해도 이것들이 없다면 우리가 어떻게 그것에 접할

통 불가능성에 처해진 근대 세계에 대항할 수 있는 힘의 근거는 그 세계가 '보잘 것 없는 협착한 세계'에 불과한 것이라는 사실이 발견되는 대목에서 볼 수 있다. 요컨대 서정인의 「물결이 높던 날」은 사실과 진실이라는 실재의 상실이 돌이킬 수 없는 것이라면 그것을 포기하고 비록 일정한 편견과 선입관으로 도금된 가상의 세계라고 하더라도 주어진 부분들, 곧 허구적인 성격의 어떤 표상들에 천착하는 것이 이 근대 세계를 살아가는 유일하게 가능한 길이라고 말하고 있는 것 같다. 「물결이 높던 날」은 사실 어떤 극복을 말하는 소설 아니라 일종의 인내를 말하고 있는 소설이었던 셈이다. 그런 의미에서 석호와 삼학정 주인 여자의 '포옹'은 진실한 소통의 행위로서 전망을 여는 희망의 암시라기보다는 상대방의 존재를 일단 주어진 것으로서 인정하고 소통 불가능성을 의지적 요청으로서 견디어야 한다는 체념적 관용의 표출에 가깝다. 서정인 소설에서 의사소통의 단절이라는 근대적 주체들의 현실적 조건

수 있단 말인가. 우리가 어디를 가거나 어디에 있거나 우리 앞에 나타나는 것은 이 부분들, 손으로 만질 수 있고 역력히 듣고 볼 수 있는 이 부분들이 아닌가. 전체는 우리 모두의 것, 따라서 내 것도 네 것도 아닌, 우리 누구의 것도 아닌, 다만 종이 위에나 머릿속에 있는 것이 아니던가. 주어진 것이, 그것이 아무리 협착한 세계라 할지라도, 아무리 보잘것없는 부분이라 할지라도, 무너져버릴 때, 전우주와 전역사가 무슨 소용이란 말인가. 전체가 아무리 위대하고 찬란해도 그것이 어떻단 말인가. 그것이 어디 있단 말인가. 잡초 우거진 옛 성터는 전역사보다 더 역사적이고, 밤의 네모난 조그마한 창에 와서 박히는 몇 낱의 별들은 전 우주보다 더 우주적이다. 우리가 붙들고 안간힘을 쓰는 것은 광년이 아니다. 영원하고 무궁한 시공(時空)이 우리에게 나타나는 것은, 그리고 주어지는 것은, 순간과 지점으로서이다. 세 치 남짓한 넓이의 땅이 우리의 발밑에서 무너져버린다면 그것은 전우주가 붕괴되는 것과 무엇이 다를 것인가. 한 지어미의 가슴속에서 팔딱거리고 있는 조그마한 심장이 아니라면 대기에 미만해 있는 사랑이 무슨 소용이란 말인가. 세계는 저기 있었고 석호는 여기 있었다. 외면하고 달아나는 그의 전부를 석호는 원망하지도 갈구하지도 않았다. 그는 그것을 다만 차창 밖으로 차갑게 응시하고 있을 뿐이었다."(84-85)

은 결국 단계적으로 극복될 수 있는 변증법적 지양의 대상이 아니라 다만 영원히 인내할 수밖에 없는 비극적 관조의 대상이라고 할 수 있다. 다시 말하면 서정인 소설의 등장인물들이 희구하는 삶의 가치는, 석호의 상념에서 나타난 바 그대로, "손으로 만질 수 있고 역력히 듣고 볼 수 있는" '주어진 부분들'에 천착함으로써 그것을 통해 사실과 진실에 대한 느낌을 유지하는 방법 이외에는 찾아질 수 없는 것이 된다. 그리고 이것은, 사실과 진실의 상실이 스스로 사실과 진실임을 천명하는 순간부터 시작된다면, '사실과 진실이 부재한다는 사실과 진실'만을 신뢰하는 것이야말로 사실과 진실을 추구하는 유일하고 진정한 방식이라는 생각을 포함한다.

「미로」(1967)라는 소설은 사실과 진실을 추구하는 방법이 어떤 것인지에 대한 좀더 설명적인 대목들을 담고 있다는 점에서, 장황해질지 모르지만 특별히 살펴볼 만하다. 이 작품의 어느 대목을 보면 '인생의 자살론'과 '인생의 타살론'을 주장하는 자들과 더불어 '인생의 자연사론'으로 그들에 맞서는 주인공이 등장하여 논쟁을 펼치는 장면이 나온다. 거기서 모든 죽음은 자살이라는 주장과 모든 죽음은 타살이라는 주장을 경청하던 끝에 주인공 '나'는 모든 죽음은 자연사라는 주장을 정면으로 제기한다. 그리고 세계의 근본적인 불행과 잘못이 그런 "자살이다, 타살이다"하는 술어들의 난립이 이루는 언어적 '미로(迷路)'에 있다고 생각하는 '나'는 그 "술어들"을 추방하자고 제안한다. 간단히 말해 그는 어떤 이야기든 정당화됨으로써 상대주의가 범람하고 또 그 때문에 의미의 혼돈과 가치의 무질서가 창궐하는 소통 불가능한 세계는 그에 대한 대응이 "죽음은 죽음이다"라는 자연사적 명제처럼 술어를 추방함으로써 누구도 부인할 수 없는 명백한 사실을 추구하는 데서 이루어진다고 말한 것이다. 이렇게 본다면 「후송」에서 확인시켜준 소통 불가능성이라는 근대적 주체의 현실적 곤경은 마침내 「미로」에 이르러 '술어들의 추방을 통한 사실에의 추구'라는 방식에서 어떤 출구를 찾게 된 것으로 볼 수 있다. 물론 그 출구는 삶의 출구라기보다는 일종의 작가적 출구와 관련된다. 즉 '사실에의 추구'라는 방법의 획득을 통해서 비로소 서정인 소설은 거듭 씌어지고 생성될 수 있었다는 함축을 그것은 담고 있는 것이다. 왜냐하면 서정인 소설에서 아주 기본적인 인식이 되어 있는 불가지론과 그것이 수반한 언어에 대한 불신은 술어들의 추방과 제거라는 방법으로 하여 다시금 언어에 대한 기대를 불러일으켰을 것이기 때문이다. 실제로 '사실에의 추구'라는 방법은 이후 서정인 소설의 모든 서술을 이끌게 된다. 「미로」 이후 「강」에서부터 점차 서정인의 소설이 타동사적인 '의미' 차원이 아닌 자동사적인 '존재' 차원에 가까워진다는 느낌을 주는 이유는 바로 여기에 있다.110)

---

110) 이러한 수사적 표현은 사르트르가 소설과 시라는 장르를 구분할 때 구사했던 '도구로서의 언어'와 '사물로서의 언어'라는 구분에서 착안한 것이다. "지금까지 예를 든 화가나 음악가의 경우와는 반대로 작가는 「의미」와 관계가 있다. 그런데 그 안에서도 또 구별이 필요하게 된다. 「의미」를 가지는 「기호」가 지배적인 힘을 가지는 영역-그것이 산문이다. 그러나 시는 차라리 회화나 조각이나 음악 쪽에 가깝다. …(중략)… 시가 산문과 똑같은 방법으로 말을 사용하는 것은 아니다. 차라리 시는 전혀 말을 「사용」하지 않는다고 하는 편이 옳을 것이다. 오히려 시는 말에 「봉사한다」고 하고 싶다. 시인들은 언어를 이용하기를 거부하는 사람들이다. …(중략)… 사실 시인은 대뜸 「도구로서의 언어」와는 인연을 끊을 것이다. 그는 단호히 말을 기호로서가 아니라 「사물」로 간주하는 시적 태도를 선택한 것이다. 왜냐하면 기호라는 것이 본시 애매한 것이어서 유리처럼 그것을 제멋대로 투시할 수 있으며, 그 말이 의미하는 「사물」을 기호를 거쳐 추구할 수도 있고, 시선을 그 현실로 돌릴 수도 있으며, 또한 그 기호를 대상으로 여길 수도 있기 때문이다. 이 경우에 말하는 사람은 말의 저편, 즉 대상 옆에 있는 것이다. 그러나 시인은 말의 이편에 있다. 전자에게 있어 말은 이미 길들어 있지만 후자에게 있어서는 야성 그대로다. 전자에게 있어서 그것은 유용한 약속이고, 차츰 소모되어서 마침내 쓸모없이 되어 결국 내버리고 마는 연장이지만 후자에게 있어서 말[語]이란 초목과 같이 지상에 자연적으로 자라는 자연물들이다."(J. P. 사르트르, 『문학이란 무엇인가』,

사실(事實)에의 추구

"서로 합쳐지기 위해서 깨뜨려지기에는 너무 두꺼운 껍질 속에 따로 따로 웅크리고 있는" "두 개의 세계"(232)라는 「산」(1971)에 나오는 표현들이 암시하는 것처럼, 근대적 주체들 저마다의 세계는 고립된 자폐적 세계가 됨으로써 가령 하나의 말[言語]조차도 누구에게나 같은 뜻을 지니지 않게 된다고, 서정인 소설은 거듭 강조하고 있다. 그의 소설에 따르면, 바로 그러한 상황이 '풍경과 단절된 풍경화'와 '진실을 혼란스럽게 만드는 술어들'을 양산한 역사적 배경이고, 근대적 주체는 거기서 의사소통의 근본적인 토대인 보편성을 상실하고 이른바 동상이몽(同床異夢)의 내면적 현실에 처하게 된다. 요컨대 근대적 세계에서 진실한 하나의 풍경은, 자아 감각의 독립성에서 오는 자폐성 때문에 각기 다른 술어들로 해석되고 판단된 풍경화들이 난립함으로써 알기 어렵거나 더 이상 알 수 없는 것이 되었고, 사회적으로 원자화된 근대적 주체

김붕구 역, 문예출판사, 1972, pp.15-16.) 사르트르는 소설은 말을 '사용'하지만 시는 말에 '봉사'한다고 말한다. 바꿔 말하면 소설의 언어는 어떤 목적을 위해 말을 사용한다는 의미에서 타동사적이라고 말할 수 있고, 시의 언어는 말을 사물로서 간주하는 태도로 말을 위한 말을 한다는 점에서 자동사적이라고 할 수 있다. 물론 사르트르적 의미에서 말을 위한 말이라는 차원으로 자동사적 특성을 얘기한다면, 그것은 서정인 소설의 자동사적 특성, 즉 어떤 실재에 그대로 가닿고 그것과 일치함으로써 그저 존재하려는 지향과는 차이가 있다. 끝으로 한마디 덧붙이자면, 문학작품은 언어를 매개로 성립하는 것이므로 본질적으로, '의미'와 '존재'는 문학작품을 두고 상호 배제의 관계를 형성하기 어렵다. 문학의 언어는 근본적으로 의미론적인 것이지 존재론적인 것이 아니기 때문이다. 그러나 문학작품이 그 의미론적인 한계 안에서 사실과 진실에 부합하려는 충동과 의지를 가지고 술어들을 제거해나간다고 할 때, 혹은 그런 노력을 보여준다고 할 때, 어떤 문학작품이 '자동사적인 존재 차원'에 근접한다고 말할 수는 있다. 그런 의미에서 다시 한번 말하지만 의미론적 언어들의 체계인 문학작품 안에서 '타동사적 의미'와 자동사적 '존재'가 구분된다고 한 것은 일종의 수사학적 표현이다.

들은 원천적으로 의사소통의 단절을 겪지 않으면 안 되게 되었다는 것이다. 이처럼 서정인의 소설, 특히 그의 60년대 단편들에는 소통 불가능성이라는 근대 세계의 불행한 인간 조건이 근대적 개인의 주체성이 야기한 '풍경화'들과 '술어'들의 잘못으로 구성된다는 인식이 지배적으로 나타난다. 그런데 서정인이 그려낸 주동인물들은 대개 근대로의 역사적 전환에 따른 잘못된 현존을 돌이킬 수 없다고 생각하면서도 하나같이 그것에 휩쓸리지 않으려는 의지와 열정을 보여준다. 이를테면 성중위와 석호, 그리고 인생의 자연사론을 주장하며 술어들의 추방을 외쳤던 「미로」의 주인공 등은 모두 역사적 상황의 제약을 넘어서려는 작가적 고민을 대변한다. 서정인 소설은 결국 소통 불가능성이라는 근대 세계의 현실적 조건을 살아내는 방법의 발견에 이르는데, '사실에의 추구'라는 글쓰기의 방법이 그것이다. 이때 풍경화와 술어들로 표시되는 주관성의 혼돈은 그것으로부터 완전히 벗어나는 것은 불가능하다 하더라도 사실을 추구하는 글쓰기를 통해 어느 정도 제어될 수 있다는 것이 작가의 판단과 생각이라는 것은 말할 필요도 없다. 그런 의미에서 「미로」 이후의 서정인 소설이 작중인물이나 서술자의 의견·판단·해석과 같은 주관적 인식의 범주들을 무력하게 만드는 사실들의 세목들을 충실히 묘사하고 서술하는 데 치중하게 되는 것은 그럴 법한 일이다. 그러나 서정인 소설에 그와 같은 주관성의 범주로부터 자유로워진 서술의 체계가 도입되자마자 그 언어들은 사실에 밀착된 객관성을 외양으로 하면서 모든 의미로부터도 자유로워지게 된다. 의미란 기본적으로 어떤 판단과 해석을 통해서 생성되는 것이라면 그것들을 제거하고 남는 것은 의미를 품지 않는 어떤 언어적 존재들일 것이라는 점은 어느 정도 예측할 수 있는 사실이다. 이처럼 서정인 소설에서 특이한 것은 바로 소설적 언어의 의미 차원이 일정한 의미에서 그것의 존재

차원으로 끌려들어가는 데 있다.[111)]

서정인 소설에는 어쨌든 근대 세계의 소통 불가능성에 절망한 작가의 비극적 세계 인식에 따라 사실과 진실의 소통이 불가능하다는 것은 어쩔 수 없다 하더라도, 주관적 술어들을 제거함으로써 그 사실과 진실을 소통 가능한 형태로 만들려는 노력과 안간힘이 작가적 신념을 만들고 있다는 것은 부인하기 어렵다. 이것은 작가 서정인의 육성을 통해 직접적으로 확인되는 사실이기도 하다. 그에 따르면, 사실에 대한 추구는 "사실 찾아 내기"가 아니라 "사실에 가까와지려는 끊임없는 노력", 곧 "그 결과가 아니라 과정"이 중요하다. 다시 말해 사실을 밝히는 일은 기술적으로 아주 어렵기 때문에 그러하고, 극단적으로 말하면 중립적 사실이란 있을 수 없기 때문에 더욱 그러하다는 것이다.[112)] '사실에

111) 일반적으로 소설이란 '존재의 현실'과 다른 '의미의 언어' 위에 구축되는 현실이라는 점에서 어느 정도 미학적인 것이라 한다면, 서정인 소설은 의미의 언어를 가지고 존재의 현실을 꿈꾸고 갈망한다는 점에서 다분히 리얼리즘적인 성격을 띤다고 할 수 있다. 이것이 그동안 서정인 소설을 모방적 관점에서 바라보게 한 이유이다. 그러나 그것은 현실을 소박하게 반영한다는 '순진한 리얼리즘'이나 혁명이라는 이데올로기로 술어화된 '민중적 리얼리즘'과는 근본적으로 다른 것이다. 이를테면 의미로부터는 초연하고 가치에 대해서는 중립적인 그런 존재의 현실을 담아내기 위해 '술어의 추방과 제거'라는 방법적 실험을 통해 객관적 현실을 철저하게 재현하려는 것은 서정인 소설이 극단적인 '방법적 리얼리즘'을 추구한다는 사실을 알려준다. 서정인 소설의 언어는 실제로 소박한 모사론이나 양심적 반영론의 차원을 벗어나 '존재'라는 '객관적 현실의 재현'을 극단적으로 지향하는 이른바 '전위적 리얼리스트'의 것으로 이해된다.

112) "사실이 사실이기 때문에 중요하다는 말은 사실을 밝히려는 노력과 성실성이 값지다는 말과 같다. 사실을 밝히려는 노력과 성실성이 값진 것은 사실을 밝히기가 어렵기 때문이다. 사실을 밝히는 일은 때로는 목숨, 사람에 따라서는 목숨보다 더 귀한 것들을 버릴 용기와 각오가 필요하다. 사실을 밝히는 어려움은 여기서 그치지 않는다. 사실이 용기와 각오만으로 밝혀질 수 있다면, 사실의 중요성은 윤리적·도덕적 가치밖에 없을 것이다. 사실을 밝히는 일은 기술적으로 아주 어렵다. 극단적으로 말하면, 중립적 사실이란 있을 수 없다. 사실이라고 생각되었던 것은 대

의 추구'라는 서정인의 작가적 노력을 가늠하기 위해서는 우선 미미한 형태로나마 그러한 노력을 엿볼 수 있는 「강」(1968)이라는 작품을 살펴볼 수 있다. 이 소설은 소통 불가능한 세계에 절망한 작가의 어두운 인식이라는 관점에서 지금까지 적지 않은 검토가 있었음에도 불구하고 '사실에의 추구'라는 작가의 서술 방법이 처음으로 나타나는 작품이라는 점에서 다시금 주목할 만한 가치가 있는 작품이다. 「강」이라는 작품은 진눈깨비 내리던 날, 군하리에서 있을 결혼식에 가는 세 남자의 이야기를 들려준다. 늙은 대학생 김씨, 세무서 직원 이씨, 전직이 국민학교 선생인 박씨가 그들이다. 두 사람은 현재 박씨 집에서 하숙을 하고 있다. 그들은 모두 초라하고 보잘 것 없는 인생을 살고 있고 또 스스로 그렇다고 느끼고 있는 범부(凡夫)들이다. 그날 밤 열시쯤 결혼식을 보고 술이 크게 취한 세 남자는 여비조로 받은 천 원으로 술을 더 마시기로 한다. 차 시간은 이미 끊겨 있었던 것이다. 잠시 망설이던 그들은 군하리에 도착하면서 보아둔 "서울집"을 찾지만 엉뚱하게 여인숙 문을 두드린다. '서울집'은 그 여인숙 다음 집이었던 것인데, 그들은 술김에 그만 문을 잘못 두드린 것이었다. 늙은 대학생 김씨는 피곤하다며 여인숙에 그냥 방을 잡아버리고 나머지 두 사람만 술집으로 간다. 그런데 김씨는 어둡고 냄새나는 여인숙 방에서 공부 잘 하는 반장 소년을 만난다. 취기가 오른 그는 그 소년에게서 자신의 과거를 발견하고 감상에 젖는다. 하나의 천재가 열등생으로 변모해 가는 과정을 떠올린 것이다.

개 어떤 입장에서 바라본 사실이고, 따라서 그것은 사실이 아니라 사실과 어떤 사람의 의견을 합친 것이다. 사실은 의견이 섞이지 않은 중립적 사실만이 사실이다. 이러한 사실을 밝히는 것은 불가능하다. 사실을 밝혀내려는 노력은 사실을 찾아내기보다는 사실에 가까워지려는 끊임없는 노력이다. 그것은 결과가 아니라 과정이다."(서정인, 「작가서문–사실과 의견」, 『벌판』, 나남, 1984, p.10.)

김씨는 "비굴하고 피곤하고 오만한 낙오자"가 되어 있는 자신을 생각하며 자신이 꿈꾸었던 것으로부터 아주 멀리 떨어져 있는 곳에 와 있다는 것을 쓸쓸하게 깨닫는다. 한편 주사와 선생은 아까 군하리로 오던 버스에서 본 젊은 작부를 희롱하며 '서울집'에서 술을 마시고 있다. 갑자기 김씨가 생각난 그들은 여자에게 그를 깨워오라고 한다. 그녀는 말없이 나와 눈 내리는 조용한 밤 골목을 지나며 눈·결혼·신부·첫날밤·부자·행복 등을 떠올리고 김씨에게로 간다. 그는 깊은 잠에 빠져 있다. 젊은 작부는 선망의 눈길로 잠든 대학생을 내려다본다. 그리고 그를 반듯하게 눕히고 그냥 불을 끄고 나온다. 그녀가 남겨 놓은 발자국을 하얗게 지우면서 밖에서는 눈이 소복소복 쌓인다.

이 작품에서 주인공인 '늙은 대학생 김씨'는 꿈과 희망이 이제 "허사"가 되어버린 세계에 살고 있다는 비관적 체념에 사로잡혀 있으며, 또한 군하리 결혼식에 갔다가 만난 공부 잘 하는 반장 소년이 언젠가 열등생이 되어 사회의 낙오자가 될 것이라는 인식에서 꿈과 희망의 실현에 대한 가능성이 차단된 현실의 암담한 미래를 연상하고 있다. 소설은 그처럼 전망이 사라진 현실에 대한 절망으로 깊은 비관에 빠진 주인공과 별로 다를 바 없는 인물들을 등장시키고 있다. 먼저 전직이 국민학교 선생이었던 박씨는 검은 안경을 쓴 사람만 보아도 형사라고 생각하는 병역 기피자로서 하숙하는 이씨가 자신의 아내에게 전화를 걸어왔을 때 아내가 화를 내지 않은 것에 실망하기도 하는 겁 많고 소심한 사람이다. 그런가 하면 세무서 직원인 이씨는 퇴근 후 당구도 치고 춤도 추러 다니고 검은 안경 같은 것으로 멋도 내고 싶어 하는 일종의 속물이다. 세 남자가 군하리로 가는 버스 안에서 만난 '서울집'의 젊은 작부는 어떤가. 수줍음도 타고 대체로 조용한 성격을 가지고 있는 것으로 보이는 그녀가 한적한 시골의 작부라는 처지에 이르게 된 사연은 소설이 숨기고 있지만 아마도 굴곡 많은 것이었을 것이다. 이처럼 서정인의 「강」은 세 남자와 반장 소년, 그리고 젊은 작부의 이야기를 통해 저마다의 꿈과 희망에서 멀어져버린 초라하고 보잘 것 없는 삶들을 어둡고 쓸쓸하게 그리고 있다. 여기서 두드러지는 것은 일단 꿈과 현실 사이의 깊은 심연을 바라보며 근대 세계, 곧 지금 이곳의 삶에 절망하는 작가의 어두운 인식이다. 그런데 그 인식은 근대적 주체들의 외로운 삶이라는 숙명으로 인해 더욱 어두워 보인다. 즉 영락한 삶에 지칠 대로 지친 사람들은 서로 소통을 통해 잠시나마 같은 처지에 있는 사람들이 느끼게 마련인 위안을 얻기는커녕 외따로 떨어진 채 서로 무심한 외로움 속에 머무르고 만다. 여기서 작가의 절망은 좀더 두텁게 채색되는 것처럼 보인다. 예컨대 군하리로 출발하기 전 버스에서 검은 색안경을 두고 세 남자가 보여준 동상이몽은 근대 세계의 외로운 삶의 풍경을 상징적으로 암시하고 있다.

> "이 차, 어디로 가나?"/ 검은 색안경을 쓴 사람이 고개를 뒤로 발딱 젖히고 차 안을 두리번거린다. 그러나 아무도 대답해주는 사람이 없다. 그는 제풀에 이상하다는 듯이 고개를 갸우뚱해보이고 차의 문이 만들어주는 좁은 시야 밖으로 사라져버린다. 잠바를 입은 사나이는 적이 마음이 풀린다. 색안경은 사치품일까, 필수품일까. 대부분의 경우, 필수품은 아닐 것이다. 그런데도 뻔뻔스럽게 길거리에서 파는 백 원짜리로 사치를 하려고 하다니! 그는 이천 원짜리를 사려다가 너무 비싸서 천 원을 주고 중고를 산 바 있다. 그것은 지금 그의 호주머니 속에 들어 있다. 눈만 하얗게 쌓인다면 언제든지 꺼내서 코 위에 걸칠 수 있다./ 김씨는 색안경을 낀 사람을 보면 장님을 생각한다. 그는 한때 자기가 검은 안경을 쓰고 장님이 되어 안마장이 노릇을 하는 상상에 사로잡힌 적이 있다. 전투에서 눈을 부상당한다. 육군

> 병원에 입원한다. 눈에는 붕대가 감겨져 있다. 애인이 찾아온다. 그러나 지극히 작은 차이로 인해서 만나지 못한다. 장님이 되어 색안경을 낀다. 지팡이로 밤의 아스팔트 위를 더듬으며 통소를 분다. 창문 여는 소리가 들려온다. 여자가 그를 부른다. 귀에 익은 목소리다./ "집이 거기죠?"/ 고깔모자를 쓴 사람은 색안경이라면 질색이다. 그에겐 색안경을 쓴 사람은 형사다. 그리고 형사는 기피자를 단속한다. 그는 직장에서 쫓겨났을 때까지 매달 월급날이면 정기적으로 형사의 '예방'을 받은 적이 있다.(127-128)

어떤 사람이 쓴 "검은 색안경"을 두고 서로 다른 생각을 펼치는 세 남자의 동상이몽에 대한 묘사에서 두드러지는 것은, 한마디로 말해서 근대적 주체들의 자폐성이다. 그것은 무엇보다도 초라하고 보잘 것 없는 영락한 삶들이 서로에게 관심 없는 그저 무의미한 것으로 남아 있도록 하는 것이다. 그런 점에서 버스의 행선지를 묻는 물음에 아무도 대답하지 않는 모습을 보여주는 인용문의 첫 대목은 시사적이다. 그토록 형편없는 삶에 처해 있으면서도 "이 차, 어디로 가나?"라는 최소한의 소통의 시도조차 좌절시키는, 자기의 관심과 생각에만 빠져 있는 사람들의 형상은 궁극적으로 그러한 형편없는 삶은 아마도 영원히 지속되고 말 것이라는 어떤 극단적인 절망감에 빠지도록 한다. 물론 「강」에는 초라하고 보잘 것 없는 삶에 위로가 될 수 있는 작은 행복의 길이 제시되는 것처럼 보이기도 한다. 그것은 소박하고 작은 꿈을 가진 젊은 작부에 의해 예시되는 것 같다. 예컨대 눈길을 지나며 군하리에서 있었다던 결혼식과 첫날밤 눈이 오면 부자가 된다는 속설을 떠올리며 어떤 신부를 잠시 시샘하는 대목이나, 잠든 대학생 김씨를 바라보며 자신이 이 남자와 같은 사람의 신부가 될 꿈에 순간적으로 설레며 그에게 선망의 눈길을 보내는 대목에서 나타나는 바 그대로, 그녀를 통해서는 자신의 욕망과 꿈의 부피를 줄일 때 실망이나 절망의 부피도 함께 줄어든다는 다소 소극적인 삶의 지혜가 드러나는 것으로 보인다. 그러나 이 작품은 젊은 작부가 "바라는 것이 지극히 작음"은 온전하고 진실한 삶과는 거리가 먼 것이고 다만 절망적인 삶에 대해 수세적인 서러운 처신이자 쓸쓸한 지혜에 지나지 않는다고 말하는 듯하다.[113] 그렇다면 젊은 작부가 찍고 간 발자국을 하얀 눈이 소복소복 쌓이며 하얗게 지우는 소설의 마지막 대목은 어떤 존재도 예외로 하지 않고 무의미하게 만들어버리는 근대적 현실의 잔인한 기율이 암암리에 표출되고 있는 것은 아닌가 한다. 「강」은 결국 어두운 근대 세계에 교착된 작가의 출구 없는 절망과 그 인식을 착잡하게 보여주는 작품이지, 인간의 꿈과 희망의 실현 가능성을 말하거나 그 가능성에 대한 관심을 표출하고 있는 작품은 아니다. 그러나 앞서 언급한 것처럼 「강」의 서술 형태 속에는 소통 불가능성에 제약된 근대 세계를 소통 가능한 공간으로 만들려는 노력과 안간힘이 들어 있다. 초라하고 보잘 것 없는 삶이라는, 어둡고 쓸쓸한 근대적 주체들의 운명은 어쩔 수 없다 하더라도, 그 운명을 가로지르며 그것을 바꾸려는 소통에의 노력이 중지되어서는 안 된다는 작가의 의지와 신념은 '사실에의 추구'라는 소설적 방법을 고안하게 만들었을 것임에 틀림없다. 사실 「강」에서 강조해야 하는 것은 그 방법이

---

113) 물론 젊은 작부가 작은 꿈을 가진 소박한 여자임을 알게 해주는 구체적인 대목이 발견되지는 않는다. 다만 소설의 이곳저곳에 흩어져 있는 암시적인 대목들이나 구절들을 가지고 그것을 유추할 수 있을 뿐이다. 예컨대 군하리로 가는 버스 안 장면에서 그 젊은 작부의 소박함은 타인의 느낌과 생각을 통해서이긴 하지만 아주 잘 드러난다. "모자를 쓴 사람이 모자 밑으로 손가락을 집어넣어 머리를 긁적거리면서 여자 쪽으로 조금 다가앉는다. 여자는 행복한 표정이다. 그 여자는 바라는 것이 지극히 작음에 틀림없다. 아마 그 여자를 행복하게 해주는 것은 쉬울 것이다."(127)

라고 생각된다.

서정인의 「강」이라는 소설에서 사실에의 추구는 다른 무엇보다도 '의견'과 '사실'을 엄격하게 구별하려는 일종의 방법적 소설 쓰기로 나타난다.[114] 물론 「강」은 모방적 관점에서 현실의 재현에 충실한 것처럼 보일 뿐만 아니라 작품의 분위기 또한 시종 현실적 삶의 곤경과 난제에 직면한 인간에 관한 멜랑콜리(melancholy)한 시선에 지배되어 있다는 점에서 사실의 추구에 대한 작가적 관심과 열정이 소설적 방법이 되어 있다는 것을 발견하기란 그렇게 쉽지 않다. 그리고 사실상 「강」에서 그 방법이 전면적으로 관철되고 있는 것도 아니다. 그것은 다만 주인공 '늙은 대학생 김씨'가 "시치미를 뚝 떼고" "옳고 그름을 따지지 않고" "알고도 모른 척 모르고도 모른 척"한다는 구절에서 암시되는 것처럼 어떤 주관적 판단과 해석을 극도로 자제하는 작품의 이른바 중립적 서술 형태 속에서 부분적으로 드러나고 있을 뿐이다. 예를 들어 "차가 군하리에 멎는다. 세시가 겨웠다. 그들은, 그리고 또 몇 사람이 차에서 내린다. 촉촉이 젖은 황톳길은 얼마든지 더 계속되는 모양이다. 차는 이내 떠난다."(132)라는 대목이나 "세 사람은 그 건물 모퉁이로 돌아간다. 적당한 간격을 두고 나란히 서더니 일제히 오줌을 누기 시작한다. 오랫동안 참았던지라 줄기가 사뭇 세차다. 물론 그곳이 그들에

114) 「강」에서부터 서정인의 초기작이 보여준 일종의 관념성이 어느 정도 극복된다는 기존 논의의 일반적인 지적에서 일차적으로 그 점을 확인할 수 있다. 예컨대 김현의 논의가 대표적이다. 그의 말에 따르자면, "「강」 이후에서부터 서정인은 「후송」 「물결이 높던 날」 「미로」 등에서 보여준 관념성을 거의 완벽하게 극복한다. 실존주의자들과 조이스나 울프, 그리고 50년대의 여러 작가들의 체취가 「강」 이후에는 말끔하게 사라진 것이다. 「강」 이후의 몇 개의 소설들은 삶의 바닥에서 허우적거리는 여자들을 주인공으로 하여, 한국의 소도시 풍경을 여실하게 그려낸다." 김현, 「세계인식의 변모와 그 의미」, 『강』, 문학과지성사, 1976; 재판, 1996, pp.315-316 참조.

의해서 처음으로 그렇게 사용된 것 같지는 않다. 맨 가에 서 있던 김씨가 갑자기 허허허허 하고 웃는다. 나머지 두 사람은 골마리를 훔치고 김씨 곁으로 다가선다. 그리고 김씨의 시선을 따라 건물의 벽을 본다. 가위가 하나 그려져 있다."(133-134)라는 대목과 같은 것은, 그것의 전형적인 예이다. 실제로 주관적 판단이나 해석과 결부되어 나타나는 개인적 '의견'은 거기서 다른 술어들로 표현하기 어려운 자명한 사실에 밀착되어 작품에 서술되어 있는 그 이상도 그 이하도 아닌 기본적인 무엇이 되어 있다. 작가는 자신의 눈에 비친 대상을 아주 냉정한 무관심을 가지고 객관적으로 표현하고 있는 것인데, 이 객관적 표현이라는 것이 어떤 지각의 주체를 그 무언가로부터 분리하여 그것을 그 자신과 별개의 대상 내지는 사물로 파악한 결과라는 것은 말할 필요도 없다. 앞서 서정인 소설이 존재 차원에서 의미 차원을 흡수한다고 한 언급은 바로 그것을 염두에 두고 한 말이었다.[115] 이처럼 「강」의 서술 체계는

115) 그와 관련해서 정혜경의 서술 분석은 주목을 요한다. 그녀는 서정인의 「강」이라는 작품이 보여주는 통사구조(syntax)를 살피면서, 「강」의 문장들은 우선 간결하고 또 통사구조에 연속성을 부여하는 결속구조(cohesion)가 상당히 약화되어 있다고 지적한다. 그리고 접속표현(junctive)이 생략되어 있어 판단의 이유가 명시되어 있지 않다고 덧붙인다. 그녀가 예시한 문장들은 다음과 같다. "하얀 목도리가 밤색 잠바 속으로 그의 목을 감싸 넣어 주고 있다. 귀앞 머리 끝에는 면도 자국이 신선하다. 그는 눈발 빗발에 섞여 내리는 창밖에 차츰 관심을 모으기 시작한다." 그래서 정혜경의 논의에 따르면, 「강」의 의미를 찾기 위해서는 적극적인 독서를 시도해야 하며, 또 그 독서의 결과는 짐작 이상이 될 수 없다고 말한다. 이러한 미시적 분석은 의미에 저항하는 「강」의 존재 지향을 설명하는 데 시사하는 바가 크다. 즉 접속표현의 생략에 따른 결속구조의 약화는 문장의 연속성을 제거하여 그 연속성이 수반하는 인과적 해석이나 해석적 판단의 개입을 차단함으로써 「강」의 문장들을 가치판단으로부터 자유로운 사실 명제로 만드는 것이다. 물론 정혜경의 논의에서 「강」의 서술구조는 '서술 자체의 유기적인 통일성을 해체하여 서술자의 자기동일성을 문제시하면서 타자성을 유입시키는 방법'의 일환으로 설명된다(정혜경, 「1960년대 소설의 서술구조 연구」, 고려대 박사학위논문, 2001, pp.70-73 참조). 그

이러저러한 편차에도 불구하고 대체로 그와 같이 서술을 의미로부터 분리하려는 노력 속에서 중립적인 객관성을 띤다. 그런가 하면 「강」의 명명법(appellation)은 그러한 서술의 성격을 공고히 하는 데 보조적인 장치가 되는 것으로 보인다. 예컨대 작중인물들인 김씨, 이씨, 박씨가 어떤 사람인가를 알게 되는 것은 그들에 대한 지칭의 변화에 따른 부분적인 사실들의 제시와 그 종합에 따라 점진적으로 이루어지는 것을 볼 수 있다.[116] 의견을 통해 사실들을 연역하지 않고 그것에서 오는 선입관을 배제하기 위해 사실들의 귀납을 통해 어떤 명백한 사실을 전달하고자 하는 작가의 의도는 거기서 다시금 뚜렷하게 드러난다. 「강」에서 작중인물들의 지칭은 결국 성급한 의미의 형성보다는 조심스런 사실의 확인을 위해 제공되는 셈이다. 「강」이 '의미'하는 소설이라기보다는 '존재'하려는 소설이라고 말할 수 있는 이유는 바로 그 모든 방법적 장치들에서 온다.[117]

러나 이 글은 약화된 결속구조를 정혜경의 주장과 달리 '타자성을 유입시키는 방법'이 아니라 '사실로부터 의견을 제거하려는 방법'으로 이해한다. 거기서 사실은 의미하지 않고 존재하는 것이다. 약화된 결속구조에 따른 존재 지향성은 물론 「강」이라는 한 작품에 국한되는 특성이 아니라 서정인의 초기 단편에 보편적인 특성이다. 「강」은 다만 그 존재 지향성이 드러나기 시작한 첫 작품이라고 할 수 있다. 「강」 이후의 작품에서 그 약화된 결속구조는 좀더 전면적으로 나타난다. 「뒷개」(1977)는 아마도 결속구조의 약화라는 특성에 있어 가장 극단적인 예가 될 것이다.

116) 예컨대 이 소설에서 "늙은 대학생 김씨"로 지칭되는 인물은 그 명명을 통해 어둡고 쓸쓸한 이미지를 띤 인물로 짐작된다. 그러나 그것이 하나의 사실로서 드러나게 되는 것은 지칭의 점진적 변화를 통해서이다. 독자는 김씨의 성격과 지향이 어떤 것인가를 알기 위해 먼저 "창쪽으로 앉은 사나이"라는 지칭이나 "외투 속에 웅크리고 있는 사람"이라는 지칭을 통과해야만 한다. 그 과정이 충분히 진전된 다음에라야 "늙은 대학생 김씨"의 성격과 지향을 사실로서 감득하게 되는 것이다.

117) 이것은 기존의 논의에서 서정인의 초기작을 "고전적 형식미"(유종호)라는 관점에서 기술하거나 그것의 문체를 현실과 구분되는 언어 자족체라는 관점에서 "문학적 방법"(김현)으로 간주하는 것과는 크게 다른 견해라고 할 수 있다. 기존의 논의는 서정인 소설의 언어가 존재의 차원이 아닌 의미의 차원에 속함으로써 전대의

그런데, 이렇게 보게 되면, 서정인의 「강」에서 지배적인 중립적 객관주의와 귀납적 사실주의는 정신적, 물질적 정확성을 기하기 위해 어떤 재료와 요소, 그리고 현상들을 별도로 놓고 순수하게 분석하려는 수학적, 과학적 순수주의와 일정하게 조응하는 측면이 있다. 사실 「강」에서 의견이 끼어들게 마련인 해석적 묘사라는 서술의 '장식'을 보기 어려운 것은 근대 과학의 순수주의 경향 속에서도 이해될 수 있다. 왜냐하면 일반적으로 장식이란 '순수'를 지향하는 경향 속에서는 불필요한 것이고, 따라서 설 자리를 잃는 것이기 때문이다. 그러나 「강」의 서술 체계나 서술 방식이 수반하는 '장식의 부재'에서 좀더 중요한 것은 그것을 통해 등장인물들의 원근과 비중의 차이가 파괴된다는 사실이 결과적으로 함축하게 될 것에서 온다. 소설에 나오는 작중인물들이 위계와 서열 내지는 중요도에서 별반 차이를 보여주지 않는 동등한 존재로 느껴지는 것은 여기서 대단히 시사적이다. 즉 장식은 기본적으로 존재들의 서열을 형성하는 것이기도 하다는 점에서,[118] 묘사적 장식이 부재하는 「강」에서 모든 인물들이 동일한 존재들이라는 인상을 주는 것은 당연하다. 그러나 독자는 거기서 소설의 작중인물들 어느 누구도 이제 주인공이 되지 못한다는 사실을 인지하게 되지 그들이 함께 주인공이 되었다는 사실을 확인하게 되는 것은 아니다. 이것은 낮은 영역에 속한 것이 높은 영역에 속한 자리를 찬탈하여 다같이 동등한 권리를 행사하게 되었지만 동시에 함께 낮아지고 만 근대의 주체적 개인들이 지닌 현실적 조건을 연상하도록 한다. 김씨, 이씨, 박씨 등은 한마디로 모두가 동

리얼리즘의 언어와 다르다는 것은 인식했던 반면, 이 책에서는 그것이 의미의 차원에서 존재의 차원을 지향함으로써 존재의 리얼리티를 추구하는 전위적 리얼리즘이라고 인식한다.

118) 한스 제들마이어, 『현대예술의 혁명』, 남상식 옮김, 한길사, 2004, pp.90-94 참조.

등해짐으로써 평범하게 낮아진 불행한 근대적 주체들을 표시하는 인물인 것이다. 이처럼 서정인의 「강」이라는 작품에서 사실에의 추구와 순수주의의 만남은 '순수'와 가까워지기보다는 '순수 아래'에 있는 것과 뒤섞여 일단 인간의 저하(低下)를 실감케 하는 역설적 결과를 가져오고 있다. 물론 서정인 소설의 사실에의 추구에 따른 '존재' 지향이 여기서 그치지는 않는다. 실제로 그것은 「강」 이후의 작품들에서 한층 강화된 모습으로 나타난다. 구체적인 삶과 현실에 충실하다는 느낌을 주는 소설임에도 불구하고 그 작품들에서 집요한 사실 추구의 순수주의적 의지와 열정은 마침내 특정한 시공에서 살아가는 인간적 자취와 흔적마저 그 안에서 거의 완전히 용해시켜버린다. 그런 점에서 서정인 소설에서 문제적인 것은 '인간의 저하'가 아니라 '인간의 실종'이라고 할 수 있다.

의미가 포기된 세계

예컨대 「나주댁」(1968)은 「강」 이후의 작품 가운데 존재 지향의 특성을 집약적으로 보여주는 소설이다. 어느 지방 소도시의 고등학교 교무실에서 이례적으로 직원 종례가 열리고 있다. 교장은 무슨 이유에선지 흥분한 목소리로 교사들을 나무란다. 그는 어제 식목일을 맞아 교사와 학생들을 인솔해서 산에 나무를 심는 행사를 가졌는데, 몇 명의 교사들이 휴일이라는 핑계로 그 행사에 빠졌던 것이다. 그러나 교장이 "교육자적 양심"과 "국민된 도리"를 들먹이며 직원 종례에서 비분강개하는 진짜 이유는 다른 데 있다. 어제 교장은 식목 행사가 끝나고 교감을 비롯한 네 명의 교사들과 함께 점심 식사를 하기 위해 학교 기성회 부회장인 "요릿집 동일옥"의 주인을 찾았다. 그리고 그는 우연히 나주댁이 주인과 싸우고는 네거리 근처에 새로 생긴 "옴팍집"으로 자리를 옮겼다는 사실을 알게 되었다. 그런데 교장은 동일옥을 나와 네거리를 지나던 중 옴팍집에서 한 패의 술꾼들이 나오는 것을 보았다. 그들은 식목 행사에 빠진 세 명의 교사였다. 그들 옆에는 나주댁도 나와 있었다. 교장이 화가 난 것은 바로 교사들이 학교 행사에 빠지고 술을 먹었다는 이유도 이유였지만 평소 마음에 두었던 나주댁이 그 교사들과 소근거리는 꼴에 적이 질투가 났던 것이다. 그러나 직원 종례를 마치고 퇴근하는 교장은 어제 '동일옥'의 주인이 약속한 여자 대접을 기억하며 분노를 가라앉힌다. 그날 저녁 한 교사는 여자들의 웃음소리가 들려오는 '동일옥' 대문 앞에서 교장이 나오는 것을 목격하고 급히 몸을 숨긴다. 이처럼 「나주댁」은 다소 풍자적인 어조로서 교장의 이야기를 들려준다. 그런데 이 소설은 '나주댁'이라는 표제에도 불구하고 나주댁의 이야기는 거의 들려주지 않는다. 도대체 왜 「나주댁」이라는 작품에서 '나주댁'의 존재감은 그렇게나 희미한 것인가.

이 소설은 얼핏 보면 교장의 이야기를 통해 양심과 도리와 애국이라는 도덕적 허위 속에 숨어 있는 한 사회적 명망가의 숨은 애욕을 보여줌으로써 그것을 희화화하는 풍자적 작품인 것 같다. 바꿔 말하면 '성적 욕망을 숨기고 있는 도덕의 허위'라는 것이 「나주댁」의 주제인 것처럼 보인다. 식목 행사에 빠진 교사들을 질책하기 위해 이례적으로 직원 종례를 열어 국민된 양심과 도리를 열렬하게 토로하는 교장은, 말하자면 개인적인 행동에 대한 공적인 사명의 우월성을 구현하는 일종의 애국자적 존재이다. 그런데 이 작품의 통렬한 풍자적 효과는, 바로 애국의 화신이 평교사들의 개인적인 일탈에 대한 불만 이면에 그들이 '나주댁'이라는 불리는 한 작부와 희롱한 것을 염두에 두고 사회적 직분에 걸맞지 않은 시기와 질투를 숨겨가지고 있었던 것으로 드러나는 데서 마련된다. 이것은 일단 하나의 해석으로서 적절한 것이라고 말할 수 있다. 그러나 그러한 교장의 이야기에 '나주댁'이라는 표제를 내세운 것은, 소설에서 주인공의 이름과 같이 별다른 의미를 갖지 않는 하나의 소재가 표제로 선택되는 경우가 적지 않다는 점에서 있을 수 있는 일이면서, 서정인 소설에 특유한 '사실에의 추구'라는 방법과 관련하여서는 유독 흥미로운 것이라 하지 않을 수 없다.[119] 일단 서정인의 「나주댁」에서 '나주댁'이 표제로 선정되었다면 그녀는 주인공이나 그것이 꼭 아니더라도 중요한 등장인물로 간주되었다고 보는 것이 아마도 이치에 맞는 일일 것이다. 그런데 서정인의 「나주댁」의 표제를 만일 그렇게 이해한다면, 이 소설은 주인공을 빼놓고 주변 인물들의 행동과 사건을 통해 변죽만 울리고 말았거나 한 사람의 주인공을 그려내는 데서 미진하여 실패한 미완성의 이야기라고 할 수 있을지 모른다. 특별히 제목으로 채택되었을 만큼 중요하게 보이는 '나주댁'에 대한 술어들은 무슨 이유에서인지 극도로 절제되어 있고 또 극단적으로 축소되어 있다. 예컨대 '동일옥'의 주인이 '옴팍집'으로 옮겨 가게 된 사연을 말하는 대목이 '나주댁'에 대한 거의 유일한 직접적 술어라고 할 수 있을 정도이다. "왜, 저, 며칠 전에 쑈가 안 들어왔습니꺄. 그걸 보고 오길래, 한 자리 뭐라고 했더니, 가타부타 말 한마디 없이 보따리를 쌈시롱, 나도 순정이 있어요, 이러지 않습니꺄. 하도 얼척이 없어서, 허 잘헌다,

119) 물론 하나의 소재가 제목이 될 수 있다는 소설적 관행이 있기는 하다. 그러나 표제에 내세워진 등장인물의 존재가 희미한 데에는 어떤 특별한 의미가 있는 것 같다. 간단히 말하면 제목에 작가의 의도가 어느 정도 드러나는 것이라면, '나주댁'이라는 표제는 소재가 그저 제목의 위치에 와 있는 것이라기보다는 작가가 존재 지향의 소설을 만들고자 하는 의도에서 해석적 묘사의 의미론적 혜택을 거의 받지 못한 '나주댁'을 그것으로 인해 역설적으로 진정 존재하게 된 인물로 보고 제목에 올린, 말하자면 작가의 핵심적인 의도가 반영된 표제라고 할 수 있다.

잘해, 허고 보고만 있었십니다."(154) 물론 사실들의 귀납을 통해서이지만, 소도시 고등학교를 둘러싼 몇몇 남성들이 특별히 '나주댁'에 대한 호감을 갖고 있다는 것도 아주 간접적으로 그녀에 대한 또 하나의 술어를 형성하기는 한다. 그러나 사실 이것들이 '나주댁'에 대해서 무언가를 말해준다고 보기는 어렵다. 왜냐하면 술어의 차원에서 최소화된 나주댁 이야기에서조차 나주댁은 왜 뭇 남자들에게 호감과 매력의 대상이 되어 있는지, 또 왜 그녀가 "쇼"를 보고 "순정"을 말하는지, 작가의 의도와 관점에 따른 구체적인 설명이 없기 때문이다. 이처럼 교장의 이야기가 아닌 나주댁 이야기를 통해서 서정인의 「나주댁」이 무엇을 전달하고자 하는지는 극히 모호하고 불투명하다.[120] 그러나 한 가지 분명한 것은 그 실험 때문에 '나주댁'은 기본적으로 다만 '존재'하고 있을 뿐이라는 인상을 주게 된다는 점이다. 이때 '나주댁'의 '존재'가 별다른 의미를 띠지 못함으로써, 서술자의 풍자적 시선이라는 해석적 판단을 통해 일정한 '의미'를 지닌 교장과 같은 주변 인물들과 상반되는 것에 특별히 주목하지 않으면 안 된다. 거의 술어화되지 않은 미미한 인물의 이름을 작품의 표제로 내세운 것은 결국 「나주댁」의 존재지향을 드러내려는 작가 서정인의 의도가 반영된 것은 아닐까? 「나주댁」에서 해석과 판단을 가하지 않음으로써 존재감이 희미해진 '나주댁'이야말로 진정 존재하는 인물이라고 말할 수 있는 것은 바로 그 때문이다.

이런 맥락에서 평교사들이 교장의 비분강개를 들으며 동상이몽에 빠진 모습을 보여주는 장면은 다시 한번 음미해볼 만한 가치가 있다.

> 교장의 비분강개에 감동하는 사람은 아무도 없다. 아무도 얼굴 표정을

120) 이 소설이 전통적인 의미의 구성과 형식을 무시한 일종의 실험소설이라는 시각은 여기서 충분히 성립 가능하다.

> 바꾸지 않는다. 그들은 교장이 가령 청소년 축구대회가 국민 체위에 미치는 영향에 대해서 얘기했더라도 역시 같은 표정들을 했을 것이다. 교감은 교장의 연설이 자기의 영향력에 끼칠 득실을 따져보면서 탁상용 달력의 지난날치 이면에다가 이따금씩 비망록을 적어넣는 척했고, 서울사대를 나온 영어 선생은 창문으로 들어오는 광선에다가 안경알을 하얗게 번득이면서 논리의 일반 통행이 횡포성에 관해서 생각했고, ㅈ대학을 나온 국어 선생은 혹시 거기서 어떤 시적 영감이 나오지 않을까 해서 책상 위에 묻은 잉크 얼룩을 열심히 바라보았다. 눈을 깜박이는 사람, 코를 후비는 사람, 천장을 쳐다보면서 바지 호주머니에 들어 있어야 할 십원짜리 행방을 찾는 사람, 모두가 직원 회의 때마다의 습관 그대로였다. 교장은 그것이 원망스럽다. 그가 파놓은 감정의 웅덩이에 아무도 빠져주지 않는다. 빠지기는커녕 오히려 파놓은 사람 자신이 그 속으로 빠져들어가는 것을 재미있게 지켜보고 있다. 항상 말하는 바이지만, 정서적 정의감의 고갈이다. 그러나 교장은 더 말하지 않고 거기서 그치기로 한다. 조금 짧았지만 그 대신 내용이 중후했으므로, 그가 한 이야기는 그날치 애국의 하루 몫으로 충분하다고 생각된 때문이다. 그는 얼굴이 상기되어 밖으로 나간다. 그의 연설에 가장 감동된 사람은 바로 교장 자신이다. 그는 오랜만의 시원스런 배설로 가슴이 후련하다.(146-147)

각자의 생각과 사연에 빠진 인물들이 등장했던 「강」의 어느 대목과 아주 흡사한 장면이다. 이것이 근대적 주체의 자기 폐쇄적 특성이 초래한 동상이몽의 내면적 조건을 상징적으로 암시한다는 것은 말할 필요도 없다. 모두가 다 그렇지만, 그것은 교장에게서 가장 전형적으로 나타난다. 아무도 자신의 말에 주의를 기울이지 않음에도 불구하고 그 말에 스스로 만족되어버림으로써 그는 극단적인 형태이긴 하지만 주체로 현전하는 근대의 자폐적 개인을 구현하는 인물이 된다. 이처럼 의사소통을 위한 보편성의 지반을 상실하고 모두가 다른 느낌과 생각 속에 겉돎으로써 자기 폐쇄적인 세계에 갇혀버렸다면, 주관성의 혼돈 속에서 아마도 '의미'는 사실이나 진실과 분리되어 어떤 점에서는 의미의 결여만을 나타낼 뿐인 거짓된 복잡성만을 지시하게 될 것이다. 그러니까 「나주댁」이라는 작품에서 교장을 풍자적 시선으로 다루어 비판적 의미를 만드는 어떤 서술자의 해석과 판단 또한 그 동상이몽의 내면적 조건과 결부되어 하나의 거짓으로 규정되고 있을 공산이 크다. 작가 서정인은 지극히 축소된 술어들로 그에 대한 의미 형성을 차단하고 그저 존재하게 만듦으로써 어떤 사실과 진실에의 느낌을 유지하도록 한 '나주댁'의 존재에 대비시켜, 아마도 교장이라는 인물됨에 관한 사실이나 진실은, 풍자적이고 비판적인 시선에서처럼 하나의 의미를 띠며 분명한 사실과 진실로 천명되는 순간, 오히려 상실되고 만다는 것을 말하려 했던 것으로 보인다. 서정인의 초기작, 특히 「강」 이후의 작품에서 사실을 의견으로부터 분리해내기 위한 작가적 노력은 어쨌든 술어의 최소화를 통해 존재감이 희미해지고 어렴풋해진 등장인물을 역설적이지만 가장 강렬한 존재감을 지닌 인물들로 강조하는 데서 현저하게 나타난다. 예를 들면 "칠성이가 문방구 허던 자린디, 곗돈 백만 원 떠묵고 야반도주 안 했십니꺄."(154)라고 「나주댁」에서 동일옥 주인에 의해 지나가듯이 언급된 '칠성이'라는 미미한 존재는 비근한 예일 따름이다. 요컨대 객관적 사실을 재현하고자 하는 작가 서정인의 사실 추구의 전략은 술어들의 추방을 통해 의미와 가치와 설명과 규정과 같은 어떤 '요점'들을 제거하는 데 열중하는 것이다.121) 이미 언급한 것처럼 그와

121) 서정인 소설의 '존재 지향'을 기존의 논의들은 대개 '비결정성'이니 '비종결성'이

같은 요점의 제거에서 부상하는 것은 '의미 차원'이 아니라 바로 '존재 차원'이다.

그런데 문제는 서정인 소설의 작중인물들이 그 '존재 차원'으로 빨려 들어감으로써 그의 소설에 나타나는 인간 실종의 양상에 있다. 즉 '나주댁'이나 '칠성이' 등이 예시하는 것처럼 존재의 사실과 진실을 보존하고 유지하기 위해 존재감을 극소화하자 실제로는 무의미한 인간들, 즉 그 존재감이 거의 미미하여 부재한다는 느낌을 주는 인간들이 출현하게 되는 것이다. 이것은 사실 서정인 소설에서 인간에 대한 냉정한 무관심이 깃든 객관적인 시선이나 목소리와 결합되어 극히 비인간적인 인상을 준다. 결국 '존재하는 소설들', 아니 '존재하려는 소설들'이라고 말할 수 있는 서정인 소설은, 근대 세계의 불행의 원인인 주관성의 혼돈을 극복하기 위해 그것의 원천인 지성과 감정의 범주를 소설

니 하는 다의적 해석 공간으로 이해해왔다. 그러나 작가 서정인이 근대적 주체의 불행의 원인으로 지목한 주관성의 혼돈을 염두에 둔다면, 그 해석들은 작가의 의도와 무관한 자리에 있다고 하지 않을 수 없다. 그것은 다의적 해석의 공간이라기보다는 하나의 사실과 진실에 다가가기 위해 해석과 판단을 거부하려는 전략이라고 할 수 있다. 그리고 그 전략 때문에 서정인 소설이 다의적 의미 공간처럼 보인다는 것이 아마도 맞는 말일 것이다. 서정인 소설에서는 대상에 대한 해석적 묘사를 없애는 것뿐만 아니라 거기서 주관성의 혼돈을 야기하는 의미를 배제하는 것을 극히 중요한 일로 삼는데, 역설적으로 그처럼 술어의 축소를 통해 대상적인 연결점이 약화된다는 것은 많은 의미를 선호하는 작업을 사실상 더욱 부추기게 된다. 요컨대 서정인 소설에서 의미와 내용의 추구는 오히려 사실과 진실에 대한 배반이라는 의미를 띤다고 할 수 있다. 그런 맥락에서 「나주댁」의 경우 교장이 드러내는 '성적 욕망을 숨기고 있는 도덕의 허위'라는 풍자적 테마가 그러한 많은 의미들 가운데 하나일 뿐이라고 생각해 볼 수 있다. 이것은 바로 묘사에서 의미를 분리하여 의미를 배제하려는 존재 지향의 소설이 일종의 알레고리와도 같다는 것을 말해주기도 한다. 왜냐하면 알레고리는 중립적 기호 체계를 통해 그 의미의 형성에서 주체성의 자아 감각을 가진 독자들에 따라 그 구미에 맞게 다양하게 해석되는 것이기 때문이다. '묘사와 의미의 분리'와 '알레고리' 사이의 관련성에 대해서는 한스 제들마이어, 앞의 책, pp.55-83 참조.

에서 완전히 제거하고 사실만을 추구하려는 방법적 실험을 행함으로써 오히려 인간을 부재와 실종이라는 양상으로 비인간화하는 부작용을 낳게 되는 것이 아닌가 한다. 소통 단절이라는 근대의 실존적 조건을 돌파하기 위해 '사실에의 추구'라는 소설의 방법적 실험과 그것에서 유래한 냉정한 무관심의 시선이 낳게 된 '의미'하지 않고 '존재'하게 된 것들이 아이러니컬하게도 어떤 객관적인 시선 속에 용해되어 무의미해져 버린 인간, 즉 비인간(非人間)에 귀착한다는 점을, 예컨대 「우리동네」(1971)만큼 잘 보여주는 소설은 달리 없어 보인다.122) 이 소설에는 이런 장면이 나온다.

우리들은 이차를 갔다. 술이 취해왔다. 나는 더 하고 싶었지만 그가 사양했다. 그래서 우리들은 큰길가에서 술이 취한 채 헤어졌다. 술은 취했지만 나는 그가 우리들이 처음 갔던 술집으로 들어가는 것을 볼 수 있었다. 그도 역시 술은 취했지만, 의견은 멀쩡한 모양이었다. 버스들이 불빛을 휘두르면서 달려오고 달려갔다. 시내버스도 있었고, 시외버스도 있었다. 시외버스 중에는 바퀴가 포도 위에 달라붙듯이 달리는 고속버스도 있는 듯했다. 그러나 그것이 미국제인지, 독일제인지, 일본제인지는 알 수 없었다. 역시 술이 취하긴 조금 취한 모양이었다. 나는 큰길가에서 잠시 비틀거리다가, 갈뫼 마을에 인구가 또 줄어드는구나고 생각하면서 골목으로 접어들었다./ 폭 이십 미터의 넓고 포장된 길에서 폭이 채 삼 미터도 못 되는 팔죽 같은 길로 들어서자, 우선 다리가 알아보고 더 비틀거렸다. 부지런히 두 발을 놀렸는데도 길은 좀처럼 줄어들지 않았다. 누가 다가왔다. 그가 내 곁을

122) 「뒷개」(1977)라는 작품은 「우리동네」보다 훨씬 더 극단적으로 존재 지향을 드러냄으로써 이 책의 분석에 적합한 것이다. 그러나 이 작품은 이 책의 연구 범위를 넘어서는 것으로 제외되었다.

지날 때 그와 나는 몇 마디 말을 주고받았지만, 그것이 무슨 말이었는지 나는 알 수가 없었다. …(중략)…/ 또 누가 나를 지나쳤다. 역시 우리들은 말을 주고받았다. 그러나 이번에도 나는 그것이 무슨 말이었는지 알 수 없었다. …(중략)…/ 이번에는 등뒤에서 누가 불쑥 나타났다. 여자였다. 그녀는 나와 뭐라고 몇 마디 지껄이고는, 나를 앞질러서 재빨리 동네 쪽으로 사라져갔다. 그녀의 걸음이 빨랐던 것이 아니라 나의 걸음이 느렸던 모양이었다. 여자에게는 개성이 없었다. 여자는 단순히 큰애기이거나, 뉘 집 댁이거나, 아무개 모(母)이거나, 무슨 집 할머니였다. 그녀는 광필이 어머니임이 분명했다. 아니, 종규네 어머니였다. 또는 덕삼이 어머니일지도 몰랐다. (203-206)

「우리동네」라는 작품은 특별한 요점으로 주제적 의미를 만드는 소설이 아니다. 다만 '나'라는 등장인물의 눈에 보이는 대로 마을 풍경과 마을 사람들에 대해 지나치듯이 이야기해줄 뿐이다. 위의 인용문도 그러한 이야기 가운데 한 부분을 그냥 떼어놓아 본 것이다. '나'는 이발소 주인 김가와 술을 마시고 헤어진 다음 비틀거리며 집으로 돌아오고 있다. 그는 얼마 뒤에 떠날 김가를 떠올리며 무심히 이 마을의 인구가 줄어들 것이라고 생각한다. 그리고 '나'는 아무런 감정도 생각도 없이 누구인지 모를 동네 사람들을 만나 아무 뜻 없는 이야기를 하며 그들과 스치듯 걷는다. '나'를 주인공으로 삼은 서정인 소설 「우리동네」에서 그가 지각하고 경험하는 것들은 그대로 이 소설의 모든 서술을 이룬다고 할 수 있다. 그런 점에서 사실에의 추구라는 방법적 실험이 불러일으켜 서정인 소설에 나타나게 된 존재 지향성과 관련하여 주목할 만한 특징이 앞선 인용문에는 두드러진다. 우선 '나'의 시선은 모든 가시적인 존재들을 중립적으로 그리고 있는데, 거기서 사물과 인간은 별

다른 가치의 차이가 없는 동등한 존재들로 나타난다. 이를테면 버스든 마을 사람이든 '나'에게는 의미 없는 단순한 존재들로 인지되는 것이다. 그런가 하면 술에 취한 '나'의 시선은 그 의식의 혼몽 상태에서 작동함으로써 보이는 사물과 인간에 대한 인간적 감정과 지성의 내용을 배제하는 데 기여하는 것처럼 보인다. 길 가다 만난 마을 사람들이 누구였는지 그들과 무슨 얘기를 나누었는지, 그 모든 것은 술 취한 '나'에겐 유념해서 판단하고 해석할 필요가 없는 무의미한 것들에 지나지 않는다. '나'에게 의식이란 여기서 감정과 생각이 흐르는 어떤 것이 아니라 다만 신체의 지각에 의해 수용된 자료들이 기록되는 하나의 백지 상태와도 같다. 그래서 '나'의 시선은, 예컨대 등 뒤에서 불쑥 나타난 사람을 '여자'라는 가치중립적 사실만으로 포착할 뿐, 그 사람이 "큰애기이거나, 뉘 집 댁이거나, 아무개 모(母)이거나, 무슨 집 할머니"거나 하는 식의 해석적 판단과는 무관하게 된다. 바로 이와 같이 '술 취한 나의 시선' 속에는 작가 서정인에 의해 중대한 전략으로 구사된 사실에의 추구라는 방법적 태도에 어느 정도 부합하는 상태가 있다. 한마디로 말하면 그것은 감정과 생각을 생성시키는 의식이 마비된 상태로, 지각은 열려 있으나 머리와 가슴은 그 작동이 멈춘 상태이다. 술이 취하여 의식은 멍하게 잠자고 있지만 시야는 뚜렷이 열리는 상태를 여기서 연상할 수 있다.[123] 이 상태에서 무언가에 대한 지각이 기계적인 싸늘

---

123) 「비와 우산」(1966)에는 흥미롭게도 이런 장면이 나온다. "그는 흘러 내리는 안경 너머로 묵극의 두 사람들을 내려다 보았다. 그것은 들킨 장난이었다. 그런 중에도 그들 둘에게 다행스러웠던 것은, 그 둘 중의 한 사람의 입이 고맙게도 두뇌와는 아무 연락 없이 (이런 경우, 두뇌란 얼마나 무능한 것인가!) 스스로 벌어져 주었던 점이었다. 그는 인사성 밝음에 탄복하면서 자기의 입이 말하는 소리를 들었다. 「아, 안녕하십니까? 오래간만입니다.」"(서정인, 「비와 우산」, 『세대』, 1966년 5월호, p.405) 이 장면은 인용문에 표현된 대로 '두뇌와는 아무 연락 없이' 관계하는 사람

한 것이 된다는 것은 말할 필요도 없다. 이미 언급한 바 있는 것처럼 서정인 소설에는 근대적 주체의 내면적 조건에 대한 문제의식으로부터 발원한, 사실과 진실을 이해하는 데 있어 판단이나 해석과 같이 어떤 반성과 관념의 작용이 개입하면 그것의 확실성이 훼손된다는 사고방식이 깔려 있다. 따라서 서정인 소설에는 사실과 진실이라는 이른바 현상의 확실성을 파악하는 데 방해가 되는 주관적 범주들을 제거함으로써 그것을 순수 환원주의적인 것으로 파악하고자 하는 충동이 있고, 그것으로 인해 「우리동네」에서 현저한 '나'의 싸늘한 기계적 시선은 마침내 '순수한 시선'의 성격을 지니게 된다.

요컨대 서정인 소설을 점유하는 시선은 눈은 열려 있으나 두뇌와 가슴과는 아무 연락 없이 순수하게, 따라서 기계적으로 작동하는 것이라고 할 수 있다. 여기서 작동한다는 표현을 사용하는 것은 서정인 소설의 시선이 무감동한 카메라의 렌즈와 닮아 있음을 특별히 강조하기 위한 것이다.[124] 물론 「강」에서 그러한 방법적 시선은 아직 출발선에 있

들, 그래서 서로가 서로에 대해 지극히 무의미해진 사람들을 단적으로 제시한다. 안경 너머로 무슨 이유로 상면하고 있는지를 모르는 두 사람을 쳐다보는 '그'나 누군가가 자신을 쳐다보고 있다는 것을 발견하고 그가 안면 있는 사람임을 알아보는 즉시 자동적으로 인사를 건네는 사람이나 두뇌와 연락 없는 행동과 태도를 보여준다는 점에서는 마찬가지다. 이것은 분명 '술 취한 자의 시선'과 흡사한 상태를 예시한다.

124) 「분열식」(1968-69)은 무감동한 카메라의 렌즈와 녹음기를 닮아 있는 서정인 소설의 시선과 목소리를 설명하는 데 아주 시사적인 작품이다. 이 작품의 핵심적 소재가 되어 있는 '나'의 외출에서 카메라를 빌려 나간 '나'가 나중에 그것을 잃어버리고 만다는 줄거리는 일종의 알레고리로 읽을 수가 있다. 즉 그것은 카메라가 나중에 '나'의 시선과 목소리와 하나가 되어 더 이상 구분할 수 없는 것이 된다는 의미를 어느 정도 함축하는 것이다. 이때 독자에게 다가오는 것은 외출이라는 '나'의 행위가 아니라 그 '나'를 통해 보이고 들리는 세상의 존재들이다. 이것은 서정인 소설이 사진과 영화 제작과정의 메커니즘과 어떤 비밀스런 관계에 있다는 암시이기도 하다.

는 만큼 전면적으로 작동되지 않았다. 그러나 서정인의 60년대 소설은 「강」 이후에 비로소 작가의 방법적 의도에 따라 '사실에의 추구'를 전면적이고도 급진적으로 행하게 된다. 즉 「나주댁」이나 「우리동네」라는 작품처럼 소설의 존재 지향을 위한 다각적인 모색을 통해 가시적인 세계로부터 모든 지성과 감정의 작용을 분리하여 서정인 소설에는 마침내 기계적인 성격의 '순수한 시선(pure sight)'이 마련되는 것이다. 그리고 그 '순수한 시선' 아래서 무감동하고 가치중립적이며, 인간적인 관점에서 볼 때 무의미한, 그리하여 비인간적인 그런 세계는 펼쳐지게 된다.[125] 물론 기계적이고 순수한 시선은 그 순수 환원주의적 태도 속에서 사실이나 진실을 캐기 위해 어떤 구체적인 현실 위에 자리 잡고 있는 사실이나 진실을 정적(靜的) 상태로 변형시킴으로써 아주 기초적이고 불변적인 무언가를 남긴다. 그러나 결국 그것은 인간적인 체취와 흔적이 거의 완전히 제거된 것에 지나지 않게 된다. 「우리동네」라는 작품의 관찰자에게 이발소 주인 '김가'의 이주가 어떤 인간적인 사연을 지닌 것인데도 불구하고 단순히 인구 변화의 한 숫자로 이해되고 있다는 것은 그 점과 관련하여 대단히 암시적으로 다가온다. 사실에의 추구라는 순수 환원주의적 태도를 통해 나타나는 것은 단지 하나의 무의미한 숫자일 뿐인 것이고, 거기서 인간은 실제로 사라지고 없다. 서정인 소설에서 사실에의 추구가 방법적으로 정립되고 그의 소설이 의미하지 않고 존재하게 되는 순간 아이러니컬하게도 서정인의 소설은 비인간화의 징후를 보여주는 셈이다. 서정인 소설에서 근대적 주체의 불행을 해소해 보려는 인간적 의도는 결과적으로 그 주체의 불행에 기여할지도

125) 무언가를 객관적으로 보려는 것이 비인간적인 것과 관계된다는 사실을 '존재', 즉 '대상화'나 '사물화'의 결과에 연계시키는 논의와 관련해서는 제럴드 그라프의 설득력 있는 견해가 있다. G. 그라프, 앞의 책, pp.18-42 참조.

모르는 비인간화의 기미로서 배반당하고 만 것이다. 서정인 소설의 의도와 결과는 순수하게 객관적인 사실에 이르려는 그 방법의 비인간화 징후 속에서 그와 같이 벌어져 있다. 「강」의 마지막 장면을 기억하는 일은 여기서 아주 흥미로운 일이 된다. "남폿불이 피시식 소리를 낸다. 그녀는 일어나서 방바닥에 널려 있는 옷들을 주섬주섬 벽에다 건다. 남포는 호야가 시커멓다. 그녀는 고개를 숙이고 위에서부터 남포 호야 속으로 살며시 바람을 불어넣는다./ 밖에서는 눈이 소복소복 쌓이고 있다. 그녀가 남겨논 발자국을 하얗게 지우면서."(143-144) '순백의 하얀' '눈[雪]'이 지우는 젊은 작부의 발자국. 이것은 물론 젊은 작부의 소박한 꿈과 은유적 관계를 맺음으로써 독자로 하여금 그녀의 소박한 꿈에서나마 '눈'과 같은 순백의 아름다움을 발견토록 하자는 데 의도가 있는 묘사일 것으로 추측된다. 그러나 또 다른 차원에서 그것은 사실을 추구하는 객관적 사고의 '눈[眼]', 곧 기계적이고 순수한 시선의 작동 속에서 흔적도 없이 지워져 가는 인간의 미래에 대한 불길한 징조 그 자체일지도 모른다. 결론적으로 서정인 소설은 이러한 모든 것을 통해 인간적, 사회적 현실과 대립하여 어떤 순수한 근원을 지향하는 데에는 필연적으로 비인간적인 것이 표출되게 마련이라는 사실을 알려준다.

끝으로 한마디 더 덧붙이자면, 일단 '존재'들이 어떤 가치와 목적들로부터 자유로운 무의미한 것이므로 해서 오히려 많은 판단과 해석과 의미들을 낳는 것이라면, 서정인 소설은 어떻게 보면 풍요로운 의미 공간을 이루게 된 것인지도 모른다. 그러나 앞서 살펴본 것처럼 그것은 의미가 배제되고 포기된, 추상적이고 기하학적인 냉랭한 세계를 이루는 것으로 보인다. 인간은 추상적이고 기하학적인 순수한 시선의 조감 속에서 극도로 중립적인 기호들, 따라서 무의미할 수밖에 없는 존재들로 나타났던 것이다. 이것은 한편으로는 서정인 소설이 사실과 진실을 추구하는 순수성을 향한 노력과 안간힘을 통해 그 자신을 가치중립적인 존재로 만듦으로 해서 개방된 의미 공간을 이루는, 이른바 텍스트(text)로 전화하는 순간이라는 것은 확실하다. 그러나 그것은 다른 한편으로는 서정인 소설이 그 텍스트성으로 인해 현실과의 대상적인 연결점을 상실하고 무한한 해석의 쟁투 공간으로 개방됨으로써 그토록 벗어나고자 했던 주관성의 혼돈을 스스로가 야기하게 되는 모순적인 순간을 의미하기도 한다.[126] 다음 절에서 고찰될 이청준 소설은 바로 현실을 텍스트로 환원하는 서정인 소설의 의도하지 않은 결과를 현실의 허구화를 통해 좀더 극단화하는 모습을 보여주게 될 것이다.[127]

---

126) 서정인 소설이 발견한 '순수한 시선'은 매우 방법적인 실험의 결과인 만큼 쉽게 버려지고 폐기될 수 있다. 그리고 그것은 알레고리의 한 변형으로서 감정이입을 거부하는 만큼 또 독자의 기억 속에서 언제든 사라질 수 있다. 실제로 서정인 소설의 가장 근원적인 충동과 의지라고 할 수 있는 진실의 소통에 대한 갈망은 80년대 이후 점차 극단적인 실험들 속에서 모호해지고 결국은 좌절된다. 그렇다면 서정인의 초기 소설은 진실의 발견이라는 인간적 목표가 순수한 시선이라는 비인간적 발견에 착지한다는 측면에서나 그 진실의 소통에 대한 갈망이 독자와의 소통 거부라는 급진적 실험들에 귀착한다는 측면에서 모두 '스스로에게 적이 되어가는 소설'이라고 말할 수 있다.

127) 서정인은 현상을 이해함에 있어 의미작용이 일어나면 그것의 확실성이 훼손된다고 보고 그 현상을 순수한 존재 내지는 어떤 원초적이고 기본적인 존재로 파악하고자 한다는 점에서 그의 소설에서 이른바 매개되지 않은 '직접성의 철학'이 작용하고 있는 것으로 보인다. '직접성의 철학'과 비인간화와의 관련성에 대해서는 머레이 북친, 『휴머니즘의 옹호』, 구승회 옮김, 민음사, 2002, pp.360-365 참조. 그러나 이제 곧 이청준 소설에서 보게 되겠지만, 매개되지 않은 원초성에 대한 갈망은 역설적이게도 수많은 매개들을 불러일으킴으로써 쉽사리 '간접성의 철학'으로 전환된다. 원초적이고 기본적인 것에 가 닿지 못하는 안타까움과 환멸이 매개된 원초성에 대한 의혹과 회의가 됨으로써 이청준 소설에서는 모든 존재와 현상은 매개된 것으로서 하나의 허구와 가상으로 간주하는 간접성의 철학이 출현하는 것이다.

5

예후(豫後) 2_ 허구로서의 인간
– 이청준의 소설

기계적 인간론

얼마 전 우리 장의사가 큰 위기에 부닥친 일이 있었다. 영업 지역 안에 장의사가 또 한 곳 생긴 것이었다. 일거리가 반감될 판이었다. 자칫하면 영업 주도권을 통째로 빼앗기고 말 판세였다./ 상가의 주문만을 기다리고 앉아 있을 계제가 아니었다. 새로운 영업 방도가 마련되지 않으면 안 되었다. 그러나 주인 영감은 하루 종일 창유리 앞에 콧구멍을 후비고 앉아서 그런 일에 묘안을 잘 깨치는 위인이었다./ 유연히 콧구멍만 후비고 앉아 있던 영감이 하루 아침은 손을 떨고 나서 나와 주화를 불러 세웠다. 그리고 그 며칠간에 깨쳤음 직한 영감의 묘안이 엄숙히 하달되었다. 영감은 월급제였던 나와 주화의 임금을 빈약하기 짝이 없는 기본액에다 성과급을 실시하겠다고 선언하고 나서, 그 성과급제 실시가 사실상의 임금 인상이 되게 할 영업 방법의 개선책을 몇 가지 설명했다./ 즉일로 일대 요소의 구멍가게 다섯 곳이 연락소로 선발되고, 부근의 조상(弔喪) 뉴우스를 최단 시간에 본사에 연락할 임무가 내려졌다. 그 공로에 대해서는 응분의 사례를 약속했다. 그것은 썩 현명한 방책이었다. 일정한 상사(喪事) 발생률에 비하여 우리 장의사의 영업 성적은 계속 유지되었으니 말이다./ 웬만하면 우리는 본사에서 연락소의 보고만 기다려도 되었다. 정 연락이 없으면 주화나 나 둘 중에서 하나는 본사에 남고 하나가 연락소 순시를 나선다. 좀더 빠른 시간 내에 정보를 탐색해 내기 위해서이기도 하지만, 요즈음 연락소에서는 담당 구역에서 발생한 환자의 동태를 면밀히 파악하고 있는 정도가 되어, 영업 전망까지도 함께 내다볼 수 있는 순시 행차였다. 상가를 찾아 내면 우리는 덮어놓고 조상포(弔喪布)나 근조등(謹弔燈) 따위를 상가로 운반해다 걸어 놓는다. 그런 때 상가에선 대개 일이 어수선해서 우리들의 거동에는 신경을 쓰지 않는다. 나중에 적당히 장의사의 위치와 연락 방도를 강구해 놓고 돌아와 기다리면 되었다./ 그런데 그렇게 연락소를 거느리고 보니 주인 영감은 생각이 달라진 모양이었다. 하루 아침은 영감이 주인 영감이나 아버지라고 하지 말고, 기왕이면 장의사의 <사> 자에 <장> 자를 붙여서 <사장>이라 부르라 했다. 주인이 사장이 되니까 장의사는 저절로 <회사>가 되었고, 그 회사가 전찻길 후사면 주택가 일대에 조상 정보(弔喪情報)를 의뢰하고 있는 다섯 곳의 구멍가게도 지점 또는 연락 사무소가 된 것이다.[128)]

「임부(姙夫)」(1966)에서 "조상 정보"를 탐문하고 "상사"가 일어난 곳을 찾아다니는 장의사와 그 직원들의 생태를 보여주는 이 대목은 이청

128) 이청준, 「임부(姙夫)」, 『별을 보여드립니다』, 일지사, 1971, pp.25-26. 이후 이 작품집에서 이청준의 소설을 인용할 경우는 그 인용문의 출처를 '(페이지수)'로 밝힐 것이다.

준 소설에서 주체화의 가능성이 변질된 근대적 개인의 비극이라는, 그 소설에 고유한 주제(이것은 이후에 드러나게 될 것이다)와 관련하여 대단히 암시적인 데가 있다. 경쟁 업체의 등장과 더불어 장의사의 주인 영감이 "사장"이 되고 장의사가 "회사"가 되며 또 그것에 속한 직원들이 일사분란을 이루어 영업 성적을 계속 유지하게 된다는 대목을 보면, 그런 암시의 구체적 의미는 어느 정도 확연해진다. 그것은 우선 '사장'을 중심으로 한 '회사'라는 표현에 나타난 바 그대로 상업적 이익에 골몰하면서 조직을 효율적으로 체계화하고 그 조직의 구성원들을 관리하고 통제하는 근대적 조직 사회의 형성과 관련되고, 그리고 일사분란한 조직원들의 존재가 시사하는 것처럼 근대적 사회 시스템 안에서 경제적 효율성에 속박되어 자유를 잃은 채 기능적으로 살아가는 근대적 주체들의 불행한 처지와도 연관된다. 그러니까 위의 인용문에 따르면 근대 세계는 생산의 효율성과 최대한의 이익을 위해 그 사회 구성원들의 자유를 제약하고 억압하는 여러 조직들을 이루게 된다는 것이고, 또 그 시스템 안에서 어떤 조직 사회, 예컨대 가정과 군대, 학교와 회사, 나아가 국가의 일원이 됨으로써 근대의 주체적 개인들은 자유를 구속당한 채 노예와도 같이 억압된 삶을 살아가거나 어떤 기계의 부품처럼 기능적인 삶을 살아가게 된다는 것이다. 「임부」에는 실제로 기능적인 삶에 충실한 와중에 모든 주검을 반갑게 여겼다가 어떤 주검이 자신의 누이라는 것을 안 자의 난처한 당혹감이 서사적 중핵이 되어 있다. 이청준의 「임부」라는 작품은 그처럼 한 인물에 주어진 삶의 비감한 아이러니를 통해 조직 사회의 기능적인 구성원으로 살아가는 근대적 주체들의 절망적인 처지를 그리게 된다. 이것이 60년대 한국인들이 전반적으로 겪게 되는 사회적 실상에 대한 우회적 반영이라는 것은 여기서 말할 필요도 없다. 한국 근대사는 주지하다시피 60년대가 군사 독재의 권력기제에 따라 산업화의 기조가 정착되면서 유별나게 사회의 모든 부면들이 전면적인 조직과 관리체제 하에 놓이게 되었던 시대라고 기록하고 있다. 「임부」에서 언급되고 있는 '회사'는 바로 그러한 조직과 관리체제의 제유적인 형태에 해당하는 것이다. 그런가 하면 그 소설에는 조직 사회의 무자비한 힘과 생리에 욕망의 자유를 구속당하는 데서 오는 스트레스와 울분 때문에 근대의 주체적 개인들이 종종 '조직'과 '체제'라는 정해진 일상의 궤도를 벗어나기를 원하고 또 그것을 직접 행동으로 옮기려 한다는 암시가 있다. 주체로 현전하는 독립된 자아 감각으로 하여 외부적 권위에 의한 억압과 구속에 예민한 근대인들에게 그것은 지극히 당연한 일이기는 하다. 그러나 그들은 대개 두려움과 무기력 속에서 조직 시스템 속으로 돌아와 그것에 대한 순종을 결정하고 우울하지만 다시금 안심한 표정을 짓는다.[129] 예를 들어 위 인용문의 '나'도 "임금 인상이 되게 할 영업 방법의 개선책"이라는 것이 힘은 더 들고 이익은 회사에 돌아가는 하나의 기만책임에도 불구하고 무기력하게 장의사의 영업 성적을 계속 유지하도록 하는 데 기능하고 있는 것이다. 아마도 그의 자유에 대한 욕망은 그의 내면에 억압되고, 따라서 위축되어 있을 것이 확실하다. 근대적인 조직 사회의 기능적인 구성원으로 살아간다는 것은, 이청준의 「무서운 토요일(土曜日)」(1966)에 나오는 표

129) 이렇게 보면 이청준 소설에서는 마치 근대 세계의 병리학적 특성이 주체화로부터 비롯되는 것이 아니라 그것의 가능성이 차단되고 위축되는 데서 오는 것으로 볼 수 있다. 그러나 타율적인 조직 사회는 주체화가 초래한 중심의 상실이라는 문제를 해결하기 위해 신적 초월성을 인간적인 계약 관계에 기초한 우상의 질서로 대체하는 과정에서 만들어지는 것이라는 점을 상기하면, 그것 또한 근대적 주체화의 병리학적 현상 가운데 하나라는 사실에는 변함이 없다. 더욱이 근대적 개인들 스스로가 야기한 문제를 다시금 주체성으로 해결하려 할 때 그와 같은 병리학적 특성은 완연히 다른 양상으로 표출된다. 이청준 소설에서는 기계적 인간론보다는 바로 그것에 특별히 유의할 필요가 있다.

현을 빌리자면, 결국 "훌륭한 기계"로서 "영혼이 없는 육신"(69)을 가지는 것과 같다. 그처럼 근대적 조직 사회에서 인간의 기계화에 따른 개인적 자유의 불가능성은 한 위장병 환자의 이야기를 담은 「퇴원(退院)」(1965)에서도 이청준이 주목한 근대 세계의 불행한 진실이 되어 있다.

이 소설은 원인을 알 수 없는 위궤양 때문에 고생하는 한 환자의 이야기이다. '나'는 2개월 전부터 공복이 되면 배가 쓰려오는 증세를 자각하지만 회충 정도로 알고 그것을 대수롭지 않게 생각한다. 그러나 한때 "이틀을 굶겨 놔도 배고픔을 모르는 놈"이라는 소리를 들을 정도였던 '나'는 의사 친구인 준으로부터 뜻밖에 위궤양이라는 진단을 받고부터는 위통을 발작적으로 경험하면서 견딜 수 없게 된다. 사실 그 소리는, 소학교 3학년 때 어두운 광에서 여자의 속옷으로 비밀스런 일을 벌이다가 아버지의 전짓불에 발각된 뒤, 이틀 동안 감금당해 굶고도 아무렇지도 않게 행동한 '나'에게 아버지가 던진 꾸중의 말이었다. 아버지와의 불화는 아주 어려서부터 시작되었던 셈인데, 고3 무렵 '나'는 진학 시험 친구로 데려온 준을 선생님이라고 부르라는 아버지의 말을 거역하고 집을 뛰쳐나와 어머니의 장례 때를 제외하고는 집으로 돌아가지 않았다. 그리고 '나'는 어머니의 장례식 날 만나게 된 동창생 준이 의사가 되어 병원을 차린 것을 알고 그의 병원에 지금까지 줄곧 몸을 의탁해왔다. 오랜 동안 정처 없는 생활과 조잡한 섭생(攝生)으로 몸을 상한 탓인지는 모르지만, '나'는 위궤양을 앓게 되었고, 결국 '나'는 준의 병원에 입원하게 된 것이다. 입원한 이후 '나'는 말없이 막연한 상념에 젖기도 하고 고장 난 시계탑이 보이는 창밖의 단조로운 풍경을 내다보기도 하면서 하루하루를 보낸다. 가끔 같은 병실의 한 환자의 아내로부터 거의 독백에 가까운 수다를 듣기도 하지만 관심은 없다. '나'

는 오히려 병원에서 유일한 간호원인 미스 윤에게 관심을 가지고 있는데, '나'에게 그녀는 좀 이상한 여자로 느껴진다. 각성제와 손거울 갖다 주면서 '나'의 "자기망각증"을 거론하는 것도 그러하고, 창밖 시계탑이 수선되어 돌아가기 시작할 때 '나'에게 손거울을 돌려달라고 말하는 것은 더욱 그러하다. '나'는 특히 '뱀잡이' 이야기를 듣고 나서 뿌옇고 흐린 것이 어리는 미스 윤의 눈을 보고는 그녀를 정말 알 수 없는 여자라고 생각한다. 뱀가죽을 벗기어 그것을 입힌 지휘봉을 상관들에게 바친 것을 계기로 '뱀잡이'라는 별명을 얻었던 군대 시절의 한 기억이 갑자기 떠오르면서 그 이야기를 미스 윤에게 들려주었던 것이다. 이처럼 입원 생활을 하던 '나'는 창밖 시계탑이 제대로 작동하기 시작한 날로부터 신기하게도 더 이상 위통을 겪지 않게 된다. 그러던 어느 날 퇴원 의사를 밝히기 위해 신문을 들고 있던 미스 윤에게 다가가던 '나'는 한국군 베트남 파병 소식을 얼핏 접하면서 그녀에게 "바늘을 끼어 놓은 시계"처럼 다시 돌아가야 한다고 말하고는 병원을 나간다.

「퇴원」은 입원과 퇴원의 과정을 통해 한 남자의 병이 치유되는 이야기를 들려줌으로써 무엇보다도 근대의 '기계적 조직 인간'의 발생에 관한 이야기가 되고 있다. 일탈과 반항을 일삼던 인간임으로 해서 사회적으로 비정상성의 표지를 지니고 있던 한 남자가 어떤 치유의 과정을 통해 기능의 정상화를 이룩하고 다시금 사회에 동화된다는 그런 이야기를 통해 이 소설이 말하고자 하는 바는 사실 명백한 것이다. 이것은 무엇보다도 '시계'의 비유를 통해 단적으로 제시된다. 즉 이 소설에서 위궤양을 앓다가 그 병을 치유하게 된 한 인간은 고장을 수선하여 제대로 작동하게 된 시계라는 한 기계 장치에 견주어지면서 욕망과 자유를 체제에 구속당한 채 근대적 조직 사회의 기능적 구성원으로만 살아가는 기계적인 근대인들에 대한 아주 의미심장한 암시가 되는 것이다.

다시 말하면 근대의 자율성 선언으로 탄생한 근대의 주체적 인간이 마침내 타율적인 조직 인간으로 전신(轉身)했다는 우울한 의미를 그것은 담고 있는 듯하다. 물론 개인적 자유의 가능성이 사람들 사이의 제도화된 사회적 관계로 제약되고 마는 근대적 조직 사회의 비극적 실상은, 주인공의 '위장병'이 암시하는 바 그대로, 그 자유의 가능성이 수반하는 어떤 질곡에서 비롯된다. 근대적 개인들은 저마다의 주체성이 초래한 자유의 혼돈을 제어하기 위해 각종의 체제, 예컨대 군대·학교·병원·기업 등과 같이 신의 질서를 우상의 질서로 대체함으로써 억압적인 속박에 놓이게 되는 대가를 치르게 된 것이다. 그러나 「퇴원」에서 실제로 흥미로운 것은 자율적 인간의 타율적 인간으로의 전신 그 자체가 아니라 그 전신의 과정과 그것의 단계라고 할 수 있다. 「퇴원」은 그 전신의 단계적 과정을 비교적 선명하게 드러낸다. 우선 '전짓불' 이야기는 타율적 인간으로의 전신 과정에서 첫 번째 단계를 나타내는 것으로 해석된다. 어두운 광 속에서 여자의 속옷으로 비밀스런 일을 벌이다 아버지의 전짓불 빛에 발각되어 벌을 받는다는 주인공의 이야기는 타율적 인간의 발생에서 일차적인 것은 개인적인 내면의 억압이라는 점을 보여주면서 그것은 '가정'에서 최초로 일어난다는 사실을 암시한다. 어두운 광 속을 비추는 아버지의 전짓불이 무엇보다도 비밀스런 개인의 내면을 삭제하고자 하는 억압적인 규율 권력의 상징이자 비유라는 것은 말할 필요도 없다. 간단히 말해서 '아버지의 말'로 대변되는 투명한 언어적 질서의 내면화와 그에 따른 불투명한 내면적 자유의 억압은 억압과 통제로 타율화된 인간이 태어나는 데 제일 먼저 작용하게 되는 가정의 일을 보여준다. 그런가 하면 자율적 인간의 타율적 인간으로의 전신 과정에서 두 번째 단계는 '뱀잡이' 이야기로 그 내용을 알아볼 수 있다. 소설에 따르면, 사실 타율적 인간은 가정에서 아직 완전한 전신을 이룬 것이 아니다. 주인공의 아버지에 대한 반항과 집으로부터의 가출은 언어적 질서의 억압이 충분히 내면화되어 있지 못하다는 사실을 가리킨다. 그는 국가가 정한 "징집 연령"을 넘기도 한다는 점에서 더욱 그러하다. 따라서 자율성을 지닌 인간을 복종하고 순응하는 타율적인 인간으로 완성하는 것은 결정적으로 '군대'의 일이라는 것을, 그 주인공의 군대 시절 이야기는 함축하고 있다. 특히 뱀가죽을 벗겨서 지휘봉에 입혀 상관들에게 바친 일 때문에 '뱀잡이'라는 별명을 얻게 되었다는 주인공의 이야기는 투명한 언어적 질서에 완전히 순종함으로써 타율적 인간으로의 전신을 완성했다는 사실을 상징적으로 알려준다. 이를테면 순응과 복종의 행위로 작중인물이 마련한 뱀가죽 지휘봉은 정신분석학적 이해를 유도하는 가운데 명증한 지시의 언어가 구축한 남근적 질서를 이제 상징적 거세를 통해 빈틈없이 내면화했다는 것을 의미하게 된다. 소설의 표현을 빌리자면, 그것을 통해 "완전한 자기망각"이 성취된 것이고, 그리하여 이제 자율적 내면이 삭제된 타율적인 인간, 곧 '영혼 없는 육신의 근대적 기계 인간'은 그 탄생을 보게 된 것이다.

> 팬토마임……/ 그렇게도 나의 머리에 맴돌기만 하던 창문의 이미지가 문득 머리에 떠올랐다. 그렇게 안타까와했던 것은 어떤 경험의 회상이 아니라, 강한 이미지로 받아들여진 이 단어의 개념에 불과했던 것이다. 팬토마임……. <무언극>이라는 번역어로는 도시 실감이 나지 않는 말이다. 그것은 이 단어에 세 번이나 겹친 순음(脣音)의 작용도 있겠지만, 마지막 <ㅁ> 받침이 단어의 뜻과 더욱 잘 부합하고 있기 때문인 것 같았다. 받침 자체가 이미 그 내용이 지니는 무거운 침묵을 강요하고 있었다. 마지막 음절에서 자동적으로 입을 폐쇄당하고 나서, 나는 몇 번이고 이 단어의 이미

> 지를 실감했고 한 번도 본 일이 없는 그 연극의 본질에까지도 어떤 예감을 지니게 되었던 것이다. 언어가 완전히 소멸된 거기에는 슬프도록 강한 행동의 욕망과 향수만이 꿈틀거렸다. 허나 나에게는 이미 그 욕망마저도 죽어버리고 없는 것 같다. 완전한 자기 망각. 그렇게 나는 시체처럼 여기 병실에 누워 있는 것이다./ 어디서 발소리가 들려오는 것 같았다. 그러나 그것은 먼 거리의 행렬에서 오는 것인지, 복도에서 미스 윤이 울리고 있는 것인지 알 수가 없었다. 처음에는 착각인지 실제의 소리인지도 구분할 수 없을 정도로 조그맣던 것이 차츰 폭을 넓혀 나중에는 나의 전체를 가득 채워버렸다./ 미스 윤은 오지 않았다. 탑시계가 다섯 시를 가리키고 있었다.// 저녁을 마치고 나는 옷가지를 주워 입고 준의 방으로 갔다. 준은 벌써 나가고 없었다. 미스 윤이 신문을 보고 앉아 있다가 나의 차림새에 놀라 일어섰다. 나는 그러는 미스 윤이 아직도 손에 들고 있는 신문에다 눈을 주었다. 「한국군 월남 파병 환송식」이라는 톱 제호가 유난히 크게 눈에 들어왔다. 그럼 오늘 낮 창문에 비친 것은 이 파월군의 행렬이었구나./ 「한국 군대가 월남을 가는가요.」/ 나는 이상한 흥분을 느끼면서 말했다. 미스 윤은 대답하지 않았다./ 「준은 나갔습니까?」/ 미스 윤이 비로소 신문을 테이블 위에 내려놓았다. 그리고 역시 그 이상한 눈으로 나를 쳐다보았다. 이제 보니 그녀의 눈동자는 상당히 까만 것이었다.(21-22)

위장병을 치유하여 정상적 기능을 회복하고 퇴원하려는 '나'와 베트남으로 파병되는 한국 젊은이들이 서로 조응하고 있는 이 「퇴원」의 마지막 장면에서 암시적이지만 정확하게 적시되고 있는 것은 무엇보다도 근대 사회에 편재하게 된 타율적인 조직 인간의 존재이다. "팬토마임"이라는 한 외국어의 발음과 의미에 대한 작중화자의 사색이 일깨우는 것처럼, 사회의 조직 시스템에서 가장 넓은 외연을 이루는 '국가'의 충복이 되어 그것의 명령을 따르는 "월남 파병 한국군"이란 극단적인 형태이기는 하지만 자율적인 내면을 완전히 거세당하고 '팬토마임'의 연기자처럼 말없이 자신의 기능을 수행할 뿐인 근대 조직 사회의 기능적인 구성원을 가리킨다. 「퇴원」의 주인공 '나'는 바로 '가정'과 '군대'와 '국가'와 같이 생산적 효율성이라는 거의 유일한 목표만을 향해 나아가는 근대 사회의 기능적인 구성원들이 되어 규율과 통제에 따라 자신의 욕망과 자유를 살지 못하고 기계처럼 작동하는 근대의 주체적 개인들을 대변하는 상징적 인물이다.[130] 물론 소설의 서두에서 입원실의 분위기를 말하는 가운데 등장했던, 중병으로 입원한 어떤 침묵하는 사내와 똑같은 이야기만 수다스럽게 늘어놓는 그의 아내에 비한다면 '나'는 근대적 주체들의 삶의 상태에 대해 자각적이기는 하다. 그러나 이청준의 「퇴원」은 소설의 결말이 시사하는 바대로 '나'로 대변되는 근대의 주체적 개인들이 마치 '파월병'처럼 삶의 전부를 단조롭고 반복적인 임

130) 「무서운 토요일」(1966)이나 「굴레」(1966)와 같은 작품들은 근대 조직사회의 기능적인 구성원으로서 기계적인 성격을 보여주는 인물들이 여실하게 묘파된 이청준의 또 다른 소설들이다. 물론 그 각각의 소설들이 그러한 인물을 그려내는 방식에는 다소 차이가 있다. 「무서운 토요일」이 아주 상징적이고 그래서 암시적인 방식으로 그런 인물을 그려낸다면, 「굴레」는 다소 사실적인 필치로, 따라서 직접적인 제시의 방식으로 그렇게 한다. 이밖에도 이청준 소설의 거의 대부분에서 기계적인 성격의 인물들은 미약하게든 현저하게든 빈번하게 목격된다. 예컨대 「별을 보여드립니다」(1967)에서 대학 강사인 주인공에 관한 일단의 묘사는 대단히 시사적인 예를 이룬다. "나는 가방에서 시간표를 꺼내어 내일의 출강 시간을 조사했다. M대학의 시간이 오전에 두 시간, 오후 네시에는 S대에 한 시간이 있었다. M대는 그럭저럭 빼도 될 양이지만 사립인 S대는 총장의 강의 관리가 까다로와서 구멍을 내기 힘든 곳이었다. 우선 오전은 빼고 그와 시간을 같이 보내기로 했다. 비행기 출발이 정확히 몇 시인지는 모르지만, 가능하면 S대만은 김포에서 차를 잡아타더라도 서둘러 보리라고 마음 먹었다. 수지 채산은 맞지 않는 일이지만, 길게 보면 그게 뒤가 안심되는 일이었다. 문제가 되는 비행기 시간은 저녁에 모임에서 알아보기로 하고, 나는 S대의 강의 자료를 대강 정리하여 가방에 구겨 넣었다."(128)

무를 수행하는 데 소비하는 사람들이 될 것이라는 사실을 예고한다. 즉 그들은 이해력과 판단력과 상상력 등을 발휘할 수 있는 기회를 거의 갖지 못함으로써 마음과 행동이 기계화되고, 나아가 그것을 통해 비판력은 둔해지며 인식은 무디어지고 무력한 단조로움 속에서 헤어 나오지 못하여 자동적이고 반사적인 반응과 함께 집단적인 혼수상태에 빠지게 될 것이다. 이 소설은 결국 '아버지의 말'이 상징하는 지시와 명령의 언어가 전면적으로 지배하게 된 규율화된 근대의 조직 사회란 일종의 기계 장치와 다를 바 없고, 근대 세계에서 본래적인 자기의 욕망과 자유를 속박당하고 사는 인간 또한 기계적인 성격을 띠게 된다는 것을 우울하게 증언하고 있다. 요컨대 「퇴원」이라는 작품은 위궤양에 대한 자각 증세를 가진 한 남자의 몇 달간의 병상 생활을 통해 규율화된 조직 사회에서 욕망과 자유를 구속당한 채 하나의 기계적 기능으로서만 살아가게 된 근대의 주체적 개인들을 상기시키고, 나아가서는 그들이 기계와도 같은 삶의 상태에서 더 이상 벗어날 수 없다는 어떤 항구적인 숙명을 암시하는 것으로 보인다.

일단 「퇴원」에서 주목해야 하는 것은 그처럼 조직 사회의 기능인으로 암담하게 살아가는 근대적 주체들의 기계적 성격에 있다. 그러나 이 소설에서 좀더 특별한 주의를 기울이지 않으면 안 되는 것은, 근대 사회 속 인간들이 지니게 된 기계적 성격과 결합된 '아버지의 말'이라는 것이 전형적으로 예증하듯이, 근대인의 삶의 조건에 대한 성찰을 유발하는 '존재론적인 함축'에서 은연중에 부각된 '언어의 문제'이다. 이때 근대의 기계적 인간의 발생은 무엇보다도 '아버지의 전짓불'과 '뱀가죽 지휘봉'이 상징하는 '지시와 명령의 언어들'로부터 비롯된다는 「퇴원」의 통찰에 유념할 필요가 있다. 이 통찰의 핵심은 "어두컴컴한 그 광속 굴에 들어앉아 이것 저것 부드러운 옷 자락을 만지작거리며, 거기서 흘러나오는 냄새를 맡고 있노라면 그보다 더 기분 좋은 일이 없었다. 그러다 나는 스르르 잠이 들고, 잠이 깨면 다시 생쥐처럼 몰래 그 곳을 빠져나왔다. 그런데 어느 날은 거기서 너무 오래 잠이 들어 있다가 아버지가 비춘 전짓불 빛을 받고서야 눈을 떴었다."(13)라는 작중화자의 회고적 발언 속에 고스란히 담겨 있다. 모든 자기요구들은 이른바 '아버지의 이름(the name of the father)'이라는 지시와 명령의 언어적, 상징적 질서에 편입되면서 억압되어야만 정상적인 사회적 관계 속에 놓이게 된다고 한 정신분석학에 대한 참조를 통해서 그것은 분명하게 이해된다. 퇴행이라는 정신병리적 양상을 뜻하는 것으로 보이는 광 속의 잠으로부터 눈을 떴다는 각성의 상태가 무언가를 환히 비추는 아버지의 전짓불로 인해 가능했다는 것이, 언어적 질서의 내면화를 통해 사회화되는 과정에 은유적으로 대응되는 것이라는 사실은 여기서 어느 정도 명백한 것이다. 더욱이 「퇴원」에서 그것은 거세 불안의 극복과 남근적 질서의 수용을 의미하는 '상사에게 바친 뱀가죽 지휘봉'이라는 상징으로 좀더 확연해진다. 여기서 '언어'는 욕망과 자유의 '상상'들을 체계와 질서로 환원하는 억압적인 '상징' 형태라고 할 수 있는데, 그것은 특히 전짓불처럼 투명하고 지휘봉과 같이 규율적인 '지시적 명령의 언어들'로 드러난다. 소설의 주인공이 복수(腹水)를 빼야 했던 한 환자의 말없음에서 하나의 시체를 보지 않고, "언어가 소멸된 거기에는 행동의 욕망과 향수만이 꿈틀거렸다"고 한 이유는 바로 거기서 온다. 이것은 상징적 현실을 구축하는 언어에 대한 불신과 상상적 세계에 대한 낭만적 동경이 중첩되어 있는 부분이라고 할 수 있다. 「퇴원」은 결국 근대적 현실이 지시적 명령의 언어가 구축한 문법의 환상이자 상상적 본래성을 상실한 일종의 허구적 가상에 지나지 않는 것이라고 말하는 것으로 보인다.

이런 맥락에서 모호하던 위통이 내과 의사 준의 처방적 진술 속에서 위궤양이라는 병명으로 진단된 이후 소설의 주인공이 위궤양 증세가 완연해지고 또 "공복에 통증이 온다는 말"만 생각해도 속이 쓰리다고 말하는 대목은 의미심장하다. 그런가 하면 「무서운 토요일」이라는 작품의 첫 장면에서 사무실을 나서며 "자, 먼저 나갑니다."라고 말하는 어떤 회사원이 곧이어 "나는 말부터 먼저 해 놓고는 자신의 말을 명령 삼아 자리에서 일어났다."(56)라고 한 발언은 그것에 관한 아주 결정적인 암시가 된다. 말이 병을 이룬다는 사실이나 말을 먼저 해놓고 그 말의 명령에 따라 행동하는 사람이란 어떤 상황을 가리키는 것인가. 이것은 무엇보다도 사실과 인간이 '말'의 근거나 주체가 아니고, 거꾸로 '말'이 사실과 인간의 근거나 주체가 되어 있다는 것을 연상시키는 가운데 사실과 인간이 언어의 효과나 문법의 환상으로 환원되고 있는 상황을 말한다. 다시 말해 그것은 인간이 말을 지배하는 것이 아니라 말이 지시적 명령의 언어를 통해 인간을 부림으로써 언어적인 가상이 근대적 현실을 지배하고 있다는 점을 우회적으로 보여준다. 이청준의 「퇴원」은 결국 근대의 주체적 개인들이 '언어가 구축한 현실'이라는 가상적이고 허구적인 근대 세계 속에 처해 있음을 확인시켜준다. 그런데 「퇴원」에서 문제적인 것은 작가가 명령의 성격을 띠는 지시적 언어들에 대한 비판을 통해 근대적 현실이 실은 '언어에 의해 구축된 허구적 구성물'이라는 것을 지시하고자 한 데 있다. 왜냐하면 지시적 언어들에 의해 욕망과 자유의 실상이 구속받고 억압당한다는 지시적 의미를 통해서 형성되는 「퇴원」의 주제는 언어의 지시성에 대한 부정적 태도 속에서 모순되는 것이고, 따라서 무효화되는 것인지도 모르기 때문이다. 「퇴원」에 제시된 지시적 언어에 대한 부정과 거부라는 주제가 지시적 언어에 기초한 재현론의 맥락에서 소설 쓰기가 전통적으로 지녔던 진리 주장의 권리에 위협적인 결과를 가져온다는 것은 명백해 보인다. 그러나 근대의 주체적 개인들의 기계적 성격에 관한 비판적 통찰의 어디에서도 소설적 허구가 진리 주장을 하지 않는다는 것을 암시하지 않았다는 점을 염두에 두면, 「퇴원」의 경우 소설적 수준(literal level)에서의 언어의 지시성에 대한 부정과 거부가 주제적 수준(propositional level)에서의 그것의 부정과 거부라는 명백한 지시적 의미까지 그 대상으로 포함하지는 않는다고 할 수 있다. 바꿔 말하면 작가 이청준은 문자적 수준에서의 언어의 지시성을 기계적이고 억압적이라고 부정한 만큼 주제적 수준에서의 지시성도 거부할 필요성이 생기지만, 그 부정과 거부를 언어의 지시성에 대한 신뢰에 입각해 전달함으로써 소설의 주제라는 지시적 명백성과 그것의 진리주장을 유지한다. 엄격한 의미에서 그것은 분명 모순이지만, 사실상 언어의 근본적인 제약을 감안하면 불가피한 것이고 또 신중한 것이다.

침묵하는 진실과 허구의 확대

현실을 대체해 버린 언어적 가상의 문제에 대한 이청준의 인식은 「병신과 머저리」(1966)나 「공범(共犯)」(1967) 등의 작품에서 특히 인상적인 형식을 얻고 있다. 그러나 이 소설들이 언어가 구축한 가상적 현실이라는 테마를 다루는 방식은 「퇴원」과 다르게 위태로운 방식이 된다. 즉 그 소설들은 근대의 주체적 개인들의 기계화에 대한 비판적 통찰을 진행시키는 가운데 스스로의 진리 주장조차 실은 하나의 허구적 구성물에 지나지 않는다는 것을 암시함으로써 객관적 사실을 지시하고 반영하는 소설이 아니라 일정한 방식으로 조직되어 허구화된 텍스트로서의 소설이 되는 것이다. 더욱이 허구(fiction)는 거기서 소설 작품의 사건이나 플롯과 관련되는 것을 넘어 그 안에 구체화되어 있는 믿음과 생각과 주제와도 결부되어버린다. 「병신과 머저리」라는 작품은 그처럼 언어적 구성물로서의 허구적 현실이라는 주제를 무효화하는 방식을 이해하는 데에 중요한 단서를 제공하는 작품이라는 점에서 특별히 먼저 살펴볼 필요가 있다. 「병신과 머저리」는 일종의 액자 소설이다. 동생의 이야기와 형의 소설이 교차적으로 전개되고 있어 전통적인 액자 구조와 다르기는 하지만, 두 이야기가 하나의 주제 위에 중첩된다는 점에서 액자 소설의 일반적인 의미 구조를 가진다. 「병신과 머저리」는 그림 그리는 사람인 동생이 형이 미완으로 남겨놓은 소설을 엿보게 되는 것으로부터 사실상 시작된다. 동생은 우연히 형의 소설을 읽으면서 넓은 화폭에 압도당하고 그 공간을 메우지 못해 고통스러운 상태에 빠져든다. 외과 의사인 형은 수술이 실패하여 한 소녀를 죽이게 된 후 어떤 충격에 사로잡혀 방황하다가 소설 쓰기라는 "기이한 일"에 매달렸던 것인데, 형의 소설을 읽게 된 동생은 결말이 맺어지지 않은 채 한동안 방치된 그 소설의 끝에 강박적으로 집착하게 된다. 동생은 그 "이야기의 끝"을 보지 않고는 아무것도 할 수가 없었던 것이다. 물론 동생이 형의 완성되지 않은 소설에 집요하게 매달린 데에는 진짜 이유가 따로 존재했다. 그 시점에서 결별을 고하고 떠났던 애인의 진실이 무엇이었던가 하는 궁금증이 어느 때보다도 강렬해져 있던 동생에게 형의 진실을 가리켜 보여줄 '이야기의 결말'은 일종의 강박적인 의미를 띠고 다가왔던 것이다. 형의 소설은 군인 신분이었던 형의 과거, 즉 십년 전 패잔과 탈출에 관한 이야기였는데, 탈출에 관한 부분에서 결정적인 대목이 종결지어져 있지 않았다. 동생은 형이 10년 전 6.25사변 때 격전지 강계에서 낙오된 적이 있었다는 것과 나중에 거기서 몇몇 동료들과 은신하다 한 동료를 죽이고 적지에서 탈출해 나왔다는 것에 대해 대충은 듣고 있었다. 말할 것도 없이 형이 쓴 소설의 주무대는 강계 근방의 한 동굴이었고, 그 소설의 등장인물은 형과 '오관모'라는 이등중사와 부상당한 '김 일병'이었다. 그런데 누가 누구를 죽이게 되는지를 말해야 할 결말 부분에서 바로 소설은 방치되고 말았던 것이다. 결국 동생은 궁금증을 참다못해 형의 소설에 손을 대고 만다. 소심한 형이 끝내 부상당한 김 일병을 죽이고 오 중사와 탈출하는 이야기로 결말을 내버린다. 그러나 얼마 뒤 동생은 자신의 결말을 부정하는 듯한 새로운 소설을 접하게 된다. 형은 부상병을 거추장스럽게 생각한 오 중사의 살인과 그에 대한 형의 분노와 복수로서 혼자만 탈출하는 이야기로 소설을 고쳐놓은 것이다. 어느 날 형은 자신의 소설을 태우고, 동생에게 오 중사와 만난 얘기를 해주며 동생을 "머저리 병신"이라 힐난한다. 그리고 형은 다시 병원 일을 시작하게 된다.

이 소설은 '근대 조직 사회 속의 기계적 인간'이라는 테마를 일정하게 포함하고 있는 것으로 보인다. 누구보다도 형은 "외과 의사로서 째고 자르고 따내고 꿰매며 십년 동안을 조용하게만 살아온 사람"으로 근대적 기능인을 대변하는 인물이다. "생에 대한 회의도, 직업에 대한 염증도, 그리고 지나가 버린 생활에 대한 기억도 없는 사람처럼"(96) 살아가는 순응적 인물이란 조직 사회의 정상적 유지에 필수적인 존재라고 할 수 있다. 그러나 이 소설은 특별히 근대의 기계적인 기능인들이 '진술 욕망을 통해 사회적 통합을 이루는 메커니즘'을 보여준다는 점에서 다른 소설들과 일정하게 구분된다. 다시 말하면 「병신과 머저리」에는 어떤 기능으로부터 이탈한 자 스스로 진술에 대한 욕망과 그 해소를 통해 자신을 원래의 기능에 다시 복귀시킴으로써 조직 사회가 정상화되는 방식이 잘 나타난다. 주지하다시피 근대 이전에도 진술과 고백은 내면을 규율하고 통제하는 메커니즘으로 체제 유지에 효율적으로 이용되었다. 소설에 따르면 근대에도 그러한 메커니즘은 여전히 유효한 것처럼 보인다. 이청준의 「병신과 머저리」라는 작품에는 사제 앞이라는 공적인 형식에서 소설이라는 사적인 형식으로 변화되었지만 근대에도 진술과 고백의 메커니즘은 여전히 작동하고 있다는 사실이 드러나고 있다. 형의 이야기를 중심으로 한 「병신과 머저리」는 바로 근대사회의 정상화 메커니즘에 대한 진지한 탐구로 읽을 수 있다. 여기서 형의 '수술 실패'에 따른 '소설 쓰기'가 의미하는 바는 자명하다. 전자는 기능 고장에 따른 이탈의 계기이고, 후자는 기능으로의 복귀를 위해 소설이라는 수단을 통한 진술 욕망의 해소이다. 실제로 소설의 결말이 유보됨으로써 진술이 종결되지 않는 동안 형은 병원 일을 하지 못하며, 미루던 결말을 채워놓고 진술을 완결하고 난 다음에야 형은 자신의 사회적 직분인 의사로 돌아온다. 형은 말하자면 진술하고 고백함으로써 정신적 충격을 수습하고서야 복잡한 죄의식과 가책에 구애됨이 없이 본래의 기능을 충실히 수행할 수 있게 된 것이다. 이처럼 형의 이야기는 진술을 통해 탈난 사회적 기능을 수습하고 그것에 재통합되는 조직사회 메커니즘의 한 측면을 일종의 알레고리로서 보여준다. 그런가 하면 동생의 이야기는 '근대 조직 사회 속의 기계적 인간'이라는 테마와 관련하여 좀 다른 측면을 부각시킨다. 동생은 우선 사회적 기능을 상실하는 순간 형처럼 '진술에 대한 욕망'을 가지지 않고 '진실에 대한 열망'을 가진다는 것에서 차이점을 드러낸다. 동생이 사회적 기능을 상실하는 것은 애인의 결별 선언으로 사랑과 결혼이라는 사회적 기능과 그 과정에 균열이 생기는 순간이다. 그런데 동생은 형과 달리 사회적 기능이 중지된 틈에서 오히려 내면의 확대를 경험하고 애인의 진실을 알고자 하는 강한 열망에 사로잡힌다. 어떤 의미에서 동생은 내면의 자유를 억압하고 있던 기계적 기능이 작동을 멈추게 되자 내면의 자유와 해방을 두려움이 아닌 진실을 알아 볼 수 있는 기회로서 경험했다고도 할 수 있다. 이것은 동생이 우연히 형의 소설을 엿보게 되면서 그 이야기의 진실을 알고자 하는 강렬한 열망에 사로잡히는 데서 간접적으로 암시된다. 동생은 결국 사회적 기능의 균열과 틈 속에서 내면의 자유를 확보하고 진실을 추구할 기회를 맞이하게 된 것으로 보인다. 동생의 이야기는 이처럼 사회적 기능이 탈난 사이에 진실에 대한 열망이 자라나는 것을 보여줌으로써 조직 사회 메커니즘으로부터의 탈출 가능성에 관한 적정한 일화를 예시하고 있는 것 같다. 그러나 진술의 욕망을 해소하고 내면을 비워냄으로써 정상적으로 사회적 기능 안으로 재진입한 형이 진실에 대한 열망 때문에 형이 쓴 소설의 결말에 강박됨으로써 끝내 "그림 그리는 사람"이라는 사회적 기능을 회복하지 못한 동생을 "병신"과 "머저리"로 타자화하고 있다는 것은 비관적인 전망을 남긴다. 개인적 자유의 가능성을 표시하는 동생의 존재가 '병신과 머저리'로 지칭된다는 것은 '타자화'라는 배제의 전략 속에서 그 가능성이 사회적으로 제약되고 위축되어 사라질 것이라는 절망적인 예측을 가능하게 하는 것이다. 요컨대 「병신과 머저리」라는 액자 소설은 동생의 이야기를 잠식하는 형의 이야기를 통해 근대적 조직 사회 속에서 기계화된 인간들의 암담한 삶은 결코 변화되거나 극복될 수 없다는 근대의 주체적 개인의 비극을 말한다고 할 수 있다.

그런데 이청준의 「병신과 머저리」는 형의 이야기를 중심으로 기계화된 근대 조직 사회라는 문제화된 상황을 표시하는 것에 그치지 않고 근대 사회 속에서 기계적인 것 너머의 진실은 이제 알기 어려운 것이라는 불가지론적 허무주의를 예고하고 있어 흥미롭다. 여기서 중요한 것은 '오관모'(형이 쓴 소설에 의하면 죽은 것으로 되어 있는 인물)라는 중사를 보았다는 형의 말 때문에 독자 편에서 형과 동생이 쓴 두 개의 소설이 서로 경합하게 된 상황이다. 무엇보다도 형의 패잔과 탈출에 관한 이야기의 진실을 놓고 '동생의 소설'과 '형의 소설'이 만들어지는 과정을 보여주는 이 소설에는 작품의 결말에서 그 두 가지 이야기들 모두 현실과 불확실한 관계를 맺고 있는 하나의 '허구'일 뿐이라는 사실이 암시된다. 다시 말해 형의 경험적 진실을 가리키게 될 형이 쓴 소설의 결말에서 형이 김 일병을 죽이도록 결정하는 '동생의 소설'이나 형이 김 일병을 죽인 오 중사를 다시 죽이도록 하는 '형의 소설'은, 형이 소설을 소각해 버린 그 날 오 중사를 실제로 만나고 왔다고 하는 말로 인해 모두 진실과 무관한 언어적 허구물들일 뿐이라는 것이 폭로되고 만다. 왜냐하면 형의 말은 동생의 소설이 사실에 부합하는 것일지 모른다는 추측을 가능하게도 하지만, 오 중사를 만나고 왔다는 사실 또한 형의 '말[言語]'을 통한 것이라는 점에서 그 말의 진실 여부가 끝내 밝혀지지 않는 소설에서는 누구의 소설이 사실과 진실에 부합하는지 모호해져버리기 때문이다. 형의 군대 시절 어떤 사건에 대하여 형의 소설과 동생의 소설은 서로 다른 이해를 통해 상이한 해석을 제공하고 경합함으로써 사실과 진실의 발견을 계속해서 지연시키다가 결국 거기서 진실이 아닌 진실의 부재만을 드러낸 것으로 보인다. 독자들은 여기서 그들의 소설이 현실에 관계하는 방식이 근본적으로 불안정하고 작위적이라는 사실에 직면함으로써 사실상 미궁과 혼돈 속에 빠지지 않을 수 없다. 「병신과 머저리」에서 주목하지 않으면 안 되는 것은 바로 그처럼 허구들을 의심하고 심문할 그 허구의 바깥조차 허구화되어 있다는 사실에서 오는 어떤 의미론적 혼란이다. 허구가 허구임을 인식시켜 줄 기준조차 허구화되어 있는 상황은 선택을 개방하여 무제한적인 자유를 허용함으로써 궁극적으로 표현되는 것의 중요성을 잠식하고 무의미를 번성하게 하는 붕괴적인 것이라는 점을 상기할 필요가 있다. 일단 진위 여부를 판단할 어떤 기준에 더 이상 권리를 부여할 수 없으면, 그것은 '의미부여(meaning giving)'의 카리스마적 힘을 상실하는 것일 뿐만 아니라, 나아가 의미 형성 그 자체를 불가능하게 만든다.[131] 확고한 기반이 있는 기준이 부재하는 데서 초래되는 진실을 포함한 모든 인간적 가치들의 허구화는 의미의 다원주의적 혼돈 속에서 마침내 의미 그 자체를 잃어버리지 않을 수 없는 것이다. 그런 맥락에서 형의 소설과 동생의 소설이 진실을 놓고 치열한 경합과 팽팽한 대치 상태에 들어가는 「병신과 머저리」에서 앞서 언급한 바 있는 형을 중심으로 한 「병신과 머저리」의 주제는 그 중요성을 상실하고 두 가지 주제로 다시금 갈라진다. 그리고 「병신과 머저리」에서는 두 가지 주제가 다원주의적 허용 속에서 양립하는 것처럼 보이지만, 그 안에서 그것들은 서로를 잠식하여 어떤 주제의 결여만을 포용하는 무의미한 복잡성만을 빚게 된다.

이렇게 보면 두 가지 주제가 하나의 주제를 인증하지 않고 두 인물의 이야기가 교차하며 그것의 주제가 경합하는 「병신과 머저리」라는 작품은 일종의 액자 소설이기는 하지만 전통적인 액자 구조를 벗어나는 소설로 이해된다.[132] 이 점이 무엇보다도 중요한데, 주제들의 경합

131) 이와 관련해서 수지 개블릭의 논의는 시사적이다. "일단 실천을 구성하고 지탱해왔던 규범에 대해 더 이상 최종적인 동의가 없으면, 그리고 부과할 제한 요소들이 없다면 다원주의가 할 수 있는 것은 우리의 갈등의 심연을 흐리게 하는 것일 뿐이다./ 다원주의는 우리가 더 이상 가치를 부여해주는 문화적 관습에 의존할 수 없다는 것을 의미한다. 그러나 그러한 상황에서 색맹이나 음치처럼 가치를 모르는 사람이 될 수 있다."(S. 개블릭, 앞의 책, pp.100-101)

132) 모든 서사물의 원형 가운데 하나인 '액자소설'은 하나의 이야기 속에 여러 이야기가 포함된다는 의미에서 종종 '바깥 이야기 안의 내부 이야기'라는 식으로 정식화된다. 이때 바깥 이야기는 내부 이야기를 위한 어떤 계기의 제시나 인증성의 확보라는 차원에서 파악되고, 내부 이야기는 좀더 밀도 있는 입체적인 액자소설의 경

을 부추기는 이청준 소설 특유의 액자 구조는 「퇴원」과 달리 '언어의 지시성에 대한 부정과 거부라는 문제'에서 부각된 존재론적 사유를 확고하게 뒷받침하는 형식을 고안하는 데 거의 성공했다는 증거이기 때문이다. 이를테면 「퇴원」에서는 기계적 조직 인간에 대한 우울한 경험이 지시적 명령의 언어들에 대한 부정과 거부라는 테마를 산출하면서 언어의 지시성에 대한 불신을 보여준 바 있다. 물론 거기서 언어의 지시성에 대한 불신은 그것을 주제화하고 있는 「퇴원」의 지시적 명백성을 의심하게 한다는 점에서 소설 자체의 자기 부정에 직면하게 되었다. 그러나 「퇴원」은 문자적 수준과 좀더 큰 주제적 수준을 아직 혼동하지 않음으로써 모순적일지는 모르지만 소설의 진리주장을 유지했다. 그 소설은 최소한 '현실'이라는 비판적 토대를 포기하지는 않았던 것이다.

우에 한정되는 것이지만 바깥 이야기의 예증이나 그것에 대한 상호 조응으로서 주제를 심화시키는 그런 것으로 이해된다. 이런 맥락에서 「병신과 머저리」의 액자 형식은 액자소설에 고유한 정식화된 구조와는 다른 특이한 형태를 보여준다. 이것은 이청준 소설에서 자주 나타나는 액자 형식의 일반적 특성임은 물론이다. 기존의 논의들에서도 이 점은 지적되고 있는데, 가령 우찬제의 논의가 대표적이다. "안쪽에 담겨진 이야기는 대개 평면적 스토리의 전개로 인간의 경험과 삶의 태도에 관한 유형을 보여준다. 그리고 그 이야기를 바라보는 그것과의 교유와 관찰 속에서 우리의 삶에 대한 종합적인 반성과 평가의 역할을 수행해나가는 시선을 또 하나 바깥에 마련한다. 바깥에 마련된 관찰자의 시선은 그러니까 그 안쪽에 진술된 일회적이고 평면적인 경험의 유형을 최종적인 진실로 확정지으려는 목적에서가 아니라 그것을 의심하고 시험하며 반성하는 역할의 수행자로서 마련되어지고 있는 것이다. 따라서 그의 시선은 언제나 일회적 경험에 대해서는 불신과 의심을 일삼는 부정적 태도가 불가피해질 수밖에 없으며, 그것은 곧 그 작가의 일회적 경험을 작가 자신과 독자들 공유의 총체적 세계 안으로 귀속시키려는 노력으로서 그 자신의 최종적인 판단을 겸손하게 유보해버리는 자세를 취해 보인다."(우찬제, 「자유의 질서, 말의 꿈, 반성적 탐색」, 권오룡 엮음, 『이청준 깊이 읽기』, 문학과지성사, 1999, pp.209-210) 그러나 허구의 바깥조차 허구화함으로써 이청준 소설에서 '불신과 의심을 일삼는 부정적 태도'는 그 불신과 의심마저 불신과 의심의 대상에 떨어뜨리는 자기 부정에 빠져버린다는 사실을 간과해서는 안 된다.

반면에 「병신과 머저리」라는 작품은 액자 형식을 통해 그 언어의 지시성에 대한 불신을 주제적 수준으로까지 끌어올리고 있다는 점에서 「퇴원」과 커다란 차이를 보여준다. 이청준의 「병신과 머저리」는 형의 소설과 동생의 소설이 언어적 허구물이라는 사실을 증거하는 '오관모를 만나고 왔다는 형의 말'을 통해 진실을 말로 둘러싸고 언어적 구성물로 개방함으로써 언어의 지시성에 대한 불신을 극단화하고, 따라서 진실이 머무는 자리인 현실을 마침내 언어적 허구물로 대체해버린 것이다. 결국 이 소설은 최소한의 현실마저도 허구화함으로써 언어의 지시성에 대한 부정과 거부를 액자 형식을 통해 모순 없이 표현하고 있다. 그러나 여기서 언어의 지시성에 대한 극단적인 불신은 그것을 주제화하고 있는 「병신과 머저리」의 지시적 명백성을 보존할 수 있는 수단마저 완전히 제거하고 있기 때문에 소설은 자기 부정 속에서 무의미한 기호들의 체계가 되고 만다. 「병신과 머저리」에는 물론 그처럼 진실과 허구의 경계를 허물어버림으로써 허구들이 서로 경쟁하게 하여 진실의 독점을 견제할 수 있다면 언어의 지시성이 가지는 환원적 폭력에 비해 그것이 덜 위험한 것이라는 다원주의적 생각이 표명되어 있는 듯하다. 그것은 독자의 임의적인 의미부여를 통해 자유를 확대하고 개방한다는 정치적인 의미를 포함하고 있기 때문에 그럴 수도 있을 것처럼 보인다. 형의 소설에 독자인 동생이 개입하여 임의적으로 자신의 소설을 만든다는 것이 암시적으로 가리켰던 것은 아마도 그것인지 모른다. 그러나 독자의 자유로운 의미부여에 개방된 소설은 모든 의미화를 허용 가능한 것으로 주장하고 모든 의미들의 진리 주장을 인정함으로써 그 의미들 스스로가 무가치해지는 역설적인 결과를 맞게 된다. 언어의 지시성이 전제하는 현실이 그것을 부정하고 거부하는 언어적 허구들로 대체된다면, 의미의 다원주의적 상대화 속에서 이제 자유의 확대와 가치의 개방이라는 현실적 의미를 안정되게 보장할 수 있는 진리의 기준은 사라져버리기 때문이다.[133] 「병신과 머저리」처럼 현실이라는 허구의 바깥을 제거한다면, 그것은 언어적 허구라는 인식과 주제 또한 허구화시킴으로써 자기 부정에 빠질 수밖에 없다. 여기에서 '픽션[虛構]'은 단순히 소설의 구성 요소가 아니라 마침내 언어의 지시성에 대한 믿음에 의해서만 유지될 수 있는 소설의 주제적 진술에까지 확대된 것이다. 결국 '언어적 허구로 규정된 언어적 허구의 부정'이라는 자기 부정의 모순을 통해 「병신과 머저리」의 진리 주장은 그 효력을 잃어버린다고 할 수 있다. 사실 이것은 이후 이청준의 「공범」이라는 작품에서도 동일하게 확인된다. 이 소설은 김 효 일등병이 자신을 학대한 두 동료 사병을 사살한 사건을 발단으로 한다.

一九五×년 九월 어느 날, 신문들은 일제히 특호 활자를 동원하여 그 날 군법 회의에서 사형 선고를 받은 김 효 일등병에 관한 기사로 사회면 우상단(右上端)을 채우고 있었다. M 대학 재학 중 학보(學保)로 입대하여 전방 부대에서 근무중이던 김 효 일등병은 월여 전 그의 애인(신문들이 그렇게 썼다.)의 편지와 관련하여 그를 학대한 두 동료 사병을 사살한 사건으로 여론을 어수선하게 하였는데, 언도 공판에서 사형이 선고되자 신문들이 다시

133) 그러니까 「병신과 머저리」에서 형의 이야기와 동생의 이야기 간의 경쟁을 통해 드러나는 주제는 진실은 어떤 허구적인 세계상으로 인해 더 이상 알기 어려운 무엇이 되어 있다는 주제뿐이다. 그러나 그 주제 또한 자기 부정적 주제로 인해 독자들이 신뢰하기 어려운 주제가 됨으로 해서 「병신과 머저리」는 어떤 무가치와 의미론적 허무만을 돋보이게 만든다. 모든 것이 진실과는 거리가 먼 허구라는 생각에는 어떤 가치론적 명제들을 회의하고 그것에 의혹을 불러일으키는 긍정적 의미의 다원주의를 가져오는 것과 동시에 그 다원주의를 통해 모든 것이 틀린 만큼 또 모든 것이 옳을 수도 있다는 어떤 가치에 무감각한 부정적 의미의 상대주의를 불러일으킨다.

> 붓을 모으기 시작한 것이다./ —할 말이 없다. 피고는 재판 중 충분히 변호되었을 것이며 법은 또 그에게 공정했을 것이다. 다만 아직은 구제의 방법이 있으니까 최선을 다해 그가 다시 참된 생을 누릴 기회를 갖도록 힘써 볼 작정이다./ H 변호사 협회와 인권 옹호회의 회장을 겸하고 있는 한 변호사는 재판 결과에 대한 소감을 묻는 기자의 질문에 퍽 침착한 답변을 하고 있었다. 김 효가 재학했던 M 대학의 한 교수 역시 지극히 조심스러운 소감이었으나 스승으로서의 애정이 좀더 배어 있는 목소리였다./ —가슴 아픈 일이다. 법이 좀더 관용을 보일 수 있으리라 믿는다. 그는 젊은이다. 모난 가지를 치고 나면 좋은 동량감이 될 수도 있을 것이다./ 그러나 가장 직설적이고도 단호한 결의를 보인 것은 여류 소설가이며 어머니회 회장인 K 여사였다./ —내 자식이 당한 일처럼 가슴에 맺혀 오는 게 있다. 앞으로 여론 환기, 요로에의 탄원, 기타 가능한 모든 방법으로 그의 구명에 앞장서겠다./ 그러나 김 효에게 희생된 두 사병의 형이라는 사람의 소감은 단지 <말하기 싫다>라는 짧은 한 마디뿐이었다./ 사진까지 포함한 모든 기사에서 특히 눈을 끈 것은 피고가 최후 진술을 거부한 채 선고가 내려졌다는 사실이었다.(135)

김 효는 결국 군법 회의에서 사형선고를 받은 얼마 뒤 최고 권력자의 결정으로 사형에 처해진다. 이 과정에서 그는 줄곧 진술을 거부한 채 침묵하고 최후의 순간에 “두 영혼에게 가서 사죄하겠다”라는 말만을 남긴다. 김 효 애인의 편지를 가지고 두 동료가 장난을 친 일 말고 범행 동기가 분명치 않은 이 사건의 진실은 그만 오리무중에 빠지고 만다. 김 효 일등병이 죽기 직전까지 신문들은 가해자와 피해자를 선과 악으로 나누어놓고 그 사건을 “엉뚱한 영웅 애정극”으로 다루며 선정적인 기사들을 내보냈는가 하면, 사회 각계 인사들은 범죄의 심판과 그

범죄의 진상을 혼동하며 무책임한 인도주의를 내세워 소란스런 구명 운동을 벌이기도 했다. 특히 여류 소설가이자 어머니회 회장인 K여사는 그 구명 운동에 가장 적극적이었다. 좀더 큰 질서를 위해선 "비정한 단죄의 칼"이 불가피하다는 법의 현실을 인정하면서도 인간의 진실과 존엄성을 사수해야 한다는 문필가로서의 인간주의적 당위를 내세우며 지속적으로 구명 운동에 나섰던 것이다. 그러나 김 효의 선임병이자 K여사의 아들인 고 준 상등병은 사회의 소란들은 모두 진실과는 거리가 먼 명분뿐인 '허구들'이라고 생각하고 뭔가 잘못 되어가고 있다고 느낀다. 그는 김 효의 범행 동기에 대해 나름대로 짐작하는 바가 있었기 때문이었다. 고 준에 의하면, 사실 최초의 죄는 중대 부관 강 중위에게 있었다. 평소 지능적인 학대를 해온 강 중위는 사건 당일 낮에도 회초리를 들고 중대 사병들의 소변 습관을 교육시키겠다고 모욕적인 기합을 주었는데, 잠시 분대장이 그 감독을 대행했던 것이 문제였다. 그 분대장은 바로 김 효에게 사살된 희생자 중에 하나가 되고 말았다. 사실 애인의 편지를 돌려 보는 일이란 군대에서 흔히 있는 일이었고, 고 준이 증언하는 바에 따르면, 김 효 또한 그 점을 어느 정도 이해하고 있었다. 고 준이 생각하기에 실제로 범행은 김 효가 예민한 "학보병"이라는 데 연관되어 있지 애인의 편지에 관련되어 있는 것은 아니었다. 같은 학보병 출신이라는 점에서 김 효를 누구보다도 잘 이해했던 고 준은 같은 처지인데도 불구하고 모욕을 즐기고 향락하는 무지한 동료 사병들이 아마도 김 효에게 증오를 불러일으켰을 것이라고 추단했던 것이다. 그리고 고 준 상등병은 김 효의 사형집행 소식을 듣고 어머니 K여사에게 편지를 쓰는데, 거기서 그는 자신의 추리 또한 진실과 무관한 것일지도 모른다고 말한다. 진실은 이야기되지 않았고 이야기된 진실들은 아이러니컬하게도 김 효의 죽음을 앞당겼다는 것이다.

「공범」은 우선 이청준 소설에 고유한 주제인 '기계적 인간론'이라는 성격 안에서 이해될 수 있다. 무엇보다도 김 효 일등병을 위시한 군인들은 근대 사회의 기능적인 구성원들이 되어 규율과 통제에 의해 내면의 자유를 억압당하며 기계처럼 움직이는 근대적 주체들을 전형적으로 대변한다. 기자와 변호사, 교수와 소설가 등 군인들 이외의 작중인물들도 범죄자의 인도주의적 변호에 관련되면서도 사회 질서라는 차원에서 비정하지만 경고적인 의미를 지니는 법치(法治)를 옹호하고 사회 시스템의 유지에 연관된다는 점에서 예외는 아니다. 그러나 이 소설은 근대의 기계적인 기능인들이 정상화되는 메커니즘을 명확하게 보여준다는 점에서 다른 소설들과 약간 구분된다. 그렇다면 이청준의 「공범」은 일단 근대 사회의 정상화 메커니즘을 말했던 「병신과 머저리」와 유사한 의미를 보여주는 작품인 셈이다. 물론 「병신과 머저리」가 어떤 기능으로부터 이탈한 자들 스스로 진술에 대한 욕망과 그 해소를 통해서 자신을 원래의 기능에 다시 복귀시키거나 사회적 합의에 일탈해 있는 반기능인들을 타자함으로써 조직 사회가 정상화되는 방식을 보여준다면,[134] 「공범」은 그 가운데 후자의 측면, 즉 어떤 기능으로부터 이탈한 자들을 타자화하고 배제함으로써 조직 사회를 정상화하는 방식을 좀더 강조해서 보여준다. 다시 말해 「공범」은 근대의 조직 사회가 기능적인 기계 인간들을 특권화함으로써 기능들을 거부하고 일탈하는 자들을 제거하고 조직 사회의 근대적 시스템을 정상적으로 유지하는 모습을 극단적인 형태로 제시한다. 실제로 '범법자의 사형'이라는 이 소설의 핵심적 소재는 그것을 가리킨다. 그런 의미에서 북한산 밑 청기와 집에서

---

134) 이것은 물론 「공범」에서도 암시적으로 나타난다. 이른바 '사고병'이라 불리는 한 사병이 진술의 욕망을 충족시킴으로써 고분고분한 인간이 되고 결국 장기복무를 지원하여 국가의 충복이 된다는 대목이 나오는 것이다

이 사회의 최고 권력자가 김 효 일등병의 사형을 결정한다는 소설의 결말 부분은 어떤 사회 조직의 폭력적 유지를 암시하는 것이지 단순히 한 독재자의 폭력적 전횡을 드러내는 것은 아니다. 실제로 이 소설에서 체제 유지적 권력은 하나의 실체가 아니고 체제 구성원들에게 내면화되어 작용하는 관계적 양상으로 나타난다. 예컨대 회초리를 든 성 중위나 그의 감독과 훈육 행위를 대행한 분대장에게서 그러한 점은 뚜렷하게 드러난다. 그런가 하면 인간의 진실과 존엄성을 사수해야 한다는 당위에 매진하면서도 "보다 큰 질서"와 "비정한 단죄의 칼"의 불가피성을 떠올리는 소설가 K여사와 더불어 "사고병"의 고백을 끌어내고 의도하지는 않았지만 그를 장기 복무에까지 이르게 한 고 준 상등병[135]은

135) "고 준이 보충을 왔을 때도 사정은 김 효와 별로 다른 게 없었다. 육군 형무소를 체신 없는 시아버지 부엌 드나들듯 했다는 사고병 하나가 이등병 계급장을 달고서 온 중대를 누비고 다녔다.…(중략)…고 준은 기회를 놓치지 않았다./ 「상(喪)을 당하신 모양이더군요. 모자에 상장(喪章)을 달고 다니시던데.」/ 이등병은 작업모의 한쪽에 마포천을 접어 달고 다녔다. 고 준의 그 한 마디는 깊이 숨어 버린 이등병의 이야기를 끌어내는 데 신약과 같은 효험을 드러냈다. 이등병은 마치 그 약효가 전신으로 골고루 퍼져나가기를 기다리고 있는 듯 잠시 눈을 감았다가 조금씩 이야기를 내놓기 시작했다. …(중략)… 그런 며칠 뒤 소대원들에게 모듬매를 때리고 나서 그는 다시 고 준을 막사 모퉁이로 불러냈다./ 「미안해. 그런 땐 어쩔 수가 없거든-.」/ 그는 오히려 고 준이 민망해질 표정을 짓고 있었다./ 그로부터 고 준은 자기의 방법에 확신을 갖기 시작했다. 이등병으로부터는 그가 병영 생활을 해 가는 데 가장 좋은 이해의 방법을 얻은 셈이었다. 애초에 그는 이등병에게 그 자신의 호소 같은 것을 시켜보려고만 했던 것이다. 자기 이야기를 털어놓은 사람에게 난폭해지기는 누구나 힘들다는 것을 고 준은 알고 있었다. 그래서 그는 이등병에게 어느 때든지 그것을 받아들일 수 있으리라는 쉬운 태도를 보이려고 했던 것이다. 결국 이등병은 자기의 이야기를 했고, 고 준에게는 그때까지보다 훨씬 동정을 가지고 동료들의 생활을 살피게 된 계기를 주었던 것이다./ 고 준은 나중 그런 모든 경험을 김 효 일등병에게 들려주었다. 그 이등병은 어찌된 일인지 김 효가 오기 얼마 전 장기 복무를 지원해 버렸고, 그것은 어떤 지휘관의 배려에서였는지 쉽게 받아들여지고 있었던 것이다. 그러나 그것은 결코 그 이등병에겐 뜻밖에 다행스러운 일이 아니었다. 특수 교육을 받고 와서부터 진급이 되기 시작한 그 이등병

그것의 좀더 교묘한 예라고 할 수 있다. 그런데 여기서 흥미로운 것은 K여사와 고 준 상등병의 경우인데, 그들은 '언어'가 어떻게 분방하고 일탈적인 내면의 자유를 규율하고 통제하여 사회 시스템에 순응하도록 만들었는지를 암시한다. 그들이, 진실을 말하는 데 열중하는 소설가라거나 지적이고 객관적인 관찰과 언사에 능한 대학생이라는 신원에서 드러나듯이, 반성적인 언어를 사용할 줄 아는 사람들임에도 불구하고 궁극적으로는 사회적 질서와 체제 유지에 어떤 식으로든 복무하게 된다는 것은 자유의 포기를 통한 체제 유지가 말을 사용하는 순간부터 시작된다는 사실을 알려준다. "최후 진술"을 거부하고 "침묵"하다가 사형집행을 당하는 김 효 일등병의 예가 의미심장하게 다가오는 것은 바로 여기에서다. 그는 상징적인 의미에서 말을 중지함으로써 체제 바깥으로 밀려나고 만 것임에 틀림없다. 이것은 사회 시스템의 유지에 언어의 상징적 질서가 얼마나 철저하고 깊숙하게 작용하고 있는지를 잘 드러낸다. 사실 말을 거부한 '김 효'(아마도 金孝)라는 인물의 이름에서조차 사회의 호명은 근본적인 것으로 각인되어 있다.

이처럼 「공범」의 기계적 인간이라는 테마는 언어 구속적 인간이라는 그것의 근원적 토대에 관련된다는 점에서 이청준의 다른 소설들과 마찬가지로 사회학적이기보다는 존재론적이다. 특히 이 소설은 자유의 실상이 환원적인 언어의 지시성에 의해 억압되고 은폐되어 있다는 존재론적 테마에서 「병신과 머저리」라는 작품과 흡사하기도 하다. 이 점이 사실 「공범」이라는 작품에서 좀더 중요한 것이다. 우선 「공범」은 동일하게 지시적 명령의 언어들에 의해 실상으로서의 내면의 자유가 구

은 분대장이 된 후, 부관 강 중위 대신 그 기괴한 기합의 감독을 맡은 날 밤, 김 효에게 온 어떤 여자의 편지를 읽다가 어이없게도 그의 총알에 마지막 숨결이 끊기고 말았으니까 말이다."(140-141)

속받고 억압당한다는 언어의 지시성에 대한 부정과 거부를 주제화한다. '침묵하는 김 효'는 이미 언급한 것처럼 그 주제의 중심에 서 있다. 그리고 이 소설에서 '내면의 자유와 언어의 억압이라는 이분법적 대립'은 「병신과 머저리」와 마찬가지로 '진실과 허구의 이분법적 대립'으로 변주된다. 어떤 의미에서 김 효 일등병의 동료 사병 사살 사건의 '진실'을 두고 여러 개의 '이야기들'이 만들어지는 과정을 들려준다고 할 수 있는 이 소설에서 실제로 '진실'을 가리킨다고 자임하는 이야기들은 이미 그 언어적 지시성의 폭력적 환원 속에서 진실을 배반할 수밖에 없는 '허구들'일 뿐임이 드러난다. '침묵하는 김 효'로 표출되는 그것은, 고 준 상등병의 입을 빌어 말하자면, '진실의 부재'를 요체로 한다. 그에 의하면, 이야기들은 진실과는 무관한 것이고 또 그것은 김 효의 아이러니컬한 죽음을 유발한 것처럼 '진실의 죽음'에 관계된다.

> 그는 언젠가 야간 훈련 때의 그 시체처럼 싸늘히 식어 가던 그런 하늘을 한동안 유리창 너머로 묵묵히 지켜보고 있다가, 문득 펜을 들어 어머니 K 여사에게 글을 쓰기 시작했다./ —오늘 김 효의 사형이 집행되었군요. 그의 구명 운동이 거리와 신문을 그렇게 휩쓸었는데도 말입니다. 저는 신문을 통해 어머니의 뜻도 알고 있습니다. 하지만 법은 그런 따위 영웅극은 다시 용납지 않으리라고 시범을 보였습니다. 다 끝난 셈이지요. 하지만 정말 끝났을까요? 두 사병이 무참하게 죽어 간 일이나 김 효가 결국은 그렇게 되어 버린 일, 두 가지 중 김 효 자신의 한 마디를 제외하고는 어느 것도 진실이 이야기된 일이 없었던 것 같은 저의 미진한 느낌은 무엇 때문일까요? 바로 말하지요./ 이제 어머니께서는 아셨을 줄 압니다. 김 효를 변호한 것이 오히려 좀더 빨리 김 효를 그렇게 만들어 버렸다는 기묘한 아이러니를 말입니다. 어쩌면 어머니께서는 훨씬 전부터 이미 그런 점을 이미 짐작하

고 계셨을는지도 모릅니다. 그런데도 어머니께서는 김 효의 생명에 앞서 어머니 자신의 어떤 진실이나 신념을 좇아 거리로 나섰을 경우를 상상해 봅니다. 그렇다고 지금 저는 어머니의 그런 신념이나 진실을 부정하려고 하진 않습니다. 하지만 누구나 자기 나름으로는 진실을 주장하고 있었는데, 결국은 그 진실이라는 것이 오로지 김 효를 보다 빨리 죽게 하는 데만 공헌하고 있었거나, 적어도 결과에 있어서 아무것도 진실은 이야기되지 못한 것과 마찬가지라면 우리는 그것을 어떻게 생각해야 할까요./ 무서운 일입니다……/ 고 준은 글을 더 써 내려가지 못하고 한동안 머리를 싸매고 있었다. 강 중위가 그것을 뒤에서 조심스럽게 지켜보고 있었다. 고 준은 지금 자기의 생각을 정확하게 이야기할 수가 없었다.(146-147)

이청준의 「공범」이라는 작품은 결국 강 중위의 감시적인 시선으로 대변되는 지시적 언어의 폭력적 환원을 비판하고 이야기들의 허구성을 폭로함으로써, 김 효의 침묵에서 암시되는 바 그대로, 언어의 지시성에 대한 거부와 부정을 가치 있는 자유의 발현으로서 옹호하고 있는 셈이다. 그러나 진실은 근본적으로 언어적 지시성으로 해명될 수 없다는 생각 속에서 「공범」이 강조하고자 하는 것은, 언어적 구축물로서의 현실 안에서 진실의 발견은 불가능하다는 불가지론이다. 그리고 진실의 부재가 진실을 천명하는 순간부터 시작된다는 사실을 말하는 고 준의 편지를 보면, 이 소설은 언어적 허구가 어떤 진실을 가리킨다고 하는 지시성에 대한 부정과 거부를 언어적 허구가 하나의 언어적 허구임을 자각하고 인식하는 데서 활성화시키는 것이 오히려 진정한 것이라고 말하는 것인지도 모른다. 이를테면 이 소설은 김 효 일등병 사건의 진실을 말한다고 생각되는 이야기들이 모두 진실의 죽음에 기여하는 허구적 이야기들에 지나지 않는다고 말한다. 무엇보다도 이것은 소설의 주제적 명제에 해당하는 것이고, 이 명제는 누구보다도 이 소설의 주주동 인물이라고 할 수 있는 고 준 상등병이 시종 끌고 간다.[136] 고 준은 사건 현장에 가까이 있었다는 공간적 이점과 김 효와 같은 학보병 출신이라는 신원상의 이점을 통해 범행 동기에 대한 자신의 추리에 객관성의 지위를 부여하고, 다른 이야기들은 무언가 잘못되었다고 생각하고 그것에 허구성이라는 표지를 붙인다. 다시 말해 신문의 이야기는 가해자와 피해자의 선명한 이분법 속에서 영웅극으로 조작된 상업주의적 허구라는 것이고, 또 사회 각계의 구명 운동은 범죄의 심판과 그 진상을 구분하지 않고 명분에 따라서 인간의 진실과 존엄성을 가장한 인도주의적 허구라는 것이다. 그러니까 진실은 침묵에만 담길 뿐 결코 언어로서 이야기될 수 없고 또 그것이 이야기되면 진실은 빠져나가고 어떤 허구들만이 남는다고 한 고 준의 '말'에서 궁극적으로 「공범」의 주제는 형성된다고 할 수 있다. 그러나 주제적 수준에까지 팽창된 '침묵하는 진실'이라는 사유는 잠재적으로 소설에 파괴적인 것이 된다. 왜냐하면 그것은 고 준의 '말'을 통해 전달된 주제까지를 부정하고 말기 때문이다. 실제로 주제적 수준을 이루게 되는 고 준 상등병의 생각은 자신의 객관주의적 추리 또한 또 하나의 죽은 진실일 뿐이라는 말을 통해 취소된다. 결국 「공범」은 '침묵하는 진실'이라는 테마에 의해 그 진실에 관한 여러 이야기들의 허구성을 폭로하면서 어떤 허구적 이야기들의 허구성에 대한 인식을 크게 부각시킨다. 이것은 소설 자체에까지 확대될 수 있다. 즉 「공범」이라는 허구는 스스로가 허구에 지나지 않는다는 자의식을 지닌 소설이 되는 셈이다. 그러나 이 소설은 침묵하는 진실이

136) 여기서 '고 준(高準)'이라는 이름의 또 다른 의미는 아마도 좀더 높은 기준이라는 뜻일 것이다.

라는 테마에 의한 주제적 진술을 그것의 억압적이고 폭력적인 진리 주장으로부터 해방시킨다는 작업에서 역설적으로 그 일 자체를 무가치하게 만들 가능성에 직면한다. 왜냐하면 언어의 지시성에 대한 부정과 거부를 극단화하여 현실을 언어적 구축물로 상정해버리면 그 해방의 의미는 현실성을 갖지 못하고 언어적 허구로 축소되어버리기 때문이다. 요컨대 「공범」은 '침묵하는 진실'이라는 테마를 통해 그 테마 자체를 제거하는 것이다.[137] 그런 만큼 이 소설은 허구적 이야기 속에서 명백하게 지시된 믿음과 생각과 주제마저 하나의 허구에 불과하다는 것을 보여줌으로써, 「퇴원」과 다르게 논리적으로 엄격하고 철저해지기는 하지만, 「병신과 머저리」처럼 더 이상 진리 주장을 할 수 없게 됨으로 해서 현실을 지시하지 않는 유희적인 텍스트로 전화(轉化)하고 그것을 통해 마침내 자신의 존재 이유를 스스로 말소시키는 데 이른다.

137) 「공범」은 진실의 죽음과 관련해서 모두가 '공범'이라는 말하는 것인데, 그렇다면 범인은 누가 잡을 것인가? 허구의 주제적 수준으로의 확대를 통해 소설이 허구의 상태에 놓일 때, 아마도 범죄적 현실은 그 허구의 유희 속에서 번창하게 되는 것은 아닐까? K 여사의 인도주의적 노력마저 허구화한다면, 즉 진실과 거리가 먼 주관적인 신념이자 확신일 뿐이라고 그 진리 가치를 폄하해버린다면, 범죄적 현실을 구원하려는 많은 노력들이 그 정당성을 상실함으로써 도덕의 상대주의나 회의주의에 빠지고 만다. 그리고 범죄적 현실은 오히려 거기서 정당성과 합법성을 얻게 되는 것은 아닐까? 직접성의 철학을 구현한 서정인 소설의 모방적 관점과 대비된 반모방적 관점의 이청준 소설이 그 간접성의 철학을 통해 말하고자 하는 바의 위험성은 여기서 의심의 여지가 없다. 이와 관련해서 머레이 북친의 다음과 같은 견해는 음미할 만한 가치가 충분히 있다. "철학적 사고뿐 아니라 현실에서도 확고한 기반이 있는 그러한 기준이 없다면 우리는 인간성, 합리성, 도덕적 덕목 따위가 단지 개인의 의견 내지 취향의 문제가 되어버리는, 무의미한 형용사들로 가득 찬 상대주의의 바다를 헤매게 될 것이다. 이런 개성주의적이고 상대주의적인 접근 방식은 인간이 된다는 것이 무엇을 의미하는지를 밝혀주는 규범을 박탈하며, 그로써 우리는 사회적 존재이자 개인적 존재의 고유한 잠재력을 상실하게 된다."(머레이 북친, 앞의 책, p.317.)

세계의 포만(飽滿)한 허구성

모든 현실이 언어적 허구라는 언어적 허구의 현실성은 어떻게 확보할 것인가. 이는 이청준 소설이 어떤 식으로든 감당하지 않으면 안 되는 물음이다. 예컨대 「퇴원」에서 그것은 소설이라는 언어적 허구 안에서의 문자적 수준과 그 언어적 허구 바깥에서의 더 큰 주제적 수준을 구분함으로써 가능했다. 모순되긴 하지만, 거기서 기계적 인간의 존재 조건인 언어의 지시성에 대한 부정적 경험을 그 언어의 지시성에 의해 구축된 기계적 인간에 대해 저항적이고 비판적인 의미를 지시하는 현실의 언어적 허구화라는 주제 자체에는 적용하지 않았던 것이다. 바꿔 말하면 주제적 진술의 지시적 의미만은 포기하지 않은 것인데, 모든 현실이 언어적 허구라는 믿음과 생각의 현실성을 위한 근거, 즉 실제적 현실을 인정함으로써 '지시적 언어로서 규정된 지시적 언어의 부정과 거부'를 뜻하는 「퇴원」이라는 소설은 현실적으로 의미 있는 주제적 진술을 지니게 된 것이었다. 그러나 이청준 소설에서, 기계적 인간이라는 근대적 주체의 성격에 대해 이의를 제기함으로써 그것에 대항적으로 제시된 '언어적 허구로서의 현실'이라는 존재론적 테마는 종종 문자적 수준을 넘어 주제적 수준으로까지 확장된다. 그리하여 「병신과 머저리」나 「공범」과 같은 소설에서 이미 살펴본 것처럼, 언어적 허구로서의 현실의 긍정과 수용은 역설적이게도 일종의 자기증식 속에서 진리 주장의 근거라고 할 수 있는 사회적 현실마저 허구화함으로써 스스로를 무력하게 만든다. 그렇게 된 것은 현실성을 제거함으로써 소설의 주제적 진술이 가지는 현실적 의미를 함께 소거하고 말았기 때문이다. 물론 이청준 소설은 그러한 위험성을 인식하고 언어가 구축한 현실이라는 테마에서 저항적이고 비판적인 의미를 유지하기 위해 하나의 구분을 도입하는 것처럼 보인다. 이를테면 이청준의 「「행복원(幸福園)」의 예수」(1967)에서 소설이 "아직 …… 부득부득 읽는 사람을 간섭해 오지 않는 글"(158)로 규정되고 있듯이, 모든 것이 언어적 허구라고 하더라도 좋은 허구와 나쁜 허구가 있는데, 전자는 후자와 달리 언어의 지시성에 기대어 함부로 진실임을 천명하고 그것을 강제하지 않는 '열린 허구'이자 스스로가 허구임을 잘 알고 있는 '자의식적인 허구'이기 때문에 가치 있다고 말하는 듯하다. '소설(novel)'이라는 언어적 허구가 그것의 대표적인 예라는 것은 말할 것도 없다. 그러나 허구들이 허구가 아닌 어떤 현실을 지시하지 않는다면 어떻게 독자로 하여금 좋다 나쁘다는 가치 판단을 통해 진실을 발견하게 만들 수 있는지는 그렇게 분명하지가 않다. 예를 들어 「가수(假睡)」(1969)라는 소설은 그것에 관한 암시적인 일화를 담고 있다는 점에서 주목을 요한다.

"눈을 뜨고 자는 것"(349)의 의미로 사용된 '가수 상태'를 소재로 하고 있는 「가수」라는 소설은 간단히 말하면 '근대적 기능인의 삶이란 "가수 속의 생"일 뿐이다'라는 명제를 중심으로 전개되고 있다. 두 명의 주영훈을 포함해서 그들을 죽이게 되는 열차기관사 최 씨 등은 모두 예외 없이 어떤 사회적 직분을 기계적으로 수행하며 눈은 뜨고 있으나 의식은 없는 "생의 가수 상태" 속에서 기계적으로 살아간다. 특히 열차기관사 최 씨의 경우는 아주 극단적인데, 하루하루를 동일한 스케줄에 따라 한 치의 어김도 없이 "무사고 운전"을 목표로 살아가는 인간이란 근대 조직 사회가 필요로 하는 완벽한 기능인을 정확하게 지시한다. 그런가 하면 이청준의 「가수」는 기계적 조직 인간의 기능에 고장이 생길 때 근대적 시스템이 그 고장을 어떻게 수선하고 정상화하는지를 앞선 소설들과 마찬가지로 보여준다. 열차기관사 최 씨의 경우는 진술 욕망을 해소하도록 하여 그렇게 하고, 두 명의 주영훈은 고장 난 기계와도 같은 자신을 죽음으로써 폐기하고 사회적 질서의 정상화에 기여한다. 이것은 무엇보다도 이청준 소설에서 매우 익숙한 '기계적 인간'이라는 테마의 연장선상에서 이해될 수 있다. 더욱이 「가수」는 기계적 인간이라는 근대의 주체적 개인의 성격에 대해 이의를 제기하고 '언어적 허구로서의 현실'이라는 존재론적 테마를 비판적인 의미로 제시한다는 점에서 역시 다른 이청준 소설들과 크게 다를 바가 없다. 이 소설은 열차기관사 최 씨가 2주 전 6월 13일에 운평 부근에서 주영훈이라는 편지 대필업자를 치어버린 사건에서 시작한다. 그런데 한치윤 검사는 법적 처리를 위해 최 씨를 조사하던 중 이상한 말을 듣는다. 그는 주영훈이 1년 전 6월 13일에 벌써 죽었고, 얼마 전 사고로 죽은 주영훈은 "유령"이라고 주장했던 것이다. 이 이상한 주장은 주간지 '일요신문'의 기사를 위해 기자인 유상균이 취재하는 과정에서 조금씩 그 윤곽을 드러낸다. 유 기자의 고교 동창인 한 검사가 법적인 조사를 끝내고 친구에게 하나의 벌이를 만들어주었던 것이다. 유 기자는 사건의 진실을 알기 위해 여러 사람과 인터뷰하는데, 친구 한 검사와 열차기관사 최 씨를 비롯해 주영훈이라는 편지 대필업자의 동료 허 순이라는 작가, 운평 부근의 한 부인 등이 그들이다. 취재 결과 그 이상한 사건의 윤곽은 이러했다; 편지 대필업자 주영훈은 작년, 그러니까 1968년 6월 어느 날 신문 기사에서 또 한 사람의 주영훈이 열차 사고로 죽고 호적에서 삭제되었다는 것을 알고 호적을 회복하기 위해 그의 부인을 찾아가는 등 많은 노력을 기울이던 중 1969년 올해 6월 13일, 그러니까 2주 전에 똑같은 열차에 치어 죽었다. 편지 대필업자 주영훈은 과거 학생 시절 데모 때 우연히 만난 어떤 사람에게 자신의 이름과 호적을 빌려주었던 것이다. 그런데 유 기자는 이러한 사실들이 왜 주영훈이 이름을 빌려주었는지, 또 주영훈은 왜 앞서간 주영훈을 그대로 따라 죽었는지에 대한 진실과는 거리가 먼 것일 뿐만 아니라, 그 진실을 알기 위해 취재한 사실들 또한 여러 사람들을 취재하는 과정에서 그들이 내놓은 해석들을 종합한 것에 지나지 않는다고 생각한다. 그는 작가 허 순으로부터 어떤 사건의 사실과 진실이라는 것은 그 사건을 다루는 사람의 사회적 직분에 따른 "관심"과 "상상"의 소산일 뿐이라는 말을 듣고 동의했던 것이다.

「우리들은 한 사람이 사건의 전체를 정당하게 볼 수는 없으니까요. 사람에 따라 한 사건이 자기쪽을 향하고 있는 부분만 보게 된다는 말입니다. 관찰자의 관심의 종류가 그 방향을 결정할 게 아니겠습니까? 하지만 사실 자체의 모습은 그런 한정된 시선의 저쪽 너머에 있는 것인지도 모르지요. 우리는 각자의 관심을 따라 한쪽에서 사건에 접근해 갑니다. 그리고 어느 점에 도달합니다. 그러나 사건의 진짜 모습은 그렇게 여러 방향에서 접근해 오다 사건의 한 면의 사실과 만난 점에서 다시 상상력을 따라 그어진 여러 연장선들이 만난 지점의 근처에 있을 거란 말입니다. 그래서……」/ 「하지만 그런 논리로는 사건의 실제 모습을 아무도 볼 수 없다는 게 되지 않습니까?」/ 「그렇지요. 아무도 볼 수는 없습니다. 다만 느낄 수 있을 뿐입니다.」/ 허 순은 자신있게 말했다./ 「유선생의 기사만 해도 그렇지요. 유선생은 어느 지점에서 사실을 만났으나 사건의 진실과는 만나지 못했지요. 거기서부터 유선생은 상상력을 따라 자신의 연장선을 긋고 있었습니다. 그러나 유선생은 어디까지나 자신의 연장선 위에 있을 뿐이었지요. 실체와 만나서 사건에 대해 갖고 계신 의문의 해답을 얻어내지는 못했습니다. 그 연장선 위에 있으면서 다른 사람이 그어 올 수 있는 보이지 않는 연장선과 만나는 그 가상의 지점 근처에서 유선생은 뭔가 느낄 수 있을 뿐이었습니다.」/ 「하지만 전 그 느낌마저도 확실하지 않았습니다.」/ 「누구나 확실할 수는 없지

> 요. 더우기 유선생의 경우는 다른 사람이 그어 올 수 있는 연장선에 관심을 갖지 않았기 때문입니다. 한 검사나 기관사 최씨, 그리고 운평의 그 여자라든가 저까지 포함한 모든 사람들이 그어 들어가고 있었던…… 이 사람들도 모두가 어는 한 곳에서 주 영훈이란 사람의 죽음과 그 죽음이 설명되는 사실들과 만났습니다. 그러나 이들은 그것으로 주 영훈과 그 죽음을 다 알지는 못합니다. 그래서 자기들의 상상력을 따라 연장선을 그어 가지요. 영훈의 죽음은 그 가상의 교차점 근처에서 있을 것입니다. 우리는 그것을 느낄 수 있을 뿐이지요.」(358-359)

그러나 결국 유 기자는 주간지 '일요신문'에 기사를 써냈고, 허 작가는 「가수」라는 제목의 소설을 이미 써두고 있었다. 지금까지 이청준 소설이 하나의 맥락을 이루면서 보여준 존재론적 테마에 비추어 보면, 「가수」라는 소설의 의미는 사실 선명하다. 어떤 사건의 진실은 한마디로 말해 "관찰자의 관심의 종류"가 한정한 시선을 따라가면서 만나게 되는 상상의 구축물일 뿐이라는 것이다. 허 순이라는 작가의 설명에 의하면, 결코 진실의 실체와는 만날 수 없고, 다만 "성실하게 추적되어진 것"이라면 거기서 사건의 진실은 느껴질 수 있을 따름이라고 한다. 그러나 그녀는 그 느낌조차 확신할 수는 없다고 덧붙인다. 여기서 '언어적 허구로서의 현실'이라는 테마가 만들어지고 있다는 것을 부인하기는 어렵다. 그리고 이것은 언어의 지시성에 토대를 둔 기계적 인간의 삶과 현실이 하나의 허구에 지나지 않는다는 것을 폭로하기 위한 비판과 저항의 근거가 된다. 기계적 인간의 삶과 현실이라는 허구는 나쁜 허구이고 그 허구를 둘러싸고 다양하게 제시되는 허구들이 차라리 나쁘지 않은 허구라는 구분 속에서, 사실 비판적이고 저항적인 성격의 허구는 생겨난다. 특히 소설적 허구는 허 순의 입을 빌리면, 진실을 성실하게 추적하여 그것에 관해 "뭔가 느낄 수 있"도록 해주는 것이라는 점에서 거의 유일하게 진정한 허구이다. 그러나 앞서 제기한 것처럼 진실이 상상적 허구물이라면 어떤 진실이 다른 진실들보다 더 나은 것이라는 점을 어떻게 증명하고 주장할 수 있는가. 좋고 나쁘고를 떠나서 그처럼 언어적 허구로서의 현실을 가치화하는 것은 역설적이게도 일종의 자기증식 속에서 진리 주장의 근거라고 할 수 있는 사회적 현실마저 허구화함으로써 스스로를 무가치하게 만들 소지가 있다. 그것은 현실성을 제거함으로써 소설의 주제적 진술이 가지는 현실적 의미를 함께 소거하고 말기 때문이다. 실제로 「가수」에서 소설가 허 순은 "성실성"이 진실에 대한 느낌을 가져다준다고 말하면서도 그 느낌을 확신하고 있지 않다. 아마도 허 작가가 유 기자의 상업주의적 기사를 성실한 접근이라고 판단하고 그 훌륭함을 칭찬하면서도 자신의 소설을 그 기사보다 우월한 것이라고 자부하지 못하고 그것에 대등한 또 하나의 상상적 허구라고 말하는 것은 그 때문일지도 모른다. 성실성, 이른바 진정성(authenticity)은 기준이 되기에 너무 유동적이고 모호하다.[138] 결국 허 순의 소극적인 자기규정에서 암시되는 것처럼, 소설이 검사의 사무적인 관심에 따른 법적 판단이나 기자의 흥미 유발이라는 목표에 따른 추리적 기사 등과 다를 바 없는 상상적 허구물에 불과한 것이라고 한

138) 왜냐하면 진실은 그 진실을 정성의 문제로 다루거나(誠實) 마음의 문제로 다룬다면(眞情), 결코 도달할 수 없기 때문이다. 객관성은 주관성 안에서 상대화됨으로 인해 그 적법성과 유효성을 상실할 수밖에 없다. 주관성의 상대주의는 물론 모든 표현을 가능하게 하는 엄청난 기회를 제공할 뿐만 아니라 어떤 배타적인 강요로부터 자신을 놓여나게 하는 해방의 계기이기도 하다. 그러나 그처럼 자유로운 선택들에는 무의미라는 어떤 무의 위협과 악수하게 되는 부정적 결과도 숨겨져 있다. 표현과 선택의 무제한한 허용은 어떤 표현과 어떤 선택의 중요성을 잠식하기 때문이다.

다면, 그 허구물의 진리 주장은 그만 무력해지고 만다. 소설이 설령 해석을 억압하지 않고 자유롭게 개방하는 열린 허구이고 또 스스로 허구임을 자각하고 있는 자의식적인 허구라는 성격을 가진다고 해도 그 사실은 변하지 않는다. 허구성의 폭로라는 비판적 탈신비화의 작업에서 그것을 할 수 있는 현실의 규범이 없다면, 그 일은 어떤 식으로든 의미없게 된다. 진실이 상상과 허구의 구축물이라면, 어떻게 그 진실이 상상과 허구임을 알 수 있고 또 어떤 상상과 허구가 좀더 가치 있는 상상과 허구라는 것을 알아볼 수 있는가. 그런 의미에서 허구의 삶이라는 「가수」의 허구적 주제는 그것이 좋은 허구로서 드러내는 주제임에도 불구하고 그 자기 부정의 주제 속에서 역시 신뢰할 수 없는 것이 된다.

정리하자면, 이청준 소설에서 허구적 현실이 되어버린 현실은 이제 근대인들의 삶과 근대인들 자신의 요소가 된 셈이다. 「가수」의 주인공인 '주영훈'이라는 인간은 여기서 대단히 암시적인 의미를 띠고 다가온다. 그는 누구인가? 그는 실제로 아무것도 아니다. 그는 편지 대필업을 하는 직업인인가, 아니면 부인을 둔 남편인가. 알 수 없다. 그는 아무리 억압적인 것이라고 하더라도 언어를 부정하고 산다면 면치 못할 의미가 텅 빈 허구에 제약된 근대인의 운명을 상징하는 것인지도 모른다. 어떤 실체에 정확히 부합하지 못하고 떠도는 '주영훈'이라는 이름의 기표(시니피앙)는 허구화된 세상에서 살아가게 될 인간에 관한 가장 암담한 징표가 된다. 그는 단지 많은 이들의 한정된 관심과 자기 나름대로의 해석을 통해서만 비로소 존재하게 되는 "유령" 같은 인간일 뿐이다. '픽션으로서의 인간.' 그는 뼈와 살과 피를 가진 살아있는 유기체가 아니라 상상과 언어적 허구 속에서 구축된, 진실에의 느낌에 관계되기는 하나 그 또한 확실치 않은 다만 유희적인 '가상'의 인간에 지나지 않는다. '유령으로서의 인간' 내지는 '픽션으로서의 인간'이라는 가정 속에서 사회적 비인간화에 대한 문학적 저항과 비판은 스스로 허물어질 수밖에 없다. 픽션으로서의 인간은 유희적 인간이지 근본적으로 실천적 인간이 아니기 때문이다.

한국소설과 비인간화(非人間化)

–징후로서의 1960년대

지금까지의 논의를 정리해보자. 이 책에서 일차적으로 고찰하고자 한 것은 1960년대 한국소설을 대상으로 하여 근대성이 구성하는 주체성의 낭만적 성격과 그것이 형성한 문학의 인간관에 주목함으로써 그 60년대 소설들이 구현한 인간들의 모습에서 징후적으로 나타나는 '비인간적인' 경향들이었다. 그리고 이 책에서 설정한 궁극적인 목표는 1960년대 한국소설에서 암암리에 드러나는 그런 비인간화의 징후적 양상들을 예시함으로써 한국사회가 경험하고 있거나 경험하게 될 정치적, 문화적 병리성을 알아내고자 함에 있었다.

'비인간화(inhumanization)'라는 소설적 징후와 그 양상을 보여주기 위해 이 책에서 특별히 '1960년대'라는 시기에 초점을 맞춘 것은 크게 두 가지 이유에서였다. 하나는 그 시기가 정치적인 차원에서 현재까지 지속되고 있는 한국사회의 근대성을 본격적으로 형성하게 되는 '혁명'의 시기라는 사실 때문이었고, 다른 하나는 그 시기가 문화적인 차원에서 혁명적 근대성에 대응하는 새로운 미학적 양식들이 대거 등장하게 되는 '전위'의 시기라는 판단 때문이었다. 이렇게 보면 한국의 60년대는 사회적 근대성과 미적 근대성의 모순된 통합이라는 근대성의 보편사적 경험을 대체로 공유한다고 할 수 있었다. 그런 맥락에서 일단 이 연구에서는 60년대 소설을 사회적 근대성을 비판적으로 성찰하는 미적 근대성의 문학적 실천이라는 관점에서 고려했고, 특히 그 문학적 실천이 생산하고 마련하는 미적 주체들의 유토피아 정치학에 유념하면서 전환적인 1960년대 한국소설을 검토하고자 하였다. 그러나 이 책에서 사실상의 출발점이 되는 시각은 60년대 소설의 미적 주체들이 자신들의 의도와는 반대로 모든 개념과 가치의 혁명적 전환에 사려 깊게 대응한 것이 아니라 결과적으로 모든 개념의 훼손과 가치의 상실에 결부되었다는 논쟁적인 것이었다. 실제로 60년대 소설에서 '인간'이라는 개념과 문학을 포함한 '예술'의 가치는 손상되고 상실된 것들 가운데 주요한 일부를 이루었다. 본론에서 60년대 소설이라는 미적 주체들의 문학적 실천이 근대적 주체성의 방향에 부합하여 비인간화의 징후적 흐름을 보여준다는 비판적 고찰을 행했던 이유는 무엇보다도 거기에 있었다. 물론 이러한 논의를 전개했던 것은 단순히 미적 근대성을 논박하기 위해서가 아니라 낭만주의적 경향으로부터 급진화된 근대적 주체성의 감정의 이상이 그것에 충실한 60년대 한국소설에 요구했던 대가가 어떤 것인가를 강조하기 위해서였다. 일정한 의미에서 60년대 한국사회의 미적 주체와 그 문학적 실천들은 근대적 주체성과 그에 따른 사회적 변화에 대해서 저항적 성찰이자 미학적 대응이라기보다는 오히려 순응적 재현이자 사회적 반응에 가까웠다. 결국 이 책에서 기본적으로 살펴보고자 했던 것은 정치적 차원의 혁명적 전회에서 촉발된 60년대 문학적 주체성의 소설적 실천이 그처럼 비인간화의 사회적 경향에 얽히게 됨으로써 드러나는 한국소설의 병리학적 현상들이었다.

그런데 근대의 문학적 인식과 양식에서 비인간화를 포함한 사회적 변화의 힘과 방향에 대한 비판적 '전복' 형태와 그것의 단순한 '확장' 형태를 구별하는 일은 주의 깊은 통찰을 통해 이루어져야 하는 작업이었다. 그동안 실제적인 논의들은 대개 그러한 구별을 저급한 대중 문학을 배제하는 데 이용했을 뿐 정전이 된 고급 문학에 적용하는 일은 거의 없었기 때문이었다. 근대 소설의 유력한 표현들에 잠재된, 변화된 사회에 대한 문학의 의존과 적응의 양상을 적시할 수 있는 징후 독법의 필요성은 바로 거기서 대두되었다. 징후적 독해는 간단하게 말하면 있는 사실에서 있을 수 있는 징후를 해독하고자 눈에 보이지 않고 의식되지 않은 것을 대상화하고 논증하려는 일종의 해석학적 방법이라고 할 수 있다. 그러나 작품의 인식적, 양식적 요소들이 전체의 맥락에서 분리된 채 비약적으로 해석되어 그것이 어떤 정치적, 사회적, 문화적 상황을 예시한다고 간주됨으로써, 징후 읽기는 잘못하면 단정적 편견을 가져올 수 있는 것임은 물론이었다. 그것은 한마디로 말해 해석적 자의성의 근본적 위험에 노출되어 있는 것이 사실이었다. 그러나 루이 알뛰세르(Louis Althusser)에 따르면, 관찰자가 가시화된 대상에만 사로잡힌다면 주어진 '문제틀'만 보게 되는 데서 특정한 해석적 지평을 벗어나지 못하게 되어 기존의 분석과 해석을 동어 반복적으로 재생산할 수밖에는 없다. 그런 점에서 징후적 독해는 이 책에서 핵심적으로 찾아내고자 한 해석의 한 방법이었는데, 비록 자의적 해석의 위험성이 있기는 했지만, 그 방법은 주어진 대상의 명증성을 의심하고 부재하는 것들을 통해 그 대상을 새로운 인식과 논의의 부분으로 구성함으로써 고정된 문제와 답변들에 변화를 일으키는 생산적인 방법이었기 때문이다. 그러나 이 책에서 알뛰세르 식 징후 독법이 아무런 변형 없이 그대로 원용되지는 않았다. 예컨대 자의적 해석의 위험성을 줄이기 위해 명증한 소설적 요소들이 이루게 되는 작품의 통일된 의미 구조를 크게 벗어나지 않고서 그와 같이 가시적으로 발현된 대상의 배후에 있는 잠재된 언어와 인식들을 살펴본다는 점에서 그러했다. 즉 이 책에서 징후 독법은 알뛰세르가 문제틀의 변화를 도모하기 위해 폐기한 전통적인 해석학적 전제들인 '작품'의 역사적 현존이라는 테제와 그 작품의 주인으로서의 '작가'라는 테제 모두를 일정하게 보존한다는 측면에서 알뛰세르 식 징후 독법과는 거리를 두었다. 어떤 작가의 어떤 작품에서 근대의 정신적 상황과 문화적 사태라는 한 시대의 병리적 곤경을 읽어내려 했던 이 책의 목표에 비추어 본다면, 삶과 현실의 문제를 예민하게 포착하는 작가의 존재와 특별한 함축성과 상징적 포괄성을 지닌 작품의 현존을 전제하는 일은 필수적일 수밖에 없었다. 그러니까 해체적 독법의 쇄도를 유발한 이른바 문화적 좌파의 징후 읽기와 이 책에 적용된 징후적 독해는 명백히 다른 것이었다.

주체의 원리가 수반하는 1960년대 한국소설의 비인간화 현상은 징후적 독해의 결과를 통해 결국 세 가지 양상들로 분류될 수 있는 것임이 드러났다. 그것은, 첫 번째 높은 것으로 향하는 것을 포기하고 낮은 데로만 움직이는 데서 극단적인 허무주의의 위험을 안고 오는, 인간에 대한 경멸과 비하에 따른 인간 격하의 양상을 가리켰다. 이 책의 첫 장에서는 60년대 소설들에서 낭만적인 성격의 근대적 주체의 원리가 그처럼 위를 버리고 아래로 움직이는 데서 오는 허무주의적 냉소를 통해 어떻게 인간에 대한 경멸과 격하로 나아가는지를 조금은 덜 충격적인 하나의 전조로서 살펴보았다. 이 장에서는 이른바 '60년대적 감수성'의 대표자인 '김승옥'의 작품들만을 대상으로 하여 비인간화의 양상과 경향을 밝혔다. 비인간화 경향에서 두 번째 양상은 주체의 원리가 초래하는 자아의 고립과 그에 따른 어떤 자폐적 환상의 자유 때문에 공통선에 대한 진지한 감각과 의지를 속물적인 것으로 치부하는 데서 오로지 개인의 창조적 자유만을 극단적으로 숭배하는 악마주의의 위험과 관계되었다. 여기서는 진정한 현재를 관념적으로 이상화된 과거나 미래 속에서 희생시키는 비현실적인 유미주의를 따라 유령적인 것이나 괴물스러운 것 등에 대한 지나친 탐닉을 심미적으로 정당화하는 일이 번성했다. 더욱이 이것은 진정함의 새로운 모토가 되면서 경악스럽게도 인간과 그의 삶은 악마와 지옥의 성격을 지닐 때만 참다운 것이라는, 인간적 관심과 필요에서 볼 때, 전연 부당한 관점에까지 이르렀다. 유미주의의 자폐적 환상 속에서 조장된 인간적인 것과 악마적인 것의 친연성이라는 '하부 세계적 이미지'는 결국 근대 예술에서 인간성의 극단적인 변이를 긍정하고 인간의 끊임없는 변신을 무죄로 하는 것이었다. 2장과 3장에서는 바로 60년대 소설들이 좀더 심각하게 보여주는 비인간화의 두 번째 징후적 양상인 그와 같은 '인간의 변이' 양상을 심화와 확대라는 측면에서 전조의 경과로 검토했다. 이 장에서는 특히 '최인훈'과 '박상륭'의 60년대 소설들이 인간과 악마 사이의 친연성이라는 이미지를 선호하는 유미주의적이고 구도주의적인 경향에 침잠하여 비인간화를 드러냈다는 것이 해명되었다. 마지막 세 번째의 비인간화 양상은 주체성의 지배에서 오는 종교나 전통적 규범과 같은 모든 권위의 상실이 근대 과학의 상대주의라는 이론적 뒷받침을 받으면서 야기한 세계의 표상화에 따른 '객관성의 붕괴'와 밀접하게 관련되었다. 세계의 주관적 표상화로 인해 사실과 진실을 이제 더 이상 알 수 없다는 불가지론으로부터 촉발된 세계의 총체적인 허구화에 대한 근대적 경험은 대체로 두 가지 대응적 지향을 낳게 되었는데, 하나가 세계의 표상화에 거스르면서 그것의 물질적인 정확성을 거듭 갈망하는 수학적 순수주의의 지향이었다면, 다른 하나는 그 세계의 표상화에 가담하고 그것을 아주 극단화하면서 사실과 진실은 알 수 없는 것이 아니라 아예 없는 것이라는, 그래서 사실과 허구의 경계를 허물고 의미심장한 외재적 현실을 그 허구로 대체해버리는 상대주의적 다원주의의 지향이었다. 비인간화가 근대 예술에 작동하는 양상은 그처럼 수학적 순수주의와 상대주의적 다원주의와 결부되면서 예술이란 항상 무엇에 관한 것(aboutness)이라는 명제적 성질이 철저하게 부정되어버리는 사태로 나타났다. 그리하여 세계에 포만한 허구적 가상이라는 경향은 인간을 의미심장한 외재적 현실 위에 서 있는 사회적 실체로 인정하지 않고 단지 허구적 가상의 효과일 뿐인 것으로 만들고 말았다. 이 책의 4장과 5장에서는 60년대 소설들이 가장 극단적으로 보여주게 되는 최후적 양상인 '인간의 실종' 경향을 미래에 다가올 현실을 미리 안다는 의미에서 진실로 징후적인 예후로서 해석하고 평가했다. 이에 대한 이해는 60년대에 발표된 '서정인'과 '이청준'의 작품들을 가지고 이루어졌다. 여기서는 1960년대 소설의 인간 부재의 양상이 근대적 주체의 원리에 따라 주관적 표상화로 증폭된 인식론적 상대주의와 그것에 대한 정당화로서의 다원주의적 가치에서 초래된 결과임을 확인하였다.

개별 작가론에서 전개된 1960년대 한국소설의 비인간화 현상에 대한 유형별 고찰의 결과를 이후 간략하게 요약하고자 한다.

첫 번째 징후: 낭만적 주체성과 경멸당한 인간

근대를 사는 인간은 신적 초월성이 주재하는 수직적 총체성의 세계에 의혹을 가지고 그것을 버림으로써 오히려 신성이 깃든 자연으로부터 버림받았다. 이것은 완전히 근대적인 상황을 의미하는 것으로, 특히 김승옥의 소설에서 잘 드러났다. 김승옥 소설의 전면적인 혁신은 신을 잃어버림으로써 자연마저 잃어버리고 기댈 곳 없이 홀로 남은 수평화된 인간과 그의 고독한 내면을 주제로 설정한 데 있었다. 측백나무의 어둠 속에 있는 벤치에 앉아 바위처럼 고독한 자세로 수음하는 '선교사'(「생명연습」)는 버림받고 수평화된 인간, 곧 낭만적 주체성의 상징적 육화였다. 작가 김승옥은 그러한 우의적인 의미를 '생명연습'이라 명명함으로써 좀더 구체적으로 밝혔다. 즉 '생명'은 이제 더 이상 선험적인 가치 체계 속에 그 위상을 가지게 되는 것이 아니라 해방된 인간이 의지적 선택의 시행착오라는 자유의 '연습'을 통해 획득해야만 하는 경험적인 것이 된 것이었다. 주체로 현전하는 모든 근대적 개인은 근본적으로 자연, 아니 풍경(탈마법화된 자연) 속에 외롭게 존재했다. 한마디로 말해서 인간과 자연을 연결시켜주던 초월성의 고리가 끊어짐으로써 바로 외로움이라는 감정은 생겨난 것이었다. 물론 인간이 자연으로부터 버림받았다는 것은 김승옥 소설에서 처음 드러나게 된 것이라고 할 수는 없었다. 1920년대 한국의 작가, 예컨대 김동인이나 나도향, 혹은 현진건이나 이효석의 소설 등에서도 '풍경 속의 고독한 인간'이라는 낭만적 주체성의 테마는 어느 정도 뚜렷하게 드러난다. 그러나 김승옥 소설의 경우 버림받았다는 것은 인간(성)을 개척하기 위한 계기가 아니라 인간(성)에서 후퇴하게 되는 상황이라는 점에서 지난 시대 낭만적 주체성의 그것과는 종류가 달랐다. 바꿔 말하면 과거 낭만적 주체들은 신으로부터 떨어져 나와 희망 없는 고독 속으로 떨어져가면서도 자연의 본성 속에서 드러나는 초월적 신성에 감동하고 그것에 대한 동경의 감정을 느꼈다면, 반대로 김승옥 소설의 낭만적 주체들은 신성에 감동하고 그것을 동경하면서도 더 이상 희망이 없는 절대적 고독 속에 처해 있다고 느끼고 불안의 감정에 떨어지고 마는 것이었다. 이처럼 '인간과 자연의 분열'이라는 의미론은 김승옥 소설에서는 이상과 현실 사이의 어둡고 깊은 심연으로 대치되어 나타났다. 이것은 분명 낭만적 정취에 가려져 간과되기 쉽지만, 거기서 인간은 이제 자연에 둘러싸이는 것이 아니라 오히려 환멸과 공허와 무의미에 포위되었다.

그런데 김승옥 소설의 낭만적 주체성이 환멸과 공허와 무의미에 심미적 표현을 부여했다는 것은 그다지 중요하지 않았다. 문제는 환멸과 공허와 무의미의 문학적 표현이 현실적인 것과 인간적인 것을 하찮고 사소한 것으로 만든다는 데 있었다. 다시 말해 김승옥 소설에는 낭만적 성격의 문학적 주체성이 근대적 경험을 심미화하는 가운데 현실을 왜소하게 만들고 비현실적인 몽상을 정상화함으로써 인간 존재의 의미와 가치마저 경멸하고 멸시하는 양상이 나타나고 있었다. 이것은 낭만적 주체들이 숭앙하는 낭만적 상상력의 교리가 내포한 자기 부정의 모순에 김승옥 소설도 휘말리게 되리라는 것을 예상하도록 만들었다. 이를테면 김승옥 소설에서 위선적인 현실에 대한 반발과 부정은 낭만주의적 유토피아 정치학 속에서 정당화됨으로써 악을 위악으로 미화하는 위선적인 정신의 조작으로 윤리의 위기를 조장했다. 그런가 하면, 현실에서라면 비정상적일 소외 심리를 정상화함으로써 패배를 승리로, 소외를 해방으로, 불운을 권력으로, 열등감을 우월감으로 변형시킨 전도된 낭만주의의 소외 심리학은 '위선적인 근대적 일상과 진정한 위악이라는 낭만적 대립'을 통해 편협하고 단순할 뿐 아니라 비현실적이고 공허한 사회적 멜로드라마를 연출하게 되었다. 물론 그런 멜로드라마가 선악의 위상을 뒤바꿈으로써 비현실적이고 악마주의적인 잔혹극이라는 미래를 암시한다는 것은 말할 필요도 없었다. 그것은 김승옥 소설의 문학적 주체들이 관철시키는 소외 심리학이 마침내 '치한'(「야행」)을 인간에게 본래적인 것이자 실제적인 것이며, 내면적으로 진정한 것이자 뜨거운 생명인 것으로 만드는 데서 가장 극단적으로 나타났다. 진정한 인간이란 곧 치한이라는, 그것도 용감한 치한이라는 어처구니없는 의미론이 거기에서 끝내 정당화되고 말았다. 김승옥 소설의 낭만적 주체들이 생각하고 의도하는 것과 달리, 인간은 '치한의 의미론' 속에서 의미와 가치를 얻기는커녕 경멸당했다. 인간에게 자유와 해방을 열어 보이려던 낭만주의적 열망은 역설적이게도 그것이 옹호하고자 한 인간의 비하와 격하라는 결과에 이른 셈이었다. 한편 인간에 대한 경멸로서 자기모멸에 이른 김승옥 소설의 낭만적 주체들은 나아가 인간의 의미와 가치에 반발하고 그것을 부정함으로써 냉소적 허무주의에 빠졌다. 그리고 이 냉소적 허무주의는 인간 경멸에 대한 미학적 정당화가 자기부정에 이르면서 비판적 냉소주의에서보다는 대중적 냉소주의에서 자신의 메아리를 발견하고 있었다. 김승옥 소설이 남긴 것은 결국 '무관심'(『60년대식』)이라는 대중적 냉소주의의 무책임한 태도뿐이었다.

그러나 김승옥 소설에서 인간에 대한 경멸은 인간에 대한 존중과 아직 균형을 이루고 있는 것처럼 보였다. 작가 김승옥의 무관심에의 권유는 어떤 의미에서 여전히 인간 감정에 호소하고 있었기 때문이었다. 이것은 그가 종교에 귀의함(작가 김승옥의 전기적 사항)으로써 '근대 소설'로부터 떨어져 나와 다시금 인간의 의미를 초월성의 맥락에서 회복하는 데서 어느 정도 증명될 수 있는 것이 아닐까. 그런 만큼 김승옥 소설의 비인간화에 어떤 상대적인 권리를 찾아준다면, 아마도 그것은 '어떤 신성을 향한 초월적인 감각'에서 발견될 수 있을지도 모른다.

두 번째 징후: 유미주의와 인간의 악마화

유미주의적 시도로서 예술적 모험이 되어 있는 최인훈의 소설에는 근대적 세계의 향방에 불길한 징후가 된 새로운 양상이 은밀하지만 아주 격렬하게 들끓고 있었다. 한 소설가가 이제 '비인간적인 세계'를 노골적으로 형상화한 것이었다. 바꿔 말하면 하부 세계적 이미지를 형성하는 악마적인 것에 대한 체험이 최인훈의 소설에서 비로소 표현할 가치가 있는 것으로 등장했던 것이다. 이 모든 것은 간단히 말해 '환상의 소설'이라는 이름으로 집약되었다. 그러나 그와 같은 환상들을 소재로 하는 최인훈 소설의 공간은 낭만주의적 유토피아가 아니라 유령과 귀신, 괴물과 악마가 살아가는 마성의 세계를 연상시키며, 따라서 혼곤히 가위눌리는 악몽의 자리, 곧 지옥의 세계로 드러나고 있었다. 지옥이라는 것은 동서양을 막론하고 과거에는 현실과 구분된 저승의 영역이자 피안의 영역이었지만, 최인훈의 소설에서 저승과 피안의 세계는 근대적 주체화에 따라 내재적인 것이 됨으로써 인간 그 자신 속에 존재하게 된 것이었다. 인간적인 것에 대한 전적인 왜곡과 그에 따른 인간성의 변이는 실제로 최인훈 소설의 꿈과 환상에서 매우 강조되었고 또 빈번히 나타났다. 악마를 닮은 인간을 비롯하여 다양한 형태의 괴물들, 예컨대 흡혈귀·미이라·유령·도깨비·짐승·야누스 등이 중요한 순간에 그 소름끼치는 모습을 드러내는 것이었다. 장편소설 『서유기』는 그러한 마성적인 존재들의 종합전시장이라고 할 만했다. 그러니까 최인훈 소설에서 근대적 개인과 그의 세계는 악마적인 힘으로 움직이고 지옥적인 것은 압도적이어서 그것에 대항하는 힘은 무기력한 방어 상태에 처하거나 미치지 않고서는 살아갈 수 없다는 체념적 광기에 빠져 있는 경우가 많았다. 실제로 작가 최인훈이 원숙한 솜씨로 빚어낸 깊고 참신한 상징과 표현들은 의미와 가치에 결속된 세계의 전체적 비전을 거의 보여주지 못했다. 최인훈 소설은 그것을 통해 오로지 근대 세계의 끔찍한 상처와 흉터들을 보여주는 데만 힘을 쏟고 있는 것 같았다. 게다가 최인훈 소설에는 근대적 인간들이 저마다 서로에게 악마와 괴물과 짐승이 되는 것을 증오하고 또 반대하면서도 역설적으로 서로에게 악마와 괴물과 짐승이 된 인간을 예술의 이름으로 옹호하거나 정당화하는 경향이 확연했다. 이것은 명백히 모순된 일이었다. 어쩌면 악마적 변신을 통한 인간성의 저하와 말살, 바로 이것이야말로 최인훈 소설이 그 가장 깊고 참신한 상징과 표현들을 통해 전달하는 메시지였는지도 모른다.

사실 예술에 대한 진정한 평가는 예술의 자율적 기준만 가지고 이루어져서는 안 된다. 한스 제들마이어에 따르면, 인간을 도외시한 예술의 자율적 기준은 사실 참된 예술적 기준이 아니라 단지 편협한 미적 기준에 지나지 않는다. 그리고 순수한 미적 기준만을 적용한다는 것은 그 자체가 비인간적 세계의 과정이자 그 일부일 뿐이라고 할 수 있다. 그런 만큼 근대 예술은 그 미적 자율성의 유미주의적 테제를 통해 그 과정에 대항하기는커녕 그것을 마저 완성하겠다는 것에 불과하다. 마찬가지로 창조적 상상력을 뛰어나게 발휘한 최인훈 소설에서 근대 세계의 정서와 감정과 행동들을 가장 깊이 있게 드러낸 것으로 여겨지는 상징과 표현들은 근대적 현실의 공포와 폭력과 절망을 다만 심미적 형식들로 바꾸어놓은 비인간적인 악마와 귀신과 괴물로 나타날 수밖에 없었다. 다만 최인훈 소설은 '샤갈'이 '사갈'로 전신할 때(『소설가 구보씨의 일일』)라도 자기의 본래적인 정체성이 자기 구원과 인간의 구원을 믿는 예술가임을 결코 잊는 법은 없었다. 예컨대 구보씨가 '자광 대학' 강연에서 힘주어 옹호했던 감수성의 혁명에 대해 한 늙은 학생 청중이 던졌던 날카로운 질문, 즉 "감수성이란 것이 문학의 경우, 순수한 감각의 뜻에만 머물 수는 없고 '윤리'에까지 나가야 된다고 생각되는데 과연 어떤 혁명이 있었단 말인가"(『소설가 구보씨의 일일』)라는 질문은 최인훈 소설이 들려주었던 예술론의 맹점을 스스로 보여준 대목이었다. 그러나 이것은 이미 소설의 반성적 의미론 속에서 작용하고 있었다. 당연히 최인훈 소설에는 아직 근대적 주체들 내부의 괴물과 악마와 짐승들을 어떤 인간성에 대한 믿음을 가지고서 진지하게 바라보는 작가의 시선과 인식이 곳곳에 녹아 있었다. 이와 같이 최인훈 소설이 무기력과 광기에 완전히 잠식되지 않았던 것은 아마도 작가가 지옥의 악몽에 짓눌리고 시달리면서도 실은 신뢰할 만한 어떤 인간상을 확보할 수 있었기 때문이었다. 그것은 무엇보다도 『회색인』이 집요하게 탐구하는 "사랑과 시간"이라는 비전(vision) 속에서 어느 정도 그 윤곽을 드러내고 있었다. 작가 최인훈은 근대적 주체들이 구원받기 위해서는 '사랑'의 실천과 그것을 이루기 위한 기다림의 '시간', 그리고 그것을 믿는 '인간'이 필요하다고 말하는 것이었다. 여기에서 바로 최인훈 소설의 유미주의가 가지는 상대적 권리는 확보되었다.

그러나 그럼에도 불구하고 최인훈 소설에서 사랑을 기다리는 근대적 주체들에게 시간의 위로는 있을지언정 신의 위로는 없었다. 그들은 원천적으로 지독한 외로움이라는 현실적 조건을 벗어날 수 없는 존재였기 때문이었다.

세 번째 징후: 구도주의와 악마의 인간화

인간의 마성을 예술의 중요한 근거 가운데 하나로 삼았던 최인훈 소설과 흡사하면서도 좀더 나아간 자리에서, 박상륭 소설은 인간을 악마로, 인간의 땅을 지옥의 세계로 그렸다. 즉 그의 소설에서 근대적 주체성이라는 '아집'의 번뇌를 벗어던지고자 하는 구도주의적 자세는 역설적으로 아집의 '항아리'(「쿠마장」)인 어떤 인간들의 살해라는 악마적인 행위를 해탈의 방식으로 정당화함으로써 지옥의 세계를 인간의 땅에 불러들이고 말았다. 박상륭 소설의 악마와 지옥의 세계는 더 이상 마성이라는 인간의 내면적 특성을 암시하는 비유적인 것이 아니고 인간과 그의 땅 자체를 가리키는 실체적인 것이 되었다. 박상륭 소설을 통해 비로소 인간은 악마와 구별할 수 없는 것이 되었고 인간의 땅은 지옥의 땅과 합치되었던 것이었다. 물론 박상륭 소설에서 그 악마와 지옥의 공간은 '구도'라는 목표와 지향을 통해 만들어졌다. 다시 말해 박상륭 소설의 악마와 지옥의 풍경은 결코 어떤 공상이나 유희적 상상력의 산물이 아니라 신을 거절하고 배반한 근대적 인간과 그의 세계에 대한 깊은 연민과 절망의 체험에서 비롯된 것이었다. 그러나 신이라는 초월적 신성과의 절연은 악마적이고 지옥적인 것을 근대적 인간과 그의 세계에서 근본적이고 본질적인 것으로 만들고 말았다. 예컨대 「뙤약볕 2」에서 선상 위 살인극의 난장판은 신을 부정하고 떠난 근대적 주체들의 세계가 하나의 악마와 지옥으로 체험되는 것을 보여주었다. 신을 배반한 인간이 자신보다 높은 어떤 원리로부터 소원해지는 주체화의 순간이 어떻게 광기에 가까운 행동과 악마적인 충동에 사로잡히는지를, 그 「뙤약볕 2」라는 소설의 지옥도는 잘 말해주었다. "높은 곳으로부터의 전락"(「뙤약볕 3」)은 한마디로 '악마적인 것으로의 하락'을 이끈 셈이었다.

박상륭 소설은 처음 「아겔다마」와 같은 소설에서는 그 악마적인 것으로의 하락을 해방과 자유에 따른 쾌락이라는 근대적 낙원의 가능성으로 인식했다. 그러나 악마적이고 지옥적인 것은 그 '쾌락의 낙원'에 잠복해 있다가 터져나오면서 혼돈과 죽음의 현실로 바뀌었다. 여기서 사실상 박상륭 소설의 등장인물들에게서 절망의 심오한 체험은 시작되었다. 작가 박상륭은 신의 속박으로부터 벗어나려는 격렬한 충동에서 해방적인 의미의 자유와 쾌락을 소설 속에 끌어들였지만, 그러한 인간적 가치들과 함께 죽음과 혼돈이라는 악마적이고 지옥적인 것들까지 끌어들였다. 좀더 구체적으로 말하자면 신이라는 초월적 배후를 잃어버린 세계는 신의 속박 대신 향방을 모르는 인간들의 '아집'이라는 인간적 속박에 처하도록 만들었고, 그것은 아집들의 끔찍한 전쟁 속에 그들을 휘몰아가버렸던 것이다. 그런데 신을 배반하고 허무와 무의미에 노출되어버린 인간의 유한성이라는 번뇌와 그에 따른 아집의 전쟁을 극복하기 위해, 박상륭 소설은 아집 그 자체를 격렬하게 만듦으로써 절망을 희망의 원리로 역전시켰다. 바꿔 말하면 박상륭 소설은 아집의 절망을 그대로 긍정하고 수락함으로써 본래적인 의미에서의 절망[絶-望]에 이르렀는데, 거기서 아집의 희망은 비로소 꺼져들고 번뇌와 고통은 사라져버린 것이었다. 이처럼 불교적인 절망의 윤리가 초월적인 중심의 질서를 대신함으로써 인간적인 것의 승리를 보존하게 되었던 박상륭 소설은, 그러나 역설적이게도 악마적이고 지옥적인 것을 긍정하고 수락하는 것으로 나타났다. 박상륭 소설에서 일단 '절망의 윤리'는 인간적인 것, 즉 생명과 죽음의 우주적 순환이라는 자연적 이법으로 긍정되었고, 자아로 뭉쳤다가 풀리는 우주론적 순환 과정을 수락하는 불교적 해탈의 방법으로 제시되었다. 그리고 그의 소설에서 구도자적 인물들의 고뇌와 진정성이 '구도적 살인'의 방법적 해탈을 인간적이며 비극적인 숭고함의 의미를 띠도록 만들었다. 그러나 우주적 자연의 순환 과정에 대한 접근은 인간의 숭고함을 위해 그 인간의 존엄성을 희생시키는 또 다른 아집의 어두운 악마적 세계를 불러오게 하였다. 악마적인 행위를 절망의 윤리나 구도적 행위로 정당화하는 일은 실제로 박상륭 소설에 무시무시하고 병적이고, 비틀리고 더러운 것들을 넘쳐나게 하였다. 그의 소설에서 인간이라는 악마는 구도의 명분 아래 다시금 인간적인 품격과 존엄성을 지닌 숭고한 구도자의 지위를 부여받음으로써 다시금 인간화한 셈이었다. 그런 의미에서 박상륭 소설에서 인간들은 최인훈 소설의 인간들과 달리 악마적이고 지옥적인 것을 향해 단지 몸을 구부린 것에서 그친 것이 아니라 그 속에 한 발 내디딘 것이라고 할 수 있었다. 인간이라는 지지 기반을 잃어버린 상황에서 구도란 무슨 의미가 있을까. 구도의 가능성이 인간을 넘어선 곳에 있다면, 그것은 추구될 만한 것인가. 박상륭 소설에서 이 질문에 대한 대답은 듣기 어려운 것으로 보였다.

다만 박상륭 소설의 구도주의가 가지는 상대적인 권리는 어떤 근본적인 길에 대한 과도한 기대로 인간과 예술의 범주를 훌쩍 뛰어넘는 데 있는 것이 아니라 그러한 길[道]에 비추어서 인간의 고통과 번뇌가 어디에서 오는지를 환기하며 예술을 구도 행위의 일환으로 만드는 데 있다고는 할 수 있다.

네 번째 징후: 순수주의와 무의미한 인간

서정인의 소설, 특히 그의 60년대 단편들은 무엇보다도 객관적 현실의 재현이라는 리얼리즘적 지향과 충동 속에서 인식되어야 했다. 그의 소설은 현실을 관찰하고 그것을 모방해야 한다는 전통적인 의미의 소박한 리얼리즘에서 시작된 리얼리즘 발전 과정의 한 극점으로 보였다. 시각적으로 보이는 세계를 사실에 가장 가깝게 재현한다는 한 리얼리스트의 의욕은 반영론에서 출발하지만 그것을 거부하는 방향으로 나아갔다. 먼저 서정인 소설은 근대적 주체의 시선이 야기한 주관성의 혼돈이야말로 인간의 적이라고 믿었다. 그래서 그는 소설에서 사고와 감정이 섞여 어떤 식으로든 진실의 굴절과 왜곡을 낳는 온갖 해석과 판단과 의견들을 가시적인 것의 재현에서 철저히 제거하려고 시도했다. 이것은 기존 논의들에서 이해되고 있는 것과 달리 모사론의 자연스러운 표현 방법과 대립되는 대단히 인위적인 작업이라고 할 수 있었다. 다시 말해 현실을 반영하는 소설이 아니라 그저 존재하는 소설을 지향한다는 점에서 작가 서정인은 분명 전통적인 의미의 리얼리스트는 아니었다. 물론 서정인 소설은 사고와 감정의 주관성이 완전히 제거된 것처럼 보이는 '존재의 소설'들에서조차 갖가지 해석과 판단과 의견들로부터 완전히 자유롭지는 못했다. 그러나 그의 작품들에서 리얼리즘의 한 극단이 성취된다는 것은 분명 부인할 수 없었다. 작가 서정인의 의도는 한마디로 눈에 보이는 세계로부터 모든 지성과 감정의 혼합이 제거된 '사실'을 발견하고 표현하는, 어떻게 보면 불가능한 일에 있었다. 이러한 방법적 태도의 결과는 일단 보이는 현실이 뜻밖에도 낯설게 드러나는 것이었고, 또 하찮은 일상에서이지만 수많은 의미로부터 자유로운 무언가 '기본적인 것'이 부각되는 것이었다. 서정인 소설에서 마침내 소설의 언어는 요점과 주제를 통해 특별히 가치 있는 것을 '의미'해야 한다는 의무에서 해방되어 그냥 의미 없이 가치중립적으로 '존재하는 것'이 되었다. 그러므로 그 존재를 의미화하려는 어떤 식의 해석과 판단도 모두 서정인의 소설과는 무관한 것이었다.

이러한 관점에 입각하여, 서정인의 초기 소설에서 종종 간과되어 온 특성들을 찾아낼 수 있었다. 예를 들어 형용사와 부사 등의 사용이 절제된 간결한 사실 명제들이 많다든가 신중하게 사실들의 귀납을 유도한다든가 하는 표면적인 특성들이 그것이었다. 그런가 하면 주인공의 '존재'를 부각시키기 위해 서사의 변형을 통해 거꾸로 주변 인물들 속에 그를 숨긴다든가, 카메라의 렌즈처럼 서술자의 감각을 작동시켜 가시적인 세계를 재현한다든가, 인간과 사물을 동등하게 취급한다든가, 전통적인 리얼리즘의 방법과는 상반되게 통일된 시선을 파기함으로써 구성의 결여를 방법화하는 등 좀더 심층적인 특성들을 그것에 추가할 수도 있었다. 물론 이것은 모두 한마디로 말해서 '존재 지향'의 특성으로 집약될 수 있는 것들이었다. 그런데 서정인 소설은 사실을 의견으로부터 분리해 '진실'과 어떤 '의미'에 도달한 것이 아니라 오히려 그 진실 이전의 사실로 거슬러 올라가 거기서 '존재'와 '무의미'를 발견했을 뿐이었다. 특히 그 존재와 무의미로서의 '사실'은 대상과 현실에서 찾아낸 것이 아니라 작가의 방법적 태도로서 그 대상과 현실에 강요된 것처럼 보였다. 되풀이하자면, 서정인 소설의 존재 지향은 가시적인 세계에 대해 사고와 감정의 지극히 무관심한 상태라는 인위적인 조건이 필요했다. 바로 여기서 '순수한 시선'이 출현한 것이었는데, 모순적이게도 그것은 관찰자에게서 사고와 감정이라는 인간 정신의 모든 기능을 배제시켜버림으로써 비인간적인 성격을 띠게 되었다. 서정인 소설의 극단적인 실험 속에서 만들어진 '존재'의 세계는 인간을 사물과 동등하게 취급함으로써 인간을 부정하고 있었다. 예컨대 「우리동네」라는 작품의 관찰자에게 이발소 주인 김가의 이주가 어떤 인간적인 사연을 지닌 것인데도 불구하고 단순히 인구 변화의 한 숫자로 이해되고 있다는 것은 대단히 시사적이었다. 한편 '존재'들은 어떤 가치와 목적들로부터 자유로운 무의미한 것이므로 해서 오히려 많은 판단과 해석과 의미들을 낳는다는 점에서, 서정인 소설은 어떻게 보면 풍요로운 의미 공간을 이루는 것 같았다. 그러나 다른 점에서 그것은 결국 의미가 배제되고 포기된, 추상적이고 기하학적인 냉랭한 세계와 그로부터 자라난 '무의미한 인간'과 만날 수밖에 없었다. 이를테면 그것은 서정인 소설의 순수성을 향한 노력이 그 자신을 가치중립적인 존재로 만듦으로 해서 개방된 의미 공간을 이루는 텍스트(text)로 전화하는 순간이었지만, 그로 인해 겉보기에 현실의 충실한 반영으로 보이는 서정인 소설은 현실과의 연결점을 상실하고 무한한 해석의 쟁투 공간으로 자신을 개방하는 혼란의 구실(pretext)에 지나지 않게 되었던 것이다. 물론 이것은 작가 서정인이 의도한 것이 아니라 뜻밖의 결과로서 나타난 것이었다.
다만 서정인 소설의 근원을 향한 순수주의는 순수하지 못한 것들, 예컨대 더럽고 추하고 저급하고 책략적인 것들을 그와 같이 근본적인 것에 대한 지향에 견주어서 적발하고, 그것을 그러한 순수한 근본에 동화시켜 깨끗하고 아름답고 고상하고 진실한 것들로 만드는 데서 그것의 상대적인 권리를 찾을 수 있다.

다섯 번째 징후: 다원주의와 허구적 인간

이청준의 소설은 '현실을 보는 창문으로서의 언어'라는 언어의 지시성에 대해 끊임없는 의문을 제기했다. 왜냐하면 투명한 창문으로서의 언어라는 테제는 특히 근대 사회의 시스템 속에 편입된 인간들의 존재론적 조건을 이루면서 그 인간들의 내면적 자유를 불투명해서 지시할 수 없다는 이유에서 폭력적으로 삭제해왔기 때문이다. 예컨대 「퇴원」은 지시적이고 명령적인 언어의 투명성에 의해 내면을 거세당하고 현실의 명백한 규범과 질서에 순응하는 기계적 조직 인간, 즉 근대적 기능인을 우울하게 보여주었다. 언어의 지시성은 거기서 일단 문법의 규칙과 체계로서 상징적인 규범과 질서를 구축하고 내면의 자유를 명백한 현실적 질서 안에 강제적으로 환원하는 존재의 억압적인 토대로 비판되었다. 이처럼 이청준 소설은 언어의 지시성과 그에 따른 명백한 현실을 통제적인 규율 권력이 자리 잡게 되는 억압적이고 기계적인 것으로 인식하자, 소설 자신이 지시적 언어들을 사용하여 현실을 명백하게 모방하고 재현한다는 점을 거부하고 부정할 필요성이 생겼고, 또 실제로 그 일을 소설 안에서 실천했다. 다시 말해 지시적 언어들에 대한 불신의 소설적 실천은 근대 사회 시스템의 기계화 경향, 즉 비인간화의 경향에 대한 일종의 문학적 저항과 비판의 방법인 것이었다. 이청준 소설은 그러한 실천의 일환으로, 소설이라는 언어적 허구란 명백한 현실과 일반적 진실을 예증하고 진술한다는 과거의 견해를, 그것은 단지 또 하나의 언어적 허구를 예증하고 진술할 뿐이라는 새로운 견해로 대체했다. 「병신과 머저리」나 「공범」 같은 작품에서 바로 그 점은 선명하게 드러났다. 흔히 어떤 사건의 진실을 탐색하고 찾아나가는 과정을 보여주는 이청준 소설에서, 그 두 소설은 현실과 진실은 영원히 지시될 수 없고, 그것은 다만 탐색의 과정에 동원되는 언어들에 의해 구성되고 조직될 뿐이라는 것을 말해주었다. 여기서 "언어 예술로서의 소설"(「병신과 머저리」)의 전통적인 전제인 현실의 모방과 재현이라는 개념은 평가절하될 수밖에 없었다. 그러나 '언어적 허구로 구축된 현실'이라는 테제는 '투명한 창문으로서의 언어'라는 테제의 억압적이고 기계적인 성격을 비판적으로 해체하면서 동시에 그 비판적 해체를 위한 자기 근거마저 허물어버리게 되는 것이었다. 요컨대 현실과 허구의 경계가 해체된다는 것은 잠재적으로 이청준 소설에 위협적인 것이었다.

'언어의 지시성에 대한 부정과 거부'를 주제화한다는 것은 분명 논리적으로 모순이었지만 「퇴원」에서만큼은 여전히 지시적 언어들을 신뢰함으로써 그러한 주제를 전달하는 데 성공하고 있었다. 이것은 비판과 성찰을 위한 가장 근본적 조건인 '문자적 수준'과 '주제적 수준'을 구분함으로써 가능했다. 모든 진리 주장은 기본적으로 그 두 수준을 구분할 때만 유지될 수 있는 것이라는 점에서 「퇴원」은 그만큼 신중했던 셈이었다. 그러나 이청준 소설은 논리성이라는 이론을 지지하고 그것을 엄격하게 관철시키면서 앞의 모순은 제거할 수 있었지만, 결국 또 다른 모순에 빠지고 말았다. 바꿔 말하면 그 지시적 언어들에 대한 불신을 통해 명백한 현실과 일반적 진리의 허구성을 폭로하고 탈신비화하는 작업이 철저해지자, 그 작업을 진행해나가던 문학적 주제의 지시적 명백성과 그에 따른 진리 주장 또한 의심과 회의의 대상이 되고 말았던 것이다. 「병신과 머저리」나 「공범」 등과 같이 「퇴원」 이후의 작품들에서 소설의 허구성 개념이 점차 확대되었던 것은 바로 그 때문이었다. 소설이라는 언어적 허구에서 현실의 모방과 재현이라는 개념이 허구적 현실의 허구적 구성 개념으로 대체된 것은, 처음엔 문학의 주제적 진술이 지닌 지시적이고 환원적인 진리 주장으로부터 해방된다는 정치적이고 매우 현실적인 의미를 띠고 있었지만, 그렇게 허구화된 현실 속에서 언어의 지시성이 와해됨에 따라 현실의 구속력으로부터 벗어난 모든 의미들이 동등해지면서 문학의 진리 주장은 부정되었고 또한 무력화되었다. '언어적 허구로 구축된 현실'이라는 테제는 일종의 자기부정의 명제였던 것인데, 물론 이청준 소설은, 허구화된 세계를 반영하는 소설적 허구는 세계의 허구성을 폭로하고 고발하는 현실적 자격을 잃긴 했지만, 언어의 지시성을 해체하고 진리의 독점을 견제함으로써 자유의 확대에 기여('다원주의적 허구')했을 뿐만 아니라 어떤 진리주장을 하지 못한다 해도 스스로가 허구임을 자각하고 있는 허구('자의식적인 허구')라는 점에서 여전히 가치 있다고 강변했다. 그러니까 허구의 바깥이 없다면, 그 허구 안에서 좋은 허구와 나쁜 허구를 구분하면 되지 않겠느냐는 말이었다. 그러나 허구적 현실성을 통해 현실의 허구성을 고발하고 탈신비화하려는, 언어로 구축된 현실이라는 개념의 목표는 현실이라는 명백한 규범과 질서가 없다면 결코 달성될 수 없었다. 기준이 사라졌는데 고발과 탈신비화의 주체는 무엇을 근거로 자신의 정당성을 증명하고 주장할 것이며, 또 좋고 나쁘다는 가치 판단은 어떻게 가능할 수 있겠는가. 그리고 소설이라는 언어적 허구 바깥에서 그 소설적 허구를 모방적으로 바라볼 수 없다면, 어떻게 그 모방이 하나의 억압적인 신화임을 알 수 있겠는가 말이다. 이청준 소설에서 지시적 언어들에 대한 불신이 엄격하고 철저해지면서 이루어진 허구적인 언어들에 대한 확신과 가치화는 역설적이게도 비인간화에 대한 문학적 저항과 비판의 방법이 아니라 이제 아무것도 할 수 없음으로 해서 거꾸로 그 비인간화에 보조를 맞추고 순응하는 방법이 되었다. 그런 의미에서 이청준의 「가수」에 나오는 주영훈이라는 인간은 대단히 의미심장했다. 현실의 허구성은 그 출발점에서는 주영훈의 비판적 인식과 탐색의 대상이었지만, 도착점에서 그것은 주영훈의 삶과 주영훈 자신의 요소가 되어버렸다는 것을, 바로 그것은 보여주었다. 그는 하나의 "유령"이 되고 말았던 것이다. 그리하여 '유령' 혹은 픽션으로서의 인간, 즉 인간조차 하나의 허구라는 가정 속에서 비인간화에 대한 문학적 저항과 비판은 실종될 수밖에 없었다.

이 점과 관련하여, 이청준 소설은 근대 소설들이 점차 자의식적으로 허구적인 구성물로서의 메타 소설이나 내재적 정합성만을 절대적으로 신봉하는 이른바 텍스트 소설이 주된 흐름을 형성하고 있는 데 대한 아주 적절한 징후라고 할 수 있었다. 물론 인간과 현실을 언어의 허구적 구축물로 간주함으로써 파생된 이청준 소설의 다원주의는 진리의 독점에 따른 어떤 독단주의에 반대해 작은 것들의 진실을 놓치지 않으려는 이른바 '섬세함의 정신'에서 그 상대적인 권리를 찾을 수는 있다.

결국, 20세기 중반 이후 한국소설에서 본격적으로 발생한 중요한 변화 가운데 하나는 어떤 초월성에 대한 믿음을 거절함으로써 동시에 인간에 대한 믿음을 상실하게 된 일이었다. 이것은 물론 인간에 대한 믿음에서 초월성에 대한 믿음을 거절한 것이 오히려 인간에 대한 믿음의 상실을 초래하게 된 매우 역설적인 상황 속에서 빚어진 것이었다. 인간(성)이라는 개념이 신적 초월성을 근본적 핵심으로 한다는 인류학의 명심해야 할 가르침은 그러한 초월성을 부인하는 데서 오는 자유와 해방의 민주적 환희 속에서 급속하게 잊혀져버렸다. 특히 60년대 한국소설에서 '믿음의 상실'은 자유와 해방의 느낌에도 불구하고 주체로 현전하는 독립된 자아 감각이 필연적으로 수반하게 되는 자기 폐쇄적 질곡 속에서 조화로운 사회적, 윤리적 삶의 상태에 대한 환멸과 불신을 쌓아가게 되었다. 그런 만큼 인간의 초월적 본질에 대한 신뢰를 기초로 하는 인간 공동체의 비전은 거기서 냉소와 조롱의 대상이 되지 않을 수 없었다. 사실 주체성의 자아 감각을 지닌 근대적 개인은 초월성을 거절하고 부인하여 자유와 해방을 얻었지만, 그로 인해 자유가 혼돈에 빠지도록 하는 것을 막기 위해 자신의 세계를 지탱해 줄 어떤 '우상의 질서'를 형성하지 않으면 안 된다는 절박한 과제를 부여받았다. 그리하여 근대의 주체적 개인은 신적 초월성을 대체할 만한 대지적인 고안물들에 절대자의 힘과 존엄성을 부여했다. 실제로 그 고안물에는 사랑과 가정, 제도와 국가, 자연과 이성, 예술과 미학 같은 것들이 포함되었다. 그러나 우상적 고안물은 어느 것 할 것 없이 초월성을 추구하는 인간의 마음과 의지를 충족시켜주지 못했다. 유한한 것들에 무한한 가치를 부여하려는 모든 노력은 인위적인 만큼 실패할 수밖에 없었던 것이다. 결국 우상 형성의 과정에서 만난 모든 가치들은 두루 탐색된 끝에 포기되고 말았는데, 여기서 모든 가치를 아예 부정해 버리는 허무주의가 출현하였고 비로소 '환멸의 신화'는 완성되었다. 이런 맥락에서 제도화된 모든 인간관계를 '권력에의 의지'로만 가득 찬 억압적이고 기만적인 가상의 구축물, 즉 일종의 허구로 지목했던 자의식적 비판들은 일탈과 위반, 전복과 해체, 유희와 농담 등을 근대적 개인들의 자유롭고 해방된 삶의 충만한 원천으로 평가했다. 일인칭으로 대담하게 발언하는 자유와 해방의 주체들인 근대적 개인의 전율과 고뇌, 희망과 절망, 환희와 시련은 바로 60년대 한국소설에 기록된 근대적 경험 그 자체를 가리키는 것이었다. 한편 이러한 문학 인류학적 테마와 연계되어 60년대 한국소설은 이제 고상하고 품위 있고 위대한 인간상을 모델로 제시하여 인간성을 함양시키는 교육학적 형식임을 포기하고 환멸과 냉소에 사로잡혀 경멸스러울 정도로 비루하거나 섬뜩할 정도로 흉악하며, 나아가 하찮고 무의미할 정도로 왜소한 인간들을 나열하여 인간성의 야비함을 자기연민으로서 들여다보도록 하는 볼썽사나운 심리학적 매체로 전락하였다. 요컨대 근대적 주체성을 거의 처음으로 깊고 철저하게 내면화하였던 1960년대 한국소설은 초월성에 대한 믿음을 저버림으로써 인간(성)에 대한 믿음을 버렸던 것처럼 초월성에 대한 감각을 보존함으로써만 가능한 '인간적 예술'을 망가뜨리고 말았다.

그런 관점에서 앞으로도 하나의 예술로서의 문학을 기존의 사회적이고 미학적인 결과로서 연구한 방식들과 별도로 도덕적인 결론으로서 연구하는 방식이 각별히 검토되지 않으면 안 된다. 물론 문학을 도덕적인 맥락에서 다룬다는 것은 어떤 희생을 불가피하게 감수하지 않으면 안 되는 일이다. 왜냐하면 문학작품을 도덕적인 가치의 문제로 다루게 되면, 당연히 작가의 의도 아래 완성된 작품의 가치는 도외시하고 그 결과에서 파생된 작품 바깥의 가치에 관심을 기울이게 되기 때문이다. 실제로 문학을 도덕적인 관점에서 바라보는 것은 어떤 작가의 동기와 의도에 개의치 않고 그의 창작물이 가지는 의도된, 혹은 의도되지 않은 현실적 결과를 측정하려 함으로써 편협하고 자의적인 해석과 평가를 제시할 위험성이 매우 높다. 그러나 문학의 사회적 관련성에서 오는 도덕적 결과들은 문학의 사회성과 그것의 미학적인 귀결과 복잡하게 뒤얽혀 있다는 점에서 마땅히 그렇게 문학을 연구할 수 있을 뿐만 아니라, 문학의 복잡성에 관해 사유하는 일은 근대적 세계에 대해 일종의 순응 형태가 되어 있는 문학적 실천들의 퇴폐를 진단하고 치유하기 위해 반드시 필요한 일인 만큼 마땅히 또 그렇게 문학을 연구해야 한다. 그러나 주체를 근본적인 가치단위로 설정함으로써 결정적인 영향력을 행사했고 자신의 세계를 전시대와 구분했던 근대 세계의 사회적 변화란 문학적 실천을 수행하는 사람들의 창조의 동기와 의욕뿐만 아니라 문학의 본질을 함께 바꾸었던 것이라는 점에서, 사실 개인적인 행동과 실천들이 어떤 역사적 변환 속에서 굳건해진 정신적이고 문화적인 근대성의 흐름을 바꾸거나 되돌릴 수 없는 것임은 물론이다. 실제로도 근대화의 핵심 이념들에 관련된 바꾸기 어려운 '문학의 운명'을 검토한다는 차원에서 이 책은 진행되었다. 그렇다면 대안은 없는 것인지도 모른다. 그러나 여기서 중요한 것은 근대를 살아가는 개인들 모두가 근대성 문제의 실질적인 원인과 근거라는 것을 인정하는 일이다. 그리고 그 인정을 하나의 의지와 태도가 되게 끊임없이 되새기고 북돋는 일이다. 그런 의미에서 근대 사회에서나 근대 문학 안에서 일어난 일을 설명하고 묘사하는 어떤 선명한 지도가 필요한 것임은 의심의 여지가 없다. 근대의 주체적 개인이라는 신원을 공유하는, 지금 이곳을 살아가는 모든 사람들에게 그것은 그들 저마다가 하고 있는 일의 의미와 방향이 어떤 것인지를 비로소 가늠할 수 있도록 만들어 줄 것이다. 만약 그들이 자신이 처한 상황의 본질을 확연하게 꿰뚫어 볼 수 있고, 그래서 자신이 하고 있는 일의 의미와 방향을 알게 된다면, 그들은 그나마 덜 심각한 상황을 만들 수 있을지도 모른다. 왜냐하면 근대적 주체성이 마련한 자유의 대가는 혹독한 것이지만, 그 자유는 앎과 결부되어 올바른 선택을 가능하게 하는 계기와 조건이 될 수 있기 때문이다. 이 모든 것은 사실 1960년대 한국소설의 비인간화 현상을 비판적으로 고찰하려 했던 실질적인 이유였다. 어쨌든 모르는 것보다는 아는 것이 낫다.

‖ 보유(補遺) ‖

캐리커처의 인류학

– 남정현 소설의 풍자와 아이러니

1. 어떤 난점

남정현 소설의 '풍자'를 연구하는 데서는 어떤 난점에 마주치게 된다. 그 난점은 남정현의 대표작 「분지(糞地)」(1965)에서 예시적으로 드러나고 있다. 우선 해방 이후에도 외세 의존적인 상황이 지속되고 있는 식민화의 현실을 풍자적으로 비판하는 것이 이 소설의 의도이다. 주인공 홍만수는 해방을 맞이하고서도 독립투사로 나가 있던 아버지와의 재회를 좌절당할 뿐만 아니라, 태극기와 성조기를 들고 환영 대회를 나갔다가 미군에게 강간을 당하고 미쳐 죽은 어머니와 미군 상사인 스피드의 첩 노릇을 하면서 밤마다 성적 학대를 당하는 누이동생 분이를 통해 비참한 식민화의 현실을 되풀이 경험한다. 심지어 홍만수는 그런 비참한 현실에도 불구하고 생계를 위해 미군 물품을 팔아가며 살아가지 않을 수 없는 모순된 상황에 처해 있다. 소설의 제목 '똥과 오줌으로 범벅이 된 땅[糞-地]'은 바로 그러한 현실과 은유적 관계를 맺는다. 그는 결국 마음속에 쌓아온 그 동안의 원망과 울분을 폭발시키기에 이른다. 스피드 상사의 본처가 한국에 온다는 사실을 알고, 미군 상사 스피드의 부인을 '향미산(向美山)'으로 유인하여 겁탈을 한 것이다. 홍만수는 말한다.

"원더풀!"

얼마 만에야 무슨 위대한 결론이라도 내리듯 이마의 땀을 씻으며 겨우 한마디 하고 여사의 몸에서 내려온 저는 세상이 온통 제 것 같아서 견딜 수가 없더군요. 치부(恥部)의 면적이 좁았는지 넓었는지에 관해서는 별반 기억에 없었지만 좌우간 이제 분이를 향하여 자신하고 한마디 어드바이스를 해줄 수 있을 것 같은 감격으로 사뭇 들뜬 기분이었습니다. 바로 그때였지요. 비취 여사는 갑자기 몸을 벌떡 일으키더니,

"헬프 미! 헬프 미!"

위태로운 비명과 함께 정신없이 산을 뛰어내려가더군요. 왜 저럴까. 헝클어진 머리며 찢어진 옷. 달아나는 여사의 뒷모습은 분명히 언젠가 당신(어머니-인용자)이 발광하여 돌아오시던 날의 바로 그 모습이었습니다. 순간, 저는 왜 그런지 가슴이 후련해지면서 왈칵 겁이 나더군요. 비취 여사도 혹시 당신처럼 미치면 어쩌나 하는 걱정 때문이었습니다. 하지만 그러한 걱정도 잠시뿐. 인간의 천국이라는 미국을 한아름에 안아 본 성싶은 그 벅찬 감동으로 하여 저는 흔들리는 마음을 주체할 수가 없었습니다. 우선 하늘을 향하여 심호흡을 한번 크게 하고 마음을 가다듬으려던 찰나, 그렇지요, 바로 그 찰나였지요. 탕 탕 탕. 난데없는 총성이 저를 목표로 하여 주변의 산하를 요란스럽게 울리기 시작하는 것이 아니겠습니까.[1)]

그리고 “이제 곧 저는 태극(太極)의 무늬로 아롱진 이 러닝샤쓰를 찢어 한 폭의 찬란한 깃발을 만들 것입니다. 그리고 구름을 잡아타고 바다를 건너야지요. 그리하여 제가 맛본 그 위대한 대륙에 누워 있는 우윳빛 피부의 그 윤이 자르르 흐르는 여인들의 배꼽 위에 제가 만든 이 한 폭의 황홀한 깃발을 성심껏 꽂아 놓을 결심인 것입니다.”[2]라고 홍만수는 덧붙인다. 여기서 어머니와 누이동생 분이가 겪은 고통을 미국에 그대로 갚아주겠다고 벌인 복수의 활극은, ‘분지’ 위로 솟아오른 ‘향미산(向美山)’의 형상이 암시하고 있는 것처럼, 외세 의존적인 식민화의 현실을 교정하여 민족의 주체성을 옹립하려는 명백한 풍자적 의도 속에서 이루어진다. 펜타곤 당국이 미군 상사 스피드의 부인을 겁탈한 홍만수에 보복을 가하기 위해 핵무기와 최정예 사단을 동원한다는 희극적 설정은 바로 그러한 의도를 뒷받침하는 것이다. 그러나 「분지」의 풍자적 의도는 악을 교정하려는 선의지를 일종의 악한(惡漢)으로 실체화하고 있는 모순 때문에 어느 정도 약화된다는 것 또한 사실이다. 말하자면 ‘향미산’은 분지 위로 솟아오르기는 하였지만, 홍만수의 복수 행위가 가지는 폭력적 성격으로 하여 결과적으로 여전히 그 분지의 일부가 되는지도 모른다.

홍만수의 복수 행위는 사실상 펜타곤 당국으로 대변되는 미국의 보복 행위와 거의 유사하다. 그런데 거기에는 비판적 의도를 관철시키는데 필수적인 풍자의 구도를 정녕 위태롭게 하는 도덕적 곤경이 자리

---

1) 남정현, 「분지(糞地)」, 『한국소설문학대계43-남정현』(동아출판사, 1995), pp.193-194. 여기서는 2002년에 국학자료원 간행 『남정현 문학전집1-단편 · 중편소설』을 참조는 하되 주로 동아출판사 판을 연구 텍스트로 삼는다. 편집상의 소소한 실수들로 하여 국학자료원 간행 남정현 소설집은 연구 텍스트로서의 가치가 다소 떨어지기 때문이다. 물론 필요한 경우 국학자료원 판을 인용하기도 할 것이다.

2) 남정현, 앞의 책, p.195.

잡는다. 「분지」에서 풍자의 주체와 풍자의 대상 사이에 존재하는 도덕적인 무차별성은 이미 몇몇 사람들에 의해 지적된 바 있다. 예를 들어 강진호는 홍만수의 행위가 "미국을 침략하고 정복하겠다는 것이 아니라 민족의 주체성을 대외적으로 천명하겠다는 것이고, 동시에 그런 입장에서 미국과 대등한 관계를 맺어야 한다는 주장인 것"[3]을 인정하면서도, 그것을 어떤 의미에서 현실에 대한 냉정한 반성과 인식을 결여한 결과로 이해한다. 그의 설명에 따르면, "어머니가 당했던 것과 똑같은 방법으로 미국에 복수하겠다는 단순한 발상과 행위"는 "결국 이[齒]에는 이로 대항한다는 약육강식의 제국주의 논리와 다름없는 것"[4]이다. 그런가 하면 장영우는 「분지」에 나타나는 도덕적인 곤경이 남정현 소설 전체로 확대될 수 있음을 알려준다. 그는 특히 "거의 모든 여성들이 부정적인 성격으로 묘사되는 특징"을 보이는 남정현 소설의 경우, 그것을 단순히 "우의(Allegory)나 풍자(Satire)의 차원에서 해석하는 것은 무리라" 보고, "오히려 그것은 이 작가가 여성 존재 자체를 무시하거나 폄하하는 가부장제 사회의 남근중심주의의 폭력에 얼마나 익숙해 있는가, 그리고 그러한 관습적 사고에 대해 얼마나 무비판적으로 대응하고 있는가를 드러내는 명백한 증거라"[5]고 지적한다.

이와 같이 풍자의 주체와 풍자의 대상 사이에서 도덕적 우열을 가늠하기 어렵다면, 남정현 소설의 풍자에 관해 기존의 연구들이 정식화한 이른바 '풍자의 정치학'에 대해서는 이견이 있을 수 있다. 이 논문에서는 바로 도덕적 우열관계에 입각한 풍자적 구도가 약화되거나 소멸된

3) 강진호, 「외세의 질곡과 민족의 주체성-남정현의 『분지(糞地)』론」, 『남정현 문학전집3-연구자료 및 논문』(국학자료원, 2002), pp.72-73.
4) 강진호, 앞의 글, p.75.
5) 장영우, 「통곡의 현실, 고소(苦笑)의 미학-남정현론」, 『남정현 문학전집3-연구자료 및 논문』(국학자료원, 2002), p.80.

것으로 보이는 남정현 소설의 특색에 주목함으로써, 그의 소설에 나타난다는 '비판적인 풍자'에 다른 의미를 부여하고자 한다.

2. 풍자와 아이러니

'풍자'는 대체로 도덕적 마비 상태에 관심을 갖고 선의지에 이반하는 악을 교정하고 치료하려는 일에 목적을 둔다.[6] 그것을 이루는 주된 방책은 물론 '웃음의 처벌'이고, 풍자하는 사람은 특별히 경멸 받을 만한, 인간다움을 잃은 인간을 그 처벌의 핵심적인 표적으로 삼는다. 따라서 풍자에서는 풍자의 주체가 풍자의 대상을 장악할 수 있도록 우월한 위치를 부여받게 된다. 한 문학용어사전에 의하면, "예전부터 풍자가는 도덕적으로나 지적으로 모자라는 사람들(또는 제도나 철학)을 우습게 보이도록 제시함으로써 인류를 교훈하려 한다……. 풍자가는 우월한 입장에 있으니까 못난 자들을 비판할 자격이 있다고 자처한다."[7] 그런데 남정현 소설에서는, 앞서 살펴본 바 있는 것처럼, 일반적인 풍자적 구도의 약화 내지 소멸에 따라서, 풍자의 주체와 풍자의 대상 사이에 존재해야 하는 도덕적 차별성을 더 이상 추정하기 어렵다. 홍만수는 자신이 강간을 저지른 이유를 정당하게 설명할 수가 없다. 이처럼 남정현 소설의 풍자적 교의가 옹호하는 것이 과연 인간다움의 이상인지 아니면 경멸 그 자체인지를 결정할 수 있는 근거가 작품 안에서 희박하기 때문에, 작품의 등장인물들을 포함한 독자 모두는 어쩔 수 없이 '아이러니의 감옥' 안에 갇히게 된다.

---

6) Arthur Pollard, 『諷刺 Satire』, 송낙헌 역(서울대학교 출판부, 1978), pp.1-3.
7) 이상섭, 「풍자(諷刺, satire)」, 『문학비평용어사전』(민음사, 1976), p.280.

‘아이러니(irony)’는 근대소설에서 세상의 변화와 관련되는 매우 중대한 기법이자 양식이다. 예컨대 골드만(Lucien Goldmann)은 근대소설을 “타락한 사회에서 타락한 양식으로 진정한 가치를 추구하는 근대의 서사시”로 정의한 바 있다. 그런데 신으로 대변되는 선의지의 몰락 이후, 타락한 것과 진정한 것의 경계를 어디에서 찾을 수 있는가 하는 골드만적 문제는 근대소설을 곤혹스럽게 만든다. ‘타락한 양식’이 ‘타락한 사회’의 일부인지 ‘진정한 가치’의 구현인지를 구분하는 문제는 그렇게 간단히 해결될 수 있는 문제가 아니기 때문이다. 최소한 그것이 모호한 문제가 되었다는 것은 분명하다. 개인적 자아의 선의에 좌우될 수밖에 없는 우연하고 가변적인 ‘진정성의 신화’는 사실 그렇게 하여 탄생하였고, 나아가 오늘날 대부분의 문학 이론가들은 그러한 ‘주관성의 감옥’에서 야기된 이론적 교착을 벗어나기 위해 ‘아이러니로서의 소설’이라는 개념에 의지한다. 그들 중에는 물론 ‘근대소설’이라는 타락한 표현의 도덕적인 결함이 ‘아이러니’에 의해 충분히 만회된다는 생각에 문제가 있다는 것을 알게 된 것 같다.[8] 어쨌든 그런 맥락에서 ‘아이

8) 이와 관련해서는 제럴드 그라프의 논의가 대표적이다. 가령 그라프는 오늘날 모든 예술은 “현대 삶의 왜곡된 양상에 대한 비판을 재현하는가 아니면 그 삶의 단순한 첨가물인가?”라는 질문을 던지고 나서 다음과 같이 대답한다. “루카치는, 왜곡 그 자체의 성공적인 표현은 왜곡되지 않은 기준의 존재를 전제한다고 설득력 있게 주장했다. 그는 “문학이 왜곡을 올바르게 ‘자리매김’, 즉 다시 말해서 그 왜곡을 왜곡으로 보기 위해서는, 문학이 정상적인 것의 개념을 가져야만 한다”고 쓴다. 만일 삶이 정말로 유아론적인(solipsistic) 광기라면, 우리는 이 사실을 알거나 또는 재현하는 수단을 갖지 못할 것이다. 그러나 일단 정상적인 것의 개념이 낡아빠진 형이상학의 자취로 거부되거나 또는 신화로 보호되면, ‘왜곡’과 ‘광기’의 개념들은 그 의미를 상실한다.” 이러한 생각의 의미는 비교적 분명하다. 정상적인 것의 개념이 이미 왜곡되어 기준으로서의 가치를 상실한 마당에 왜곡을 왜곡으로 드러내는 근대예술이 왜곡되지 않은 것의 기준을 전제한 아이러니로서 정당화된다는 것은 논리적 순환에 따른 모순에 해당한다는 것이다. 설령 루카치에게서 정상적인 것의 개념이 ‘초

러니의 감옥'으로 나타난 남정현 소설의 풍자도 근대소설이 처한 것과 유사한 도덕적 곤경에 바로 이어진다.

실제로 남정현의 풍자에서 '아이러니'는 '알레고리'와 더불어 가장 빈번하게 사용되는 소설적 방법이 되어 있다. 이른바 '풍자적 아이러니'는 남정현 소설들이 웃음의 처벌이라는 저마다의 비판적 의도를 극화(劇化)하기 위해 동원하는 주된 양식이다. 이를테면 「현장(現場)」(1963)에서 '재즈'로 대변되는 미국문화에 무분별하게 젖어든 누이동생 경아의 모습은 주인공 동민에 의해 다음과 같이 그려진다. "악보(樂譜)를 쫓듯 하나의 경쾌한 질서를 유지하면서 빠르게 혹은 느리게 밥 먹을 때도, 남과 대화할 때도, 심지어는 요강을 타고 앉아서까지 경아의 육체는, 육체의 각 부분은 요리조리 묘하게 흔들리면서 하나의 장관(壯觀)을 형성하는 것이었다."[9] 간단히 말하면, 여기서 풍자적 아이러니는 웃음의 가벼움으로 떠오른 '요강 위의 재즈'라는 상황이 '장관'이라는 말 속에 실린 아이러니의 무게로 가라앉으면서 생겨난다. 이처럼 남정현이 사용하는 풍자적 아이러니는 당연히 겉으로 드러난 말과 사실상의 의미 사이의 간극에서 발생하는 '말의 아이러니'를 의미한다. 그러나 남정현 소설에서는 그 아이러니가 작품 전체의 '상황'에도 거의 그대로 적용된다.

김양선은 「허허(虛虛)한 세상을 향한 날 선 풍자—남정현 문학의 풍자성」에서 그런 사실을 다음과 같이 설명한다.

월적인 것'이 아니라 '내재적인 것'이라 해도 사정은 마찬가지다. '자기 보증'이라는 것은 언제나 모호하고 불확실한 것일 수밖에 없다. Gerald Graff, 『자신의 적이 되어가는 문학』, 박거용 옮김(현대미학사, 1997) 참조.

9) 남정현, 「현장(現場)」, 앞의 책, p.119.

……풍자 대상이 지닌 부정적 속성은 소위 '바보형 인물'들에 의해 해부되고 폭로되는 경우가 많다. <허허 선생>의 허허나 <너는 뭐냐>의 신옥 같이 자기과시적인 **'알라존' 형 인물**의 반대편에는 아들 허만이나 관수 같이 자기를 비하하거나 무지를 가장하는 **'에이론' 형 인물**이 등장한다. 이들은 겉보기에는 무지하고 시속(時俗)을 따라잡지 못하는 굼뜬 인물로 타인의 조롱거리가 된다. 하지만 이들의 순진한 눈은 기존의 가치 척도가 지닌 문제점을 극대화하면서 역전시킨다. 때문에 **표면적 사실과 이면적 진실 사이의 간극**에서 **아이러니**가 발생한다.

<너는 뭐냐>의 관수는 '현대인'의 권리를 내세우면서도 그것을 자신의 불합리한 행동이나 무분별한 연애를 정당화하기 위한 방어기제로 사용하는 아내의 눈에 무능력한 존재로 비춰진다. 뿐만 아니라 그는 '도라지'나 '양상도' 류의 잡지를 탐독하며 연예계 동정 같은 싸구려 정보를 예술로 알고 지내는 식모 인숙에게는 '저 사람이 정말 사람인가를 의심할 만큼 예술에 대한 소양이 백지에 가까운' 인물로, 라디오 드라마에 빠져 배우 이름을 줄줄 외는 주인집 어린 남매의 눈에도 '색다른 동물'로 인지된다. 하지만 이들이 관수를 폄하하는 근거가 되는 지식이란 게 기껏해야 선정적인 연예계 소식이거나 결말이 뻔한 통속적인 드라마이기에 오히려 실소를 자아낸다.[10)]

알라존(alazon) 형 인물과 에이론(eiron) 형 인물의 관계는 남정현 소설의 풍자적 교의를 전달하는 아주 기본적인 구도가 되어 있다. 그런데 그러한 작품에서 특징적으로 나타나는 문제는 풍자의 근거가 되는 에이론 형 인물이 풍자의 대상인 알라존 형 인물과 특별히 도덕적 차별성을 지니는 것으로 보기 어렵다는 것이다. 남정현 소설에서 에이론 형

10) 김양선, 「허허(虛虛)한 세상을 향한 날 선 풍자-남정현 문학의 풍자성」, 『남정현 문학전집3-연구자료 및 논문』(국학자료원, 2002), pp.213-214.

인물은 스스로가 종종 풍자의 대상으로 떨어지기도 한다. 예를 들어 미군 병사 제임스에게 버림받고 누워 있는 순이의 병든 육체와 남편의 경제적 무능함을 핑계로 당당하게 매춘을 하는 아내 숙의 뻔뻔한 행태, 그리고 친구에게 사기를 칠 뿐만 아니라 그의 아내마저 빼앗아버리는 순구의 파렴치한 배신 등을 통해 전후 한국의 암울한 현실을 풍자적으로 폭로하는 「경고구역」(1958)은 작품 안에서 에이론의 역할을 담당하고 있는 인물인 주인공 종수조차 풍자의 대상으로 만들어버린다. 가까운 예로, 실업자 종수를 흥분시킨 사원모집 광고를 보자. 환희에 가까운 기대를 가지고 그 광고를 읽어 내려가던 끝에 종수가 맨 마지막에 이르러 발견하는 "단 용모 단정한 20세 미만의 소녀에 한함"이라는 허망한 구절은 기지를 숨긴 에이론 대신 한심한 바보 그 자체를 보여준다.[11]

물론 알라존 형 인물과 에이론 형 인물 사이에서 희박해진 우열관계는 '믿을 수 없는 화자(unreliable narrator)'를 내세운 작품 바깥의 서술 관점을 풍자의 주체로 가정함으로써 일정하게 도덕적인 곤경을 벗어나는 것으로 파악할 수 있을지 모른다. 가령 이야기를 해야 하는 상황에서 말 대신 방귀를 뿜어내는 희극적 인물을 통해 언론의 자유가 억압당하고 있는 현실을 우회적으로 비판하고 있는 「방귀소리」(1970)에서 억압적인 현실이라는 열등한 알라존과 그와 유사해 보일 뿐인 순응적인 에이론 사이의 도덕적인 차별성은, 명확하지는 않지만, 가정된 바깥

11) 풍자의 근거가 풍자의 대상으로 떨어지는 양상은, 가령 「누락인종」(1960)에서도 마찬가지로 드러난다. 거기에서 주인공 성주가 돈을 목적으로 집요한 구혼공세를 펼치는 명희의 외모를 풍자적으로 희화화(caricaturization)하는 것은 그녀로 대변되는 추악한 '돈'세상을 거부하려는 에이론의 의도임이 분명하다. 그러나 소설의 마지막 대목에서 그 못 생긴 명희를 피해 계속해서 달아나던 성주가 끝내 울음보를 터뜨리고야 마는 것은 사실 에이론의 처신으로서는 그다지 어울리지 않는다. 왜냐하면 그것은 기지로 위장된 울음이 아니라 그야말로 처절한 울음이기 때문이다.

의 서술 관점에 의해 어느 정도 보장되는 것처럼 보인다. 그러나 풍자의 주체를 '가정'하는 경우, 남정현 소설에서 풍자의 주체에게 풍자의 대상을 장악하도록 부여된 도덕적 정당성은 더 이상 풍자적 구도에 적합한 상태에 있지 못하게 된다. 다시 말해 '나는 고귀하다. 고로 너는 비천하다'라는 명제로 정상적인 풍자의 구도가 설명될 수 있다면, 남정현 소설 특유의 풍자적 구도는 '너는 비천하다. 고로 나는 고귀하다'라는 반대 명제로 풀이될 수 있다. 이것은 미묘하지만 대단히 의미심장한 것이다. 서술 관점 '나'의 도덕적 우위는 대상의 비천함으로부터 귀납적으로 가정된 불확정적이고 상대적인 것일 뿐, 주체의 고귀함이라는 연역적 토대에서 확인된 확실하고 절대적인 것은 아니기 때문이다. 에이론 형 인물과 스스로를 동일시하여 풍자적 비판을 일삼던 작품 바깥의 가정된 서술 관점이 갑자기 한심한 바보로 풍자의 대상이 되어버리는 변환의 지점에서, 그것은 특히 현저하게 나타난다.[12] 말하자면 풍자적 주체로 가정하였던 것이 풍자의 대상으로 떨어져버림으로써 서술 관점의 신뢰성에 대한 침해가 일어나고, 그것의 도덕적 정당성 또한 와해되는 것이다.[13]

---

12) 예컨대 「인간 플래카드」(1959)에서 가정된 작품 바깥의 서술 관점은 주인공 승구와 일정한 방식으로 동일시의 관계를 맺는다. "도대체 건전한 육체에 건전한 정신이 깃든다는 그 건전한 육체의 상징적인 존재처럼 되어있는 그 기석이란 자의 정신이 그래가지고야 아 어떻게 모든 것이 다 양키정신으로 변질되어 가는 이판에 우리 한국정신을 조금이라도 지켜 낼 수 있겠느냐"라고 읊조리는 승구의 목소리에서 작품 바깥의 서술 관점이 들려주는 비판적 목소리를 읽어내는 일은 어렵지 않다. 그러나 작품의 말미에서 주인공 승구는 위급한 아내 희숙을 병원으로 옮기다가 시위 행렬을 맞닥뜨리고 군중들에게 다치지 않도록 하기 위해 그녀의 몸을 위로 높이 쳐들어 "이채(異彩)로운 <플래카드>"를 만드는 데서 다른 인물들과 마찬가지로 풍자되어버린다. 여기서 작품 바깥의 서술 관점 또한 신뢰성을 잃는다는 것은 말할 것도 없다. 이 과정이 거의 모든 작품에서 반복되고, 또 한 작품 안에서도 여러 번 거듭된다.

이렇게 보면, 남정현 소설의 '아이러니'는 결국 절대적 주체의 상실과 도덕적 합의의 붕괴라는 근대세계의 문제적 국면을 표현하는 세계관으로서의 아이러니(소위 '낭만적 아이러니')와 만나게 된다. 남정현 소설의 기저에 깔려 있는 그러한 아이러니의 도덕적 곤경을 이해하면, 그의 작품에서 잠재적으로나마 도덕적인 기준으로 작용할 만한 긍정적인 인물을 찾아보기 어려운 것은 당연한 일이다. 예를 들어 「너는 뭐냐」(1961)라는 작품은 긍정적 인물의 부재(不在)에 관하여 특히 시사적인 예화를 보여준다. 거기에서는 자신의 무분별한 연애 행각을 현대인의 권리로 내세우는 아내 신옥과 싸구려 연애 정보를 예술로 착각하고 살아가는 식모 인숙뿐만 아니라, 심지어 라디오 드라마에 대한 "해박한" 지식을 자랑한다는 아이들마저도 이른바 미국식 생활 방식을 따르는 "현대인"의 표본으로서 공격당한다.[14] 상호 경멸과 멸시의 난장(亂場)은 바로 여기서부터 펼쳐진다.

3. 민족주의와 경멸성

알라존 형이든 에이론 형이든 남정현 소설에서 모든 작중인물들이 상호 경멸과 멸시의 난장 속에서 사실상 격하되고 있는 것은, 여러 이

---

13) 물론 남정현 소설에서 도덕적 우열관계가 약화되어 있거나 소멸되어 있다고 보는 입장은 과도한 것으로 생각될지 모른다. 그러나 이 논문은 단순히 남정현 소설의 미학적 특징을 드러내려는 논의가 아니라, 비록 미미하다 하더라도 작가가 의도한 것과 작품이 드러내는 것 사이의 미묘한 불일치에 주목함으로써 그것을 징후적으로 해석함으로써 '주체적 전회'로 요약되는 근대성(modernity)의 경험이 가져올 정신사의 향방을 가늠하려는 데 사실상의 목적이 있다. 그런 점에서 다소 과도한 논의라는 인상을 줄 것으로도 보인다.

14) 남정현, 「너는 뭐냐」, 앞의 책, pp.55-62 참조.

유가 있겠지만, 무엇보다도 그의 소설이 타율적인 식민화의 상태로부터 벗어날 수 있는 자기 구원적인 민족 개념으로부터 오는 분노와 울분의 환영에 너무나 깊은 관심을 가졌다는 사실과 관계되는 것으로 보인다.15) 「자수민(自首民)」(1962)에서 해바라기 양의 미국 식 댄스를 보며 "망했구나"를 연발하는 아무개 군의 탄식은 바로 민족주의라는 이념에 작가가 얼마나 골몰해 있는가 하는 점을 알려준다.

그러나 이념으로서의 민족주의는 남정현 소설이 직면하고 있는 도덕적 곤경이 극복되기보다는 차라리 발생되는 자리라고 해야 한다. 주지하다시피, 민족주의(nationalism)는 모든 개인을 주체로 발전시키려는 혁명적인 근대화의 과정에서 자기 존중의 느낌을 확산시키는 개인주의라는 이념의 인종주의적 반영이다. 그런데 근대적 개인주의는 모든 사람들에게 수직적 차이를 폐지함으로써 평등주의라는 민주적 이념을 선사하는 대가로 자기 존중의 정열들이 벌이는 내전 상황을 부과하게 된다. 왜냐하면 인정에 대한 욕망을 가진 사람이 평등주의로 인해 무한히 증가함으로써 어쩔 수 없이 상대방에게 부당한 요구를 하게 되기 때문이다. 여기서 불가피하게 총체적인 인정 투쟁의 무대(제신들의 전장)가 된 근대세계는 '경멸'이 상호적이 되는 사회적 관계의 형식으로 귀결되지 않을 수 없다. 말하자면 근대적 개인주의는 극단적으로 볼 때 '경멸'을 개입시키지 않고서는 관계를 맺을 수 없는 상태로 사회를 몰아간

15) 풍자의 아이러니한 재현이 갖는 도덕성의 약화 내지 소멸과 관련하여, 이상섭의 다음과 같은 지적은 참고할 만하다. "풍자가가 우월한 입장에 있는 여유만만한 태도를 견지하지 못하고 적에 맞서서 일대일로 싸울 때에는 욕설이 된다. 아무리 윗트가 넘친다고 해도 욕설은 정치가들의 선거전에서의 상호공격 정도에 그친다. 풍자가의 여유만만함이 대상에 대한 극도의 반감으로 말미암아 위축되면 <냉소>가 되기도 한다. 차거운 웃음, 즉 비수처럼 찌르는 예리함만이 느껴진다."(이상섭, 앞의 책, p.281)

다.[16] 남정현 소설의 민족주의는 결국 그런 근대적 개인주의 사회에서 벌어지는 인정 투쟁의 확대된 형태로 볼 수 있는 것이 아닌가 한다. 자기 구원적인 민족이라는 개념이 보편적 도덕성보다는 어떤 특정한 이해관계에서 오는 '경멸성'을 포함한다고 하는 사실은 이로써 어느 정도 드러난다.

가령 「모의시체」(1959)에서 민숙이라는 창녀의 발언은, 그와 같이 자연적 인정의 필연적 질서가 붕괴된 자리에서 솟아난 상호적 경멸의 인정 투쟁적 상황을 좀더 구체적으로 보여준다. "내 여대생이 되기만 하면 그년을 그냥 두지 않을테유. 그년이 누군줄 아세유? 내가 식모살이 할 때 주인집 딸년이었는데, 그년이 글쎄 그때 여대생이었어유. 그년이 서울에서 내려오기만 하면 집안이 온통 잔칫날처럼 붕떴었지유. 그런데 말이유. 사실은 내가 밟지 않았는데 내가 왜 여대생의 구두를

16) 혁명 이후 근대세계에 나타난 '경멸성의 구조 변동'에 대해서는 페터 슬로터다이크의 통찰을 참고할 수 있다. 그에 따르면, 신분 사회는 위계질서와 배제를 위해 존재론적 가산점을 필요로 한다. 그때는 차이의 원천이 선험적이기 때문에 사람들은 신이나 자연을 통해 더 높고 더 낮다는 의미에서 객관적이고 규범적으로 구분되어 있다. 그러나 평등의 시대로, 그리고 모든 것을 새롭게 만들 수 있는 시대로 위대한 출발을 시작한 근대인들은 인간의 차이에 앞서, 이 차이가 발견된 것이 아니라 만들어진 것인 한에서 존재하기를 원하고, 존재해야만 한다. 인간의 특성과 업적보다 실존이 앞선다는 사실이 말하자면 평등의 공리인 것이다. 그러나 사람들 사이의 무차별 원칙이 출발되는 곳에서 근대적 인정 추구는 자기 자신에 의해 봉쇄당한다. 이런 조건 아래에서 인정이란 높은 존경이나 존중을 의미할 수 없고 중립적 공간에서 낮은 존경이나 동일한 존경, 어느 누구에게도 없다고 부정할 수 없는 사소함에 대한 정당한 승인을 의미하기 때문이다. 인정이나 유리한 자리를 얻기 위한 보편적인 투쟁은 진부한 주권을 얻으려는 헛된 노력을 산출하는데, 이 진부한 주권은 우연한 박수 이상의 인정을 부여할 수 없다. 할 수만 있다면 사람들은 동일한 존경이나 높은 존경이 상호 배제된다는 견해를 피하려 하기 때문이다. 진부한 주권은 보편적이라 자칭하지만, 그것은 사실 구분되지 않은 무차별적인 것들이 모여 만든 "상상의 총회"에 불과하다. Peter Sloterdijk, 「대중의 경멸」, 『인간농장을 위한 규칙』, 이진우 외 옮김(한길사, 2004), pp.160-165 참조.

만지기나 하겠어유. 그런데 그년이 방금 닦아놓은 구둔데 날 가리키며 저년이 밟았다고 그러잖겠시유. 그때 얼마나 맞았는지 생각하면 치가 떨려유. 조금 가는 귀가 먹은 것도 그때 맞아서 그래유. 내가 서울을 미쳤다고 왔겠시유. 나도 꼭 여대생이 돼서 그년한테 앙갚음을 할라구 온 게유."[17] 위계적 차이가 자연적인 것이 아니라 만들어진 것이라는 평등주의의 무차별 원칙이 작동하는 '서울'에서 민숙의 근대적 인정 추구는 무엇보다도 "앙갚음"이라는 경멸의 심리학으로 발현되고 있다. 이것은 「모의시체」에서 주인공 형수가 "한반도의 그 깊숙한 심장부에서 억울함을 호소하는 것 같은 울음소리"[18]를 들으며, 민숙을 비롯해 돈과 권력을 쫓는 여성들을 웃음으로 "후려치는" 에이론의 심리에 그대로 대응된다.

한편, 남정현 소설에서 그런 '경멸의 심리학'을 작동시키는 평등주의라는 근대적 혁명의 기획은 그의 소설에서 빈번히 사용되는 특징적인 서술 방식에서도 그대로 확인된다. 기존의 연구자들은 남정현 소설이 불러일으키는 풍자적 웃음의 메커니즘을 해명하는 과정에서 흔히 고상한 말들과 천박한 말들의 결합과 혼용을 그의 소설이 지닌 독특한 문체적 특징으로 지목하곤 하였다. 예를 들면, 임진영은 "비속적 일상어와 설명적·과학적 개념어의 대조적 결합"[19]이라는 서술 방식을 남정현 소설 문체의 주요한 특징 가운데 하나라고 지적한 바 있다. 그런가 하면 김상주는 "비속적 일상어와 설명적 · 과학적 개념어의 대조적 혼용"[20]이라는 규정으로 임진영의 관찰을 약간 틀어 말하였고, 황도경

17) 남정현, 「모의시체」, 『남정현 문학전집1-단편 · 중편소설』(국학자료원, 2002), pp.69-70.

18) 남정현, 「모의시체」, 앞의 책, p.65.

19) 임진영, 「가장 강력한 웃음의 칼날」, 『한국소설문학대계43-남정현/ 천승세』(동아출판사, 1995), p.548.

역시 "우스꽝스러운 상황과 이를 묘사하는 진지하고 학술적인 태도의 대조적 결합"[21]이라는 구절로 그것을 다소 풀어서 말하였다. 이러한 서술 방식과 문체는 무엇보다도 비천한 것과 고귀한 것의 동등한 혼합이라는 측면에서 평등주의적 이념의 문체론적 반영으로 해석된다. 그리고 거기서 생겨나는 웃음은 '수직적 차이의 고통'을 그 평등주의적 이념의 스타일 상의 외화를 통해 상쇄시키는 데서, 그리하여 고귀한 것의 격하와 비천한 것의 상승이라는 전복의 느낌으로 다가오는 데서 설명될 수 있다. 그러나 문제적인 것은, 모든 주체들에게 존엄을 부여하고자 하는 평등주의의 무차별적인 기획이 경멸의 심리학을 작동시켜 전반적으로 위로 향하기보다는 아래로 움직인다는 사실이다.

일정하게 '구분되면서도 무차별적인' 도덕적 곤경의 세계에서 두드러지는 경멸성의 사회적 형식은 남정현의 「천지현황(天地峴黃)」(1965)에 나오는 다음 일절에서 상징적으로 집약되는 것으로 보인다.

> ……아들도 딸도 그리고 부모며 며느리도 좌우간 이 집안의 가족을 형성하고 있는 인간들의 면상은 묘하게도 모조리 질(質) 나쁜 거울을 통하여 오는 모습처럼 그 이목구비가 약간씩 한쪽으로 기울어져 있는 것이었다. 이 무슨 희한하게 생긴 **만화 속의 군상**들이란 말인가.
>
> …(중략)…
>
> 가족이란 이름 밑에 모인 너와 나 사이를 흐르는 감정의 강하(江河)가 원 이다지도 탁(濁)할 수가 있는가. 하지만 탁한 것이 문제가 아니었다. 예리하게 돋아난 원한의 가시들이 착잡하게 얽히어 가지고는 부단히 서로의

---

20) 김상주, 「남정현 소설의 기법 고찰」, 『남정현 문학전집3-연구자료 및 논문』(국학자료원, 2002), p.143.

21) 황도경, 「역설의 미학, 풍자의 언어」, 앞의 책, p.259.

가슴을 찌르는 것이었다. 오래 벼르던 원수끼리 모여앉은 판국이라고나 할까. 좌우간 이 집안에 주소를 둔 부모와 자식과 형제와 부부는, 그들은 서로를 향한 무엇인가 사무친 원한을 견디지 못하여 얼굴이 조금씩 부어 가지고는 항시 일촉즉발의 기세로 긴장된 분위기를 조성하고 있는 것이다. 그러다가 멋모르고 누구의 입에서건 불쑥 이년이나 저놈 소리가 한번 튀어나오기만 하는 날이면 그들은 그것을 신호로 하여 흡사 원수를 때려잡는 성싶은 욕설이며 고함소리와 함께 모두들 우 하고 일어서게 마련인 것이다. 그리고 누가 누구와 맞서는지도 모르게 서로가 사뭇 난마(亂痲)와 같이 얽히고 설키어 가지고는 치고 받는 데에 여념이 없어지는 것이다. 큰일이었다. 장난인가, 혹은 정말 싸움인가, 그러나 절대로 장난이 아니라는 사실을 선포하기라도 하듯 곳곳에서 솟구치는 비명(悲鳴)을 따라 침구며 기물이 허공을 날고 그리하여 벽과 천정이 뚫어지면서 와르르 문짝이 떨어지고 흩어진 다음에야 비로소 그들은 기진하여 픽픽 자리에 쓰러지는 것이었다. 순간 패자도 승자도 없이 부상병만이 남아 돌아가는 이 실내의 황폐한 면적에는 아픔을 참느라고 몸을 보채는 부모며 자식이며 며느리의 그 가쁜 숨결만이 점점 높아 갈 따름인 것이다. 이 무슨 상식에 벗어나는 인간들의 기이한 풍속이란 말인가. 참으로 심상치 않은 노릇이었다.

바야흐로 이 집안에 들어온 지가 석 달이 지난 오늘날까지도 사실 나는 이 집 식구들이 피차간 주고받는 언동(言動)만을 보아서는 도대체가 누가 부모며 자식이고 누가 형이고 아우인지를 얼른 분별을 할 수가 없듯이 하루가 멀다 하고 되풀이 되는 이 분쟁의 내막을, 다시 말하면 이 싸움의 주제와 소재와, 그리고 그 상대가 누구인지를 자세히 모르고 지내는 것이다. 어른과 아이를 구별하지 못하게 상하의 질서가 파괴되어 한결같이 평면상에 놓여 있는 이 집 식구들은 그저 피차간 싸우기 위해서 이 세상에 나와 그저 열심히 싸운다는 인상(印象)밖에 주질 않는 것이다.[22]

요컨대 남정현 소설의 풍자성에서 보게 되는 것은 '경멸'이 사회적 상태가 되어버린 근대적 상황이라고 할 수 있다. 도덕적인 차별성 안에서 어느 정도 자연스럽게 풍자하는 사람과 풍자되는 사람을 구분함으로써 비판적 관심을 불러일으키는 식의 '풍자의 정치학'은 여기서 자주 봉쇄될 수밖에 없다. 왜냐하면 구분되면서도 무차별적인 남정현 소설의 풍자는 도덕성의 약화 내지 소멸 속에서 이제 풍자의 경계를 넘어 상호 경멸과 멸시라는 어리지운 자리로 변화되기 때문이다. 남정현 소설이 그동안 도덕적 차별성을 기초로 하는 일반적인 풍자의 구도 속에서 안정되게 이해되기 어려웠던 이유는 어쩌면 여기에 있을지도 모른다. 그렇다면 일반적인 풍자와 남정현의 풍자를 구별 짓는 것은 무엇일까? 지금까지 살펴온 대로, 그것은 도덕적 곤경의 유무(有無)라고 생각된다. 다시 말해 '관심이 가는 구분'에서 제기된 문학적 형식으로서의 '비판'과 '구분된 무관심'에서 유발된 사회적 상태로서의 '경멸'의 차이라고 풀이될 수 있다. 바로 여기서는 그러한 '경멸'의 문학적 반영을 '캐리커처(caricature)'라 부르고자 하는데,[23] 이 '만화'의 유일한 관심은 오로지 '인간 경멸'이다.

남정현 소설의 캐리커처는 구분된 무관심 속에서 행해지는 웃음의 공격인 만큼 종종 너무 냉소적이고 노골적이며 또한 '과잉'으로 기울어진다. 그것은 특히 인간성을 공격할 때 더욱 그러하다.[24] 예컨대

---

22) 남정현, 「천지현황(天地峴黃)」, 『한국소설문학대계43-남정현』(동아출판사, 1995), pp. 210-211.

23) 캐리커처라는 개념에는 어떤 대상의 형태를 과장하는 우스꽝스런 재현이라는 '단순한 만화화'의 의미와 더불어 '풍자적 희화화'라는 비판적 의미도 들어 있다 그러나 이 글에서는 전자의 의미만을 담은 개념으로 캐리커처를 사용한다. 박홍규, 『오노레 도미에』(소나무, 2000), pp.16-33; 박창석, 『캐리커처의 역사』(살림, 2003), pp. 6-12 참조.

24) 가령 이상갑은 남정현 소설의 풍자에서 "지나칠 정도의 희화화"가 일어나고 있다고

「경고구역」의 주인공 종수는 병든 누이동생 순이의 진찰과 치료를 위해 왕진 오는 송박사를 환자에게 주사침을 찌르려다 자신의 목에 주사침을 박아 넣는 멍청한 의사로 묘사하고,[25] 「누락인종」에서 돈을 위해 주인공 성주와 결혼하겠다는 명희는 그에 의해 세수하기 편하게 콧날이 내려앉은 것은 말할 것도 없고 콧구멍은 하품하는 아가리처럼 그렇게 의기양양하며 모가지는 생략되어 가슴과 턱어리가 곧장 연결되어 있는 추하고 우스꽝스러운 외모로 그린다.[26] 그런가 하면 「기상도(氣象圖)」(1961)의 주인공 철은 허름한 카페에서 함께 기숙하는 식이와 란이의 성교 장면을 엿보면서 저런 상태가 인간 생명의 원천이 된다는 사실에 화딱지가 난다며 그것은 인간이라는 동물이 저지를 수 있는 가장 극단적인 광태라고 비꼰다.[27] 또 「부주 전 상서(父主前上書)」(1964)에서는 아버지가 오쟁이진 아들을 나무라다가 아예 욕설을 내뱉는다. "원 저런 맹물 같은 새끼 좀 봤나. 어떤데라니? 아 너의 여편네가 딴 놈하고 얼려 다녀도 어떤데냐? 이 벌레만도 못한 병신새끼야."[28] 남정현 소설 이곳저곳에서 이런 인간 경멸과 관련된 캐리커처들은 허다하

온당하게 지적하고 있다. 그런데 그는 그것이 "작중 화자나 주인공이 떠맡고 있는 영웅적 형상으로 말미암"은 것이라고 말한다(이상갑, 「비인간의 형상, 그 역설의 의미-『허허선생』론」, 『남정현 문학전집3-연구자료 및 논문』, 국학자료원, 2002, pp. 218-221 참조). 이 논문의 관점과 명백히 다른 부분인데, 여기서는 남정현 소설의 캐리커처에서 노골적인 만화화가 일어나고 있는 것이 작중 화자나 주인공의 '영웅주의'가 아니라 그들의 우월성에 대한 평등주의적 배척이라는 '반영웅주의'에 기인하는 것으로 간주된다.

25) 남정현, 「경고구역」, 앞의 책, p.12 참조.

26) 남정현, 「누락인종」, 『남정현 문학전집1-단편 · 중편소설』(국학자료원, 2002), pp.97-98 참조.

27) 남정현, 「기상도(氣象圖)」, 앞의 책, pp.162-163 참조.

28) 남정현, 「부주 전 상서(父主前上書)」, 『한국소설문학대계43-남정현』(동아출판사, 1995), p.157.

게 발견된다.

4. 캐리커처의 인류학적 의미

지금까지 기존의 남정현 소설 연구들이 정식화한 '풍자의 정치학'에서 '도덕적 무차별성'과 '구분된 무관심'을 포착하여, 풍자의 양식이 가능했던 시대와의 인류학적 차이[29]가 남정현 소설에 나타나는 '경멸의 심리학'에 나타나는 것을 살펴보고, 그 경멸성을 바탕으로 한 소위 '캐리커처의 인류학'이 남정현 소설의 비판적 풍자성 이면에서 움직이고 있다는 사실을 규명하였다.

남정현 소설은 모든 개인을 주체로 발전시키려는 근대의 혁명적 기획이라는 정치적 내용에서 끄집어낸 '민족주의'라는 평등주의적 이념 속에 '풍자'라는 뇌관을 장착하고 있었다. 그와 더불어 이 웃음의 폭탄이 비판적으로 겨냥하고 있는 것은 소수의 엘리트들에게만 환영 받는 '반공주의와 식민주의의 부정한 결혼'이었다. 그런데 남정현의 풍자가 근거로 하고 있는 민족주의라는 평등주의적 이념 속에는 이른바 경멸의 심리학을 작동시키는 요소들이 함께 포함되어 있었다. 근대 세계가 인정을 위한 보편적인 투쟁의 무대가 되었다고 한다면, 그것은 어쩔 수 없이 경멸의 심리가 전염병 같이 번지는 사회적 관계의 형식으로 귀결될 수밖에 없었다. 왜냐하면 고귀함의 민주화를 통해 모든 욕망들이 동등해지면 모든 권위에 대한 거부가 일어날 뿐만 아니라, 인정이나 관심은 경멸성을 품은 상호 견제의 관계 속에 제약됨으로써 겨우 표출될

---

29) '인류학(anthropology)'은 인간 본성과 인간 사회에 관한 근대적 학문으로서 인간들 사이에 있다고 추정되는 모든 본질적 차이를 지양하려는 학문이다. 대표적인 것은 문화인류학이다.

수 있기 때문이었다. 결국 근대의 평등주의적 이념은 극단적으로는 경멸을 개입시키지 않고서는 사회적 관계를 맺을 수 없는 상태로 사회를 몰아가게 마련이었다. 남정현 소설은 바로 그러한 사회적 상태에 부합하는 특징을 보여주었다. 다시 말해 남정현 소설의 경멸적인 캐리커처는 근대 세계의 경멸성이라는 사회적 관계의 형식이 문학적으로 반영된 결과라고 할 수 있었다.

남정현이 제시하는 것은 '캐리커처에 대한 열광'(근대적 경멸성의 문학적 반영으로서의)이지 풍자적 열정이 아닌 것으로 보인다. 그렇다면 이제 남정현은 비판적인 풍자 작가라기보다는 경멸적인 캐리커처 작가로 간주되어야 할지 모른다. 물론 남정현 소설에서 인간이 인간을 격하시키는 일의 동기는 근대의 사회적 형식인 경멸성 안에서 그가 살았다는 사실에 있고, 작가에게 그 경멸성은 어떤 이들도 그러한 사회적 역정(歷程)에서 자유로울 수 없는 근대적 개인들의 보편적인 불행일 뿐이다. 그러나 작가 남정현은 누구보다도 그 보편적인 불행을 치열하게 살았던 '문제적 개인'이라는 점에서 그에게서 '풍자의 정치학'과 '캐리커처의 인류학' 사이를 너무 철저하게 구별하려는 것은 어쩌면 이 역시도 '지나친' 것인지도 모른다. 사실 남정현의 캐리커처는 90년대 중반 이후부터 나타나기 시작할 좀더 노골적이고 냉혹한 캐리커처들에 비하면 다만 사소한 것에 지나지 않는다.[30] 남정현 소설에서 인간 경멸은 여전히 인간의 고귀함에 대한 의식과 일정한 균형을 이루고 있기 때문이다. 작가 남정현은 당대의 소설가들 가운데 누구보다도 더 인간

30) 90년대 중반 이후부터 젊은 작가들(은희경, 성석제, 이만교, 정이현 등) 사이에서 커다란 공감을 얻었던 냉소와 허무주의적 감정들은 한국문학사에서 전례 없이 인간에 관한 극단적인 캐리커처들을 생산하고 있는 것으로 판단된다. 이 점에 대한 해명은 앞으로의 과제로 남겨둔다.

의 고귀함을 인식하고 있었다.

……작가마다 특색이 있으니까 모두들 자기 취향에 따라 뭐든 좋은 작품을 쓰시겠죠. 하지만 단 한 가지 그 어떤 경우에도 **작가는 인간에 대한 사랑을 저버려서는 안 된다**는 거죠. 생각하면, 글을 쓴다는 그 자체가 인간에 대한 사랑의 선언이 아닌가요. 실은 **작가도 하나님만큼이나 인간을 진심으로 사랑하기 때문에 그저 뻔한 틈만 있으면 인간을 위로하고 격려하고 그리고 그들에게 기쁨을 주고, 용기를 주고 아름다운 꿈을 주기 위해 피를 말리며 글을 쓰는 것**이거든요. 그런데 그렇게 피를 말리며 좋은 글을 써서 인간을 기쁘게 하자면 우선 그 인간이 처해 있는 현실을, 그 구조를 알아야 되지 않겠습니까? 그런데 그게 **진정 인간을 열정적으로 사랑하는 작가**라면 그는 금방 우리 현실에서 인간이 행복을 추구하는 데 장애가 되는 가장 큰 걸림돌을 발견하게 될 거거든요. 그런데 그 걸림돌이 뭔가요? 그게 바로 강 교수께서 아까 말씀하신 분단문제고 외세문제가 아니겠어요? 우리 시대 민족 전체의 행·불행에 관계되는 이 엄청난 문제를 우리가 보고도 어떻게 못 본 체 고개를 돌릴 수가 있겠어요.[31]

---

31) 남정현·강진호, 「대담: 험로를 가로지른 문학의 도정」, 『남정현 문학전집3-연구자료 및 논문』(국학자료원, 2002), p.37.

참고문헌

Ⅰ. 기본 자료

「좌담: 현대 문학 방담」. 『형성』. 1968년 봄호.
『生命演習 외－김승옥 소설전집 1』. 문학동네. 1995.
『幻想手帖 외－김승옥 소설전집 2』. 문학동네. 1995.
『내가 훔친 여름·60년대식－김승옥 소설전집 3』. 문학동네. 1995.
『보통여자·강변부인－김승옥 소설전집 4』. 문학동네. 1995.
『廣場/ 九雲夢－崔仁勳全集 1』. 문학과지성사. 1976.
『회색인－崔仁勳全集 2』. 문학과지성사. 1977.
『서유기－崔仁勳全集 3』. 문학과지성사. 1977.
『小說家 丘甫氏의 一日－崔仁勳全集 4』. 문학과지성사. 1976.
『크리스마스 캐럴/ 假面考－崔仁勳全集 6』. 문학과지성사. 1976.
『우상의 집－崔仁勳全集 8』. 문학과지성사. 1976.
『총독의 소리－崔仁勳全集 9』. 문학과지성사. 1980.
『아겔다마』. 문학과지성사. 1997.
『열명길』. 문학과지성사. 1986.
「나무의 마을」. 『평심』. 문학동네. 1999.
『죽음의 한 硏究』. 문학과지성사. 1986.
『강』. 문학과지성사. 1976.
『벌판』. 나남. 1984.

「衣裳을 입어라」. 『세대』. 1963년 9월호.
「비와 우산」. 『세대』. 1966년 5월호.
「分列式」. 『월간중앙』. 1968년 5월호.
「分列式 Ⅱ」. 『월간중앙』. 1969년 11월호.
「圓舞」. 『창작과 비평』. 1969년 봄호.
『별을 보여드립니다』. 일지사. 1971.
『황홀한 실종』. 나남. 1984.
『한국소설문학대계43-남정현』, 동아출판사, 1995.
『남정현 문학전집1-단편·중편소설』, 국학자료원, 2002.
『남정현 문학전집2-연작소설·꽁트·산문』, 국학자료원, 2002.
「대담: 험로를 가로지른 문학의 도정」, 『남정현 문학전집3-연구자료 및 논문』, 국학자료원, 2002, 37쪽.

Ⅱ. 국내 논저

강금숙. 「박상륭 특집-죽음을 매개로 한 문학과 삶」. 『작가세계』. 1997년 가을호.
강진호. 「외세의 질곡과 민족의 주체성-남정현의 『분지(糞地)』론」. 『남정현 문학전집3-연구자료 및 논문』. 국학자료원. 2002.
구재진. 『1960년대 장편소설 연구』(『1960년대 한국소설의 주체와 담론』. 삼지원. 2002). 서울대 박사학위논문. 1999.
권영민. 『한국 현대 문학사(1945-1990)』. 민음사. 1993.
권오룡 엮음. 『이청준 깊이 읽기』. 문학과지성사. 1999.
권오현. 「1960년대 소설의 현실변형방법 연구」. 계명대 박사학위논문. 1997.
김명신. 「박상륭 특집-말씀의 우주에서 마음의 우주로의 편력」. 『작가세계』. 1997년 가을호.
김민수. 『1960년대 소설의 미적 근대성 연구』(『환멸의 세계, 매혹의 서사』. 거름. 2002). 중앙대 박사학위논문. 1999.
김병익. 「60년대 문학의 가능성」. 『현대 한국문학의 이론』. 민음사. 1974.
김사인 엮음. 『박상륭 깊이 읽기』. 문학과지성사. 2001.

김상주, 「남정현 소설의 기법 고찰」, 『남정현 문학전집3-연구자료 및 논문』, 국학자료원, 2002.

김성렬. 「최인훈의 <구운몽> 연구」. 고려대 석사학위논문. 1984.

김성환 외. 『1960년대』. 거름. 1984.

김양선, 「허허(虛虛)한 세상을 향한 날 선 풍자-남정현 문학의 풍자성」, 『남정현 문학전집3-연구자료 및 논문』, 국학자료원, 2002.

김영찬. 「1960년대 한국 모더니즘 소설 연구」. 성균관대 박사학위논문. 2001.

김우창 외. 『행동과 사유』. 생각의나무. 2004.

김우창. 『심미적 이성의 탐구』. 솔. 1998.

______. 『정치와 삶의 세계』. 삼인. 2000.

김윤식·정호웅. 『한국소설사』. 예하. 1993.

김인호. 「특집 최인훈-'최인훈 연구'의 현황과 향후과제」. 『작가연구』. 2002년 하반기.

김인환. 『기억의 계단』. 민음사. 2001.

김정란. 「박상륭 특집-사유의 호몬쿨루스」. 『작가세계』. 1997년 가을호.

김종수. 「최인훈 소설의 관념표출방법 연구」. 고려대 석사학위논문. 1998.

김주언. 「한국 비극소설 연구-1960년대 최인훈, 김승옥, 서정인을 중심으로」(『한국 비극소설론』. 국학자료원. 2002). 단국대 박사학위논문. 2001.

김주연. 「새 시대 문학의 성립」. 『아세아』. 1968년 창간호.

김진수. 『우리는 왜 지금 낭만주의를 이야기하는가』. 책세상. 2001.

김치수 외. 『이청준 論』. 삼인행. 1991.

김치수. 「한국소설의 과제」. 『68문학』. 한명문화사. 1969.

______. 「박상륭 특집-구도자의 세계」. 『작가세계』. 1997년 가을호.

김태빈. 「김승옥 소설의 소외 연구」. 고려대 석사학위논문. 2002.

김태환. 「이야기에서 인간적인 것과 비인간적인 것」. 『문학과 사회』. 2002년 겨울호.

김한식. 「특집 최인훈-한 근대 지식인의 고전 읽기」. 『작가연구』. 2002년 상반기.

김행숙. 「1920년대 동인지 문학의 근대성 연구」. 고려대 박사학위논문. 2002.

김　현. 「세대 교체의 진정한 의미」. 『세대』. 1969년 3월호.

______. 「한국소설의 가능성」. 『현대 한국문학의 이론』. 민음사. 1974.
김호기. 「박정희 시대와 근대성의 명암」. 『창작과 비평』. 1998년 봄호.
도정일 외. 『사유의 공간』. 생각의나무. 2004.
문학사와 비평 연구회 편. 『1960년대 문학 연구』. 예하. 1993.
민족문학연구소 현대문학분과 편. 『1960년대 문학 연구』. 깊은샘. 1998.
박 진. 「최인훈의 「소설가 구보씨의 일일」 연구」. 고려대 석사학위논문. 1994.
______. 「서사학과 문학 연구」. 『비평』. 2002년 가을호.
박영준. 「박상륭 소설의 공간이동 연구」. 고려대 석사학위논문. 2000.
박진영. 「김승옥 소설의 주체구성 연구」. 고려대 석사학위논문. 2000.
박창석. 『캐리커처의 역사』. 살림. 2003.
박태순 · 김동춘. 『1960년대의 사회운동』. 까치. 1991.
박홍규. 『오노레 도미에』. 소나무. 2000.
백낙청. 「새로운 창작과 비판의 자세」. 『창작과 비평』. 1966년 창간호.
______. 「시민문학론」. 『창작과 비평』. 1969년 여름호.
백지은. 「서정인 소설의 다성성 연구」. 고려대 석사학위논문. 1996.
상허학회 편. 『1960년대 소설의 근대성과 주체』. 깊은샘. 2004.
서은주. 「특집 최인훈—환상, 새로운 질서 세우기의 욕망」. 『작가연구』. 2002년 하반기.
송효정. 「1960년대 소설의 환상성 연구」. 고려대 석사학위논문. 2003.
신희교. 「기획 특집 박상륭—「아겔다마」에 나타난 서술특성」. 『문예연구』. 2003년 겨울호.
심은진. 「떠나는 자, 글쓰는 자—박상륭의 연작 「却說이 日記」에 대하여」. 『문학과 사회』. 1998년 여름호.
양윤모. 「특집 최인훈—지식인 작가와 현실에 대한 냉철한 분석」. 『작가연구』. 2002년 하반기.
______. 「최인훈 소설의 '정체성 찾기'에 대한 연구」. 고려대 박사학위논문. 1999.
양진오. 「특집 최인훈—소설가 소설의 한국적 모델의 완성과 계승」. 『작가연구』. 2002년 상반기.
염무웅 외. 『최인훈』. 은애. 1979.

오양진. 「낭만적 주체성의 형성과 전개—나도향의 경우」. 『우리어문연구』. 제19집. 2002.
_____. 「김승옥 소설의 낭만적 주체성과 인간상에 관한 연구」. 『현대소설연구』. 제23호. 2004.
_____. 「소설의 비인간화—징후로서의 최인훈 소설」. 『작가와 비평』. 2004년 상반기.
_____. 「순수한 시선의 의미—서정인 초기소설의 비인간화 징후에 대하여」. 『민족문화연구』. 제40호. 2004.
유종호. 「감수성의 혁명」. 『비순수의 선언—유종호 전집 1』. 민음사. 1995.
_____. 『사회역사적 상상력—유종호 전집 3』. 민음사. 1995.
윤사순 외. 『조선시대, 삶과 생각』. 고려대 민족문화연구원. 2000.
이광호. 「굿바이! 휴먼—탈내향적 일인칭 화자의 정치성」. 『문학과 사회』. 2002년 가을호.
_____. 『위반의 시학』. 문학과지성사. 1993.
이남호. 「서정인 특집—6,70년대 장삼이사들의 삶」. 『작가세계』. 1997년 가을호.
_____. 『녹색을 위한 문학』. 민음사. 1998.
_____. 『문학의 위족 2—소설론』. 민음사. 1998.
_____. 『문자제국쇠망약사』. 생각의나무. 2004.
이동재. 「김승옥 소설의 시간구조 연구」. 고려대 석사학위논문. 1994.
이문열 외. 『한국문학이란 무엇인가』. 민음사. 1995.
이상갑. 「비인간의 형상, 그 역설의 의미-『허허선생』론」. 『남정현 문학전집3-연구자료 및 논문』. 국학자료원. 2002.
이상섭. 『문학비평용어사전』. 민음사. 1976.
이승준. 「김승옥론—1960년대적 의미에 대하여」. 고려대 석사학위논문. 1996.
_____. 「이청준 소설에 대한 정신분석적 연구」. 고려대 박사학위논문. 2002.
이인숙. 「최인훈 소설의 담론 특성 연구」. 고려대 박사학위논문. 1998.
이재선. 『현대 한국소설사(1945-1990)』. 민음사. 1991.
이종민 엮음. 『달궁가는 길—서정인의 문학세계』. 서해문집. 2003.
이주라. 「최인훈 소설의 반복기법 연구」. 고려대 석사학위논문. 2003.

이호규. 「1960년대 소설의 주체 생산 연구」(『1960년대 소설 연구』. 새미. 2001). 연세대 박사학위논문. 1999.

임경순. 「1960년대 지식인 소설 연구」. 성균관대 박사학위논문. 1999.

임진영. 「가장 강력한 웃음의 칼날」. 『한국소설문학대계43-남정현/천승세』. 동아출판사. 1995.

장수익. 「특집 최인훈—회의적 주체와 타자에 대한 사랑」. 『작가연구』. 2002년 상반기.

장영우. 「통곡의 현실, 고소(苦笑)의 미학-남정현론」. 『남정현 문학전집3-연구자료 및 논문』. 국학자료원. 2002.

정은주. 「최인훈의 <구운몽>·<서유기> 연구」. 고려대 석사학위논문. 1990.

정혜경. 「1960년대 소설의 서술구조 연구」. 고려대 박사학위논문. 2001.

조동숙. 「1950·60년대 소설에 나타난 이데올로기 연구」. 고려대 박사학위논문. 1993.

조은하. 「서정인 소설 연구」. 고려대 석사학위논문. 1996.

최동호 편. 『남북한 현대 문학사』. 나남. 1995.

최애순. 「이청준 소설의 추리소설적 기법 연구」. 고려대 석사학위논문. 2000.

최원식·임규찬 편. 『4월 혁명과 한국문학』. 창작과비평사. 2002.

최은영. 「이청준의 예술가소설 연구」. 고려대 석사학위논문. 2000.

최인훈. 『문학과 이데올로기』. 문학과지성사. 1980.

한 기. 「이청준 특집—멈추지 않는 자유의 현상학」. 『작가세계』. 1992년 가을호.

황 경. 「최인훈 소설에 나타난 예술론 연구」. 고려대 박사학위논문. 2003.

황도경. 「역설의 미학, 풍자의 언어」. 『남정현 문학전집3-연구자료 및 논문』. 국학자료원. 2002.

황종연. 『비루한 것의 카니발』. 문학동네. 2001.

Ⅲ. 국외 논저

가라타니 고진. 『일본근대문학의 기원』. 박유하 옮김. 민음사. 1999.

게오르크 루카치. 「전위주의의 세계관적 기반」. 『문제는 리얼리즘이다』. 홍승용 옮김. 실천문학사. 1994.

다니엘 벨. 『자본주의의 문화적 모순』. 김진욱 옮김. 문학세계사. 1990.
다니엘 부어스틴. 『이미지와 환상』. 정태철 옮김. 사계절. 2004.
돈 큐피트. 『신, 그 이후』. 이한우 옮김. 해냄. 1999.
레나토 포지올리. 『아방가르드 예술론』. 박상진 옮김. 문예출판사. 1996.
루시앙 골드만. 『소설사회학을 위하여』. 조경숙 역. 청하. 1982.
루이 알뛰세르. 『맑스를 위하여』. 이종영 옮김. 백의. 1996.
뤼디거 자프란스키. 『악 또는 자유의 드라마』. 곽정연 옮김. 문예출판사. 2002.
뤽 페리. 『미학적 인간』. 방미경 옮김. 고려원. 1994.
______. 『신-인간, 혹은 삶의 의미』. 우종길 옮김. 영림카디널. 1998.
리처드 로티. 『우연성, 아이러니, 연대성』. 김동식 · 이유선 옮김. 민음사. 1996.
마샬 버만. 『현대성의 경험』. 윤호병 · 이만식 옮김. 현대미학사. 1994; 개정판. 1998.
막스 베버. 『프로테스탄티즘의 윤리와 자본주의 정신』. 박성수 옮김. 문예출판사. 1996.
막스 호르크하이머 · 테오도어 W. 아도르노. 『계몽의 변증법』. 김유동 외 옮김. 문예출판사. 1995.
머레이 북친. 『휴머니즘의 옹호』. 구승회 옮김. 민음사. 2002.
모리스 버만. 『미국문화의 몰락』. 심현식 옮김. 황금가지. 2002.
미셀 오. 『세잔—사과 하나로 시작된 현대 미술』. 이종인 옮김. 시공사. 1996.
수지 개블릭. 『모더니즘은 실패했는가』. 김 유 · 이순미 옮김. 현대미학사. 1999.
__________. 『르네 마그리트』. 천수원 옮김. 시공사. 2000.
아서 폴라드. 『諷刺 Satire』. 송낙헌 역. 서울대학교 출판부. 1978.
아스트라더 아이스테인손. 『모더니즘 문학론』. 임옥희 옮김. 현대미학사. 1996.
알래스데어 매킨타이어. 『덕의 상실』. 이진우 옮김. 문예출판사. 1997.
알랭 로랑. 『개인주의의 역사』. 김용민 옮김. 한길사. 2001.
알랭 르노. 『개인—주체철학에 관한 고찰』. 장정아 옮김. 동문선. 2002.
알랭 핀킬크라우트. 『잃어버린 인간성』. 이자경 옮김. 당대. 1998.
________________. 『사랑의 지혜』. 권유현 옮김. 동문선. 1998.
알브레히트 벨머. 『모더니즘과 포스트모더니즘의 변증법』. 이주동 · 안성찬 옮김. 녹진. 1990.
에리히 아우얼바하. 『미메시스—근대편』. 김우창 · 유종호 옮김. 민음사. 1979; 개정판. 1991.
에리히 프롬. 『인간에 대한 믿음』. 라이너 풍크 엮음. 박영구 옮김. 자작나무. 1994.
에프라임 키션. 『피카소의 달콤한 복수』. 반성완 옮김. 디자인하우스. 1996.
오르한 파묵. 『내 이름은 빨강』. 이난아 옮김. 민음사. 2004.
움베르토 에코 · 카를로 마리아 마르티니. 『무엇을 믿을 것인가』. 이세욱 옮김. 열린책들. 1998.
월터 S. 기브슨. 『히에로니무스 보스』. 김숙 옮김. 시공사. 2001.
위르겐 하버마스. 「근대성—미완의 과제」. 윤평중 편저. 『푸코와 하버마스를 넘어서』. 교보문고. 1990.
윌리엄 본. 『낭만주의 미술』. 마순자 옮김. 시공사. 2003.
이브 미쇼. 『예술의 위기』. 하태환 옮김. 동문선. 1999.
이효덕. 『표상공간의 근대』. 박상관 옮김. 소명. 2002.
자닌 바티클. 『고야—황금과 피의 화가』. 송은경 옮김. 시공사. 1997.
장 폴 사르트르. 『문학이란 무엇인가』. 김붕구 역. 문예출판사. 1972.
제럴드 그라프. 『자신의 적이 되어가는 문학』. 박거용 옮김. 현대미학사. 1997.
조르주 바타이유. 『문학과 악』. 최윤정 옮김. 민음사. 1995.
조셉 칠더즈 · 게리 헨치. 「징후 독해」. 『현대 문학 · 문화비평 용어사전』. 문학동네. 1999.
찰스 테일러. 『불안한 현대사회』. 송영배 옮김. 이학사. 2001.
__________. 『헤겔 철학과 현대의 위기』. 박찬국 옮김. 서광사. 1988.
크리스타 메베스 외. 『평등이 인간을 행복하게 하는가?』. 강성위 · 박경숙 옮김. 서광사. 1994.
크리스토퍼 라쉬. 『나르시시즘의 문화』. 최경도 옮김. 문학과지성사. 1989.
클라우스 미하엘 보그달 편저. 『새로운 문학 이론의 흐름』. 문학이론연구회 옮김. 문학과지성사. 1994.
토마스 어네스트 흄. 『휴머니즘과 예술철학에 관한 성찰』. 박상규 옮김. 현대미학사. 1993.

톰 울프. 『현대미술의 상실』. 박순철 옮김. 아트북스. 2003.
파스칼 브뤼크네르. 『순진함의 유혹』. 김웅권 옮김. 동문선. 1999.
퍼트리샤 워. 『메타픽션』. 김상구 역. 열음사. 1989.
페터 슬로터다이크. 「대중의 경멸」. 『인간농장을 위한 규칙』. 이진우 외 옮김. 한길사. 2004.
프란시스 뮬란. 『문화/ 메타문화』. 임병권 옮김. 한나라. 2003.
프랑코 모레티. 『근대의 서사시』. 조형준 옮김. 새물결. 2001.
한스 로베르트 야우스. 『미적 현대와 그 이후』. 김경식 옮김. 문학동네. 1999.
한스 제들마이어. 『중심의 상실』. 박래경 옮김. 문예출판사. 2002.
____________. 『현대예술의 혁명』. 남상식 옮김. 한길사. 2004.
오르테가 이 가세트. 『예술의 비인간화』. 박상규 옮김. 미진사. 1988.
Taylor, Charles. *Sources of the self—the making of the modern identity*. Cambridge. Massachusetts : Harvard University Press. 1989.

오양진

1969년 인천에서 태어나 고려대 국어교육과를 졸업했고, 같은 대학에서 「1960년대 한국 소설의 비인간화 연구」로 문학박사 학위를 받았다. 2000년 중앙일보사가 주관한 '제1회 중앙신인문학상' 평론부문에 「거울아, 거울아-김영하론」이 당선되어 문학평론가로도 활동하고 있다. 현재 고려대와 한국예술종합학교에 출강하고 있으며, 주요 논문 및 평론으로는 「한국 서사문학에 나타난 산(山)의 모습」, 「캐리커처의 인류학-남정현 소설의 풍자와 아이러니에 대하여」, 「미묘해진 언어들-현대시의 퇴폐, 무엇이 문제인가」, 「미로 속의 패스파인더-김영하 소설에 대한 여덟 개의 주석」 등이 있다.

소설의 비인간화

초판 1쇄 인쇄 • 2008년 4월 25일
초판 1쇄 발행 • 2008년 4월 30일

지은이 • 오 양 진
펴낸이 • 박 성 복
펴낸곳 • 도서출판 月印
서울특별시 강북구 휜구름길 19-3(수유2동 252-9)
등록 • 제6-0364호 / **등록일** • 1998년 5월 4일
대표전화 • (02) 912-5000 / **팩스** • (02) 900-5036
http://www.worin.net

ISBN 978-89-8477-398-1 93810

값 15,000원